Johannes Bastian, Herbert Gudjons,
Jochen Schnack, Martin Speth (Hg.)

Theorie des Projektunterrichts

W0175353

BERGMANN+HELBIG VERLAG
HAMBURG

PB BUCH 29

Die Deutsche Bibliothek – CIP-Einheitsaufnahme

Theorie des Projektunterrichts /
Johannes Bastian ... (Hg.).
– 1. Aufl. – Hamburg : Bergmann und Helbig, 1997
(PB-Bücher ; 29)
ISBN 3-925836-31-4

© Bergmann + Helbig Verlag GmbH, Hamburg 1997.
2. Auflage 2004
Titelbild: Hugo Oehmichen, 19. Jahrhundert
Satz und Gestaltung: Bergmann + Helbig Verlag
Druck und Binden: poppdruck, Langenhagen
ISBN 3-925836-31-4

Die Reihe PB-BÜCHER
wird herausgegeben von Redaktions-Mitgliedern
der Zeitschrift PÄDAGOGIK

BERGMANN+HELBIG VERLAG
HAMBURG

Inhalt

Didaktische Begründungen

Johannes Bastian, Herbert Gudjons, Jochen Schnack, Martin Speth

Einführung in eine Theorie des Projektunterrichts

Die öffentliche Diskussion zum Lernen in Projekten gewinnt mit Beginn der 70er Jahre eine Dynamik, die – gemessen an der Zahl der Veröffentlichungen – für die neuere pädagogische Diskussion nahezu beispiellos ist: Bis zum Beginn der 90er Jahre steigt die Zahl der Veröffentlichungen von zunächst nur wenigen Beiträgen auf fast 500 Publikationen pro Jahr. Aber: Wer hat bislang die Geschichte des Projektunterrichts in Deutschland nach 1945 bearbeitet, die zunächst zögerliche, dann sprunghaft ansteigende Wiederaufnahme der Diskussion und die Entwicklung des Projektverständnisses in dieser Zeitspanne? Und weiter zurück: Wer hat die Entstehung der Projektidee in ihrem sozialgeschichtlichen, philosophischen und reformpädagogischen Umfeld im späten 19. und frühen 20. Jahrhundert differenziert zugänglich gemacht?

Projektunterricht sei eine besondere Unterrichtsform neben anderen Großformen des Unterrichts, lesen wir bei führenden Didaktikern. Aber wer hat bislang systematisch bearbeitet, wie sich diese besondere Unterrichtsform zu den Anforderungen und Grenzen der Institution Schule, zur Diskussion in den Fachdidaktiken, zum Leistungsbegriff der Schule, zum Methodenrepertoire und zur Interaktion von Lehrer(inne)n und Schüler(inne)n verhält?

Projektunterricht sei begründbar im Kontext unterschiedlicher Forschungsrichtungen der Schulpädagogik: im Kontext neuerer Lern-, Handlungs- und Kognitionstheorien, der Sozialisationstheorie, der Schultheorie und aktueller gesellschaftlicher Entwicklungen. Aber wo finden sich diese bislang verstreuten Begründungskontexte in einem systematischen und auf die Besonderheiten des Projektunterrichts bezogenen Zusammenhang?

Kontinuität und Vielfalt der Beiträge zum Projektunterricht können nicht darüber hinwegtäuschen, daß es ein Theoriedefizit gibt. Die meisten der bislang vorliegenden Veröffentlichungen bemühen sich zwar um eine theoriebezogene Rahmung, halten diese jedoch angesichts der Notwendigkeit, über konkrete Erfahrungsberichte anregend auf Projektpraxis zu wirken, eher kurz.

So greifen *Duncker/Götz* 1984 (2. Auflage 1988) in ihrem Bemühen, die seit Mitte der 70er Jahre sich entwickelnde Form der Projektwochen begrifflich zu fassen und theoretisch zu begründen, auf eine Mischung aus sozialisations- und organisationstheoretischen Erkenntnissen zurück. Die Schule als vorrangig bürokratische Organisation führe zu „Lernverengungen", die vor allem in einer Abspaltung sinnlicher Erfahrungen, einer Einschränkung kooperativ-demokratischer Handlungsformen sowie in einer Intellektualisierung des Lernens Ausdruck fänden. Diese Lernverengungen könnten durch die veränderten Handlungs- und Sozialformen des Projektlernens aufgehoben werden.

Damit ist ein refompädagogisches Grundmotiv angeschlagen, das in den meisten Bemühungen, Projektunterricht theoretisch zu fassen, wiederholt, variiert und erweitert wird. Es wird auch von *Gudjons* (1986; 5., erw. Auflage 1997) aufgenommen, der allerdings eine Ausweitung dieser Argumentation vornimmt, indem er neuere handlungstheoretische Erkenntnisse diskutiert und in Beziehung zum Konzept des Projektunterrichts setzt. Dabei greift er vor allem auf Theorien von *Piaget* und *Aebli* zurück, denen zufolge Denken aus dem Handeln hervorgeht und daher als Metatätigkeit verstanden werden kann. Handlungsorientierte Unterrichtsformen wie der Projektunterricht werden innerhalb dieses Begründungsrahmens als Ergänzung zu anderen Unterrichtsformen, insbesondere des Lehrgangs gesehen, da sie Denkprozesse unmittelbar an Handlungsvollzüge rückbinden.

Im gleichen Jahr (1986) unternimmt *Dagmar Hänsel* den Versuch, das Konzept des Projektunterrichts aus seinen historischen Ursprüngen heraus zu bestimmen. Sie untersucht ausführlich sowohl die Entstehung der Projektidee als auch die Projektpraxis in der Chicago Laboratory School, einer Reformschule an der Universität Chicago, die *John Dewey* gemeinsam mit seiner Frau von 1886 bis 1903 leitete. Im Rückgriff auf *Dewey* (1859–1952) und die mit ihm verbundene philosophische Richtung des Pragmatismus formuliert *Hänsel* ein Konzept von Projektunterricht als besonderer Unterrichtsform, die in der Projektmethode ihren didaktisch konsequentesten Ausdruck findet (zur Aktualisierung vgl. *Hänsel* 1997).

Ebenfalls 1986 versuchen *Johannes Bastian* und *Herbert Gudjons* in einem Sammelband sowohl die konzeptionellen Elemente als auch die praktischen Erfahrungen der vorangehenden zehn Jahre in einen theoriebezogenen Rahmen zu bringen, der gleichfalls an die Erziehungsphilosophie *John Deweys* anknüpft. Aus heutiger Perspektive sind vor allem die historischen und die interaktions-

8

theoretischen Beiträge von Bedeutung. Der Beitrag von *Suin de Boutemard* ergänzt die oben erwähnten Ausführungen von *Hänsel,* indem er die Entstehung des Projektunterrichts im Zusammenhang mit den konkreten politischen Verhältnissen in Amerika zu Beginn des 20. Jahrhunderts diskutiert. In seinem interaktionstheoretischen Beitrag unternimmt *Johannes Bastian* erstmals den Versuch, die mit der Umsetzung von Projektunterricht einhergehende Veränderung der Lehrerrolle theoretisch zu fassen und daraus die Grundlagen für eine Neubestimmung der Lehrer-Schüler-Interaktion im Projektunterricht zu entwickeln. Schon knapp fünf Jahre später erfolgt in „Das Projektbuch II" (1990) eine Aktualisierung des konzeptionellen Rahmens im Sinne einer Integration eines an Dewey angelehnten Phasenmodells und spezifischer Merkmal, die die Besonderheiten dieser Unterrichtsform beschreiben – eine theoretische Konkretisierung von Projektunterricht als besonderer Unterrichtsform, die sich besonders dem Projektlernen im Fachunterricht zuwendet.

Im Unterschied zu den bisher genannten Werken legt *Karl Frey* in seinem erstmals 1982 erschienenen und seither mehrfach überarbeiteten Buch „Die Projektmethode" den Schwerpunkt auf die ausführliche Reflexion des Projekts als Methode des Lehrens und Lernens. Mit Hilfe von sieben Komponenten, die vornehmlich ein Ablaufschema des Lehr-Lern-Prozesses skizzieren, formuliert er einen begrifflichen Rahmen, der Projektlernen als ein methodisches Verfahren definiert, das sowohl für beliebige Inhalte als auch für beliebige Institutionen Geltung beansprucht, gleichsam als ideale Methode des Lehrens und Lernens.

Aus diesem kurzen Überblick wird dreierlei deutlich: Erstens war die Wiederaufnahme der Diskussion und die Erprobung von Projektunterricht immer auch von der Suche nach theoretischer Fundierung begleitet. Zweitens wurden diese Versuche einer theoretischen Fundierung von Projektunterricht auf der Grundlage unterschiedlicher Bezugsrahmen unternommen. Und drittens gibt es bislang keinen Versuch, Projektunterricht in seinen verschiedenen theoretischen Dimensionen und gleichzeitig in einem Band zugänglich zu machen. Dieser offenkundige Mangel, immer noch vorhandene Neugier und das Interesse, den eigenen Ansatz theoretisch umfassender zu begründen, waren für die Herausgeber Grund genug, ein Buch zur „Theorie des Projektunterrichts" in Angriff zu nehmen.

Angesichts der gegenwärtigen Differenzierung der Erziehungswissenschaft erschien es uns dafür notwendig und sinnvoll, unterschiedliche „projektnahe" Experten im Rahmen einer von den Herausgebern entworfenen Perspektivensammlung um einen je spezifischen Beitrag zur theoretischen Grundlegung von Projektunterricht zu bitten. Dabei ging es uns nicht primär um eine Wiederauflage der Diskussion über einen historisch und schultheoretisch angemessenen Projektbegriff (vgl. dazu *Bastian/Gudjons* 1993); auf die Frage „Was ist Projektunterricht?" wird es auch in Zukunft unterschiedliche und unterschiedlich begründete Antworten geben. Bei der Konzeption des Buches und der Auswahl der Autoren haben wir vielmehr unser Verständnis von Projektunterricht als besonderer Unterrichtsform zugrundegelegt, das auf der Erziehungsphilosophie John Deweys basiert und begrifflich sowohl über spezifische Phasen als auch über diesen Phasen zugeordnete Merkmale bestimmt ist (vgl. *Bastian/Gudjons* 1990). Unser Interesse war und ist, dieses Projektverständnis aus unterschiedlichen erziehungswissenschaftlichen Perspektiven zu fundieren und so die beiden vorangehenden stärker praxisorientierten Bände zum Projektunterricht zu ergänzen. Daß die nun vorliegenden Beiträge trotz dieses gemeinsamen Bezugspunktes keineswegs in allen Aspekten kohärent sind, ist ein Zeichen für – hoffentlich produktive – Widersprüche, in denen die Diskussion um Projektunterricht nach wie vor geführt wird und geführt werden soll.

Die Gliederung der Beiträge folgt Überlegungen, die sich sowohl an bislang vorliegenden, aber ergänzungs- und aktualisierungsbedürftigen Arbeiten, als auch an neuen Fragestellungen orientieren und diese in drei Teilen bearbeiten:

- ■ einem historisch argumentierenden Teil, in dem vor dem Hintergrund der Erziehungsphilosophie des Projektunterrichts und seiner Weiterentwicklung in Deutschland nach einem aktuellen und gleichzeitig historisch begründeten Projektverständnis gefragt wird,
- ■ einem schulpädagogisch argumentierenden Teil, in dem Projektunterricht aus der Perspektive verschiedener Teilbereiche der Schulpädagogik theoretisch fundiert wird, sowie
- ■ einem didaktisch argumentierenden Teil, in dem systematisch analysiert wird, wie sich die Realisierung von Projektunterricht zu den besonderen Anforderungen und Grenzen der Institution Schule verhält.

Im historisch argumentierenden Teil versucht dieser Band zunächst auf der Grundlage der jüngsten Forschungsergebnisse Entstehung und Entwicklung der Projektidee zu rekonstruieren. Dabei setzt sich *Speth* zunächst mit der in der Philosophie des Pragmatismus gründenden Erziehungstheorie von *John Dewey* auseinander. Darauf aufbauend geht er der Frage nach, was eine moderne Projekttheorie von dieser frühen, bereits zu Beginn des Jahrhunderts in der Chicagoer Laboratory School erprobten Konzeption lernen kann. *Schreier* erweitert dann diesen Versuch, indem er den Projektunterricht in seinem ideengeschichtlichen Kontext analysiert. Dabei berücksichtigt er nicht nur den philosophischen Hintergrund in der Entstehungsphase – den Pragmatismus –, sondern diskutiert diesen im Zusammenhang mit aktuellen Fragestellungen des Konstruktivismus;

damit leistet er einen Beitrag zu einer sowohl historisch begründeten als auch aktuellen Erziehungsphilosophie des Projektunterrichts.

Auf ein nahezu unerforschtes Terrain begeben sich die beiden anderen Beiträge innerhalb des historischen Teil: Sie wenden sich der Frage zu, wie sich die Projektidee in Deutschland entfaltet hat. Zunächst untersucht *Suin de Boutemard*, in welcher Weise Reformpädagogen der Weimarer Zeit die Projektidee aufgenommen und umgesetzt haben. Nach einer ausführlichen Analyse der beiden Grundbedingungen im Projektbegriff *Deweys* – der wissenschaftstheoretischen Grundlegung sowie der zivilreligiösen Didaktik – geht er insbesondere auf die Konzeptionen von *Adolf Reichwein* und *Fritz Karsen* ein, die die Gedanken *Deweys* in besonderer Weise adaptieren.

Für die Zeit nach 1945 haben *Ulrich Schäfer* und *Klaus Hahne* eine wahre Sisyphus-Arbeit geleistet: Auf der Grundlage der von *Schäfer* herausgegebenen Projekt-Bibliographie (*Schäfer* 1988) unternehmen sie den Versuch, Entwicklungslinien und zentrale Kulminationspunkte der Projektdiskussion von 1945 bis heute zu rekonstruieren. Sie kommen dabei zu einer Einteilung in drei Phasen: einer stetigen, aber randständigen Diskussion zwischen 1945 und 1967, einer durch Krisenstimmung hervorgerufenen Konjunktur zwischen 1967 und 1975 und einer Konsolidierung auf hohem Niveau nach 1975. Mit ihrer Studie legen die beiden Autoren die Grundlagen für eine weitere Rekonstruktion der Entwicklungslinien des Projektunterrichts nach 1945.

Sind die Beiträge des ersten Teils vorrangig auf die Rekonstruktion der Genese des Projektunterrichts gerichtet, so steht im zweiten Teil die schulpädagogische Begründung von Projektunterricht im Kontext neuerer Forschungsergebnisse im Vordergrund. Diesem Abschnitt liegt der Anspruch zugrunde, bislang verstreut vorliegende Begründungskontexte systematisch auf Projektunterricht zu beziehen, zu aktualisieren und im Zusammenhang zu präsentieren. Dazu haben wir Experten aus verschiedenen Teilbereichen der Schulpädagogik gebeten, den aktuellen Stand der jeweiligen Forschungsrichtung als Begründungskontext für Projektunterricht zu entfalten.

Herbert Gudjons nimmt in seinem Beitrag noch einmal die Frage auf, wie sich die charakteristischen Elemente des Projektunterrichts durch Erkenntnisse aus Lern-, Kognitions- und Handlungspsychologie stützen lassen. Er knüpft dabei an die Grundlinien seiner bisherigen Arbeiten zum Zusammenhang von Lernen, Denken und Handeln an (vgl. 1986, erw. Aufl. 1997) und differenziert und ergänzt sie auf der Grundlage der jüngsten Forschungsergebnisse insbesondere zum Wissenserwerb und zur Wissenskonstruktion auf der Grundlage neurobiologischer Gehirnforschung sowie moderner Handlungspsycholgie.

Heinz Günter Holtappels fragt nach sozialisationstheoretischen Begründungskontexten für Projektunterricht. Ausgehend von Veränderungen in der Lebenswelt von Kindern und Jugendlichen, die er auf der Grundlage neuerer Veröffentlichungen darstellt, entwickelt er Orientierungen für die Gestaltung schulischer Lernprozesse. Dabei kommt er zu dem Ergebnis, daß Projektunterricht in einem begrenzten Umfang in der Lage ist, negative Auswirkungen der veränderten Lebenswelt zu kompensieren.

Klaus-Jürgen Tillmann stellt seinem Beitrag die provozierende Frage nach einer ökonomischen Begründung für Projektunterricht voran und verweist damit auf eine Argumentationsfigur, die in der derzeitigen Diskussion um neue Unterrichtsformen häufig angeführt wird. Vor dem Hintergrund der Beobachtung, daß Manager und Personalchefs heute sogenannte „Schlüsselqualifikationen" fordern, diskutiert *Tillmann* die Ambivalenz dieser Argumentation, indem er Gemeinsamkeiten und Differenzen zwischen Qualifikationsanforderungen der Wirtschaft und Bildungsaufgaben der Schule kritisch reflektiert. Sein Fazit lautet: Ökonomische Argumente sind zu beachten, sie müssen jedoch durch bildungstheoretische Argumente ergänzt und relativiert werden.

Johannes Bastian und *Jochen Schnack* unternehmen den Versuch, Projektunterricht schultheoretisch zu begründen, indem sie die jüngeren Ansätze einer Theorie der Einzelschule als pädagogischer Handlungseinheit zugrundelegen. Vor diesem Hintergrund analysieren sie die Bedeutung von Unterrichtsentwicklung für Schulentwicklungsprozesse und kommen zu dem Ergebnis, daß Projektunterricht eine Schlüsselposition einnimmt, da er nicht nur eine Zielperspektive für Innovationsvorhaben auf der Ebene des Unterrichts darstellt, sondern auch als strukturelles Element von Schulentwicklungsprozessen gelten kann. Durch die Beschäftigung mit Projektunterricht erwerben Lehrerinnen und Lehrer Kompetenzen, die für Unterrichtsreform und Schulentwicklung gleichermaßen nützlich sein können.

Der dritte Teil schließlich thematisiert Projektunterricht aus didaktischer Perspektive. Im Mittelpunkt dieses Abschnitts steht die Diskussion einer allgemeindidaktischen und fachdidaktischen Ortsbestimmung sowie die Analyse von Widersprüchen zwischen den konzeptionellen Ansprüchen dieser besonderen Unterrichtsform und der Verfaßtheit der Schule als Institution.

Zunächst unternimmt *Gunter Otto* den Versuch, Projektunterricht als eine besondere Unterrichtsform in der gegenwärtigen Pflichtschule zu charakterisieren. Dabei diskutiert er vier Problemkreise: die Anlässe für die Forderung nach Projektunterricht; den Zweifel am Defizitvorwurf gegenüber der gegenwärtigen Schule; die Grenzen und Aufgaben der Pflichtschule und das Veränderungspotential von Projektunterricht. Veränderungspotentiale sieht er in den

Dimensionen Wahrnehmung, Handlung und Erfahrung. Dabei geht es Otto darum, daß Projekte unterrichtsrelevante Prozesse enthalten und daß diese wiederum in jeglichen Unterricht übergehen.

Eine heikle Frage der Projektpädagogik bearbeitet *Gerd Heursen*. Im Zentrum seines Beitrags steht das Verhältnis des Projektunterrichts zum Fachunterricht. Er verweist darauf, daß die Forderung nach Projektunterricht nicht zuletzt aus einer fundamentalen Kritik an einem überwiegend fachsystematisch begründeten Unterricht entstanden ist, plädiert aber zugleich, ausgehend von der aktuellen Krise des Fachunterrichts sowie den gewandelten Anforderungen an Schule für eine Vermittlung dieser Positionen. Damit liefert er einen wichtigen Beitrag zu einer Frage, die auch außerhalb der Projektpädagogik diskutiert wird, zuletzt anläßlich der Reform der gymnasialen Oberstufe durch die KMK: Wie lassen sich fachübergreifende Perspektiven und fachsystematische Ansprüche sinnvoll und produktiv miteinander verbinden?

Nicht weniger widersprüchlich ist das Verhältnis von Projektunterricht und herkömmlicher Leistungsbeurteilung. Die Frage nach der „Leistung im Projektunterricht" steht nicht selten im Mittelpunkt apologetischer wie auch kritischer Äußerungen zum Projektunterricht. *Johannes Bastian* nimmt diesen Widerspruch auf und fragt zunächst nach einem schulpädagogisch begründeten Leistungsbegriff. Auf dieser Grundlage entwickelt er Kriterien für die Beobachtung und die Beurteilung von Leistungen im Projektunterricht und formuliert damit einen Diskussionsrahmen für die theoretische Begründung und die praktische Umsetzung veränderter Formen der Leistungsbeurteilung im Kontext veränderter Formen des Lehrens und Lernens.

Wer Projektunterricht als eine besondere Unterrichtsform definiert, der muß auch das Verhältnis von Unterrichtsform und Unterrichtsmethoden spezifizieren. *Wolfgang Emer* und *Klaus-Dieter Lenzen* machen deshalb den Versuch, den typischen Phasen eines Projektverlaufs geeignete Lehr- und Lernmethoden zuzuordnen. Dabei können sie auf einen umfangreichen Fundus an eigenen Erfahrungen aus dem Bielefelder Oberstufenkolleg zurückgreifen. Auf dieser Grundlage gelingt es, eine begründete Beziehung zwischen einer besonderen Unterrichtsform und dieser Unterrichtsform entsprechen Unterrichtsmethoden herzustellen.

Abschließend diskutieren *Johannes Bastian* und *Arno Combe* die professionstheoretischen Grundlagen einer Neubestimmung der Lehrer-Schüler-Interaktion im Projektunterricht – einer Neubestimmung, die in der Praxis oft zu Verunsicherungen, aber auch zu nachhaltigen Veränderungen führen kann. Die beiden Autoren untersuchen am Beispiel der gemeinsamen Planung von Projektunterricht, welche Auswirkungen die für diese Unterrichtsform konstitutive

13

Kategorie der „Schülerbeteiligung" auf eine Neubestimmung des Arbeitsbündnisses von Lehrer(inne)n und Schüler(inne)n hat und wie in diesem Arbeitsbündnis die Übergänge von der Verantwortung des Lehrenden zur Selbstverantwortung der Lernenden theoretisch zu bestimmen und praktisch zu konkretisieren sind.

Die Einführung abschließend und gleichzeitig zum ersten Beitrag dieses Buches hinführend eine Bemerkung zum Stellenwert einer Theorie des Projektunterrichts: Theorie über Projektunterricht ist nicht denkbar ohne eine Rückbindung an Erfahrung mit Projektunterricht. Der Mensch – so *John Dewey* – gewinnt Erkenntnis und lernt, indem er sich tätig mit der Welt auseindersetzt, kurz: indem er Erfahrungen macht. Entscheidend dabei ist jedoch der Nachvollzug dieser Erfahrung im Denken, denn „... das Denken ist die Auseinanderlegung der Beziehungen zwischen dem, was wir zu tun versuchen, und dem, was sich aus diesem Versuch ergibt. Es gibt keinerlei sinnvolle Erfahrung, die nicht ein Element des Denkens enthält." (*Dewey* 1964, S. 193). Oder anders: Es gibt keine gehaltvolle Praxis des Projektunterrichts ohne eine Rückbindung an Denken über Projektunterricht bzw. eine Theorie des Projektunterrichts. Dieses Buch ist also – auch wenn es keinen Erfahrungsbericht enthält – ungemein „praktisch", weil es bei der Auseinandersetzung mit Problemen und der Erarbeitung möglicher Lösungsvorschläge hilft, allerdings immer als Teil eines fortlaufenden Prozesses und nicht im Sinne letztgültiger Wahrheiten oder endgültiger Lösungen. Im Sinne dieses Grundsatzes der Philosophie des Pragmatismus verstehen wir dieses Buch als Beitrag zu einer gehaltvollen Projektpraxis. Wer dies differenzierter nachvollziehen will, der lese gleich den ersten Beitrag zu „John Dewey und der Projektgedanke".

Literatur

Bastian, Johannes / Gudjons, Herbert (Hg.): Das Projektbuch. Theorie – Praxisbeispiele – Erfahrungen. Hamburg 1986 (4. Auflage 1994)

Bastian, Johannes / Gudjons, Herbert (Hg.): Das Projektbuch II. Über die Projektwoche hinaus. Projektlernen im Fachunterricht. Hamburg 1990 (2. Auflage 1993)

Bastian, Johannes / Gudjons, Herbert (Hg.): Streit um den Projektbegriff. Themenschwerpunkt der Zeitschrift PÄDAGOGIK. In: PÄDAGOGIK , 45. Jg., Heft 7–8/1993

Dewey, John: „Demokratie und Erziehung", Weinheim, Basel: Beltz 1993 (Nachdruck der 3. Aufl. 1964)

Duncker, Ludwig/Götz, Bernd: Projektunterricht als Beitrag zur inneren Schulreform. Begründungen, Erfahrungen, Vorschläge für die Durchführung von Projektwochen. Langenau, Ulm 1984 (2. Aufl. 1988)

Frey, Karl: Die Projektmethode. Weinheim, Basel 1982 (7., überarb. Auflage 1996)

Gudjons, Herbert: Handlungsorientiert lehren und lernen. Schüleraktivierung – Selbsttätigkeit – Projektunterricht. Bad Heilbrunn 1986 (5., erw. Auflage 1997)

Hänsel, Dagmar: Das Projektbuch Grundschule. Weinheim, Basel 1986 (2. Auflage 1988)

Hänsel, Dagmar (Hg.): Handbuch Projektunterricht. Weinheim und Basel 1997

Schäfer, Ulrich: Internationale Bibliographie zur Projektmethode in der Erziehung, 1895–1982. 2 Bde., Berlin 1988

Historische Begründungen

Martin Speth
John Dewey und der Projektgedanke

„Sein Gedächtnis wie ein Notizbuch anfüllen mit Tatsachen, die als
abgeschlossen und erledigt angesehen werden, ist nicht denken. [...]
Denken heißt erwägen, welchen Einfluß die gegenwärtigen Vorgänge
auf die in Zukunft möglichen haben können und haben werden."
(John Dewey)

Einleitung

John Dewey wird häufig als Vater der Projektmethode bezeichnet, doch gibt es auch Stimmen, die diese Sichtweise in Frage stellen und auf wesentlich ältere Wurzeln der Projektidee verweisen[1]. Ohne im einzelnen auf die oftmals sehr diffizil vorgenommenen begriffshistorischen Untersuchungen einzugehen, versuche ich – gleichsam im umgekehrten Verfahren – Deweys Theorie der Erziehung daraufhin zu befragen, welchen Beitrag sie für eine moderne Konzeption von Projektunterricht leisten kann. Dabei gehe ich von der Annahme aus, daß John Dewey weder der „Erfinder" des Projektgedankens ist (wenn dies bedeuten soll, daß er als erster und explizit von Projekten gesprochen hat), noch die „Projektmethode" für die einzig sinnvolle Unterrichtsform hält, obgleich ihm dies immer wieder unterstellt wird. Diese Annahme widerspricht seinen philosophischen Grundgedanken, wie im folgenden zu zeigen sein wird. Dennoch hat Dewey eine zentrale Bedeutung für die moderne Projektpädagogik: Deweys Theorie der Erziehung bietet ein begriffliches Instrumentarium, das auch moderne Projektkonzepte zu fundieren vermag und das zugleich – so mein Vorschlag – einen Maßstab bilden kann für die Beantwortung der Frage, wie Projektunterricht aussehen soll.

Zu Beginn meiner Ausführungen werde ich zentrale Kategorien der Deweyschen Theorie der Erziehung herausarbeiten. Im zweiten Schritt gehe ich auf seine Gedanken über Inhalte und Methoden von Unterricht ein, bevor ich im dritten Teil auf seine Überlegungen zum Projektunterricht reflektiere und meine Schlußfolgerungen daraus ziehen werde.

John Deweys Theorie der Erziehung

Philosophie und Erziehung

John Dewey wurde in der deutschen erziehungswissenschaftlichen Diskussion vor allem durch seine pädagogischen Schriften, darüber hinaus allenfalls noch durch sein Wirken in der Laboratory School der University of Chicago und durch seine Rolle in der progressive-education-Bewegung bekannt (vgl. *Röhrs* 1991). John Dewey war jedoch vor allem auch Philosoph, der seine Erziehungsvorstellungen aus einem pragmatistischen Gedankengebäude heraus entwickelte und begründete. Dieser Aspekt seines Wirkens stand der Rezeption seiner Texte in Deutschland (ganz anders stellt sich die Situation im angelsächsischen Raum dar) eher im Wege[2]. Wie jedoch viele Mißverständnisse in der deutschen Dewey-Rezeption zeigen, lassen sich seine Aussagen über erziehungswissenschaftliche Fragestellungen nur hinreichend verstehen, wenn die zugrundeliegenden philosophischen Gedanken berücksichtigt werden.

Dewey selbst betonte immer den sehr engen Zusammenhang zwischen Philosophie und Erziehung, wobei er sich jedoch deutlich gegen die vorherrschende Auffassung von Philosophie wendete, die sich seiner Ansicht nach in ihren Fragestellungen verselbständigt und von ihrer ursprünglichen Intention entfernt hatte[3]. Philosophie erwächst für *Dewey* aus Problemen des menschlichen Zusammenlebens; ihre Aufgabe bestehe darin, zur Lösung von Problemen der Menschheit beizutragen[4]. Ob sie dies leiste, daraufhin habe sie sich immer wieder zu befragen.

Im Unterschied zu philosophischen Richtungen, die endgültige Lösungen oder Wahrheiten für möglich halten, geht der Pragmatismus davon aus, daß Philosophie lediglich Probleme aufzeigen und Hinweise zu deren Überwindung geben kann: „Philosophie ist eine Überschau des Möglichen, nicht ein Bericht über vollendete Tatsachen. Daher ist die Philosophie hypothetisch wie alles Denken. […] Ihr Wert liegt nicht darin, daß sie Lösungen liefert, […] sondern in der Herausstellung von Schwierigkeiten und dem Hinweis auf mögliche Methoden zu ihrer Überwindung" (*Dewey* 1964, S. 420). In diesem Zitat findet sich ein wesentlicher Grundsatz der pragmatistischen Philosophie, der auch für Dewey konstitutiv ist. Es geht ihm nicht um das Erkennen letztgültiger Wahrheiten oder um endgültige Lösungen, sondern um die Auseinandersetzung mit Problemen und die Erarbeitung möglicher Lösungsvorschläge, die immer hypothetischen Charakter besitzen und Teil eines fortlaufenden Prozesses der

Weiterentwicklung sein sollen. Letztlich geht es darum, die Prozeßhaftigkeit und Situationsgebundenheit von Geschehnissen hervorzuheben. Bereits dieser erste Zugriff läßt erahnen, daß eine einfache Antwort auf die Frage, was Projektunterricht sein kann, von Dewey nicht zu erwarten ist.

Der Gedanke der Prozeßhaftigkeit stellt für Dewey die Basis dar, auf der er immer wieder festgefügte Vorstellungen darüber, wie Schule und Unterricht zu sein haben, als statisch und damit als unzureichend kritisiert. Unübersehbar gerät er dabei in ein normatives Dilemma: Er entwirft ein Bild von Schule und Unterricht, das als Leitbild für eine veränderte Schule dienen soll, das aber zugleich nicht zu allgemein und festgefügt geraten darf. Dewey antwortet auf dieses Dilemma, indem er immer wieder betont, daß allgemeine und übergreifende Probleme an die besondere Situation und an Personen gebunden werden müssen, in der und durch die sie letztlich bearbeitet werden.

Dennoch wird Philosophie für die Erziehung in mehrfacher Hinsicht unmittelbar relevant: Sie dient der fortwährenden kritischen Reflexion vor allem auch der Erziehungspraxis, also der Ziele und Inhalte von Erziehung; sie hilft darüber hinaus, die Einzelwissenschaften dahingehend zu überprüfen, welche ihrer Ergebnisse Bedeutung für die sozialen Belange der Menschheit erlangen; und schließlich können aus ihr unmittelbar Methoden der Erkenntnisgewinnung abgeleitet werden: „In der Erziehung kann die Philosophie Methoden bereitstellen, um die Kräfte der Menschen im Sinne ernster und durchdachter Lebensauffassungen zu verwerten. Die Erziehung ist das Laboratorium, in dem die philosophischen Formulierungen greifbar werden und erprobt werden können." (*Dewey* 1964, S. 424). Philosophie und Erziehung durchdringen und befruchten sich wechselseitig.

Die tätige Auseinandersetzung mit der Welt durch Erfahrung

Wie bereits angedeutet, kritisiert Dewey philosophische Richtungen, die auf letztgültigen Kategorien basieren. Diese Vorstellungen bringen Dualismen hervor, die sich in der Trennung zwischen Mensch und Welt, Körper und Geist, Subjekt und Objekt manifestieren. Im Unterschied zu Auffassungen, die entweder die Welt als vollständig vom Menschen konstruiert ansehen, oder umgekehrt von einer objektiven, vom Menschen lediglich zu erkennenden Welt ausgehen, sind Mensch und Welt in der pragmatistischen Sichtweise grundlegend aufeinander bezogen und ohne einander nicht denkbar; sie konstituieren einander in einem gemeinsamen Prozeß.

In diesem Zusammenhang gewinnt der Begriff der Erfahrung zentrale Bedeutung: Der Mensch gewinnt nach Dewey Erkenntnis, indem er sich tätig mit der Welt auseinandersetzt, kurz: indem er Erfahrungen macht. Diese Vorstellung geht davon aus, daß der Mensch nicht nur auf seine Umgebung reagiert und sich dieser anpaßt – wie von behaviouristisch geprägten Konzepten angenommen wird –, sondern diese aktiv und bewußt gestaltet, sich also handelnd mit ihr auseinandersetzt: „Wir wirken auf den Gegenstand ein, und der Gegenstand wirkt auf uns zurück [...]. Je enger diese beiden Seiten der Erfahrung miteinander verflochten sind, umso größer ist ihr Wert." (*Dewey* 1964, S. 186) Der Mensch wirkt aktiv auf seine Umgebung ein und erfährt die Folgen seiner Handlungen, indem die Umgebung auf ihn zurückwirkt und gewinnt dadurch Erkenntnis.

Der beschriebene Erkenntnisprozeß beschränkt sich jedoch nicht auf einen bloßen Nachvollzug, als ein Erfassen vergangener oder festgelegter Vorgänge, sondern als Prozeß mit grundsätzlich offenem Ausgang: „Denn in jedem Objekt der Primärerfahrung stecken immer Möglichkeiten, die nicht explizit sind; jedes Objekt, das zutage liegt, ist belastet mit möglichen Konsequenzen, die verborgen sind; der alleroffensichtlichste Akt hat Faktoren, die nicht explizit sind. Wir mögen unser Denken anstrengen, solange wir wollen, wir können doch nicht alle Konsequenzen voraussehen oder zu einem ausdrücklichen oder bekannten Teil der Reflexion und Entscheidung machen" (*Dewey* 1995, S. 37). Bezieht man diese Aussage auch auf Unterrichtsprozesse, so wird deutlich, daß der Planbarkeit von Erkenntnisprozessen durch den Lehrer Grenzen gesetzt sind. Letztlich kann im Vorwege nicht vollständig bestimmt werden, was ein Lehrgegenstand bei einer SchülerIn bewirken wird.

Erfahrungsprozesse werden nicht voraussetzungslos aus sich selbst heraus immer neu generiert, sondern bauen auf vorhergehenden auf und sind zukunftsorientiert auf einen Fortschritt gerichtet: „Jetzt [im Gegensatz zu älteren Vorstellungen, M. S.] wird die alte Erfahrung benutzt, um Ziele und Methoden zur Entwicklung einer neuen und verbesserten Erfahrung vorzuschlagen." (*Dewey* 1989, S. 140). Demnach gewinnt der Mensch Erkenntnis, indem er sich tätig mit der Welt auseinandersetzt und, aufbauend auf alten Erfahrungen, neue Erfahrungen macht.

Denken und Erfahrung

Durch die Betonung des Tätigseins wird Lernen durch Erfahrung häufig auf diesen Aspekt reduziert und mit dem Schlagwort „learning-by-doing" belegt oder mit einfachen Lernmodellen von „Versuch-und-Irrtum" gleichgesetzt, und auf diese Weise gleichsam mit bewußtseinslosem Tun auf eine Ebene gestellt. In dieser Verkürzung schwingen behaviouristische Vorstellungen mit, gegen die sich Dewey zeitlebens abgegrenzt hat[5] und die sein Anliegen grundlegend mißverstehen. Eine Erfahrung zu machen ist für Dewey nicht gedankenloses Tun, sondern immer ein geistiger und kreativer Prozeß[6]: „Durch Erfahrung lernen heißt das, was wir den Dingen tun, und das, was wir von ihnen erleiden, nach rückwärts und vorwärts miteinander in Verbindung bringen. Bei dieser Sachlage aber wird das Erfahren zu einem Versuchen, zu einem Experiment mit der Welt zum Zwecke ihrer Erkennung." (*Dewey* 1964, S. 187).

Dewey unterscheidet verschiedene Formen der Erfahrung, auf die ich an dieser Stelle nicht im einzelnen eingehen kann[7]. Entscheidend ist jedoch, daß mit tätiger Auseinandersetzung nicht allein manuelle Tätigkeiten gemeint sind, vielmehr ist gerade die Veränderung des Gegenstandes im Prozeß der Erfahrung und der Nachvollzug dieser Veränderung im Denken eine grundlegende Bedingung: „[...] das Denken ist die Auseinanderlegung der Beziehungen zwischen dem, was wir zu tun versuchen, und dem, was sich aus diesem Versuche ergibt. Es gibt keinerlei sinnvolle Erfahrung, die nicht ein Element des Denkens enthält." (*Dewey* 1964, S. 193). Denken und Erfahrung stehen für Dewey in einem engen Zusammenhang.

Mit der „Zunahme des Anteils des Denkens" wird Denken zu einer besonderen Form der Erfahrung, der „denkenden Erfahrung", die er auch als die „bildende" („educative") Methode der Erfahrung bezeichnet: „Die wesentlichen Merkmale der ‚Methode' sind darum identisch mit den wesentlichen Merkmalen des ‚Denkens'. Es sind folgende: erstens, daß der Schüler eine wirkliche, für den Erwerb von Erfahrung geeignete Sachlage vor sich hat – daß eine zusammenhängende Tätigkeit vorhanden ist, an der er um ihrer selbst willen interessiert ist; zweitens: daß in dieser Sachlage ein echtes Problem erwächst und damit eine Anregung zum Denken; drittens: daß er das nötige Wissen besitzt und die notwendigen Beobachtungen anstellt, um das Problem zu behandeln; viertens: daß er auf mögliche Lösungen verfällt und verpflichtet ist, sie in geordneter Weise zu entwickeln; fünftens: daß er die Möglichkeit und die Gelegenheit hat, seine Gedanken durch praktische Anwendung zu erproben, ihren Sinn zu klären und ihren Wert selbständig zu entdecken." (*Dewey* 1964, S. 218) Diese vielzitierte Schlüsselstelle aus „Demokratie und Erziehung" bot immer wieder Anlaß für das Mißverständnis, Dewey würde an dieser Stelle eine „universale Methode" der Vermittlung beschreiben; doch kann es diese für Dewey nicht geben, wichtiger ist ihm vielmehr, den grundlegenden Zusammenhang von Denkprozessen und einer bildenden Erfahrung hervorzuheben. Eine Erfahrung ist dann wertvoll und bildend, wenn sie die beschriebenen Stufen des Denkens beinhaltet.

Dewey beschreibt mit den fünf Stufen des Denkens einen idealtypischen Prozeß, der zu Erziehung und Bildung[8] des Menschen führt. Damit ist jedoch keine allgemeingültige Unterrichtsmethode beschrieben. Eine Erfahrung bleibt ein Prozeß der Auseinandersetzung des Individuums mit seiner Umwelt, der sehr wohl durch äußere Bedingungen beeinflußt werden kann, aber die einfache Übertragung der Denkprozesse in methodische Teilschritte von Unterricht garantiert diese nicht. Vielmehr bestünde dann die Gefahr der Erstarrung zu einem Rezept, das lediglich „unmittelbare Anweisungen für das Handeln" gibt, aber nicht zur Aufklärung über „die Zwecke und Mittel" des Handelns beiträgt (*Dewey* 1964, S. 228).

Erfahrung und Erziehung

Die wichtigste Aufgabe von Erziehung ist nach Dewey die Sicherstellung von Erfahrungsprozessen der Lernenden: „So gelangen wir zu einer fachwissenschaftlichen Definition der Erziehung: sie ist diejenige Rekonstruktion und Reorganisation der Erfahrung, die die Bedeutung der Erfahrung erhöht und die Fähigkeit, den Lauf der folgenden Erfahrung zu leiten, vermehrt." (*Dewey* 1964, S. 108). *Dewey* verknüpft in dieser Argumentation Erfahrung und Erziehung unlösbar miteinander. Eine Erziehung, die der Höherentwicklung des Individuums und der Gesellschaft dient, kann für Dewey nur über Erfahrungsprozesse verlaufen; und umgekehrt wirken Erfahrungsprozesse erzieherisch, wenn sie auf Entwicklung ausgerichtet sind.

Wie Dewey im folgenden Zitat hervorhebt, vollziehen sich menschliche Lebensprozesse immer in Auseinandersetzung mit der Umwelt: „Die erste wichtige Überlegung gilt der Tatsache, daß sich das Leben in einer bestimmten Umgebung abspielt; und zwar nicht nur in einer Umgebung, sondern auf Grund dieser, durch Interaktion mit ihr." (*Dewey* 1988, S. 21) Analog wirken auch Erziehungsprozesse nicht unmittelbar, sondern nur vermittelt über die Umgebung. Der Begriff der Umgebung umfaßt für Dewey „mehr als die Gesamtheit der Dinge, in deren Mitte der Mensch existiert. Es bedeutet den besonderen Zusammenhang dieser Dinge mit seinen eigenen Betätigungstendenzen." (*Dewey* 1964, S. 27)

Der Mensch lernt also durch die tätige Auseinandersetzung mit seiner Umgebung, die nicht nur konstitutiver Teil des Prozesses ist, sondern diesen auch initiiert, indem sie sich dem Menschen als Widerstand oder Problem darstellt, das Ausgangspunkt denkender Erfahrung sein kann: „Leben entwickelt sich, wenn seine zeitweilige Disharmonie ein Übergang ist zwischen den inneren Antriebskräften des Organismus und dessen äußeren Lebensbedingungen." (*Dewey* 1988, S. 22)

Der Umgebungsbegriff hat bei Dewey noch ein weiteres Bedeutungsmoment. Nach Dewey lernt der Mensch nicht, indem er sich losgelöstes Wissen aneignet, sondern dann, wenn der Gegenstand mit der augenblicklichen Situation des Lernenden zusammenhängt. Dies bedeutet zum einen, daß der Kontext der konkreten Lernsituation einbezogen werden muß, und zum anderen, daß das Interesse der Lernenden berücksichtigt werden muß. *Dewey* betont, daß die Ereignisse für den Lernenden von Bedeutung sein müssen, und rückt damit das Individuum in das Zentrum der Betrachtung. Lehrerinnen und Lehrer müssen den besonderen Fähigkeiten, den Bedürfnissen und Neigungen der Schülerinnen und Schüler Beachtung schenken und Gegenstände und Betätigungsformen finden, die mit den gegenwärtigen Betätigungsformen der Kinder in Verbindung stehen.

Scheinbar wird damit das lernende Subjekt als alleiniger Bezugspunkt des Lernens konstituiert, eine genauere Betrachtung zeigt jedoch, daß sich der Begriff Interesse nicht ausschließlich auf das Individuum bezieht, sondern für Dewey die Vermittlung zwischen den Gegenständen und dem Lernenden bezeichnet: „Der Begriff des Interesses besagt, daß Ich und Welt in einer sich entwickelnden Situation miteinander verflochten sind." (*Dewey* 1964, S. 170, Hervorhebung im Original). Daher ist neben der Orientierung an den Betätigungen der Lernenden genauso entscheidend, daß die Schülerinnen und Schüler die Bedeutung der Gegenstände für ihre eigenen Tätigkeiten erkennen: „Das Studium (z. B. der Mathematik) ist erfolgreich in dem Grade, in dem der Schüler die Bedeutung der (mathematischen) Wahrheit, mit der er sich beschäftigt, für die Fruchtbarmachung seiner Betätigungen erkennt." (*Dewey* 1964, S. 181 f.).

Demokratie und Erziehung

Dewey versteht den Menschen als ein soziales Wesen, das – um Mensch sein zu können – in einer sozialen Gemeinschaft lebt: „Was man als Persönlichkeit ist, das ist man in der Beziehung zu anderen, im freien Geben und Nehmen des Austausches."[9] (*Dewey* 1964, S. 166)

Eine erstrebenswerte Gemeinschaft gewährleistet für Dewey das „freie Wechselspiel aller Mitglieder" und die Teilhabe aller an einem gemeinsamen Interesse. Die gesellschaftliche Form, in der dieses Ideal verwirklicht werden kann, ist die Demokratie, die somit nicht lediglich eine formal konstituierende Regierungsform darstellt: „Die Demokratie ist mehr als eine Regierungsform; sie ist in erster Linie eine Form des Zusammenlebens, der gemeinsamen und miteinander geteilten Erfahrung." (*Dewey* 1964, S. 121)

Erziehung ist für Dewey ein historisch notwendiger Prozeß, da immer wieder nachwachsende Generationen in die Gesellschaft integriert werden müssen, d. h. mit den Idealen, Erwartungen, Normen und Meinungen der Gemeinschaft vertraut gemacht werden müssen; sie ist daher für den Fortbestand einer

Gemeinschaft notwendig. Die Integration neuer Mitglieder findet für Dewey jedoch nicht nur durch Anpassung an die Werte und Normen der Gemeinschaft statt, sondern auch die neuen Mitglieder bringen ihre Interessen ein und sind zugleich konstituierend und bedeutungsvoll für gesellschaftliche Weiterentwicklung: „Für eine fortschrittliche Gesellschaft aber sind individuelle Verschiedenheiten von unschätzbarem Werte, da sie in ihnen die Werkzeuge ihres eigenen Wachstums findet. Eine demokratische Gesellschaft muß daher in Übereinstimmung mit ihrem Ideal in ihren Erziehungsmaßnahmen dem Spiele verschiedenster Gaben und Interessen im Sinne geistiger Freiheit Raum gewähren." (*Dewey* 1964, S. 396)

Hier deutet sich Deweys emanzipatorischer Grundansatz an: es gäbe – wie er vorsichtig formuliert – „Anzeichen, daß die Erziehung als Mittel zur Verwirklichung der menschlichen Hoffnungen auf eine bessere Zukunft gemacht werden kann" (*Dewey* 1964, S. 111).[10]

In einer Demokratie nimmt Erziehung eine besondere Rolle ein, weil Demokratie zu ihrer ständigen Selbsterneuerung eine Erziehung in dem von Dewey angestrebten Sinne benötigt, und gleichzeitig die Demokratie eine Voraussetzung dieser Erziehung ist. Demokratie ist nach Dewey gleichzeitig Bedingung von Erziehung und ihr Ziel.

Inhalte und Methoden des Unterrichts

Welche Konsequenzen lassen sich nun aus dieser Erziehungsphilosophie für Inhalte und Methoden des Unterrichts ableiten? Welche Unterrichtsmethoden lassen sich mit dieser Philosophie begründen? Wie kann erziehender Unterricht im Sinne Deweys gestaltet werden? Welche Inhalte sind dazu geeignet?

Eine erste Folgerung ist als „Konstitutionsthese" in der Erziehungswissenschaft bekannt geworden. Dewey bricht mit einer vor allem auch in der deutschen Erziehungswissenschaft weitverbreiteten Sichtweise, derzufolge die inhaltlichen und methodischen Aspekte von Unterricht weitgehend unabhängig voneinander zu betrachten sind[11]. Im Unterschied dazu sieht Dewey in der Trennung von Lehrstoff und Methode einem unzulässigen Dualismus und hält in pragmatistischer Sichtweise beide für untrennbar miteinander verwoben. Für ihn gibt es keine Lehre vom Lehren, in der die Methode ohne die Kenntnis des zu vermittelnden Inhalts betrachtet wird, da beide immer in einer Wechselwirkung verbunden sind: „Methode bedeutet diejenige Anordnung des Wissensstoffs, die ihn für die Verwendung am wirksamsten macht. Methode ist niemals etwas außerhalb des Stoffes. [...] Methode steht nicht im Gegensatz zum Stoff, sondern besteht in der wirksamen Verwertung des Stoffes zur Erreichung bestimmter Ziele." (*Dewey* 1964, S. 220). Die Frage, wie Unterricht methodisch aufgebaut sein soll, welche Methoden vorzuziehen sind, ist für Dewey nur zu beantworten, wenn der zu vermittelnde Inhalt mitbedacht wird. Gleiches gilt für die Auswahl der Inhalte, die ohne die vermittelnden Methoden nicht getroffen werden kann. Daraus folgt, daß es beim Nachdenken über Inhalte und Methoden von Unterricht immer die konkrete Situation und die in ihr handelnden Personen zu berücksichtigen gilt. Dies bedeutet in letzter Konsequenz auch, daß es nicht eine Methode geben kann, die für alle Unterrichtssituationen in gleicher Weise sinnvoll ist – folglich würde Dewey niemals annehmen, daß die „Projektmethode" die einzige und wahre Unterrichtsmethode sei.

Trotz der Einheit im Prozeß bleibt es für Dewey möglich, sich analytisch mit dem Inhalt und der Methode von Erfahrungen auseinanderzusetzen: „Erst diese denkende Betrachtung der Erfahrung löst eine Unterscheidung zwischen dem ‚Was' der Erfahrung (dem ‚Erfahrungsinhalt') und dem ‚Wie' (dem ‚Vorgang' des Erfahrens) aus. Wenn wir diese Unterscheidung durch Benennung zum Ausdruck bringen, so benutzen wir die Worte ‚Stoff' und ‚Methode' oder ‚Form'." (*Dewey* 1964, S. 222).

Der methodische Aspekt von Unterricht

Der Begriff der „Methode" durchzieht das gesamte Werk von John Dewey. In unserer Diskussion erscheinen insbesondere drei Zusammenhänge von Bedeutung: erstens, wie menschliches Handeln aussehen kann, das auf Entwicklung sowohl des Individuums wie auch der Gesellschaft ausgerichtet ist (die Frage nach der „allgemeinen Methode der Erkenntnis"), zweitens, welche Lehr- und Lernmethoden dazu geeignet sind (die Frage nach „allgemeinen Methoden") und, drittens, wie deren Verhältnis zur SchülerIn gestaltet ist (die Frage nach der individuellen oder „persönlichen" Methode).

Denkende Erfahrung als allgemeine Methode der Erkenntnis

Wie bereits dargestellt, ist für Dewey die „Methode des Denkens" oder „Methode der bildenden Erfahrung" die grundlegende Erkenntnismethode der Erziehung, die Methode zur Höherentwicklung des Menschen. In diesem Zusammenhang spricht er auch von der „allgemeinen Methode", womit er ausdrückt, daß Erziehungsprozesse diesen methodischen Grundsätzen folgen sollten, um erzieherisch wirken zu können. Dewey versteht dieses Grundmuster jedoch nicht als Unterrichtsmethode. Wenn man daraus Schlußfolgerungen für Unterricht ableiten will, dann nur die, daß Menschen in dieser methodisch-geleiteten Form erzieherisch bedeutsame Erkenntnis erwerben können. Die Methode der denkenden Erfahrung ist also eine Methode des Erkenntnisgewinns oder Lernmethode, aber keine Lehrmethode.

Dewey führte viele Probleme der amerikanischen Schule in der ersten Hälfte des Jahrhunderts – und diesen Standpunkt kann man sich mit Blick auf die gegenwärtige deutsche Schullandschaft nur anschließen – darauf zurück, daß die denkende Erfahrung als Lernmethode noch nicht konsequent in die Schule eingeführt wurde (*Dewey* 1974, S. 289). Das Ziel von Schule und Unterricht sollte folglich sein, denkende Erfahrung für die SchülerInnen und Schüler möglich zu machen und zu initiieren.

„Allgemeine" Methoden des Lehrens und Lernens

An die vorhergehenden Ausführungen schließt sich unmittelbar die Frage an, welche Lehrmethoden denkende Erfahrung möglich machen. Für Dewey hat sich in der Vergangenheit ein Stamm von Methoden herauskristallisiert, der bei der Lösung bestimmter Probleme besonders erfolgreich war: „Es gibt einen aufgesammelten Schatz genügend gesicherter Methoden zur Erreichung bestimmter Ergebnisse, einen Schatz, der sowohl durch die Erfahrung der Vergangenheit erhärtet wird wie durch die denkende Zergliederung der Aufgabe, einen Schatz, den der einzelne nur zu seinem Schaden unbeachtet lassen kann." (*Dewey* 1964, S. 227). Dabei handelt es sich im engeren Sinne um Unterrichtsmethoden. Dewey wendet sich jedoch deutlich gegen deren Verwendung im Sinne von „Rezepten" oder „Mustermethoden"; sie bedürfen in jedem Falle der Anpassung an die jeweils besondere Unterrichtssituation.

Die Kenntnis von Unterrichtsmethoden hält Dewey für Lehrende und Lernende für wichtig. Er sieht diese Methoden jedoch nicht als Gegensatz zur Initiative des einzelnen, sondern – im Gegenteil – sie unterstützen und verstärken deren Initiative. Allgemeine Methoden müssen immer den vorliegenden Bedingungen angepaßt werden und liefern dann Gesichtspunkte, nach denen der Einzelfall untersucht werden kann. Sie sind sozusagen „geistige Hilfsmittel", um die Bedingungen einer einmaligen Erfahrung zu erkennen.

Die „persönliche Methode"

Als „persönliche Methode" bezeichnet Dewey die Art und Weise, wie der einzelne eine Aufgabe auf der Basis „seiner angeborenen Ausstattung und seiner erworbenen Gewohnheiten und Interessen" zu lösen versucht: „Erforderlich aber ist dies, daß jeder einzelne die Gelegenheit haben soll, seine Kräfte in sinnvollen Betätigungen anzuwenden. Geist, persönliche Methode, schöpferische Ursprünglichkeit (alle diese Ausdrücke kann man füreinander setzen!) bedeuten die Qualität des zweckvollen oder auf ein Ziel gerichteten Handelns."

(*Dewey* 1964, S. 230). Dewey nimmt mit dieser Argumentation wiederum die Persönlichkeit der SchülerIn in den Blick. Die Kenntnis ihrer „persönlichen Methode" aus eigener Beobachtung ist für den Lehrenden wichtig und wird ergänzt durch Erkenntnisse aus der „Jugendkunde", der Psychologie und der Umwelt der Schüler und Schülerinnen.

Zusammenfassend kann man sagen, daß „allgemeine Methoden" des Lehrens auf die individuelle Art der Auseinandersetzung der Schüler(innen), die „persönliche" Methode, und die jeweilige Situation zugeschnitten werden müssen: „Vorhandene Verfahren, so sehr sie sich auch bewährt haben mögen, müssen den Notwendigkeiten des besonderen Falles angepaßt werden, wenn man sie verständig anwenden will." (*Dewey* 1964, S. 228)

Der inhaltliche Aspekt des Unterrichts

Nachdem ich bisher auf die methodische Seite des Unterrichts eingegangen bin, ergibt sich nun die Frage, welche Inhalte für Erfahrungsprozesse geeignet sind und wie diese angeordnet werden sollen.

Die Bedeutung der Lehrinhalte

Geeignete Unterrichtsinhalte oder Lehrstoffe besitzen nach Dewey zwei Dimensionen. Sie bestehen zum einen „aus den beobachteten, erinnerten, gelesenen, besprochenen Tatsachen und Gedanken, die die zweckentsprechende Entwicklung einer Sachlage nahelegt" (*Dewey* 1964, S. 240). Inhalte sind also keine abstrakten Wissensbestände, die den SchülerInnen eingetrichtert werden können, sondern sie sind unmittelbar an ein bestimmtes Problem sowie eine konkrete Situation gebunden und müssen immer wieder vor diesem Hintergrund legitimiert werden.

Daraus folgt allerdings nicht, daß Unterrichtsinhalte ausschließlich der konkreten Situation erwachsen, da sie eine weitere, gesellschaftliche Dimension besitzen: sie sind eine geordnete Form der von einer Gesellschaft als zur Vermittlung an eine nachfolgende Generation für wichtig erachteten Inhalte des sozialen Lebens. Dabei sieht Dewey die Gefahr, daß dieser Prozeß eine Eigendynamik entwickelt, die dazu führt, daß die Verbindung zwischen dem Lehrstoff und den Beziehungen der Gruppe verhüllt werden. Dieser Tendenz muß entgegengewirkt werden, um „den sozialen Gehalt und die sozialen Aufgaben der wichtigsten Bestandteile des Lehrplans aufzuzeigen." (*Dewey* 1964, S. 242). Daher muß der Lehrstoff immer wieder auf seinen sozialen, gesellschaftlichen Kern hin befragt und gegebenenfalls revidiert werden.

Die *Bedeutung der Lehrstoffe für den Lehrer* liegt darin, daß er ihm bestimmte Wertmaßstäbe liefert, nach denen er sich richten kann, und ihm zugleich aufdeckt, in welche Richtung sich die Aktivitäten der Schülerinnen und Schüler entwickeln können. Der Lehrstoff übersetzt die wünschenswerten Inhalte des sozialen Lebens in eine „geordnete", d. h. vermittelbare Form, so daß der Lehrer oder die Lehrerin vor einer zufälligen Auswahl geschützt wird. Bleibt der soziale Charakter des Lehrstoffes bestehen, so tragen die aus der Vergangenheit gewonnenen Erkenntnisse dazu bei, die Reaktionen der Schülerinnen und Schüler besser zu verstehen und zu leiten. „Geordneter Lehrstoff ist die reife Frucht von Erfahrungen ähnlich der ihrigen [der der Schülerinnen und Schüler, M. S.], in denen dieselbe Welt wie die ihrige und den ihrigen ähnliche Bedürfnisse und Kräfte zur Auswirkung kommen. Geordneter Lehrstoff ist nicht Vollkommenheit oder unfehlbare Weisheit; aber er ist das Beste, was verfügbar ist für die Förderung neuer Erfahrungen [...]" (*Dewey* 1964, S. 243). Für den Lehrer oder die Lehrerin stellt daher ein geordneter Lehrstoff, wie er im Lehrplan repräsentiert ist, vor allem ein Arbeitsmittel dar, mit dem er Erfahrungen der Schülerinnen und Schüler initiieren kann.

Aus der *Sicht des Lernenden* ist „der Lehrstoff des Lernenden [...] notwendigerweise verschieden von dem kristallisierten und sachlich geordneten Lehrstoff des Erwachsenen" (*Dewey* 1964, S. 243); die Lehrstoffe liegen „nicht nur scheinbar, sondern wirklich der Erfahrung der Jungen fern". Der geordnete Lehrstoff stellt einen Endzustand dar, den der Lernende erreichen kann, er kann aber nicht unmittelbar in die Handlungen der Schülerinnen und Schüler einfließen.

Um den Lehrstoff sinnvoll einsetzen zu können, hält Dewey „bloße Gelehrsamkeit" beim Lehrenden nicht für ausreichend; sie kann im Unterricht sogar kontraproduktiv sein, wenn der Lehrende sich nicht auf die Beziehung des Schülers oder der Schülerin zum Lehrstoff einstellt. Dies liegt Deweys Ansicht nach zum einen daran, daß das Wissen des Lehrers weit über das hinausgeht, was ein Schüler oder eine Schülerin lernen kann, und zum anderen an der Anordnung des Stoffes, die nicht – wie beim Lernenden – um das handelnde Interesse gruppiert ist. Wie können aber der Lehrstoff und die Erfahrung des Kindes zusammengebracht werden?

Lehrstoff und Erfahrung

Eine Erfahrung ist für Dewey immer ein sozialer Prozeß, da sie durch die Vorstellungen der sozialen Gruppe und der Umwelt, in der das Kind lebt, mitbestimmt wird.

Für Dewey ist der soziale Charakter sowohl des Lehrstoffs als auch der Erfahrung des Kindes das Bindeglied zwischen beiden: organisierter Lehrstoff, wie er in Schulbüchern und Lehrplänen zu finden ist, gibt Hinweise auf sozial und damit für das Kind bedeutsame Ergebnisse. Sie dürfen allerdings nicht als sich selbst genügende Lernziele („Endpunkte des Lernens") verstanden werden, sondern dienen dazu, den Schülerinnen und Schülern ein „erfüllteres" Leben zu ermöglichen: „But if we treat the organized subject-matter of textbooks and formulated curricula as indications of socially important results to be employed not as self-sufficient ends of learning, but as stimuli to the progressive induction of pupils into a richer and fuller life, the situation is quite different." (MW 6b, S. 399 f.). Der Lehrstoff muß sich letztlich dadurch auszeichnen, daß er sich auf das Leben der Kinder bezieht und diese befähigt, ihr Leben in Zukunft besser zu meistern.

Erziehung hat für Dewey die Aufgabe, Anknüpfungspunkte zwischen dem Lehrstoff und den Kindern zu finden und diese zu Ausgangspunkten einer geleiteten Entwicklung zu machen. Die Erfahrung des Kindes und der Lehrstoff sind zwei Pole, an denen der soziale Prozeß Erziehung immer wieder seinen Anfang nimmt: „The child's present experience and the subject-matter of instruction, instead of existing in two separate worlds, one wholly psychological, the other wholly logical, represent two changing or dynamic limits of one continuous social process." (MW 6b, S. 400).

Der Lehrplan und die Fächer

Dennoch kritisiert Dewey die Repräsentation von Unterrichtsstoff, wie es herkömmlicherweise in den Schulfächern geschieht, als eine Sammlung von voneinander unabhängigen Fakten und Prinzipien, die auf einer jeweils eigenen Basis und Organisation beruhen. Als Folge entsteht eine Kluft zwischen der Erfahrung des Kindes und den Gegenständen, die es lernt. Drei Faktoren bedingen für Dewey diese Kluft:

- Die Erfahrung des Kindes ist sozial und persönlich. Die Inhalte der Fächer dagegen sind unpersönlich und objektiv und reichen über die Lebenswelt des Kindes hinaus.
- Es besteht ein Gegensatz zwischen der „beweglichen Beständigkeit" der kindlichen Erfahrung und den feststehenden Tatsachen des Curriculums. Die Welt der Erfahrung, wie sie in den Fächern repräsentiert ist, ist dagegen in einzelne Bereiche aufgeteilt und stellt sich als eine Gesamtheit von einzelnen Teilen dar (vgl. MW 6b, S. 397).
- Die Organisation einer direkten Erfahrung und eines Faches sind unterschiedlich. In einer Erfahrung bestimmen Gefühle, Sympathien, Neigungen und Interessen den Zusammenhalt, während die Tatsachen in den Fächern nach abstrakten und intellektuellen Prinzipien geordnet sind (vgl. MW 6b, S. 397).

Neben der beschriebenen „Kluft" spricht für Dewey ein weiteres Argument gegen die herkömmlich verwendeten Lehrpläne. Ein Wissenskanon muß nach Dewey unzureichend bleiben, da – seiner Einschätzung nach – die Entwicklung der Menschheit so schnell voranschreitet, daß Inhalte überholt sind, bis sie in die Schule gelangen. Statt dessen komme es darauf an, das Kind in die Lage zu versetzen, sich Inhalte selbständig anzueignen und in einer neuen, ihm unbekannten Situation seine Fähigkeiten voll zur Geltung zu bringen.

Aus der Feststellung, daß kein verbindlicher Wissenskanon definiert werden kann, folgt für Dewey nicht, daß Inhalte beliebig sind. Zwei Bedingungen sind bei der Organisation des Lehrstoffes zu beachten:

Die erste fordert: „Alle Unterrichtsgebiete der Schule […] müssen mit dem Bereich der gewöhnlichen Lebenserfahrung in Verbindung stehen." (*Dewey* 1974, S. 283). Erfahrung bezieht sich immer auf die konkreten sozialen Belange des Menschen. Schule hat die Aufgabe, diese sehr komplexen Belange in einer vereinfachten Form darzustellen und damit der Erfahrung des Kindes zugänglich zu machen. Diesem Gedanken folgend, war in der Laborschule der Universität von Chicago das Leben des Kindes der Ausgangs- und Referenzpunkt des Unterrichts. Zunächst ist das häusliche Leben der Erfahrungshintergrund der Kinder und deshalb Ausgangspunkt des Unterrichts. Im Mittelpunkt der Auseinandersetzung standen die „sozialen Aktivitäten" („social activities") des Kindes. Besonderen Wert wurde auf die Aktivitäten gelegt, in denen die Kinder sich ausdrücken und schöpferisch tätig werden („expressive or constructive activities"). Tätigkeiten dieser Art waren zum Beispiel Kochen, Pflanzen und Handwerksarbeiten. Ziel des Unterrichts war jedoch nicht lediglich diese Fertigkeiten zu vermitteln, sondern ihre Bedeutung für das soziale Leben herauszuarbeiten.

Damit wird die zweite Bedingung der Organisation des Lehrstoffes bereits angedeutet: „Der nächste Schritt ist die Weiterentwicklung der jeweiligen Erfahrung zu einer volleren, reicheren und strukturierteren Form. So nähert sich der erfahrene Unterrichtsstoff der objektiven Form." (*Dewey* 1974, S. 284). Mit dem Ausdruck „objektive Form" vertritt Dewey nicht die Ansicht, die Erfahrung der Kinder könnte zu einer endgültigen, im vorhinein zu bestimmende Form gebracht werden, sondern die Erfahrung der Kinder gewinnt durch deren denkende Durchdringung an objektiver Qualität.

Sowohl die Anknüpfung an vorhergehende Erfahrungen als auch die Weiterführung in einer strukturierteren Form begründen die Notwendigkeit, Lernprozesse genau zu planen: „Dies bedeutet, daß die Lehrstoffe im voraus bewußt geordnet und aufeinander abgestimmt werden müssen. Somit wird es zur Aufgabe des Erziehers, innerhalb des Bereichs der vorhandenen Erfahrung das aus-

zuwählen, was verspricht, neue Probleme darzubieten." (*Dewey* 1974, S. 285).
Der häufig geäußerte Einwand gegenüber offenen Lernformen, sie würden die
Verantwortung für die Lernprozesse vollständig auf die Lernenden übertragen
und damit der Beliebigkeit der Personen und Ereignisse aussetzen, greift
gegenüber Dewey nicht. Er entläßt den Lehrenden nicht aus seiner Verantwortung, aber – und das ist entscheidend – nicht der Lehrstoff und seine Vermittlung stehen im Mittelpunkt, sondern der Erfahrungsprozeß des Lernenden. Fol-
gerichtig geht es Dewey nicht um feststehende Wissensbestände, sondern um
Probleme, die Erfahrungsprozesse bei den Kindern in Gang setzen können.

Das Kernproblem der Erziehung besteht demnach für Dewey in der richtigen Auswahl der Erfahrungen durch die Lehrenden: „Daher ist es das zentrale
Problem einer auf Erfahrung gegründeten Erziehung, diejenige Art der Erfahrung auszuwählen, die fruchtbar und schöpferisch in nachfolgenden Erfahrungen fortlebt." (*Dewey* 1974, S. 255).

Das Problem des Lehrplans läßt sich also für Dewey nicht allgemein lösen,
sondern nur auf eine spezifische Schule (oder Lerngruppe oder SchülerIn) bezogen: „Ein einziger Studienplan für alle fortschrittlichen Schulen kommt gar nicht
in Betracht; denn dies würde die Preisgabe unserer fundamentalen Forderung
nach einem Zusammenhang zwischen Lehrstoff und Lebenserfahrung bedeuten." (*Dewey* 1974, S. 287).

John Dewey und Projektunterricht

Würde John Dewey heute noch leben, könnte er wahrscheinlich nur lächeln
angesichts des Versuchs der akademischen Zunft, den Projektbegriff endgültig
zu klären[12]. Sicher würde er sich nicht dazu versteigen, seinerseits eine weitere
Definition in die Diskussion zu werfen. Aber vielleicht würde er einige „Qua-
litäten" der angestrebten Unterrichtsform anmahnen, wie er es 1933 in der überarbeiteten Fassung seines Werkes „How we think" (vgl. *Dewey* 1933, S. 291 f.)
getan hat.

Er bezieht sich dabei auf „constructive occupations", die bereits von
1896–1904 in der Laborschule im Mittelpunkt der Arbeit standen. Beschäfti-
gungen oder „occupations" umfaßten in der Laborschule in den unteren Stufen
vor allem häusliche Tätigkeiten und in den höheren den Nachvollzug von bedeutenden Entwicklungsschritten der Menschheit oder wichtiger industrieller und
landwirtschaftlicher Tätigkeiten, wie z. B. Baumwollanbau.

Diese Betätigungen haben für Dewey erzieherische Bedeutung, da die wissenschaftliche Erkenntnis und die technischen Möglichkeiten der Menschheit
sich aus diesen grundlegenden Betätigungen entwickelt haben. Es komme in der

Schule – so Dewey – aber entscheidend darauf an, diese „so zu organisieren und aufeinander zu beziehen, daß sie ein Mittel werden, beständige und fruchtbringende intellektuelle Gewohnheiten herauszubilden." (*Dewey* 1933, S. 290). Nicht die manuelle Tätigkeit, sondern die dabei ablaufenden intellektuellen Prozesse sind für Dewey entscheidend und Maßstab der Beurteilung.

In dem Abschnitt „Conditions to be met to render ‚project' educative", der für die überarbeitete Auflage geschrieben wurde, weist er darauf hin, daß „constructive occupations" in den letzten Jahren zunehmend als „Projekte" Eingang in die Klassenzimmer gefunden hätten. Er nennt vier Bedingungen, damit diese Projekte „erzieherisch" („educative") wirken können:

■ Die erste Bedingung weist darauf hin, daß Projekte im Interesse der SchülerInnen liegen sollen. Wenn sie deren Gefühle und Bedürfnisse nicht berücksichtigen und keine Bedeutung für sie gewinnen, so wird sich auch deren Verstand („Mind") von ihnen abwenden. Interesse allein reicht jedoch nicht aus, denn auch die Art des Gegenstandes und der Handlung spielen eine wichtige Rolle. Es sollte sich um etwas von bleibendem Interesse handeln, nicht lediglich einer kurzfristigen Begeisterung entspringen und die Gedanken betreffen.

■ Die zweite Bedingung fordert, daß die Aktivität sich auf etwas Wesentliches richtet. Dies bedeutet nicht, daß es sich um etwas lediglich aus der Sicht der Erwachsenen Sinnvolles handeln soll – und damit möglicherweise dem Kinde Äußerliches –, sondern daß „triviale" Aktivitäten, die lediglich der unmittelbaren Bedürfnisbefriedigung dienen, ausgeschlossen werden: „It is not difficult to find projects that are enjoyable while at the same time they stand for something valuable in life itself." (*Dewey* 1933, S. 292).

■ Die dritte Bedingung betont die Notwendigkeit, daß ein Projekt im Verlauf seiner Entwicklung Probleme aufzeigt, die die Neugierde und das Verlangen nach weiterer Information der Kinder wecken, und weiteres Beobachten, Nachlesen oder Befragungen von Experten nach sich zieht: „There is nothing educative in an activity, however agreeable it may be, that does not lead the mind out into new fields." (*Dewey* 1933, S. 292)

■ Die vierte Bedingung hebt die zeitliche Dimension in den Blick. Ein Projekt sollte eine gewisse Zeitspanne umfassen, damit eine angemessene Bearbeitung möglich wird, und der Gegenstand muß eine fortschreitende Entwicklung ermöglichen. „An occupation has continuity, it is not a succession of unrelated act, but is a consecutively ordered activity in which one step prepares the need for the next one [...]." (*Dewey* 1933, S. 292)

Ohne an dieser Stelle im einzelnen der Frage nachzugehen, ob Dewey mit „occupations" und „projects" tatsächlich das gleiche gemeint hat, und den

Unterschied zwischen „social" und „constructive occupations" herauszuarbeiten, oder diese Bedingungen anhand eines konkreten Beispiels aus der Laborschule zu verdeutlichen – dies führte an dieser Stelle zu weit und soll einer späteren Untersuchung überlassen bleiben –, kann man dennoch festhalten:

Ein Projekt bedeutet für *Dewey* die tätige Auseinandersetzung mit einem Gegenstand über einen längeren Zeitraum hinweg, einem Gegenstand der von bleibendem Interesse für den Schüler und die Gesellschaft ist, der über sich hinausweist und weitergehende Probleme aufzeigt, mit dem Ziel, Erfahrungsprozesse bei den Schülern zu initiieren.

Aber läßt sich mit Hilfe dieser Beschreibung und der Kriterien, die man in moderner Formulierung auch als Kriterium des Interessensbezugs, der übergreifenden Bedeutung, der Zukunfts- und Entwicklungsorientierung und der Kontinuität zusammenfassen kann, tatsächlich bestimmen, was Projektunterricht ist? Und: Helfen diese Kriterien bei der Planung von Projekten?

Die Antwort ist pragmatistisch: ja und nein. Für Dewey gibt es Grenzen bei Planung von Unterricht, weil letztlich nicht sichergestellt werden kann, daß die SchülerInnen Erfahrungen machen und welcher Art diese sind. Möglicherweise kann die Lehrerin oder der Lehrer nach Abschluß einer Unterrichtseinheit erkennen, daß diese erzieherisch gewirkt hat, vielleicht können auch nur die SchülerInnen selbst dies feststellen, und vielleicht auch nicht sofort, sondern erst in der distanzierten Rückbesinnung. Andererseits darf nach Dewey auch nicht auf Unterrichtsplanung verzichtet werden. Es lassen sich Gegenstände und Methoden benennen, die besonders geeignet sind, Erfahrungsprozesse zu initiieren. Dewey fordert etwas, dessen Möglichkeit er scheinbar im gleichen Zuge in Frage stellt. Planung und Unplanbarkeit sind für Dewey nur in dualistischer Sichtweise ein Gegensatz, im Unterricht sind sie dagegen untrennbar verbunden.

Bei der Planung von erzieherisch wertvollem Unterricht – und das sollte Projektunterricht sein – kann die Lehrerin oder der Lehrer, in Deweys Worten, die genannten Kriterien nur „zu seinem Schaden" und dem der Schüler vernachlässigen. Gleichzeitig garantieren sie aber keineswegs, daß der Unterricht tatsächlich erzieherisch wirken wird.

Was ein Projekt letztlich ist, kann nicht theoretisch geklärt werden, sondern nur am konkreten Beispiel. Ein Projekt zeigt sich erst im Projekt.

Anmerkungen

1 Vgl. *Michael Knoll:* „Europa – nicht Amerika. Zum Ursprung der Projektmethode in der Pädagogik, 1702–1875. In: Pädagogische Rundschau 45 (1991), S. 41–58.

2   Vergleiche zur Rezeptionsgeschichte das Nachwort von *Jürgen Oelkers* zu *John Dewey:* „Demokratie und Erziehung", Weinheim, Basel: Beltz 1993 (Nachdruck der 3. Aufl. 1964), sowie Martin Suhr über Horkheimers Auseinandersetzung mit Dewey, in: M. Suhr: Dewey zur Einführung, Hamburg: Junius 1994.

3   Vgl. *John Dewey:* Die Erneuerung der Philosophie. Hamburg: Junius Verlag 1989.

4   Vgl. *John Dewey:* Die Erneuerung der Philosophie. Hamburg: Junius Verlag 1989.

5   Vgl. *Deweys* frühen Aufsatz „The Reflex Arc Concept in Psychology", in dem er dem Reiz-Reaktions-Schema des Behaviourismus ein funktionalistisches Modell entgegensetzt.

6   Obwohl *Dewey* nicht bestreitet, daß es andere Möglichkeiten des Lernens gibt, ist für ihn die Erfahrung jedoch die dem Menschen allein zukommende und ihm angemessene.

7   Zum Erfahrungsbegriff vgl. *Dewey* 1988, S. 47ff., *Dewey* 1964, S. 186ff., *Dewey* 1989, S 123ff. sowie insbesondere Dewey 1995, S. 23ff.

8   *Dewey* differenziert nicht wie in der deutschen Diskussion üblich zwischen Bildung und Erziehung. In der englischen Sprache umfaßt der Begriff „education" beide Bedeutungen.

9   Diese Aussage weist deutliche Parallelen zu Ansichten *G. H. Meads* auf, der insbesondere in seiner unter dem Titel „Geist, Identität und Gesellschaft" veröffentlichten Vorlesung über Sozialpsychologie auf den untrennbaren Zusammenhang von Individuum und Gesellschaft hingewiesen hat. *Dewey* und *Mead* standen bekanntermaßen in einem sehr engen Verhältnis; eine systematische Untersuchung dieser Beziehung liegt allerdings meines Wissens – mit Ausnahme erster Veröffentlichungen von *Hans Joas* – bisher noch nicht vor.

10 Daß *Dewey* nicht der naiven Vorstellung anhängt, allein durch Erziehung die Welt zu verbessern, zeigt der dem obigen Zitat unmittelbar folgende Satz: „Aber wir sind ohne Zweifel noch weit davon entfernt, die potentiellen Kräfte der Erziehung als einer aufbauenden Macht zur Verbesserung der Gesellschaft richtig einzuschätzen, weit entfernt zu erkennen, daß sie nicht nur eine Entwicklung der Kinder und der Jugend bedeutet, sondern zugleich diejenige der zukünftigen Gesellschaft, die aus diesen Kindern und Jugendlichen bestehen wird." (*Dewey* 1964, S. 111f.).

11 Diese Sichtweise spiegelt sich z. B. in der begrifflichen Trennung von Didaktik und Methodik wieder.

12 Vgl. den Themenschwerpunkt der Zeitschrift PÄDAGOGIK „Streit um den Projektbegriff", PÄDAGOGIK, H. 7–8/1993, S. 58–74.

Literatur

Dewey, John: The Collected Works, 1882-1953. (Editor: Jo Ann Boydston). Carbondale and Edwardsville: Southern Illinois Press 1969–1991 (EW: The Early Works, 1882–1898, Vols. 1–5; MW: The Middle Works, 1899–1924, Vols. 6–15; LW: The Later Works, 1925–1953, Vols. 16–17)

Dewey, John: How We Think. A Restatement of the Relation of Reflective Thinking to the Educative Process. Chicago: D. C. Heath and Company 1933 (Überarbeitete Neuauflage des 1911 erschienenen Werkes „How we Think". Die 1951 in Zürich erschienene deutsche Übersetzung „Wie wir denken" folgt der ersten Fassung von 1911.)

Dewey, John: Contributions to a Cyclopedia of Education. Vols. 1 and 2. In: MW 6

Dewey, John: „Demokratie und Erziehung", Weinheim, Basel: Beltz 1993 (Nachdruck der 3. Aufl. 1964)

Dewey, John: Kunst als Erfahrung. Frankfurt/M.: Suhrkamp 1988

Dewey, John: Die Erneuerung der Philosophie. Hamburg: Junius Verlag 1989

Dewey, John: Erfahrung und Natur. Frankfurt/M.: Suhrkamp 1995

Dewey, John: The Reflex Arc Concept in Psychology. In: EW 5

Knoll, Michael (1991a): „Europa – nicht Amerika. Zum Ursprung der Projektmethode in der Pädagogik, 1702-1875. In: Pädagogische Rundschau 45, S. 41–58

Keuter, Josef (Hg.): Modernisierung von Rahmenrichtlinien – Beiträge zur Rahmenrichtlinienentwicklung. In: Studien zur Schul- und Bildungsforschung, Bd. 4. Weinheim: Deutscher Studien Verlag 1997

Mead, Geoge Herbert: Geist, Identität und Gesellschaft. Frankfurt/M.: Suhrkamp (9. Aufl.) 1993

Meyer, Meinert A.: John Deweys Curriculumtheorie und heutige Konstruktionen von Rahmenrichtlinien. In: Keuter 1997, a.a.O.

PÄDAGOGIK: Themenschwerpunkt „Streit um den Projektbegriff" In: PÄDAGOGIK, H. 7–8/1993), S. 58–74

Röhrs, Hermann: Die Reformpädagogik. Ursprung und Verlauf unter internationalem Aspekt. Weinheim: Deutscher Studien Verlag (3. Aufl.) 1993

Suhr, Martin: Dewey zur Einführung, Hamburg: Junius 1994

Bernhard Suin de Boutemard

Projektnahe Konzeptionen in der deutschen Reformpädagogik und die Rezeption von Dewey in der Weimarer Zeit

„*John Dewey* ist in Deutschland wenig bekannt", erklärt noch 1931 der Reformpädagoge *Fritz Karsen* (1931b, S. 227). Ähnlich lautete zwei Jahre zuvor das Urteil von *Erich Hylla* (1929, S. 730), des Übersetzers von *Deweys* Hauptwerk „Demokratie und Erziehung". Das war nicht immer so.

Eine erste, teils begeisterte Rezeption von *Dewey* erfolgte im ersten Jahrzehnt des Jahrhunderts durch die Reformpädagogen *Ludwig Gurlitt, Fritz Gansberg* und *Georg Kerschensteiner*. Sie bezog sich überwiegend auf *Deweys* Vorlesung über das Konzept und die Praxis der von ihm 1896 gegründeten Laborschule der Universität Chicago, die er 1900 gehalten und deren Druck sein Freund und soziologischer Kollege der Chicago Universität, *George Herbert Mead,* besorgt hatte. *Gurlitt* veranlaßte damals eine Übersetzung durch seine Schwester. Dennoch sei die deutsche Ausgabe von School and Society (*Dewey* 1900, dt. 1905) „ohne große Beachtung geblieben" (*Karsen* 1931b, S. 227). Die erste Rezeption von *Dewey* endete im 1. Weltkrieg mit einer Arbeit von *Friedrich Nüchter* in dem von Wilhelm Rein herausgegebenen Jahrbuch des Vereins für wissenschaftliche Pädagogik. Nüchter kritisiert *Deweys* Pädagogik als „Produkt der amerikanischen reinen Demokratie … *ohne Ziellehre*, ohne letzte, höchste *Wert*bestimmungen," das „die Ethik … ersetzt durch die Soziologie" (*Nüchter, S.* 59, Hervorhebung daselbst). „Nach 1914 verliert *Dewey* die meisten Anhänger und es setzt sich das Bild fest, auch seine schulpädagogischen Erfahrungen seien nicht originell und würden im Kern nur deutsche Modelle wiederholen" (*Oelkers, S.* 214, Anm. 3). Mit seiner Habilitationsschrift von 1925 bestätigt *Prantl* dieses Urteil und tut *Deweys* Didaktik ab als „Diesseitspädagogik" (*Prantl, S.* 601), für die eben nicht „der diesseitige Staat die Vorstufe zum Allstaat der Gesamtmenschheit" (a.a.O., S. 600) wäre.

39

Die zweite Welle der Beachtung von *Dewey* setzt in der deutschen Reformpädagogik erst Ende der 20er Jahre ein, vor allem 1930 durch die Übersetzung von „Demokratie und Erziehung", Deweys „pädagogisches Grundwerk" (*Karsen* 1931b, S. 227) von 1916, und 1931 durch ein philosophisches Hauptwerk über „Die menschliche Natur. Ihr Wesen und ihr Verhalten" (Human Nature and Conduct, 1922). Die Unkenntnis von Deweys Werk unter deutschen Reformpädagogen steht im Gegensatz dazu, daß Dewey „in der ganzen übrigen Welt … als *der* große Pädagoge bekannt" ist und in Amerika „kaum ein pädagogisches Buch erscheint, das sich nicht auf ihn beruft" (*Karsen* 1931b, S. 227, gesperrt daselbst).

Die Beobachtung *Karsens* gilt aber nicht nur für *Dewey,* sondern in gleicher Weise auch für die Rezeption der Projektpädagogik und der Arbeiten von *Deweys* New Yorker Kollegen an der Columbia Universität, *William Heard Kilpatrick.*

Er hat sich besonders um die schulpädagogische Praxis und die Methode des Projektunterrichts verdient gemacht, denn *Dewey* hatte 1904 nach seinem Wechsel von Chicago nach New York seine schulpraktischen Versuche abgebrochen. Von *Kilpatrick* (1935b, S. 178, auch S. 163) stammt auch die berühmte Definition der Projektmethode aus dem Jahre 1918: „Planvolles Handeln aus ganzem Herzen heraus in einer sozialen Situation."

Vielfach wird die Projektmethode mit dem Arbeitsunterricht oder dem Gesamtunterricht verglichen.[1] Mit ganz wenigen Ausnahmen, zu denen *Erich Hylla* und *Fritz Karsen* gehören, spiegelt die Art der Auseinandersetzung mit der Projektmethode und mit *Deweys* funktionalem Pragmatismus den gesellschaftlichen, politischen und kulturellen Modernisierungsrückstand großer Teile der deutschen Reformpädagogik wider.[2] Darauf weist schon *Fritz Karsen* (1931a, S. 161) zu Recht hin, wenn er in „Neue amerikanische Methoden – und wir" die Verwunderung deutscher Pädagogen anspricht, von der amerikanischen Methode etwas lernen zu können. Sei es doch bislang umgekehrt gewesen.

Zwei Aspekte dieses Modernisierungsrückstandes der deutschen Reformpädagogik und der sie tragenden Gesellschaft sollen im Blick auf die Projektpädagogik herausgearbeitet werden:
- die wissenschaftstheoretische Grundlegung und
- die zivilreligiöse Didaktik.

1. Die wissenschaftstheoretische Grundlegung

Den innovativen Sprung, den der Wechsel eines wissenschaftstheoretischen Paradigmas sowohl für die Theorie als auch für die Praxis mit sich bringt, kann man an der durch *Dewey* erfolgten funktionalistischen Grundlegung und Gründung der Chicago Schule des Pragmatismus aufzeigen.[3] 1896, demselben Jahr, in welchem er die Laborschule der Universität Chicago gründet, veröffentlicht er einen Aufsatz über „The Reflex Arc Concept in Psychology". Damit leitet er einen Paradigmawechsel in den Human- und Sozialwissenschaften ein, so daß Chicago in den folgenden drei Jahrzehnten zum Mekka der empirischen Sozialforschung und der Bildung von Interaktions-, Identitäts- und Gruppentheorien, der Stadt- und Gemeindesoziologie wurde.[4]

Mit diesem Aufsatz begründet Dewey die funktionale Psychologie und den Chicago Pragmatismus (vgl. *Rucker,* S. 58 u. S. 175, Anm. 11; *Raiser,* S. 52). In Auseinandersetzung mit dem psychologischen Konzept des Reflexbogens von Stimulus und Response, insbesondere bei *William James,* den Strukturalisten und den Behavioristen (vgl. *Rucker,* S. 67), kritisiert Dewey die zeitliche und kausale Trennung von Reiz und Reaktion, weil sie die Frage der Verknüpfung beider Aktivitäten „nicht befriedigend zu leisten" vermag (*Raiser,* S. 53).

Dewey hält dem sein funktionalistisches Kreislaufmodell des Wechselverhältnisses von Organismus und Umwelt entgegen, mit dem er das später entwickelte Modell der Kybernetik vorwegnimmt. Die wechselseitige Aktivität von Organismus und Umwelt leistet eine immer bessere Koordination von Reiz und Reaktion. Jeder neue Reiz macht eine immer genauere Definition der Situation notwendig, zumindest aber möglich.

In „Demokratie und Erziehung" erläutert Dewey (S. 45) sein Konzept des Funktionalismus am Beispiel eines Boxkampfes. „Ein Boxer mag z. B. einen gewissen Schlag erfolgreich parieren, aber so, daß er sich im nächsten Augenblick einem stärkeren Schlage aussetzt. Angemessene Beherrschung bedeutet, daß die einander folgenden Akte in zusammenhängende Ordnung gebracht werden; jeder Akt beantwortet nicht nur den unmittelbar vorangehenden Reiz, sondern fördert die folgende Akte."

Das in diesem Konzept eingeschlossene Moment intelligenter Anpassung ist ein doppeltes.

„Anpassung ist ... ebensosehr Anpassung der Umgebung an unsere eigene Betätigung, wie Anpassung der Betätigung an die Umgebung." (*Dewey* 1949, S. 72). Auch hierfür gibt Dewey (1949, S. 72 f.) ein Beispiel: Das unterschiedliche Verhalten eines wilden Volksstammes, der in einer Wüste lebt, im Vergleich zu einem Kulturvolk: Der wilde Volksstamm „paßt sich an – seine Anpassung enthält ein Höchstmaß an Hinnahme des Gegebenen ..., aber ein Mindestmaß an tätiger Beherrschung, an Unterwerfung der Dinge unter die eigenen Zwecke ... – Ein Kulturvolk ... paßt sich ebenfalls an. Es richtet künstliche Bewässerung ein, es durchforscht die Welt nach Pflanzen und Tieren, die unter den gegebenen Bedingungen gedeihen können ... Infolgedessen blüht die Wildnis auf wie ein Garten. Der Wilde gewöhnt sich lediglich ein; der Kulturmensch hat Gewohnheiten, die die Umwelt umgestalten."

Dieses Beispiel der intelligenten Anpassung an und Umgestaltung einer „Wildnis", weckt noch heute in den Vereinigten Staaten die lebendige Erinnerung an überlieferte Erfahrungen der Einwanderer und des Lebens auf der ungestalteten Grenze, die fortlaufend nach Westen vorgeschoben wurde.

Vor deutschen Lehrern verweist *W. H. Kilpatrick* (1928, S. 136f.) auf eben diesen „Hintergrund des amerikanischen Denkens und Verhaltens" als eine sozialgeschichtliche Bedingung für die Projektpädagogik. Es ist der „Einfluß des Grenzlebens ..., die Notwendigkeit, eine Wildnis ihren eigenen Bedingungen gemäß zu bezwingen. Für diesen Zweck reichte die europäische Überlieferung nicht aus. Neue Wege mußten gefunden werden. Stärkste persönliche Selbstbestimmung war notwendig, Verlaß auf sich selbst und das Zusammenwirken kleiner Gruppen." Auf den zivilreligiösen Bedingungszusammenhang dieser Kombination von selbstbestimmter Verantwortlichkeit und Mutualismus wird noch einzugehen sein.

Zu lernen, neue Wege zu finden, gehört für Dewey (1949, S. 66ff.) zu den „pädagogischen Auswirkungen des Entwicklungsbegriffes." Hierzu führt er als Kategorie seiner pädagogischen Anthropologie den Begriff „Wachstum" im Sinne von Bildsamkeit des Menschen ein (vgl. a.a.O., S. 64ff.: Kapitel 4 „Erziehung als Wachstum"). Wachstum ist im Sinne seines funktionalen Konzeptes des Wechselverhältnisses von Organismus und Umwelt „unsere Fähigkeit, Reaktionen so lange abzuändern, bis wir einen geeigneten und erfolgreichen Weg des Handelns gefunden haben" (S. 74). Dieser Vorgang, den Dewey Erfahrung nennt, hat eine aktive und eine passive Seite. „Die aktive Seite der Erfahrung ist Ausprobieren, Versuch – man *macht* Erfahrungen. Die passive Seite ist ein Erleiden, ein Hinnehmen. Wenn wir etwas erfahren, so wirken wir auf den Gegenstand ein und der Gegenstand wirkt auf uns zurück ... Durch Erfahrung lernen heißt das, was wir den Dingen *tun,* und das, was wir von ihnen *erleiden,* nach rückwärts und vorwärts untereinander in Verbindung zu bringen." (S. 186f., gesperrt daselbst) „Die Tatsache, daß bei der Erlernung einer Handlung Methoden entwickelt werden, die in anderen Situationen verwertbar sind, eröffnet die Möglichkeit dauernden Fortschreitens. Wichtiger noch ist die Tatsache, daß das menschliche Wesen die Gewohnheit zu lernen erwirbt: Es lernt zu lernen." (S. 69)

Das Konzept der funktionalen Pädagogik ist ausgesprochen handlungsorientiert, so daß Dewey (1949, S. 188) für das Verständnis einer idealistischen und geisteswissenschaftlichen Pädagogik äußerst provokativ und mißverständlich erklären kann: „Erziehung ist in erster Linie eine Sache des Handelns und Erleidens, nicht des Erkennens." Dementsprechend prägen Prozeßkategorien sein Erziehungskonzept wie Entwicklung, Wachstum, Erfahrung und Leben. Wenn das „Leben Entwicklung ist und Entwicklung und Wachstum Leben sind", dann bedeutet das „ins Pädagogische übersetzt …, 1. daß der Vorgang der Erziehung kein Ziel außerhalb seiner selbst hat; er ist sein eigenes Ziel; 2. daß der Erziehungsvorgang beständige Neugestaltung, dauernden Neuaufbau, unaufhörliche Reorganisation bedeutet" (a.a.O., S. 75).

Unter den deutschen Reformpädagogen ist es vor allem *Erich Hylla* (1929b, S. 708), der in seinem Aufsatz über „Die Bildungstheorie John Deweys" die aktive und die passive Seite der Erfahrung und des Wachstums für die Pädagogik hervorhebt: „Erziehung hat keine weitere Aufgabe als die, den Menschen für immer weitere Erziehung fähig zu machen oder besser, fähig zu erhalten", oder wie Dewey (1949, S. 79) erklärt, „die Fähigkeit, aus der Erfahrung zu lernen", zu entwickeln und zu erhalten.

Zum Grundmodell der Projektpädagogik erhob Dewey sein funktionales Konzept der immer besseren Definition und Anpassung in der Kooperation eines Organismus mit seiner Umwelt und umgekehrt. Allerdings verwendet er erst 1931 die Bezeichnung „Projekt" (*Dewey* 1935, S. 97), nachdem er zuvor von der „sogenannten ‚Projekt-‘, ‚Problem-‘ oder ‚Situations‘-Methode" gesprochen hat (a.a.O.).

Zum Verständnis dieser komplexen Benennung muß man auf die fünf Formalstufen des absichtsvollen Handelns zurückgreifen, die Dewey 1910 in „Wie wir denken" entwickelt hat. Bei ihnen geht er von *Situationen* aus, die durch eine Schwierigkeit, ein Unbehagen, einen Konflikt, zur Unterbrechung einer bisher stets fraglos abgelaufenen Handlung, kurz: zu einem *Problem* geführt haben. Das *Projekt* zielt ab auf die Problemanalyse, die Problemlösung und die Erprobung derselben durch das Experiment. Diese projektpädagogische Vorgehensweise entspricht dem Muster des 3. Projekttypus in der Typologie von *Kilpatrick* (1935, S. 177).

Immerhin hat Dewey noch Anteil an der europäischen Wissenschaftstradition, weil auch für ihn die Philosophie die wissenschaftstheoretische Grundlegung erbringt. Er überwindet aber den kulturellen Modernitätsrückstand der Wissenschaften dadurch, daß er sich insbesondere vom idealistischen Typus der deutschen Philosophie löst und ihn durch einen humanwissenschaftlich begründeten ersetzt, worunter er eine funktionale und empirische Psychologie und Pädagogik verstand. Eine spekulative, metaphysische oder idealistische Wissenschaftslehre lehnt er ab.

2. Die zivilreligiöse Didaktik

Die Situationen, welche Projekte aufgreifen, sind stets solche der „Wildnis", die es zu bearbeiten gilt, wobei im geschichtlichen Wandel der Gesellschaft für Gruppen und Individuen die „Wildnis" jeweils sehr verschiedene Gestalten annehmen kann.[5]

Am Ende seiner autobiographischen Darstellung über die Entwicklung seines Denkens interpretiert Dewey (1930,S. 18) diese mit dem Bild des durch die Wildnis der Wüste „Wandernden Gottesvolkes": „Vierzig Jahre damit verbracht zu haben, in einer Wüste wie die gegenwärtige zu wandern, ist nicht schlimm – es sei denn, man versucht sich selbst glauben zu machen, daß die Wüste doch schon das Gelobte Land ist." Die Metaphern vom Wandernden Gottesvolk und Gelobten Land, die Dewey 1930 benutzt, wurzeln in der zivilreligiösen Tradition der Vereinigten Staaten.

Was ist mit Zivilreligion gemeint?[6] Das im Verlauf der gesellschaftlichen Modernisierung sich wandelnde Kirchen- und Religionsverständnis erfaßt die amerikanische Religionssoziologie – anders als die deutsche – weniger unter dem Theorem der Entzauberung und Bürokratisierung der Welt durch zunehmende Rationalität. Statt von Säkularisierung spricht sie seit 1967 von Zivilreligion. Sie versteht darunter den Prozeß der Transformation insbesondere von christlichen Vorstellungen, über die Denominationen hinweg, in einen normativen Common sense. „Zivilreligion ist ein Bestand, der die religionspolitische Aufklärung hinter sich hat oder, institutionell gesprochen, Religionsfreiheit voraussetzt." (*Lübbe*, S. 43).

Der zivilreligiöse Common sense ist bei Dewey und *Kilpatrick* selbstverständlich. Als *Kilpatrick* 1928 in seinen Mainzer Vorträgen auf diesen zivilreligiösen Zusammenhang verweist, wird ihm vorgehalten, er versuche, „die Philosophie der amerikanischen Erziehung religiös zu etikettieren" (*Eberhard*, S. 79). Das aber wird für unzulässig gehalten, denn Dewey und *Kilpatrick* würden doch gleichzeitig behaupten: „Zeitlose Wesen und Werte gibt es vom Standort der soziologischen Geschichtsphilosophie nicht." Mit dieser Auffassung „enthüllt sich der weltförmige und diesseitsbezogene Charakter" ihrer Philosophie (a.a.O.). Und dann wird ausgeholt zum Verdammungsurteil: „Weltförmiger Humanismus aber ist *Säkularismus*" (S. 78, Sperrung daselbst).

Deweys funktionales Konzept der interaktiven Einheit von Organismus und Umwelt wird nicht metaphysisch oder durch eine Seinslehre begründet. Die handlungstheoretisch und auf symmetrische Wechselbeziehung begründete Einheit hebt jede Form von metaphysischer Über- und Unterordnung oder Dualismus auf. Die ursprüngliche Differenz zwischen Gott und seinem Wandernden

Gottesvolk, welche den Bundesschluß im Alten Testament und noch bei den puritanischen Einwanderern in die Vereinigten Staaten bestimmte, wird in der Folge entmythologisiert, aufgehoben und zivilreligiös demokratisiert. In der Weiterentwicklung zur Zivilreligion gibt es nicht mehr den Dualismus von Herr und Knecht, von solchen, die denken, und solchen, die handeln, von Theorie und Praxis.

Der Weg in das „Gelobte Land" ist das Ziel. Er ist der fortlaufende kommunikative, durch Beobachtung und Experiment gesteuerte Prozeß der wechselseitigen und immer besseren Anpassung von Organismus und Umwelt. Als solcher gibt er das Grundmuster ab sowohl für die Erziehung zu einer mutualistischen und offenen republikanisch-demokratischen Gesellschaft, als aber auch für die Entwicklung einer effektiven Untersuchungsmethode, um den Graben zwischen Moral und Wissenschaft zu überbrücken (*Dewey* 1939, S. 14f.), sowie für den Ansatz einer pädagogischen Anthropologie, Erfahrungen durch Handeln zu machen (to think of life in terms of life in action, *Dewey* 1930, S. 16). Letzteres verdankt Dewey der Psychologie von *William James*.

Das Erbe der Kultur der Neu-England-Staaten, aus denen Dewey stammte, lieferte sowohl die Kontrastfolie, von der sich sein Denken abhebt und unterscheidet, als aber auch das Antriebsmoment. Das Erbe der religiös-gesetzlichen Trennung des Selbst von der Welt, der Seele vom Körper, der Natur von Gott, kamen ihm wie ein „innerer Riß" (*Dewey* 1930, S. 10) vor, den er zu überwinden suchte. Antriebsmoment war für ihn dagegen die „vorwiegend praktische, demokratische Lebensauffassung, eine selbstverständliche Verbindung von Denken und Tun als das wertvollste Erbe", das er durch seine puritanische Herkunft aus der Neu-England-Kultur des Staates Vermont mitbrachte (*Correll*, S. 432). Wie ist dieser für europäisches Verständnis unüberbrückbare Gegensatz zu verstehen, und was heißt das für das zivilreligiöse Denken?

„Was sich in Europa wie Gott und Teufel bekämpft, das wird in den Vereinigten Staaten in verblüffend selbstverständlicher Weise vereinigt … In Amerika hat sich die Religion in allen Sphären der Gesellschaft ausgebreitet und ist ihrerseits von allen diesen Sphären erfaßt worden" (*Münch.* S. 255). *Ernst Troeltsch* hat diesen zivilreligiösen Typ der Verfassung von Religion und Gesellschaft in seinen Soziallehren als „Wirkung eines täuferisch und spiritualistisch zersetzten Calvinismus" (S. 755) bezeichnet, der zur Verbindung von Freikirchentum und Demokratie führte. Zu einer der Freikirchen gehört man freiwillig, und man kann wählen, zu welcher man gehören will. Aber selbst wenn man konfessionsfrei ist, fühlt man sich in Amerika religiös im Sinne einer normativen Zivilreligion gebunden. Umgekehrt vollzog sich die Entwicklung von Kirchen- und Staatszugehörigkeit in den meisten europäischen Ländern nicht nach dem Freiwilligkeits-, sondern nach dem Territorialprinzip (vgl. *Münch, S. 686–719*). Was die lutherische Reformation mit dem landesherrlichen Kirchenregiment installierte, das erweiterte und schrieb dann 1648 der Westfälische Frieden fest: Wer das Territorium beherrscht, der bestimmt auch die Kirchenzugehörigkeit seiner Bewohner (cuius regio, eius religio), also die verordnete „Zwangsmitgliedschaft aufgrund der Staatszugehörigkeit" (*Münch*, S. 263) in „einer bürokratisch organisierten Anstaltskirche. Ihre Mitgliedschaft ist schlicht Untertanenpflicht gegenüber dem Landesherrn" (*Münch*, S. 709).

Schon *Tocqueville* begründete die Verknüpfung von Religion, Demokratie und Republik in Amerika kontraktualistisch unter Verweis auf den Mayflower Vertrag von 1620, der das Muster nonkonformistischer englischer Kirchenverträge übertrug auf die gesellschaftliche Ordnung und Verfassung von Einwanderern.[7]

„Diese Tat leitete eine neue Epoche ein, denn sie sprach sich herum und wurde außerordentlich schnell zum Präzedenzfall für unzählige ähnliche Pakte und Bünde" (*Arendt*, S. 217). „Am Anfang der Geschichte der Vereinigten Staaten steht ein Bündnis der Pilger als einer einheitlichen Gemeinschaft mit Gott, ein heiliger Vertrag (covenant), der sie verpflichtet, auf dem von ihnen besiedelten Boden eine neue, den ethischen Geboten Gottes entsprechende Gesellschaftsordnung aufzubauen" (*Münch*, S. 259). Darum ist das „kennzeichnende Merkmal der Beziehung zwischen Religion und politischer Ordnung in den Vereinigten Staaten ... ein in der Religion verwurzeltes, jedoch von Religionsfreiheit und Religionspluralismus generalisiertes normatives Ideal ..., dem die jeweils unvollkommene bestehende Ordnung unablässig durch aktives Handeln angenähert werden muß" (*Münch*, S. 264).

Das zivilreligiöse Motiv des aktiven Handelns, um die „Wildnis" zu gestalten, ist tief im amerikanischen Denken verankert. Es beruht auf vier Komponenten, die die amerikanische Zivilgesellschaft bestimmen:

- Erstens „auf der engen Verbindung des Erfülltsein von dem Auftrag Gottes, die Welt nach seinen Geboten zu gestalten, mit der Erfahrung der Wildnis in Amerika" (*Münch*, S. 279);
- zweitens auf dem heiligen Vertrag mit Gott. „Aus dieser Wurzel schöpfen die normativen Ideale und die aktive Gestaltung der Welt ihre verbindliche Kraft" (S. 280);
- drittens auf einer „dynamischen Komponente", denn „... die Vielfalt von sozialen und politischen Bewegungen, die auf privater Initiative und freiem Zusammenschluß gründen, ... zielen auf die ständige Reformierung ..., können aber auch dem moralischen Partikularismus verfallen ..." (a. a. O.);

46

■ viertens auf einer „normativ gesteuerten Beherrschung der irdischen Wildnis ...‚ zu der das Individuum verpflichtet ist ... Diese individualistische Deutung des Aktivismus unterscheidet sich grundsätzlich von der staatlichen Variante der aktiven Beherrschung der Welt, die in Frankreich und Deutschland die gesellschaftliche Entwicklung beherrscht hat" (*Münch*, S. 280).[8] *Dewey* wird „gerne von denen in Anspruch genommen, die eine universale Civil Religion im Unterschied zum Sektierertum der Denominationen" vertreten (*Schieder*, S. 41). Sie berufen sich dabei besonders auf seine Vorlesung von 1934 in Yale über „A Common Faith". Im Blick auf Schule und Erziehung sind aber seine schon 1908 veröffentlichten Ausführungen über „Religion and Our Schools" hinzuzuziehen. Es komme einer „religiösen Aufgabe" gleich, zu einer republikanisch-demokratischen Einstellung und zur Integration so „verschiedener Nationalitäten, Traditionen und Glaubensüberzeugungen" zu erziehen. Diese Aufgabe sei aber nicht durch einen an Denominationen gebundenen Religionsunterricht zu leisten, weshalb Dewey ihn ablehnt.

Dewey, aber auch *Kilpatrick* und die amerikanische Projektpädagogik stehen unverkennbar in dieser zivilreligiösen Tradition, die sich zur Zivilgesellschaft privater Initiativen und kooperativer Selbsthilfe und eben nicht zu einer Staatsbürgergesellschaft entwickelt hat. Das Vertragsdenken vermittelt verbindliche normative Erwartungen eines republikanischen und demokratischen Common sense. Die demokratische Pädagogik sieht ihre Aufgabe darin, die „in Wildnis geratene" alte Gesellschaftsordnung zu einer besseren – wenngleich nicht zur besten – zu transformieren. Sozialgeschichtlich gesehen reagieren die amerikanischen Reformpädagogen damit auf den radikalen sozialen Wandel, die Industrialisierung, die Landflucht und Verstädterung, die Verwissenschaftlichung und die Notwendigkeit zur Integration von Wellen verarmter Einwanderer ab der 2. Hälfte des 19. Jahrhunderts.

Diese sich aus der Zivilreligion entwickelte Auffassung von einer Zivilgesellschaft spiegelt sich beim Agnostiker Dewey auch darin, daß er noch im hohen Alter von 90 Jahren eine Auswahl der „Living Thoughts of Thomas Jefferson", dem Verfasser der Unabhängigkeitserklärung von 1776, herausbringt. In ihr hatte *Jefferson* „den Ausdruck persuit of happiness an die Stelle (gesetzt), welche dem ‚Eigentum' in der alten Formel ‚Leben, Freiheit und Eigentum', die bis dahin bürgerliche Rechte definiert hatte, zugefallen war" (*Arendt*, S. 162). Wie Dewey sich mit dieser Ansicht identifiziert, kommt z. B. in seiner Vorlesung von 1915 zum Ausdruck, in welcher er das Verhältnis von Philosophie und Politik in Deutschland und Amerika vergleicht. Geradezu amüsiert und zugleich ausgesprochen gesellschaftskritisch weist er den Vorwurf *Nietzsches* zurück, daß es unzulässig sei, den „Verfolg des Glücks" zum unabdingbaren Menschenrecht zu erklären: „Wenn Nietzsche sagt, ‚der Mensch strebt nicht nach Glück, nur der Engländer tut das', so müssen wir darüber lachen, wie sehr er ins Schwarze trifft. Aber Menschen, die bekennen, daß sie bei der Prüfung einer Handlung keine Rücksicht auf Glück nehmen, haben eine leidige Art, nach ihrem Prinzip zu leben, denn sie machen andere unglücklich" (*Dewey* 1954, S. 60).[9]

„Die Unabhängigkeitserklärung spricht … nicht von der gleichen Verteilung des Glücks, sondern vom gleichen Recht, nach dem Glück streben zu dürfen." Darum ist „diese Idee der Gleichheit der Menschen … in Amerika nie zur Idee des Sozialismus oder Kommunismus entwickelt worden" (*Münch*, S. 418). Mit diesem für die amerikanische Zivilgesellschaft kennzeichnenden Verständnis von Chancengleichheit hängt es auch zusammen, daß Dewey (1934) sich klar davon distanzierte, Kommunist zu sein. Wer das von ihm behaupte, ignoriere die besonderen historischen Hintergründe und Traditionen, welche Muster des Denkens und Handelns in Amerika und bei ihm geformt hätten (vgl. *Dewey* 1934, S. 54). Gleichwohl könne er für seine Person den merklichen Unterschied nicht leugnen, der für ihn „between Communism with a small c, and Communism, official Communism, spelt with a capital letter", (56) bestehe.

Im Geiste dieses zivilreligiös gewendeten Sendungsauftrages, durch eine republikanische, freiheitliche Erziehung darauf hinzuwirken, „das Recht auf Freiheit, Leben und Streben nach Glück" wahrnehmen zu können, steht das gesamte erziehungsphilosophische Handeln und Denken von Dewey. Das konnte die Gestalt eines neuen wissenschaftstheoretischen Paradigmas und einer zivilreligiösen Didaktik annehmen, zur Gründung einer Laborschule und zur Mitarbeit in der Sozialarbeit der Settlementbewegung[10] führen oder dazu, daß er 1932 The League for Independent Political Action gründete „als Basis für eine neue Arbeiter- und Bauernpartei" (*Bohnsack*, S. 253).

Dewey – Rezeption in der Weimarer Zeit und projektnahe Konzeptionen in der deutschen Reformpädagogik

Von den deutschen Reformpädagogen hatte sich schon sehr früh *Georg Kerschensteiner* auf Dewey berufen.[11] Aber nicht nur in der Reformpädagogik war man der Meinung, daß er *Dewey* mißverstanden hätte. So kritisiert später *Theodor Wilhelm* (1979, S. 110, gesperrt daselbst) an Kerschensteiners Konzept der „Staatsbürgerlichen Erziehung": „Das Politische erscheint auf das Staatliche reduziert … Mit der Verabsolution des Staates reiht sich Kerschensteiner ein in die Tradition der abendländischen *Staatsmetaphysik* … Der Staat als ‚höchste sittliche Idee' legitimiert schließlich jede Art von Unterwerfung unter die staatlichen Instanzen und verbietet jede Kritik, die dem Staat gefährlich werden könnte."

Zur „Verdeutschung" von Deweys „Wie wir denken" von 1910 durch *Kerschensteiner* bemerkt *Wilhelm* (1979, S. 347), er hätte dabei „übersehen, daß Deweys Theorie des Denkenlernens in der Auseinandersetzung mit den Theoremen des deutschen Hochidealismus entstanden ist und den Nachdruck auf den Offenheitscharakter der Erfahrung legt. Die overt action als Ausgangs- und Endpunkt des Denkens erscheint bei Kerschensteiner durch die bloße Erfolgs- und Brauchbarkeitskontrolle ersetzt." Schon *Fritz Karsen*, der reformpädagogische Vertreter der Gemeinschafts- oder Einheitsschule, hatte 1931 (b, S. 227, gesperrt daselbst) kritisiert: „Der deutsche Idealist *Kerschensteiner* fühlt sich angezogen von Deweys sozialer Pädagogik. Aber letzten Endes folgt der Deutsche der Richtung *seines* Denkens, und die Anregungen, die er empfangen hat, bleiben mehr oder weniger äußerlich." *Karsen* (a. a. O.) verallgemeinert sein Urteil über Kerschensteiner hinaus und erklärt: „Man versuche einmal, mit deutschen Lehrern John Dewey zu lesen; es geht ihnen ähnlich wie *Kerschensteiner;* sie sind gewöhnt an die deutsche Philosophie und ihren Glauben an die zeitüberlegenen Werte, die in der Erziehung verwirklicht werden müssen …, und der Erfolg ist, daß sie einige Gedanken annehmen, aber die Richtung ihres Denkens bewahren. Ein Verständnis John Deweys aber würde eine vollkommene Umkehr dieses Denkens fordern …"

Projektnahe Konzeptionen

Zu den projektnahen Konzeptionen der deutschen Reformpädagogik wird die Vorhabenpädagogik gerechnet. Genannt werden *Johannes Kretschmann* mit seinen Unterrichtsversuchen des „Natürlichen Unterrichts" (1933) in einer einklassigen Dorfschule seit 1921 und seit 1930 in einer „voll ausgebauten" Stadtschule; ferner *Otto Haase* (1933), der im Sommersemester 1931 in einer Vorlesung zur Unterrichtslehre, neben dem Gesamtunterricht und dem Training als dritte methodische Elementarform des Volksschulunterrichts das Vorhaben herausarbeitet. Schließlich wird *Adolf Reichwein* erwähnt, der nach seiner Entlassung als Hochschullehrer 1933 eine Dorfschule übernahm und 1937 über Vorhaben aus seiner Schule in seinem Buch „Schaffendes Schulvolk" berichtete, sowie seine film- und museumspädagogischen Schriften ab 1938. Überhaupt noch nicht für die Projektpädagogik ausgewertet sind seine Veröffentlichungen aus seiner Zeit in der außerschulischen Volksbildungsarbeit in Thüringen 1923 bis 1929.

Aber – um es gleich vorab zu sagen – keiner bezieht sich oder beruft sich gar auf die Projektpädagogik der Progressive Education Amerikas oder deren beiden führenden Erziehungswissenschaftlern John Dewey und *William Heard Kilpatrick,* obgleich anzunehmen ist, daß sie ihnen zumindest aus Hinweisen in der pädagogischen Fachliteratur seit der Mitte der 20er Jahre bekannt sein mußten, und *Haase* (1933, S. 66) in seiner Vorlesung von 1931 den Daltonplan erwähnt. Einen versteckten Fingerzeig geben allerdings *Otto Haase* und *Johannes Kretschmann. Haase* (1933, S. 63) erwähnt in der Vorlesung von 1931 „praktisches Gestalten von Vorhaben" und fügt in Klammern hinzu: „Projekten". *Kretschmann* (128) bezeichnet ein „größeres gemeinsames Werk" von Schülern als „Projekt". Erst 1949 legt Haase den „Einfluß der amerikanischen Pädagogik" offen.[11a]

Es hat den Anschein, daß – anders als die pädagogische Geschichtsschreibung nach 1945 es darstellt (vgl. z. B. *Heins) – Kretschmann* und *Haase* nicht mit der amerikanischen Reformpädagogik in Verbindung gebracht werden wollen. Bei *Haase* (1951, S. 37) kommt das noch 1951 in seiner unsachlichen Kritik an der amerikanischen Psychologie klar zum Ausdruck. Er verachtet den amerikanischen Pragmatismus zutiefst.

Bei *Reichwein* mag der Umstand eine Rolle gespielt haben, daß er erst nach der Etablierung des 3. Reiches seine Berichte über die Vorhaben in der Schule herausbrachte und also politische Rücksicht nehmen mußte. Auf seine pädagogische Bezugnahme zum Typus des amerikanischen Pioniers und den projektpädagogischen Ansatz, eine Probe zu bestehen, wird noch einzugehen sein.

Kretschmann und *Haase* bewegen sich in einem Traditionszusammenhang, der vom Funktionsverlust der Volksschule und des Bildungsbürgertums geprägt ist.[12] „In den Jahren nach dem Krieg war die Schule Bannerträger der geistigen Erneuerung; heute führen wir Rückzugsgefechte," erklärt *Haase* (1933, S. 65) 1931 seinen Lehrerstudenten. Es sind für Haase (1932, S. 727) „Zeiten des Umbruchs, der geistigen Zügellosigkeit einer Epoche," in denen „auch die Schule in ihren erzieherischen Wegen und in den Formen des Unterrichts kein eigentliches Gesicht, keinen Charakter" mehr hat. Dafür macht er die „Brutalität ungeistiger Kräfte" (a. a. O.) verantwortlich.[13]

Beide streben eine „Erneuerung der Volksschule" (*Kretschmann,* S. 163) an und wollen es „wagen, die Schule neu zu denken" (*Haase* 1933, S. 66); *Haase* durch den Aufbau einer akademischen Lehrerausbildung im Rahmen der 1924 gegründeten Pädagogischen Akademien und *Kretschmann* durch sein Konzept der inneren Schulreform in Anlehnung an den Gesamtunterricht von *Berthold Otto.*

Vorhaben spielen bei *Kretschmann* eine untergeordnete Rolle. Sie erstrecken sich entweder „auf die letzte Stunde am Tage …, (die) im allgemeinen dem

Gesang oder dem Werk- und Gestaltungsunterricht gewidmet" ist (S. 19), oder Vorhaben sind eine unterrichtsmethodische Restkategorie für das, was im Anschluß an die Gespräche im Gesamtunterricht und dem folgenden „Spielenden Lernen" noch zu erkunden ist, „noch nicht erledigt" (S. 127) worden ist oder „vorgenommen" und „ausprobiert" werden muß (S. 127) und darum in ein „Vorhaben-Merkbuch" (S. 122) notiert wird, damit es nicht verloren geht. Oder aber – und damit kommen die Vorhaben bei Kretschmann den Projekten der amerikanischen Pädagogik noch am nächsten – „ein paarmal im Jahr (wird) der ganze übliche Schulbetrieb auf einige Tage überhaupt abgeschaltet …, damit die ganze Klasse oder eine Gruppe ein gemeinsames Vorhaben zur Ausführung bringen kann.." Als Beispiele führt Kretschmann (S. 20) an: „Herrichtung des Schulgartens, Heimatbuch, Album, Springbrunnen usw." Dabei befürwortet er nachdrücklich, daß solche Vorhaben „um ihrer selbst willen" durchgeführt und „in keiner Weise mit schulmäßigen Übungen oder unterrichtlichem Erarbeiten verknüpft" werden (a. a. O.). Ebenso deutlich erklärt er (S. 129): „Mit arbeitsschulmäßiger Durchdringung hat die Vorhabengestaltung nichts zu tun."

Wie kommen die schulischen Vorhaben zu ihren Themen? Dazu greift Kretschmann auf alltagsweltliche Vorhaben der Erwachsenen zurück, die z. B. „Bedürfnisse zum Schweigen bringen", „aus Not geboren werden", „aus Nächstenliebe" oder aus „der Überlieferung und der Gewohnheit" erwachsen. „Dieselbe Aufgliederung", erklärt er (S. 129), „kann auch für schulmäßige Vorhaben Gültigkeit behalten … Im ganzen gesehen, kommen Kinder also zu einem Vorhaben durch ein: Ich muß, ich soll, ich möchte, ich will, ich werde, ich kann, ich darf."[15]

Otto Haase, dessen Studenten bei *Johannes Kretschmann* Schulpraktika machen, grenzt stärker die neue Unterrichtspraxis der Volksschule von der der Gymnasien ab und systematisiert sie als eine methodische Theorie. Er nennt diese Vorgehensweise in seiner häufig von kriegerischen und militärischen Begriffen durchsetzten Sprache: „Die methodische Frontlinie aufzuzeigen" (*Haase* 1933, S. 66). Auf der einen, der alten Frontseite, stehen der „stundenmäßige Fachunterricht", der gefächerte Unterricht, die „Lektion", während auf der Gegenseite die neuen Unterrichtsbereiche der Volksschule liegen:
1. *Freier Gesamtunterricht* als Erreger und Motor der Schularbeit.
2. *Training* der formalen Fertigkeiten und sachliche Techniken …
3. *Gestaltung von Vorhaben*, auf den Lauf des Jahres verteilt nach dem Rhythmus der Arbeit und der Jahreszeiten." (*Haase* 1933, S. 67, kursiv daselbst).
Es geht Haase (1933, S. 65) darum, „eine originäre Theorie der Volksschule zu entwickeln". In diesem Gesamtkonzept ist das Vorhaben *eine* methodische Elementarform des Volksschulunterrichts, die es zumindest ohne die erste Ele-

51

mentarform für Haase nicht geben kann, „weil aus den freien Unterrichtsge-
sprächen erst die Vorhaben erwachsen können" (S. 70). Die Funktionen des
Trainings müssen vor Durchführung eines Vorhabens eingeübt oder später
nachgeholt werden. Jedenfalls kann „die Aneignung technischer Fertigkeiten
nicht Inhalt eines Vorhabens sein" (S. 69).[16] Für die Gestaltung von Vorhaben
stellt Haase (1933, S. 69 f.; vgl. auch *Haase* 1932, S. 732 f.) vier Bedingungen
auf:

Erstens ist das Vorhaben „eine Form des kollektiven Arbeitsunterrichts".
Haases grundsätzliche Verknüpfung mit dem Arbeitsunterricht lehnt allerdings
Kretschmann ab, ebenso seine Forderung nach „Vollendung eines vorweisba-
ren Werkes" (S. 69), also die Produktorientierung.

Zweitens erwachsen Vorhaben aus einem „ursprünglichen Bedürfnis", einem
„wahren Interesse der Kinder an der Gestaltung eines aus dem kindlichen
Lebensraum stammenden Werkes" (*Haase* 1933, S. 69), und daraus, „daß der
Lehrer echte Ernstsituationen (sc. aus der Lebenswelt der Kinder) sucht und aufgreift" (*Haase* 1932, S. 732).

Drittens ist es nicht Aufgabe der Schüler, sondern des Lehrers, „dieses Interesse zu finden, die Arbeit zu organisieren, und dem Gang der Arbeit über tote
Punkte hinwegzuhelfen" (*Haase* 1933, S. 69). Diese Lehrerzentrierung auch bei
der Planung von Vorhaben, die auch *Reichwein* vertritt, kennt *Kretschmann* (S.
129 f.) nicht.

Viertens setzt die Durchführung eines Vorhabens „im Kinde die Entwick-
lungsstufe voraus, in der es selbstschaffend sich seine Umwelt erarbeitend
erobern will", was aber erst für Kinder der Mittel- und Oberstufe der Volksschule zutrifft (S. 70, ebenso *Kretschmann*, S. 130).

Adolf Reichwein und die Projektpädagogik

Mit der Machtergreifung der Nationalsozialisten im Januar 1933 endete zwar in
Deutschland die Epoche der Reformpädagogik. Aber *Adolf Reichweins* faszi-
nierender reformpädagogischer Schulversuch mit Vorhaben begann erst danach.

Vor 1933 war *Adolf Reichwein* bis 1929 in der Volkshochschularbeit in Berlin und Thüringen tätig, lediglich 1926/27 unterbrochen von einer einjährigen
Forschungsreise durch Nord- und Mittelamerika und Südostasien. Nach einem
kurzen Zwischenspiel im Preußischen Kultusministerium war er ab 1931 Professor für Geschichte und Staatsbürgerkunde an der „roten" Pädagogischen
Akademie Halle/Saale. Nach seiner zwangsweisen Entlassung 1933 aufgrund
des Gesetzes zur Wiederherstellung des Berufsbeamtentums übernahm er auf
eigenen Wunsch eine einklassige Dorfschule in Tiefensee.

Verbindungen zur Progressive Education im Amerika oder Hinweise auf *John Dewey* und *William Heard Kilpatrick* werden in *Reichweins* Veröffentlichungen zur Erwachsenen- oder Lehrerbildung und zur Schulpädagogik oder Unterrichtsmethodik nicht erwähnt. Allerdings gibt es Berichte von ihm über eine Skandinavienreise mit Besuchern seiner Heimvolkshochschule aus den Jahren 1928 und 1929. Darin berichtet er von Erfahrungen, die seine Fahrtengruppe „ganz in die lebendige Nachbarschaft" der „amerikanischen Pioniere" (Siedler) gebracht hätten, weil sie wie jene „mit der Ungewißheit vor uns und den abgebrochenen Brücken im Rücken" durch die Wildnis Lapplands gezogen seien. „Wir verstanden nun ihr Leben, wir verstanden den Stil ihrer Gesellschaft, der die Grundlage des heutigen Amerika ist. Wir begriffen ..., daß der Aufbau neuer Gesellschaftsformen ... entscheidend von dem Typus des Pioniers bestimmt wird" (*Reichwein* 1928, S. 57). Dabei greift Reichwein auch den sozialgeschichtlichen amerikanischen Topos der „Wildnis" auf und erklärt: Auf dieser Nordlandfahrt „hatten wir die menschenleere Wildnis kennengelernt, war uns der Lebensstil der Pioniere deutlich geworden und das Gesetz, nach dem der Mensch auch heute noch diese Wildnis seinen Zwecken dienstbar macht" (S. 61).

Den pädagogischen Wert solcher Fahrten sieht *Reichwein* (1929, S. 66) in einer „letzte(n) Erprobung" und „Übung der seelischen Tragkraft", indem die Fahrtengruppe „auf eine Insel der Urgesellschaft" verschlagen wird. Für ihn ist wichtig, daß durch die Gruppe die „primitiven Bezüge zwischen dem einzelnen und dem Sozialen als Organismus ... ganz neuartig und eindrucksvoll ausprobiert werden können. Und gerade dieses stellt sich mir als Hauptproblem der Jungarbeiterziehung heute dar: daß man auf der ganzen Front herauskommt aus der gefährlichen Illusion, daß eine neue Gesellschaft aus aufgeklärter Einsicht gestaltet werden könne" (66 f.).

Solche erzieherischen Absichten waren nichts besonderes, sondern allgemein mit den in den 20er Jahren in der bündischen Jugendbewegung üblichen Nordlandfahrten verbunden. Aber weder dort noch bei *Reichwein* werden sie mit dem Überlieferungszusammenhang des zivilreligiösen Vertragsversprechens der amerikanischen Siedler in Verbindung gebracht. Der Bündnisgedanke der bündischen Jugend war unpolitisch, weder entsprang noch mündete er in einen zivilgesellschaftlichen normativen Common sense. Die Bundesvorstellungen der Jugendbewegung und bei Reichwein waren sozialromantisch und zielten nicht auf Gewaltenteilung[17] oder Vertragshoheit der einzelnen in einer republikanischen Zivilgesellschaft ab. Anders als in Amerika und im Anarchismus bei *Peter Kropotkin,* auf den *Reichwein* (1924a) fälschlicherweise festgelegt wird, werden seine sozialromantischen Vorstellungen eines „sozialen Organismus", die dem einzelnen etwa im Sinne des Gildensozialismus *Kropotkins*[18] Schutz- und Freiheitsrechte einräumen, von der Reichsidee des Staates überlagert. Der *Hegelsche* Staat steht über allem.

Die Überordnung des Zentralstaates bringt *Reichwein* auch da zum Ausdruck, wo er sich *Durkheims* Prinzip der gesellschaftlichen Modernisierung durch die industrielle und soziale Arbeitsteilung annähert. Wie Durkheim stellt Reichwein (1924b, S. 73 f.) fest: „Zunehmende Differenzierung und schärfere Integrierung bedingen einander." Während Durkheim die Integration als eine funktionale Notwendigkeit in einem arbeitsteiligen Produktionsprozess ansieht, betrachtet Reichwein sie als eine organologische und staatspolitische: „Der vielgegliederte Organismus der modernen Gesellschaft bedarf der zusammenfassenden Kraft staatlicher Organe … Sie setzt auf der anderen Seite zugleich eine Verselbständigung und eigene Durchbildung der einzelnen Glieder voraus" (S. 74).

Demokratie, die *Reichwein* (a. a. O.) in diesem Zusammenhang fordert, ist ihm nicht im Sinne der amerikanischen und französischen Revolutionen ein Bürger- und Menschenrecht, über das man seiner Meinung nach streiten kann, sondern im Sinne der instrumentellen Vernunft „eine Notwendigkeit der Entwicklung". An dieser Überordnung des Staates über die Gesellschaft, Gruppen, Verbände und den einzelnen hält Reichwein noch nach seiner Entlassung fest. In einem im Sommer 1933 im Pädagogischen Zentralblatt pseudonym veröffentlichten Beitrag über *Grundtvig,* den Begründer der dänischen Volkshochschulbewegung, arbeitet er (offensichtlich zustimmend) dessen antimodernistische Vorstellung und „erklärte Feindschaft … gegen die rationalistische Aufklärung" (S. 33) und gegen „die ,demokratische Gleichheit' der französischen Revolution" (S. 36) heraus. Für Grundtvig ist „die Obrigkeit zu uneingeschränkter Regierung berufen" (S. 36), wenn sie nur die freie Rede des einzelnen als beratende Stimme zulasse, wobei Grundtvig gleichzeitig Pressefreiheit ablehnt. Die „Zauberworte" der Grundtvigschen Vorstellung von Gesellschaft sind nach Reichwein „Freiheit, Glauben und Volk."

Die Leitidee „Volk" übernimmt *Reichwein* einerseits vom Wandervogel, dem er seit seinem achten Lebensjahr angehörte. Dort wurde sie als Integrations-Metapher benutzt, um die gesellschaftlichen Trennungen der Moderne aufzuheben. Andererseits entdeckte er im Kontrast zu den Erfahrungen des Krieges schon als Frontsoldat die Idee des Volkes bei Grundtvig und in seinem Werk der dänischen Volkshochschule. Das „bedeutete eine Wendung für mich", schreibt er 1933 (b, S. 39). „Ich entschloß mich, … nach dem Krieg mich der volkstümlichen Bildung zu widmen. Dörfliches Leben, Jugendbewegung, Frontkameradschaft waren die drei Wurzeln, aus denen ich diese Idee näherte.

54

Die Verwirklichung der Volksgemeinschaft durch Volkserziehung, so wie Grundtvig sie bezeugt hatte, schien mir auch der Weg des künftigen Deutschland, auf dem wir jungen Krieger voranzugehen hätten, ... und ich begann zu lernen, daß die Verwirklichung der Volksgemeinschaft eins sei mit der Verwirklichung der sozialistischen Nation" (S. 39f.).[19]

Wenn man vor diesem Hintergrund nach projektnahen Konzeptionen sowohl in *Reichweins* außerschulischen Bildungsarbeit mit Arbeitern, auf Lagern oder Fahrten in den 20er Jahren, als auch in der Vorhabengestaltung des gesamten Unterrichts in seiner einklassigen Landschule sucht, dann fallen formale Gemeinsamkeiten mit der amerikanischen Projektpädagogik auf. Aber Reichweins Erziehungsphilosophie ist in jeder Hinsicht anders konzipiert, inhaltlich begründet und gefüllt als die amerikanische, auch wenn beide sich den Forderungen nach gesellschaftlicher Modernisierung stellen. Sie steht in einem anderen sozial- und kulturgeschichtlichen Traditionszusammenhang, worauf schon *Karsen* (1931c) in seiner Kritik an *Kerschensteiners* Rezeption von *Dewey* oder der von deutschen Lehrern hingewiesen hat. Gewiß, man findet hier und da ähnliche Vorgehensweisen und Verfahren, so etwa in der außerschulischen Bildungsarbeit bei Reichwein (1928, S. 56) die gemeinsame Entscheidung der Fahrtengruppe auf seine Frage, ob sie „lieber den gewissen Weg zurück marschieren oder ins Ungewisse weiter vorwärts stoßen wolle". Aber das bleibt eine äußerliche und formale Gemeinsamkeit, hinter der bei *Reichwein* nicht das Vertragsdenken, der Covenant der amerikanischen Überlieferung steht. Diese Feststellung wird auch nicht dadurch aufgehoben, daß Reichwein sich bei der Analyse des Fallbeispiels auf die „amerikanischen Pioniere" (S. 57) bezieht.

In der schulischen Vorhabensgestaltung kennt *Reichwein* gleich wie *Haase* keine Planungsbeteiligung der Schüler im Sinne des „planvollen Handelns" bei *Kilpatrick* (oder auch bei *Kretschmann*). Dafür arbeitet er wie alle fächerübergreifend, sucht die Lebensnähe und gesellschaftliche Integration zu erreichen. Sogar entwicklungspsychologisch organisiert er den Lehrplan oder das Curriculum, wie die Amerikaner sagen, in gleicher Weise wie *Dewey* in seiner Laborschule in Chicago. Beide gehen von Kulturstufen in der Ontogenese des einzelnen und ihrer Parallelität zur Phylogenese der Menschheit aus, ein Muster, das sich auch bei *Karsen* (1921, S. 47) als „heuristisches Prinzip" und nicht als bindendes „Dogma" findet.

Der traditions- und sozialgeschichtliche Kontext und die dadurch bestimmten Funktionen der projekt- oder vorhabenbezogenen Maßnahmen und didaktischen Intentionen sind so verschieden, daß bei *Reichwein* nicht im Sinne von Dewey von projektnahen Konzeptionen gesprochen werden kann.[20]

Die Projektpädagogik bei Fritz Karsen

Fritz Karsen ist der deutsche Reformpädagoge der Weimarer Zeit, der *John Dewey, William Heard Kilpatrick,* dessen Schüler *Ellsworth Collings* und der amerikanischen Projektpädagogik nicht nur didaktisch wie *Hylla,* sondern auch durch eigene Praxis unterrichtsmethodisch und schulpädagogisch am nächsten stand. Er teilte auch ihren gesellschafts- und bildungstheoretischen Ansatz und erkannte ihre zivilreligiöse Intention.[21] Mit seinem im Berliner Arbeiterviertel Neukölln von 1921 bis zur Machtergreifung der Nationalsozialisten durchgeführten Schulversuch näherte er sich Schritt für Schritt dem projektpädagogischen Ansatz. Karsen (1931c, S. 227) bedauerte nur, daß John Dewey „unhistorisch" vorgehe, weil er nicht die ökonomische Verfassung der Gesellschaft und die Organisation der Arbeiterschaft zur Grundlage seiner Gesellschafts- und Schulreform und zur Theorie des sozialen Wandels erhebe (a.a.O., S. 232).

Für Karsen ist das gesellschaftliche Wirken der Arbeiterklasse und damit auch der Klassenkampf sowie das Bewußtsein, eine „Klasse für sich" und nicht bloß einer „Klasse an sich" zu sein, ausschlaggebend und der Transmissionsriemen auf dem Weg zu einer „Werdenden Gesellschaft". Dennoch gibt es zu Dewey Gemeinsamkeiten. „Denn wie der Marxist aus der Gegenwart und in ihr wirkend die Zukunft gestaltet," erklärt Karsen (1931c, S. 227), „so tut es auch der evolutionäre Sozialist John Dewey. Mit anderen Worten: Wie jener im Klassenkampf stehend, planmäßig für seine Überwindung arbeitet, so wirkt dieser für die einheitliche in und mit ihm werdende allumfassende Demokratie. Mitten in einer vielfältig gestalteten Gesellschaft arbeiten sie beide als Träger einer kommenden Gesellschaft."

Diese Einstellung unterscheidet *Fritz Karsen* von dem politischen Radikalismus des „Bundes entschiedener Schulreformer" und insbesondere von seinem Vorsitzenden *Paul Oestreich.* Karsen war zunächst sogar Gründungs- und Vorstandsmitglied, trat aber schon bald aus, weil er das Ziel einer „Werdenden Gesellschaft" offen halten und nicht dogmatisch festlegen wollte, selbst nicht durch die Zielvorgaben der Frühsozialisten wie etwa *Kropotkin,* die Paul Oestreich vertrat. „Karsen geht theoretisch einen anderen Weg, worüber die gelegentliche Affinität in der Semantik nicht hinwegtäuschen darf" (*Oelkers,* S. 172).

Fritz Karsen gehört zu den Reformpädagogen, die nicht nur eine Reform des Schulunterrichts und der Erziehung fordern, sondern auch praktizieren. Seine Innovationen müssen als Teil einer Schul- und Unterrichtsreform und als Schritte in Richtung auf eine republikanische und demokratische Gesellschaftsverfassung gesehen werden. Diese im Vergleich zur Mehrheit der deutschen Reformpädagogen singuläre verfassungsrechtliche Intention drückt Karsen schon 1921 (S. 22) mit einer Formel aus, die ihn in die Nähe zur Unabhängigkeitserklärung der Vereinigten Staaten von 1776 und zu *Thomas Jefferson,* ihrem Verfasser, bringt. In der Unabhängigkeitserklärung sieht *Hannah Arendt* zwar auch den demokratischen Ansatz. Für wichtiger aber hält sie im Vergleich mit der französischen Revolution ihre republikanische Intention. Die Schlüsselbegriffe von Karsens (a. a. O.) republikanischer Verfassungsformel lauten: „Leben, Freiheit und Gemeinschaft". Wie Thomas Jefferson ändert er die überlieferte bürgerrechtliche Formel von „Leben, Freiheit und Eigentum", indem er das dritte Bestimmungsmerkmal „Eigentum", das Jefferson durch das individualistische „Streben nach Glück" ersetzt hatte, durch das sozialintegrative „Gemeinschaft" auswechselt. Dadurch ordnet sich Karsen ein in eine spezifisch deutsche Fassung der Überwindung von sozialer Desintegration als Folge gesellschaftlicher, industrieller und wissenschaftlicher Modernisierung.[22]

Zusammengehalten und geprägt werden die drei Bestimmungsmerkmale von Leben, Freiheit und Gemeinschaft gemäß dem politökonomischen Interpretationsansatz von Karsen durch die Arbeit (*Karsen* 1921, S. 26). Leben ist dann nicht das individuelle Menschenrecht auf Leben, sondern die kollektive Existenzform des Arbeitslebens mit der „Fülle seiner Beziehungen zu Menschen und Dingen" (*Karsen* 1921, S. 38): „Leben ist Arbeit, ist Lösung von Aufgaben, die mit wachsender Stärke immer höher gesteckt werden ..." (a. a. O., S. 42). Arbeit gilt in der „Werdenden Gesellschaft" „als Wert, als Glück" und verbürgt in einer arbeitsteiligen Gesellschaft „die Gleichwertigkeit der Menschen ..., so verschiedenartig die Betätigung auch sein mag" (S. 27). Aufgrund der Verschränkung der arbeitsteilig erbrachten Einzelleistungen ist das Handeln des einzelnen Arbeiters „soziale Arbeit" (S. 38). Ganz anders *Reichwein;* er konnte sich die soziale Integration einer arbeitsteilig organisierten Gesellschaft nur durch die Vermittlung einer zentralen Staatsgewalt und nicht funktional vorstellen.

Dieses sozialfunktionale Verständnis von Karsen bestimmt auch seinen Freiheitsbegriff. „Freiheit ist – konkret gesprochen – Arbeitsrecht und Arbeitspflicht, ein Recht, das Eigenwesen produktiv in der und für die Gemeinschaft auszuwirken, eine Pflicht, es mit voller Hingabe zu tun" (S. 27). Daraus zieht Karsen die Schlußfolgerung: „Leben wird zur Arbeit, Arbeit zum Leben; Gemeinschaft wird Arbeitsgemeinschaft, Arbeitsgemeinschaft zur einzig möglichen Gemeinschaft, Freiheit zur Gemeinschaft in dieser" (a. a. O.).

Reformpädagogisch gewendet heißt das für Karsen, „Leben, *nicht* Schule bedeutet den *Gegensatz gegen die mechanische Lernschule*" (S. 39, Hervorhebungen daselbst). In diesem Reformkonzept wird die Einheit der Schulklasse wie in der „Werdenden Gesellschaft" durch die arbeitsteilig schaffende „Klassenarbeit" der Arbeitsgemeinschaft gewährleistet (S. 46 u. S. 48). Die Klassenarbeit ist nicht länger ein Instrument der sozialen Kontrolle in Form von Prüfungsleistungen.

Mit diesem an gemeinsamen Lösungen von Aufgaben orientierten Konzept nähert sich Karsen schon 1921 der Projektpädagogik von John Dewey, ohne daß er sie damals kannte. Gleiches gilt von seinen zivilreligiösen Ansätzen der „gegenseitigen Hilfe" (S. 48) oder „gegenseitigen Erziehung" (S. 50), wodurch die Schülergruppe zur „Gesinnungsgemeinschaft" (S. 48) wird. „In einer wahrhaft sozialen Gemeinschaft helfen alle einander, gehen nicht kalt aneinander vorüber, sondern leben die Not ihrer Gefährten" (S. 55). Dem Lehrer wird geradezu die Rolle des „Guten Hirten" zugeschrieben, der „denen, die einsam sich verirren, zurück zu sich selber und damit zu ihren Freunden" hilft (a. a. O.). „*Ein solcher Mensch ist der wahrhaft religiöse ...*", erklärt Karsen (1921, S. 37, Hervorhebung daselbst) und will damit auch die Schüler eingeschlossen sehen.

Als unterrichtsmethodische und schulpädagogische Modernisierung hob Karsen wie alle Reformpädagogen den fachgebundenen, aber auch den am Lehrplan orientierten Unterricht auf und griff statt dessen auf Anlässe aus der Lebenswelt der Schüler und Schülerinnen und der schulischen Lebensgemeinschaft zurück. Als Karsen 1921 die Leitung des staatlichen Kaiser-Friedrich-Gymnasiums in Berlin-Neukölln übernahm, bezog er sich auf den Bremer Reformpädagogen *Gansberg,* die Hamburger Schulreformer und auf den Gesamtunterricht von *Berthold Otto,* ohne dessen organologischen Ansatz zu teilen; ferner auf Formen des Arbeitsunterrichts mit den Prinzipien der Selbsttätigkeit von *Hugo Gaudig (Karsen* 1924, S. 186), der Erfahrung und Eigenverantwortung, der Zusammenarbeit und Sozialintegration. Er gestaltete die Schule um zu einer die Klassen- und Standesschranken überwindenden Einheits- und Gemeinschaftsschule, die die „Werdende Gesellschaft" abbilden sollte.

Zehn Jahre später bezieht er sich für seine 1930 in Karl-Marx-Schule umbenannte Neuköllner Versuchsschule auf die „amerikanischen Methoden" und erklärt, daß seine Schule „für den Projectplan eintritt" (*Karsen* 1931b, 171). Ferner hätte sie bei entsprechender Umbildung Einzelheiten des Dalton- und des Plantoonplans übernommen (a.a.O.). Das korrespondiert mit den seit 1921 von Karsen verfolgten Interessen an Schul- und Studienfahrten, außerschulischen Lernorten und Lehrpersonen, an Theateraufführungen, Schulfesten und Kunstwochen sowie an jahrgangsübergreifender Zusammenarbeit, an Schülerselbstverwaltung und vor allem an intensiver Elternarbeit (vgl. *Karsen,* o. J., 1924, S. 185 und S. 198).

Schon 1924 formuliert er ganz im Sinne des problemanalysierenden und -lösenden Ansatzes der Projektpädagogik des Chicago-Pragmatismus von John

Dewey: „Es ist so, wie wir es theoretisch längst gewußt hatten: daß die Gesamtheit gemeinsame Aufgaben aus den natürlichen Bedürfnissen ihres Lebens entdecken muß, um in ihrer Lösung zur Gemeinschaft zu werden" (a.a.O., S. 199). Obgleich Anfang der 30er Jahre die amerikanischen Methoden in Deutschland auf Interesse stoßen, fragt Karsen (1931b, S. 171), warum „kaum Versuche mit ihnen in Deutschland vorliegen." Dafür bietet er „eigentlich nur eine bittere Erklärung: sollten sie vielleicht zu demokratisch sein ...?"

Gleich zu Beginn der Machtergreifung der Nationalsozialisten mußte Karsen emigrieren und kehrte erst 1945 aus den Vereinigten Staaten als Beauftragter der Alliierten für den demokratischen Wiederaufbau der Universitäten zurück.

Ausblick

Mit seinem antimodernistischen und sozialromantischen, Einheit verordnenden und erzwingenden Führerprinzip widersprach der Nationalsozialismus der zivilreligiösen Didaktik der Bürger- und Menschenrechte sowie der demokratisch-republikanischen zivilgesellschaftlichen Verfassung, von der die Projektpädagogik *John Deweys* und der Progressive Education getragen wurde. Eine Rezeption der Projektpädagogik, die gerade erst wieder eingesetzt hatte, wurde gewaltsam abgebrochen. An ihre Stelle trat das Prinzip der Selektion und Ausgrenzung der Schwachen und Fremden, um durch Privilegien und Ertüchtigung die Starken und Gesunden zu fördern, wer immer dazu und aus welchen Gründen erklärt wurde (vgl. *Althaus*, 1936).

Wenn der Projektunterricht und die außerschulische Bildungs- und Sozialarbeit nicht zu instrumenteller Vernunft verkommen sollen, dann werden sie einerseits bei der gemeinsamen Lösung von konkreten Anlässen pädagogisch verantwortet vorgehen, indem sie das funktionale Wechselverhältnis von Organismus und Umwelt zu berücksichtigen lehren, um immer genauer die Umwelten den eigenen Bedürfnissen anpassen und umgekehrt sich selbst immer besser auf die Verhältnisse einlassen zu können.

Andererseits schlägt sich die zivilreligiöse Didaktik nieder in kontraktualistischer Verbindlichkeit und wechselseitiger Verantwortlichkeit, wobei es offen bleiben kann, ob ein formaler Vertrag abgeschlossen wird. Ohne einen solchen didaktischen Anspruch auf eine „Religion der Republik", in welcher die Bürger- und Menschenrechte verankert sind, gibt es keinen Projektunterricht, der seinen Namen verdient. Alles andere ist Allotria.

Unter den Bedingungen der Neuzeit mit ihrer Tendenz zur Globalisierung und Pluralisierung auf der einen und zur Dezentralisierung und Individualisierung auf der anderen Seite bietet sich für die Projektpädagogik das sozial- und gesellschaftspolitische Prinzip der Subsidiarität an. Dieses zivilreligiöse Moment der deutschen Sozialpolitik seit 1949 wurde in den Diskurs der Europäischen Union eingebracht und im Maastrichter Vertrag verankert. Projektpädagogisch gewendet, knüpft es an reformpädagogische Prinzipien an, beispielsweise vom Kinde her zu denken und seine Selbsttätigkeit und Fähigkeit zu entwickeln und zu fördern, weiterführende Erfahrungen machen zu können. Im Sinne der kontraktualistischen Überlieferung sind Kinder einerseits gleichberechtigte Vertragspartner beim Abschluß des Projektvertrages. Andererseits soll ihnen im Sinne der Subsidiarität zugetraut werden, das zu tun, was sie selbst erledigen können, und sie sind anzuleiten, künftig ihre Probleme und Aufgaben eigenständig zu lösen.

Die Subsidiarität regt den projektpädagogischen Diskurs dazu an, die sozialstrukturelle Frage der verfassungsrechtlichen und schulinstitutionellen Grundlegung von Autonomie, Selbstbestimmung und Dezentralisierung zu berücksichtigen, kurz: von weniger Staat und mehr Gesellschaft.

Zugleich verweist das gesellschaftliche Prinzip der Subsidiarität darauf, die außerschulischen Bereiche der Bildungs- und Sozialarbeit, von Bürgerinitiativen und Selbsthilfebewegungen, stärker, als es bisher geschehen ist, in der Theoriebildung der Projektpädagogik zu berücksichtigen.[23]

Anmerkungen

1 Größere Abhandlungen über *Dewey* erschienen ab 1925 in Zeitschriften (*Prantl* 1925, *Hylla* 1929b und *Hessen* 1930). Von *Kilpatrick* erschien 1928 sein Vortrag vor deutschen Lehrern in New York in deutscher Übersetzung. Ab Mitte des Jahrzehnts setzen Berichte über „Studien- und Vergnügungsreisen" in die USA ein, wie es *Schreiber* (1928, S. 621) abfällig bezeichnet, die er in der Mehrzahl für „Unterhaltungsliteratur" hält. In diesen Berichten wird meistens die „Projekt-Methode" kurz erwähnt und reichlich ungenau mit Arbeitsunterricht verglichen, z. B. bei *Kartzke* 1928, S. 42. Vgl. ferner *Schwarz* 1928, S. 631 und *Lietzmann* 1931, S. 260. Letzterer sieht darin eine „Art Werkunterricht" (S. 258) und eine „Weiterführung der Laboratoriums-Methode" (S. 259), dem Experimentalunterricht in den naturwissenschaftlichen Fächern vergleichbar. Er bezeichnet in diesem Zusammenhang Dewey, „trotz mancher Gegensätze im einzelnen", als den „Kerschensteiner Amerikas" (S. 259). Für *Hylla* (1929a, S. 41–43), der in seinem Buch über das amerikanische Bildungswesen einen Abschnitt der Projektmethode widmet und darin die berühmte *Kilpatricksche* Projektdefinition von 1918 zitiert, kommt die Projektmethode dem deutschen Gesamtunterricht „mindestens sehr nahe" (S. 145). Er ist einer der wenigen Schulmänner seiner Zeit, der auf *Deweys* Kritik am deutschen Bildungsideal verweist, weil es „aus einer in zwei Schichten gespaltenen Gesellschaft herausgewachsen ist" (1929c, S. 730), welche *Deweys* Konzept zu überwinden sucht, vgl. auch derselbe 1929b, S. 709–711. *Eitze* (S. 67 und 73), der 1933 zum ersten Mal in der Fachliteratur von Projektunterricht spricht, bezeichnet diese Unterrichtsform als „amerikanischen Gesamtunterricht". Bei der Beschreibung des Projektunterrichts bezieht er sich auf die Arbeit von *Charles M. McMurry,* Teaching by pro-

jects, a basis for purposeful study. New York 1927, nicht aber auf *Dewey* oder *Kilpatrick*. Ähnlich sieht *Otto Eberhard* (S. 66f.) in der „sogenannten Projektmethode", die er auf *Dewey* zurückführt, eine „Art Gesamtunterricht oder heimatliche Anschauungskunde".

2   Vgl. allgemein zum Modernisierungsrückstand in Deutschland *Helmuth Plessner,* (1959), 1974, „Die verspätete Nation. Über die politische Verführbarkeit bürgerlichen Geistes". Wie für *Hannah Arendt* die amerikanische Revolution von 1776 mit der sozialen Frage nicht belastet war, so vertritt umgekehrt *Plessner* die Auffassung, daß Deutschland mit der Reichsgründung von 1871 als eine „verspätete Nation" anzusehen sei, weil sie gleichzeitig die soziale und die politische Revolution zu bewältigen gehabt hätte. Anders als in den westeuropäischen und den Vereinigten Staaten hätte dies zu einer Verzögerung der politischen vor der technisch-wissenschaftlichen Revolution geführt.

3   *Dewey* und nicht *W. James* und *G.H. Mead* war Begründer der Chicago-Schule des Pragmatismus. Dagegen behauptet *Krauth* (S. 46), *Dewey* hätte sich an der von *James* und *Mead* begründeten Schule „orientiert". Schon *Rucker* (S. VIII) erklärt in der Einleitung zu „Die Chicago Pragmatisten: „Dewey was the founder and the guiding light of the Chicago School, and his guidance continued long after he had left Chicago (sc. 1905) to go to Columbia (sc. University, New York) and points abroad."

4   Vgl. zur Chicago-Schule insbesondere *Deweys* Freund *Georg Herbert Mead,* dessen Interaktions- und Identitätskonzept von I, me und self unzweifelhaft in der Tradition von *Deweys* Funktionalismus steht. Zur Chicago-Schule der Soziologie im Allgemeinen vgl. *Faris, Amann* (S. 95f.), *Korte* (S. 174f.) ; ferner das für die folgenden zwei Jahrzehnte maßgebliche Forschungsprogramm für die Soziologie in Chicago, das *Robert Ezra Park* 1916 zur Stadtsoziologie veröffentlichte. *Park* hatte Anfang des Jahrhunderts bei *Georg Simmel* in Berlin studiert und 1904 in Heidelberg promoviert. Von deutschen Soziologen hatte sich bereits 1903 Georg Simmel mit der Großstadt als Gegenstand der Soziologie befaßt. Er übte einen großen Einfluß auf die amerikanische Soziologie, vor allem die der Chicago Schule (*Korte*, S. 174) aus. Ähnlich wie bei Dewey bildet das Konzept der „Wechselwirkung" den Ausgangspunkt seiner Überlegungen (*Korte,* S. 88). Bezeichnend für den Modernisierungsrückstand in Deutschland ist, daß Simmel nach seiner Habilitation (1884) 1914 als ordentlicher Professor berufen wurde (*Korte,* S. 86–95).

5   Vgl. hierzu die ausführliche Beschreibung bei *Kilpatrick* 1928 und 1935.

6   Vgl. zur Zivilreligion in den USA die Arbeiten von *Bellah* 1970, 1975, 1986 und *Bellah/Hammond* sowie *Lübbe, Kleger/Müller* und *Schieder.*

7   *Tocqueville,* Bd. 1, S. 51–57, sieht in der puritanischen Gesinnung der Pilger „nicht bloß eine religiöse Überzeugung", sondern hält sie „mit dem unbedingtesten demokratischen und republikanischen Lehren verbunden" (a.a.O., S. 53). Besonders in drei Abschnitten des programmatischen 9. Kapitels des II. Teils, „Über die Hauptgründe der Erhaltung der demokratischen Republik in den Vereinigten Staaten" (Bd. 1, S. 416ff.), beschreibt er das, was heute unter Zivilreligion verstanden wird: „Über die Religion als politische Einrichtung betrachtet; wie sie zur Erhaltung des demokratischen Staatswesens in den Vereinigten Staaten machtvoll beiträgt" (S. 433–437), „Mittelbarer Einfluß der Glaubenshaltungen auf die politische Gesellschaft in den Vereinigten Staaten" (S. 438–444) und „Hauptgründe für die Macht der Religion in Amerika" (S. 445–454). Vgl. ferner die Hinweise bei *Troeltsch,* S. 733–772, besonders S. 756, Anm. 414; *Jellinek,* S. 36–39; *Münch,* S. 258–273 und *Arendt,* S. 183–231. *Hannah Arendt* (S. 222) arbeitet besonders die republikanische Tendenz der amerikanischen Revolution heraus und hebt hervor: „Der auf wechselseitige Verpflichtung (mutual subjection) beruhende Vertrag, in dem

Macht aus dem Versprechen entspringt, enthält in neuer Form sowohl das altrepublikanische Prinzip der potestas in populo und implizite die Negation des Herrschaftsprinzips ..., als auch das föderative Prinzip ..."

8   Dem steht in Deutschland ein Verhältnis gegenüber entweder der antikirchlichen Differenzierung der Politik von der Religion oder die Unterwerfung der Religion und der sie tragenden Institution unter den Staat. „Zwischen Ethik und Gesellschaft (besteht) ein unüberbrückbarer Graben ... Dagegen hat man im angelsächsischen Kulturkreis nie einen solchen scharfen Gegensatz zwischen Ethik und Gesellschaft gesehen. Die Puritaner sind im Covenant eine *gemeinsame* Verpflichtung gegenüber Gott eingegangen, die Gesellschaft nach ethischen Grundsätzen aufzubauen. Dementsprechend verfügen sie über eine gemeinsame Ethik, die im Common sense der Gemeinschaft ihre Wurzel hat und im Universalitätsanspruch der ethischen Gebote aber auch transzendiert werden kann" (*Münch*, S. 705, Hervorhebung daselbst), ohne daß der Anspruch je vollkommen eingelöst werden muß oder darf. Vgl. dagegen *Max Webers* Versuch, für deutsche Verhältnisse durch die Unterscheidung von Gesinnungs- und Verantwortungsethik eine Lösung zu schaffen.

9.   Erweitert um ein Kapitel über „Die einheitliche Welt in Hitlers Nationalsozialismus" gab *Dewey* diese Vorlesungen von 1915 (dt. 1954) nochmals während des 2. Weltkrieges heraus. Dabei weist er auf „ideologische Zusammenhänge hin, die zwischen dem dritten und dem zweiten Reich bestanden" (S. 5). Die „Vereinigung von selbstbewußtem Idealismus mit einer unübertroffenen Leistungsfähigkeit und Organisation" sind für ihn kennzeichnend für die „deutsche Zivilisation" (S. 23) und ein Hinweis auf „die Gefahr, die dem Glauben an abstrakte, absolute ,Ideale' anhaftet" (S. 18). Anstatt sich des „demokratischem Prinzips der Kommunikation als Mittel" zu bedienen, um Konsens und soziale Einheit zu schaffen, habe *Hitler* auf Gewalt und „autoritäre, absolute Macht" (S. 28) gesetzt. Gleiches wirft er schon 1934 dem Sowjetkommunismus vor, vgl. *Dewey* 1934.

10   Die Settlementbewegung übte einen großen Einfluß auf die Entstehung von neuen Methoden der Sozialarbeit aus, z. B. die soziale Gruppenarbeit und die Gemeinwesenarbeit. Außerdem veränderte sie gegenüber dem bisherigen Charity-worker das Profil der professionellen Rolle. Wer als Settlement-worker in einen Slum zog, konnte sich nicht auf Macht stützen. Der wechselseitige Einfluß von Sozialarbeit der Settlementbewegung und Nachbarschaftgilden (Coits) sowie *Dewey* und amerikanische Reformpädagogik, kann hier nur angedeutet werden. Einen knappen Hinweis hierzu bei *Bohnsack* 1975, S. 214, Anm. 6 und ders., 1979, S. 86 f. Schon bevor *Dewey* 1894 von der Universität in Ann Arbor nach Chicago berufen wurde, arbeitete er mit der späteren Friedensnobelpreisträgerin *Jane Addams* zusammen. Sie hatte 1889 das bekannteste amerikanische Settlement in einer Slumgegend von Chicago gegründet. In ihrem Rückblick auf die Sozialarbeit dieses Settlements erwähnt Addams (S. 285), daß Dewey dort Vorträge über Sozialpsychologie gehalten habe und sie auch in anderen Fragen, „besonders der sozialen Erziehung" (S. 166), beraten hätte. Einer ihrer Residents war Lehrer an Deweys Laborschule, so daß es eine unmittelbare Verbindung zwischen Sozialarbeit und schulischer Erziehung gab (a.a.O.). Die Stiftungsurkunde des Chicagoer Settlements liest sich wie didaktische Zielformulierungen der Projektpädagogik. Aufgabe sei es, „den Mittelpunkt für ein höheres kommunales und soziales Leben zu bilden, erzieherische und philanthrophische Einrichtungen zu schaffen und zu fördern, und die Lebensbedingungen der arbeitenden Bevölkerung Chicagos zu untersuchen und zu verbessern" (*Addams*, S. 79). Die Zivilreligion dient ihr dazu, „diese Demokratie mit sozialer Gesinnung zu durchdringen" (S. 297). In Deutschland beeinflußte weniger die Sozialarbeit die Reformpädagogik, als vielmehr umgekehrt die Reformpädagogik die Sozialpädagogik, die in

einem Traditionszusammenhang mit dem Neukantianismus, der geisteswissenschaftlichen Pädagogik, der Jugend- und der Lebensreformbewegung zu sehen ist. Die beiden deutschen Settlements in Hamburg und Berlin blieben für die deutsche Reformpädagogik ohne Bedeutung. Zum Zusammenhang von Projektpädagogik und Selbsthilfebewegung vgl. *Suin* 1984 und zur außerschulischen Bildungsarbeit *Suin* 1979.

11 Einzelnachweise der von *Kerschensteiner* „vor allem" zitierten Schriften *Deweys* bei *Ederer* 1947, S. 42. Vgl. auch die Hinweise von *Karsen* 1931b, S. 227; *Hylla* 1929b, S. 703 und *Suin* 1975, S. 238–241 und 248 f. Zur Kritik an der Staatsmetaphysik von *Kerschensteiner* vgl. auch *Suin* 1976, S. 62. Zu dieser Art des Denkens erklärte *John Dewey* (1949, S. 129) schon 1916 – und man ist geneigt anzunehmen, daß er *Kerschensteiners* „Begriff der staatsbürgerlichen Erziehung" dabei im Auge hatte: „Unter dem Einfluß des deutschen Denkens vor allem wurde Erziehung zu einer staatlichen Angelegenheit, und als ihre Aufgabe wurde betrachtet, das Ideal des nationalen Staates zu verwirklichen. An die Stelle der ‚Menschheit' trat der Staat, an die Stelle des Weltbürgertums das Staatsbürgertum. Die Bildung des Staatsbürgers, nicht des Menschen, wurde das Ziel der Erziehung." In diesem Zusammenhang hält *Dewey* (1954, S. 57 f.) so etwas wie *Kerschensteiners* (1919, S. 35) „stetige Gewöhnung zu unbedingtem Gehorsam und treuer Pflichterfüllung" für „sozial verantwortungslos", denn „eine Lehre von der Pflicht, die von empirischen Zwecken und Ergebnissen unabhängig ist, weist zur Knebelung der Intelligenz."

11 Nach einem Hinweis, den ich *Ulrich Schäfer* verdanke, erklärt *Haase* 1949 (S. 113): „Unter dem Einfluß amerikanischer Pädagogik und auf Grund eigener Erfahrung wurde im Jahre 1930 von mir der Begriff ‚Vorhaben' geprägt." Für *Haase* bleibt das nur ein technischer Rückgriff auf die Begriffsbildung. Denn dem amerikanischen Denken spricht er die Vernunft einer Kultur ab.

12 Vgl. *Kretschmanns* (S. 142) Rückgriff auf „Berthold Ottos Ethos des Überbrückens der Gegensätze, insonderheit derjenigen zwischen Gebildeten und Ungebildeten."

13 „Sie müssen damit rechnen", sagt er 1931 seinen Frankfurter Lehrerstudenten, „daß sie nicht freudig und mit offenen Armen von der Volksschule aufgenommen werden … Wir leben nicht mehr in einem jungen ‚kulturell aufsstrebenden' Staat, sondern wir stehen Schulter an Schulter in unserem Volk, das zwar nicht abgekämpft, aber doch müde ist; das nach unbeschreiblichen seelischen Nöten und tiefer Verzweiflung im Innersten Ruhe haben möchte; das im Begriff ist, sich aus einer Wirtschaftskrise ohnegleichen herauszukämpfen und das sich bei diesem Kampf einen der zur Zeit schwächsten Gegner gepackt hat, die Schule." (*Haase* 1933, S. 64) Noch nach 1945 macht Haase für die „ungeistigen Kräfte" „den Massenbetrug der modernen Kulturindustrie" (*Haase* 1951, S. 45) verantwortlich. Dagegen besteht „die Kunst des Lehrers … darin, … stets die Wege zu den Urgründen der Seele … frei zu halten" (*Haase* 1933, S. 68). Der romantisierende, organologische und metaphysische Denkansatz hindert *Haase* daran, die gesellschaftlichen Bedingungen der Modernisierung zu erfassen und sie erzieherisch zu bearbeiten. *Deweys* Kritik am Deutschen Bildungsidealismus trifft auf *Otto Haase* selbst nach 1945 noch voll zu.

14 Der Untertitel von *Kretschmanns* Buch „Natürlicher Unterricht" lautet in der 1. Auflage von 1933 noch: „Ein methodisches Handbuch für die neue Volksschule." Das Buch schloß 1933 mit einer Auflistung von fünf „Mängeln" (*Kretschmann* 1948, S. 163) oder „Krankheitssymptomen" (S. 164), derentwillen die Volksschule erneuerungsbedürftig sei. Diesen schulreformerischen Akzent verschleiert *Haase* in der von ihm 1948 überarbeiteten Fassung, indem er den Untertitel ergänzt und noch zwei Kapitel über den „Satzbaukasten" und den „Satzumformer" anfügt. Für *Kretschmann* (S. 163 f.) haben die gegenwärtigen Mängel der Volksschule eine 100jährige

63

Geschichte, während *Haase* sie eher im Zusammenhang einer aktuellen antiintellektuellen Verfallstheorie und eines Kulturkrieges zu sehen scheint, wie sie in den 20er Jahren, etwa bei *Oswald Spenglers* „Untergang des Abendlandes", auftraten. *Spenglers* Zeitdiagnose verwendet die auch für die deutsche Reformpädagogik typische Gegenüberstellung von geringgeschätzter Zivilisation und höchstgeachteter Kultur, ähnlich *Haase* 1933, S. 64 f.

15 *Kretschmanns* Ausgangspunkt ist aber nicht die selbsttätige „Eigenkraft des Kindes zur Aktivität" wie bei *Haase* (1932, S. 727), sondern „das Tischgespräch des gebildeten Vaters mit seinen Kindern" *(Kretschmann,* S. 17 u. 140).

16 *Kretschmann* (S. 128 f.) läßt die Frage offen, ob Techniken und Fertigkeiten vorher, nachher oder während des Arbeitens am Vorhaben gelehrt und geübt werden sollen.

17 Obwohl *Reichwein* mit seiner Entlassung 1933 selber das Unrecht erleidet, das auf die Aufhebung der Gewaltenteilung durch das Führerprinzip zurückzuführen ist, tut er gleich zu Beginn seiner Hauptschrift „Schaffendes Schulvolk" – völlig unnötig – das Prinzip der Gewaltenteilung Montesquieus als „dem enzyklopädischen Ordnungsbedürfnis entstammend" ab (S. 31). Statt dessen setzt er den drei Gewalten „den Staat als Ganzes entgegen ..., der sie alle bedingt" (a.a.O.).

18 Nach *Kropotkin* (S. 159) beruht der Gildensozialismus auf dem „Doppelprinzip der eigenen Gerichtsbarkeit und des gegenseitigen Beistandes." *Reichwein* beruft sich nur auf das Prinzip der gegenseitigen Hilfe. Aber „eigene Gerichtsbarkeit bedeutete Selbstverwaltung" (S. 164), was für *Kropotkin,* die Anarchisten und Libertären Sozialisten im Gegensatz zu *Marx* und den Kommunisten, aber auch im Gegensatz zu *Reichwein,* die Abschaffung des Staates einschloß. Er sollte durch kleine, dezentrale und autonome Einheiten des gesellschaftlichen Lebens und der Produktion ersetzt werden. Als Muster für notwendige überörtliche Zusammenschlüsse wurde die Föderation angesehen.In der letzten Zeit wird *Reichweins* Pädagogik von seinem singulären Beitrag aus dem Jahre 1924 über die Gilde interpretiert, auch seine Vorhabenpädagogik der späten 30er Jahre. Dabei wird unterstellt, daß das Thema einer Tagung über Gildensozialismus, die dann nicht stattgefunden hat, das gesamte pädagogische Schrifttum durchzieht. Das ist nicht der Fall. Nirgendwo sonst kommt er auf die Gilde zurück. Obendrein kann das organologische und völkische Staatsverständnis, das *Reichwein* mit *Grundtvig* teilt, die gildensozialistische Abschaffung des Staates nicht akzeptieren. *Reichwein* ist darin viel zu sehr „deutscher Sozialist" wie er noch 1937 in „Schaffendes Schulvolk" bekennt.

19 Von *Grundtvig* übernahm *Reichwein* (1933a, S. 32) auch die Formel: „Das erwachte Volk in einem volkseigenen Staat", die er in seinen autobiographischen Bemerkungen von 1933 (b, S. 43) abschwächend umformuliert hatte in: „Verwirklichung des Volkstums in einem vokstümlichen Staat." Noch 1941 bezieht er sich auf den seiner Meinung nach „ursprünglich romantische(n) Begriff Volkheit" (S. 130). Damit verband er aber nicht die nationalsozialistische Strategie einer volksgemeinschaftlichen Aufgabe der Auslese, Ausgrenzung und Ertüchtigung, wie sie in allen Beiträgen zur „Zur Thematik soziale Gruppenarbeit" der III. Internationalen Konferenz für soziale Arbeit im Jahre 1936 in London im vom *Hermann Althaus* besorgten Band „Soziale Arbeit und Gemeinschaft" offen gelegt wird. Gerade im Vergleich zu dem fast zeitgleich mit Reichweins „Schaffendem Schulvolk" erscheinenden Bericht wird der Unterschied auch im Rückblick noch deutlich. Dem romantische Denkansatz korreliert auch mit *Reichweins* Feststellung in einem Brief an seinen Vater vom 15.9.1922: „Ich könnte mich also am ehesten wohl zur Gruppe der religiösen Sozialisten rechnen." Es besteht nach alledem kein Anlaß, meine von *Krauth* (S. 220) kritisierte Auffassung zu ändern, daß *Reichwein* „weit vom gesellschaftli-

chen Ansatz des Projektunterrichts" der amerikanischen Reformpädagogen *Dewey* und *Kilpatrick* entfernt ist.

20 Es gehört zum Arbeitsstil *Reichweins,* daß er seine Quellen nicht angibt, außer in seinem Beitrag zur Gilde, wo er Titel anführt, die sich konzeptionell widersprechen. Ob *Reichwein* die 1935 von *Peter Petersen* veranlaßte Veröffentlichung von Arbeiten *Deweys, Kilpatricks* und *Collings* kannte, ist ungewiß. Anzunehmen ist es. Jedenfalls bezieht er sich weder in Schaffendes Schulvolk von 1937 noch in seinen späteren film- und museumspädagogischen Schriften darauf.

21 Ohne den erst 1967 aufgekommenen Begriff der Zivilreligion zu kennen, verweist *Karsen* (1930, S. 101, gesperrt nicht daselbst) darauf, daß in Amerika „das demokratische Empfinden allen Staatsbürgern gemeinsam (ist), ja es ist fast zur *religiösen* Andacht gesteigert."

22 Auch die übrige Reformpädagogik bezieht sich häufig auf den Gemeinschaftsbegriff. Einige berufen sich dabei, meist zu unrecht, auf *Ferdinand Tönnies,* der zur Stützung der Republik Ende der 20er Jahre der SPD beitrat und mit der Machtergreifung sowohl als Kieler Professor der Soziologie entlassen als auch vom Vorsitz der Deutschen Gesellschaft für Soziologie, den er seit ihrer Gründung im Jahre 1910 innehatte, verdrängt wurde. Er hatte 1887 eine damals verhältnismäßig unbeachtet gebliebene Abhandlung über „Gemeinschaft und Gesellschaft" veröffentlicht. Erst als 25 Jahre später die 2. Auflage erschien, erlangte sie große Aufmerksamkeit. Sie erreichte in den folgenden 23 Jahren bis 1935 sechs weitere Auflagen. Selbst Nationalsozialisten beriefen sich auf *Tönnies.* Die Rezeption von *Tönnies* macht sich fälschlicher Weise fest an der als Werturteil verstandenen Gegenüberstellung von: für die Gemeinschaft, aber gegen die Gesellschaft. Gegen diese Vereinfachung wehrte sich Tönnies heftig, denn wie *Max Weber* vertrat er eine wertfreie Wissenschaft und betrachtete beide Kategorien als Idealtypen. Vgl. hierzu die aus Anlaß seines 100. Geburtstages herausgegebenen Beiträge von *Leopold von Wiese, Helmuth Plessner* und *René König* sowie zwei Orginalbeiträge von *F. Tönnies* im 7. Jahrgang / 1955 der Kölner Zeitschrift für Soziologie, S. 337 ff.

23 Nicht die Schule und der Unterricht, sondern die Praxis der sozialen und gemeindlichen Bildungsarbeit sowie Erfahrungen mit genossenschaftlicher Selbstorganisation waren für mich Anlaß zur projektpädagogische Theoriebildung. Vgl. hierzu *Suin* 1979, 1984 und 1989.

Literatur

Addams, Jane (1913): Zwanzig Jahre soziale Frauenarbeit in Chicago, München

Althaus, Herrmann (1936): Soziale Arbeit und Gemeinschaft. Ein Beitrag zur III. Internationalen Konferenz für soziale Arbeit. Karlsruhe

Amann, Anton (1991 (3)): Soziologie. Ein Leitfaden zu Theorien, Geschichte und Denkweisen. Wien, Köln

Arendt, Hannah (1994 (4)): Über die Revolution. München, Zürich

Bellah, R.N. (1970): Civil Religion in Amerika. In: Ders., Beyond Belief. Essays on Religion in a Post-Traditional World. New York: Harper and Row S. 168–189. Zuerst erschienen 1967. Dt. in: Kleger/Müller, S. 19–41

– *(1975):* The Broken Covenant: American Civil Religion in Time of Trial. New York: The Seabury Press

– *(1986):* Die Religion und die Legitimation der amerikanischen Republik. In: Kleger/Müller, S. 42–63

– *und Hammond, P.E. (1980):* Varieties of Civil Religion. San Francisco: Harper and Row

Bohnsack, Fritz (1976): Erziehung zur Demokratie. John Deweys Pädagogik und ihre Bedeutung für die Reform unserer Schule. Ravensburg

– *(1979):* John Dewey (1959–1952) In: Scheuerl, Hans, Klassiker der Pädagogik, Bd. 2. München, S. 85–102

Corell, Werner (1954): John Deweys Erziehungsphilosophie und ihr Einfluß auf Georg Kerschensteiner. In: Lebendige Erziehung, 9. Jg./1954, S. 432–438

Dewey, John (1896): The Reflex Arc Concept. In: Psychological Review, III, 3. Jg., S. 357–370. New York. Wieder abgedruckt in Dewey 1963

– *(1905):* Schule und öffentliches Leben. Berlin, Übersetzung von: 1900, The School and Society

– *(1908):* Religion and Our Schools. Jetzt in: Ders. 1977, The Middle works, 1899–1924, Vol. 4: 1907–1909. London, Amsterdam, S. 165–177

– *(1910):* How We Think. New York. 1951, (dt.), Wie wir denken. Zürich

– *(1916):* German Philosophy and Politics. New York. Dt. 1954, Deutsche Philosophie und Politik, erweitert um das Kapitel „Die einheitliche Welt in Hitlers Nationalsozialismus" aus der amerikanischen Neuauflage von 1942. Meisenheim am Glan

– *(1930):* From Absolutism to Experimentalism, zitiert nach dem Reprint in: Dewey, John, 1960, On Experience, Nature and Freedom. New York, S. 3–18

– *(1930 / 1949):* Demokratie und Erziehung. Hamburg. 1993 Nachdr. d. 3. Aufl. v. 1964. Braunschweig, mit einem Nachwort zur Neuausgabe von Jürgen Oelkers: Dewey in Deutschland – ein Mißverständnis, S. 497–517

– *(1931):* Die menschliche Natur. Ihr Wesen und ihr Verhalten, Stuttgart, Berlin, Übersetzung (von Paul Salzmann) – 1922, Human Nature and Conduct. New York

– *(1934):* Why I am not a communist. In: Russel, Bertrand/Dewey, John and others, The Meaning of Marx, a symposium, New York: Farrar u. Richart, S. 54–56. Jetzt in: Ders., 1986, The Later Works, 1925–1953, Vol. 9: 1933–1934, S. 91–95

– *(1934a):* A Common Faith. New Haven. Jetzt in: Ders., 1986, The Later Works, 1925–1953, Vol. 9: 1933–1934, S. 1–58

– *(Hg., 1941):* The Living Thoughts of Thomas Jefferson. London, Toronto, Melbourne u. Sydney

– *(1963):* Philosophy, Psychology and Social Practice. New York

– *und Kilpatrick, William Heard (1935):* Der Projekt-Plan, Grundlegung und Praxis. Reihe Pädagogik des Auslands, Bd. 6. Weimar

Eberhard, Otto (1930): Welterziehungsbewegung. Kräfte und Gegenkräfte in der Völkerpädagogik. Berlin o.J.

Ederer, Karl, Anton (1947): John Deweys Einfluß auf die Pädagogik G. Kerschensteiners. In: Päd. Welt, 1. Jg./1947, S. 35–46. Donauwörth

Eitze, Franz (1933): Die Gesamtunterrichtsbewegung. Ein Querschnitt durch die Lösungsversuche im In- und Ausland. Breslau

Faris, Robert, E.L. (1979): Chicago Sociology 1920–1932. Chicago, London

Haase, Otto (1932): Gesamtunterricht, Training, Vorhaben – drei Elementarformen des Volksschulunterrichts. In: Die Volksschule, 28. Jg./1932, H. 16, S. 727–733

– *(1933):* Schlußvorlesung des Kollektivkollegs „Unterrichtslehre". In: Ders. (Hg.), Zwei Jahre Lehrerbildung: Dokumente der Pädagogischen Akademie Frankfurt/O. Langensalza 1933, S. 63–70

– *(1949):* Der Junglehrer. Bewährung und Prüfung. In: Schulverwaltungsblatt für Niedersachsen, 1. Jg./1949, H.5, S. 111–116

– *(1951):* Musisches Leben. Hannover

Heins, Johann (1952): Vorhaben, Möglichkeiten und Grenzen. In: Pädagogischer Wegweiser, 5. Jg./1952, Nr. 6, S. 1–5. Stade

Hessen, Sergius (1930): John Deweys Erziehungslehre. In: Die Erziehung, 5. Jg./1930, S. 657–684. Leipzig

Hylla, Erich (1929a): Die Schule der Demokratie. Ein Aufriß des Bildungswesens der Vereinigten Staaten. Berlin, Leipzig

– *(1929b):* Die Bildungstheorie John Deweys. In: Pädagogisches Zentralblatt, 9. Jg./1929, S. 703–711

– *(1929c):* Schule und Leben in den Vereinigten Staaten. In: Die Volksschule, 25. Jg. 1929, H. 17. v. 1.12.29, S. 721–731

Jellinek, Georg (1904 (2)): Erklärung der Menschen- und Bürgerrechte

Karsen, Fritz (1921): Die Schule der werdenden Gesellschaft. Berlin

– *(1924):* Die neuen Schulen in Deutschland. Langensalza

– *(1930):* Sinn und Gestalt der Arbeitsschule. In: Grimme, Adolf (Hg.), Wege und Wesen der Schulreform. Berlin, S. 100–119

– *(1931a):* Vorwort zu einem Lehrplan. In: Aufbau, 4. Jg./1931, H.2, S. 33–41

– *(1931b):* Neue amerikanische Methoden – und wir. In: Aufbau 4. Jg./1931, H.6, S. 161–171

– *(1931c):* Ein Hinweis auf John Dewey. In: Aufbau, 4. Jg./1931, H.8, S. 225–232

Kartzke, Georg (1928): Das amerikanische Schulwesen. Leipzig

Kerschensteiner, Georg (1910 / 1919 (4)): Der Begriff der staatsbürgerlichen Erziehung. Leipzig, Berlin und Ders., 1958, 8. Auflage, München, Stuttgart

– *(1916):* Rede vor dem Reichstag am 5.6.1916 in Berlin. In: Stenographische Berichte, Bd. 307, S. 1495–98

– *(1926):* In: Hahn, Erich (Hg.), Die Pädagogik der Gegenwart in Selbstdarstellungen. Leipzig, S. 45–96

Kilpatrick (1928): Philosophie der amerikanischen Erziehung. In: Pädagogisches Zentralblatt, 8. Jg., 1928, S. 578–587, Langensalza, erneut abgedruckt in: Röhrs, Hermann, 1965, Die Reformpädagogik des Auslandes. Düsseldorf, München, S. 136–144

67

– *(1935a):* Erziehung für eine sich wandelnde Kultur. Weimar. In: Dewey/Kilpatrick. S. 7–84

– *(1935b):* Die Projekt-Methode. Die Anwendung des zweckvollen Handelns im pädagogischen Prozeß. Weimar. In: Dewey/Kilpatrick, 1935, S. 161–179. Zuerst in Teachers College Record, Bd. XIX, Nr. 4, 1918

Kleger, Heinz u. Müller, Alois (Hg. 1986): Religion des Bürgers. Zivilreligion im Amerika und Europa. München

Korte, Herrmann (1995 (3)): Einführung in die Geschichte der Soziologie. Opladen

Krauth, Gerhard (1985): Leben, Arbeit, Projekt. Eine konzeptionsgeschichtliche und vergleichende Studie über die gesellschaftliche, pädagogische und didaktische Bedeutung der Projektidee in reformpädagogischen Bewegungen. Frankfurt, Bern, New York

Kretschmann, Johannes (1933): 1948 neu bearbeitet von Otto Haase, Natürlicher Unterricht. Wolfenbüttel. Untertitel der 1. Auflage: Ein methodisches Handbuch der neuen Volksschule

Kropotkin, Peter (1908 / 1975): Gegenseitige Hilfe in der Tier- und Menschenwelt. Berlin

Lietzmann, W. (1931): Die Unterrichtsmethoden in den Schulen der Vereinigten Staaten. In: Pädagogisches Zentralblatt. 11. Jg./1931, S. 251–263. Berlin, Leipzig

Lübbe, Hermann (1981): Staat und Zivilreligion. Ein Aspekt politischer Legitimität. In: Achterberg, Norbert (Hg.), Legitimation des modernen Staates. Archiv für Rechts- und Sozialphilosophie, Beiheft 15. Wiesbaden, S. 40–64. Auch in: Kleger/Müller, S. 195–220

Münch, Richard (1993): Die Kultur der Moderne. Bd. 1, Ihre Grundlagen und ihre Entwicklung in Frankreich und Deutschland. Frankfurt

Nüchter, Friedrich (1915): von der individualistischen zur sozialen Demokratie – ein Problem der amerikanischen Pädagogik. John Deweys soziale Pädagogik. In: Jahrbuch des Vereins für wissenschaftliche Pädagogik, 47. Jg./1915, S. 15–73, Dresden

Oelkers, Jürgen (1989 / 1992): Reformpädagogik. Eine kritische Dogmengeschichte. Weinheim, München

Park, Robert, Ezra (1916): The City: Suggestions for the investigation of human behavior in the urban Environment. Jetzt in: Ders., The Collected Papers, 1974, Vol. II, Human Communities, The City and Human Ecology. New York: Arno Press, Reprint

Plessner, Helmuth (1959 / 1974): Die verspätete Nation. Über die politische Verführbarkeit bürgerlichen Geistes. Frankfurt

Prantl, Rudolf (1925): Dewey als Pädagoge. In: Vierteljahresschrift für wissenschaftliche Pädagogik, 1. Jg./1925, S. 286–300, 387–420, 572–637. Münster

Raisser, Konrad (1971): Identität und Sozialität. George Herbert Meads Theorie der Interaktion und ihre Bedeutung für die theologische Anthropologie. München

Reichwein, Adolf (1924a): Die Gilde. Ein Weg zur Einheit von Bildung und Arbeit. In: APS S. 9–15

– *(1924b):* Gewalt oder Gewaltlosigkeit. In: APS S. 69–75

– *(1928):* Reise zum Norden. In: APS S. 66f.

– *(1931):* Pädagogische Akademien. Gefahr im Verzug. In: APS S. 80–86

– *(1932).* Mit oder gegen Marx zur Deutschen Nation? In: APS S. 86–93

- *(1933a):* Grundtvig. Veröffentlicht unter dem Pseudonym Peter Rosbach. In: APS S. 22–37
- *(1933b):* Bemerkungen zu einer Selbstdarstellung. In: Reichwein, Roland (Hg.), Adolf Reichwein. Reformpädagoge und Widerstandskämpfer. Heidelberg, S. 38–45
- 1941, Schule und Handarbeit. Weibliche Handarbeit aus volkstümlichem Erbe. In: APS S. 127–140
- *(1978):* Ausgewählte Pädagogische Schriften. Paderborn. Zitiert als APS
- *(1993):* Schaffendes Schulvolk – Film in der Schule. Die Tiefenseer Schulschriften. Kommentierte Neuausgabe. Weinheim, Basel

Röhrs, Hermann (1965): Die Reformpädagogik des Auslandes. Düsseldorf, München

Schieder, Rolf (1987): Civil Religion. Die religiöse Dimension der politischen Kultur. Gütersloh

Rucker, Darnell (1969): The Chicago Pragmatists. Mineapolis

Schreiber, Karl F. (1928): Das amerikanische Schulwesen. In: Deutsches Philologen-Blatt. 36. Jg./1928, Leipzig, S. 621 f. (Rezension von Kartzke 1928)

Schwarz, Sebald (1928): Was ist für uns in Amerika zu lernen? In: Deutsches Philologen-Blatt. Korrespondenz-Blatt für den akademisch gebildeten Lehrerstand. 36. Jg./1928, Leipzig, S.630–633

Simmel, Georg (1903): Die Großstadt und das Geistesleben. In: Die Großstadt – Vorträge und Aufsätze zur Städteausstellung; Jahrbuch der Gehe-Stiftung zu Dresden. IX/1903, Dresden, S. 185–206

Suin de Boutemard, Bernhard (1975): Schule, Projektunterricht und soziale Handlungsperformanz. München
- *(1976):* 75 Jahre Projektunterricht. In: Redaktion betrifft: erziehung (Hg.), Projektorientierter Unterricht. Weinheim, Basel, S. 58–64
- *(1979):* Projektarbeit in Gemeinden. Gelnhausen, Zürich, Köln
- *(1984 / 1987):* Bildung und Lernen in der Alternativbewegung. In: Harms, Jens u.a. (Hg.), Alternativökonomie und Gemeinwirtschaft. Frankfurt. Reihe: Arnoldshainer Texte; Bd. 25, S.137–158
- *(1986 / 1994):* Projektunterricht – Geschichte einer Idee, die so alt ist wie unser Jahrhundert. In: Bastian, Johannes und Gudjons, Herbert (Hg),, 1994, Das Projektbuch. Theorie – Praxisbeispiele – Erfahrungen. Hamburg
- *(1989).* Der Beitrag der Projektpädagogik zur Praxis und Wissenschaft der Gemeindepädagogik. In: Barth, Ferdinand, Gemeindepädagogik im Widerstreit der Meinungen. Damstadt, S.119–141

Tocqueville, Alexis de (1987): Über die Demokratie in Amerika. Zürich: Manesse Verlag

Troeltsch, Ernst (1922 / 1965): Die Soziallehren der Christlichen Kirchen und Gruppen. Aalen

Wilhelm, Theodor (1979): Georg Kerschensteiner (1854–1932), In: Scheuerl, Hans (Hg.), Klassiker der Pädagogik, Bd.2., S.103–126

Helmut Schreier
Drei Façetten der Projektidee

Die Sache des Projektunterrichts und das Problem der leeren Namen. Zur Begründung der Notwendigkeit eines Blicks in die Ideengeschichte

Gleich am ersten Schultag nach den Ferien diskutieren die Kinder der sechsten Klasse in der Kollegschule von Webster Groves, einem Vorort von St. Louis, über das Thema, das die Bevölkerung des gesamten Gebiets damals, gegen Mitte der siebziger Jahre, beschäftigt: Die geplante Aufstauung des Meramec-Flusses. Damit geht eine politisch brisante Kontroverse einher – die schrankenlose Dammbau-Politik des Corps of Engineers hatte bereits erste Niederlagen durch die Umweltpolitik des Sierra Club eingesteckt, verfügte aber immer noch über die einflußreichere Lobby. Die Klassenlehrerin, *Jan Phillips*, fragt ihre Freunde, ob es unter diesen Umständen ratsam ist, sich mit den Schulkindern auf diese Sache einzulassen, und die Freunde raten ihr ab: „Es wäre ein allzu riskantes Unternehmen ..."

„Aber", schreibt Ms. Phillips in ihrem Bericht, „damals war mir schon klar geworden, daß der Meramec-Damm zum Gegenstand unserer Studien werden mußte... Das Thema Dammbau brachte die Leute wie von selbst ins Gespräch miteinander – manchmal in ein ruhiges, manchmal auch in ein erregtes Gespräch, jedenfalls aber in ein Gespräch, bei dem unterschiedliche Betrachtungsweisen zutage traten."[1] Auch das Meinungsbild der Klasse spiegelt die unterschiedlichen Auffassungen wider. Gerade deshalb brennen die Kinder darauf, den Sachverhalt zu studieren. Sie sammeln Zeitungsberichte mit den Argumenten der Befürworter und Gegner des Dammbaus und finden, daß einer der Politiker einmal dafür, einmal dagegen spricht. Sie stellen eine Liste von „Pro" und „Contra"-Informationen und -Argumenten zusammen, und sie laden Vertreter beider Richtungen zu Referaten und Diskussionen in die Schulklasse ein.

71

Am aufregendsten sind die Unternehmungen außerhalb des Klassenzimmers, das Auskundschaften einer Höhle, die durch den geplanten Stausee unter Wasser gesetzt werden soll, die Übernachtung auf einem Plateau über dem Flußlauf, die Besichtigung eines in der Nähe gelegenen Staudammes, dessen Bauweise dem geplanten ziemlich genau entspricht, und die Befragungen von Bewohnern aus verschiedenen Ortschaften, die durch den Bau des Dammes und die Aufstauung des Flusses Verluste befürchten müssen bzw. auf Profit hoffen können. Die Interviews werden aufgezeichnet und statistisch ausgewertet. „Die ganze Kommune ist unser Klassenraum", kommentiert Jan Phillips, „der Meramec-Damm war nur ein Vehikel für unsere Absicht, die Belange der Gemeinde zu studieren." Am Ende schreibt jedes der Kinder ein eigenes Positionspapier zur Kontroverse, und es zeigt sich, daß einige ihre anfängliche Meinung geändert haben. Die Vertreter der beiden entgegengesetzten Auffassungen verfügen jetzt über bessere Sachkenntnis als vorher, und sie haben auch einander besser verstehen und respektieren gelernt: „Wir wurden im Verlauf der Unterrichtseinheit zu Freunden, obwohl wir unterschiedliche Standpunkte bezogen."[2]

Diese Unterrichtseinheit: Dürfen wir sie als ein „Projekt" bezeichnen, obwohl die verantwortliche Lehrerin und Berichterstatterin den Begriff an keiner Stelle verwendet? Gesetzt den Fall, unsere Nachprüfung anhand einer Liste von unabdingbaren Projekt-Merkmalen – Beteiligung der Schüler an der Planung, sachbezogene und fächerübergreifende Elemente, die ein aktuelles Problem betreffen, handlungsforscherische Momente, Erstellung von Produkten und Öffentlichmachen der Ergebnisse – würde beim genauen Studium des Original-Berichts das Vorhandensein sämtlicher erforderlicher Kennzeichen nicht ausschließen: Müßten wir dann nicht die Bezeichnung „Projekt" für zulässig erklären, auch wenn die Lehrerin stattdessen den Namen „Abenteuer-Unterricht" einsetzt? Kann es Projekte im Unterricht geben, die gar nicht „Projekte" genannt werden?

Die Kehrseite des mit diesen Fragen angedeuteten Verdachts bieten eben jene Diskussonen unter Erziehungswissenschaftlern, die den Projektbegriff anhand bestimmter Merkmale gewissermaßen dingfest zu machen versuchen. Sie bergen die Gefahr der Engführung, wie etwa bei *Michael Knoll*, der die Frage erörtert (und entscheidet), ob Unterrichtsprojekte ursprünglich der methodischen oder der didaktischen Seite zugerechnet werden müssen.[3] Die Gefahr der Engführung ist auch mit der Anbindung an eine bestimmte Schrittfolge gegeben, wie sie *Kilpatricks* Vier-Schritte-Sequenz des Purposing–Planning–Executing–Judging enthält, und sie wird durch Merkmalslisten in die Erziehungspraxis hineingetragen, die als Instrumente zur Konstruktion von Projekten zumal in der deutschen Diskussion einen hohen Stellenwert einnehmen.

So stellt sich heraus, daß die vorher aufgeworfene Frage nach der Möglichkeit eines Projektunterrichts, der nicht so genannt wird, mit der als ihr Pendant zu begreifenden Frage nach der Funktion von Definitionsvorschlägen für Unterrichtsprojekte zusammengeht.

Aussichtsreicher als eine noch so präzise Begriffsbestimmung ist die Rückbesinnung auf die Anfänge unserer Sache, auf die ursprünglich im Kontext der Projektidee eingebundenen Absichten und die in den Projektunterricht hineinspielenden Vorstellungen, Konzepte, Philosophien usw., aber nicht im Sinn einer Aquisition neuer Sicherheiten und Verbindlichkeiten, nicht im platten Sinne der Verkündung „So war es ursprünglich gemeint und so ist es deshalb auch verbindlich" – Zweifel daran sind ja angebracht, ob die ursprünglichen Intentionen verbindlich sein könnten, selbst wenn es gelänge, sie zweifelsfrei in ihrer ursprünglichen Form in unseren Bewußtseinshorizont hereinzuholen –, sondern im Sinne von Vorschlägen zur Ermittlung des aktuell Wünschenswerten.

Der Begriff des Wünschenswerten in diesem Kontext setzt die Verhandelbarkeit der Projekt-Bedeutung voraus. Die Projektidee wird als vorgegebene, aber wandelbare Größe aufgefaßt. Das Wünschenswerte bleibt Gegenstand eines Verhandlungsprozesses, der sich vom individuellen Wunsch, Interesse oder Bedürfnis vor allem durch das Maß an Vorausschau und Reflexion unterscheidet, das in ihn eingegangen ist. Daher ist es wichtig, Ideen und Konzepte zu betrachten, die mit dem Projektunterricht insofern zusammenhängen, als sie dessen Anspruchshorizont auslegen. Sie fungieren in diesem kurzen Text als knappe Vorschläge, die ich im Hinblick auf eine zu kultivierende Diskussion ins Spiel bringen möchte.

Erste Façette: „Das Gut der Tätigkeit"

Was die meisten Projekt-Beispiele offensichtlich vom üblichen Unterricht unterscheidet, ist das Moment aktiven Handelns der beteiligten Schüler, ihr Sich-Umtun, etwas schaffen, Dinge herstellen, Vorführungen inszenieren, eine Anlage oder einen Bau aufführen. Die große Bedeutung solcher Tätigkeiten im Projektunterricht korrespondiert mit dem zentralen Stellenwert von „occupations" und „activities" in den Lehrplan-Entwürfen, die wir von *John Dewey* kennen.

Dewey hat in einem Text von knapp sechs Seiten Umfang unter dem Titel „Mein pädagogischer Glaube" vor ziemlich genau hundert Jahren thesenartig die gesamte Erziehungsphilosophie vorgetragen, die er in seinen späteren Schriften entfalten sollte. Im Abschnitt „The Subject-Matter of Education" beschreibt er Tätigkeiten aus Haushalt und Subsistenzwirtschaft als Ausgangspunkte des Curriculum und als Scharniere zwischen Individuum und Gesellschaft:

„Ich glaube, daß der einzige Weg, dem Kind sein soziales Erbe bewußt zu machen, darin besteht, es in die Lage zu versetzen, daß es jene grundlegenden Typen von Tätigkeit selber ausführt, auf denen die Zivilisation beruht.

Ich glaube deshalb daran, daß die ausführenden und konstruktiven Tätigkeiten das Zentrum der Verbindung (zwischen dem Individuum und seinem sozialen Erbe) sind.

Ich glaube, daß sich daraus die Begründung für den Stellenwert des Kochens, Nähens, des Handwerks usw. in der Schule herleitet.

Ich glaube, daß es dabei nicht um abgesonderte Fächer geht, die neben und über viele andere Fächer hinaus als zusätzliche Leistungsbereiche oder Erholungselemente eingeführt werden sollen. Ich glaube vielmehr, daß sie als Grundtypen fundamentale Formen sozialen Tätigseins repräsentieren, und daß es möglich und wünschenswert ist, daß jede Einführung des Kindes in die abstrakteren Gegenstände des Lehrplans durch das Medium dieser Tätigkeiten geschieht."[4]

Der Programmatik dieser Formulierungen entsprechend waren es denn auch die genannten Tätigkeiten, welche die Arbeit in der Laborschule Deweys in Chicago prägten.[5]

Wie soll man die Tatsache interpretieren, daß Dewey weder bei dieser noch bei anderen naheliegenden Gelegenheiten Begriffe wie „Projekt", „Unterrichtsprojekt" oder „Projektunterricht" gebraucht hat? Eine absurd erscheinende Deutung würde auf die Behauptung hinauslaufen, Deweys Arbeit habe damals eben mit der Sache des Projektunterrichts nichts zu tun gehabt. Viel wahrscheinlicher ist es doch, daß die Arbeitsform, die aus unserer Sicht als Besonderheit erscheint, und die wir mit dem besonderen Begriff „Projekt" zu würdigen versuchen, in der Dewey-Schule die allgemein vorherrschende war: Ihm ging es um die Ausbildung eines Schulwesens, das den philosophischen Grundsätzen verbunden war, die er in Chicago auszuformulieren begann: „Philosophie", sagte er, „ist Erziehung in ihrer allgemeinsten Phase".

Es liegt in der Konsequenz der pragmatistischen Philosophie, daß dem aktiven, problemlösenden Handeln die zentrale Schlüsselbedeutung für die Angelegenheiten der Erziehung zugeschrieben werden muß. Für den Pragmatismus ist die Tätigkeit, nicht die Idee und nicht die Materie, Quelle und Ursprung der Wirklichkeit. Der handelnde Mensch, dessen Tätigkeit auf die Lösung von Problemen gerichtet ist, stellt im eigentlichen Sinn seine Welt her. Die Ergebnisse erfolgreichen problemlösenden Handelns häufen sich im Lauf der Generationen an in Gestalt von Dingen und Einrichtungen, aber auch von Sprache und

Vorstellungen. Erziehung bedeutet daher mehr als die bloße Weitergabe dieser im dauernden Prozeß der tätigen Auseinandersetzung mit der Wirklichkeit geronnenen Produkte: Sie läuft darauf hinaus, über die Produkte die Erfahrung der handelnden Menschen selbst wieder aufzuschließen, weil auf diese Weise allein die Qualität der andauernden handelnden Auseinandersetzung ausgeschöpft und weitergeführt werden kann.

Wahrscheinlich sind die Implikationen der pragmatistischen Philosophie für das Erziehungsgeschäft nach wie vor aktuell und nicht von lediglich historischem Interesse. Inzwischen haben jedoch Konzepte Einfluß auf die Diskussion genommen, die zwar ebenfalls die zentrale Bedeutung von Handeln und Tätigkeit behaupten, aber mit dem Pragmatismus nicht unmittelbar zusammenhängen. Zwei dieser Ansätze, die Tätigkeitstheorie und der Radikale Konstruktivismus, möchte ich herausgreifen, um sie im Hinblick auf unser unterrichtsbezogenes Interesse zu vergleichen. Vielleicht wird auf diese Weise das, was Dewey „das Gut der Tätigkeit" genannt hat, im Lichte neuerer Theorien deutlich.

Als Tätigkeitstheorie gilt bekanntlich jener psychologisch-pädagogische Ansatz, der in der ehemaligen Sowjetunion und der ehemaligen DDR vor allem von *Leontjew, Lompscher, Lurija* und anderen vorgetragen worden ist. Der Radikale Konstruktivismus ist u. a. durch *von Foerster* entwickelt und durch *Luhmann/Schorr* in systemtheoretischer Ausformung auf das Bildungswesen bezogen worden. Beide Perspektiven betonen die Konstruiertheit der Wirklichkeit und unterscheiden sich damit zunächst von pädagogischen Ansätzen, die auf Instruktion und Vermittlung hin angelegt sind. Die Tätigkeitstheorie sieht Subjekt und Objekt, ähnlich wie der Pragmatismus, jeweils als Resultat eines tätigkeitsgebundenen Konstitutionsprozesses: Während der Mensch das Objekt seinen Zwecken entsprechend formt und verändert, wird er auch selbst ein anderer. Die soziale Dimension dieses Prozesses bedeutet, daß der zwischen den Individuen ablaufende interpsychische Austausch zu intrapsychischen Gestalten führt, die von den jeweils einzelnen verinnerlicht werden. Die Vertreter der Tätigkeitstheorie nehmen diesen Vorgang im Sinne einer Annäherung an die „objektive Realität" wahr. Damit kommt es hier aber gewissermaßen unter der Hand zu einem Umschlag der mit dem Ausgangspunkt gegebenen Prämisse, und als Folge wird die Instruktion über die eine objektiv wahre Wirklichkeit wieder möglich. Wie *Heinrich Bauersfeld* plausibel gezeigt hat, beruht die Tätigkeitstheorie auf einer materialistischen Weltanschauung: Es handelt sich um eine Widerspiegelungstheorie, die auf die interne Abbildung der extern vorgegebenen, objektiven Wirklichkeit hinausläuft.[6] Die Radikalität des Konstruktivismus zeigt sich demgegenüber gerade in der Annahme, daß es keinen

Weg gibt, die Konstruktionen als Spiegelungen einer ontologisch vorgegebenen Welt aufzufassen. Es genügt, die verschiedenen Konstrukte einander so weit anzupassen, daß sie miteinander im Hinblick auf selbstgesetzte Zwecke funktionieren (Viabilität). Ein kollektives Subjekt, wie es die Tätigkeitstheorie als Träger von Erkenntnisprozessen konstruiert, macht im Radikalen Konstruktivismus keinen Sinn.

Nun ist es ein Grundprinzip nicht allein des Pragmatismus, Begriffe im Hinblick auf ihre Folgen zu befragen. Bauersfeld vermutet, daß der Begriff des kollektiven Subjekts als „trojanisches Pferd zur Einführung von ‚objektivem' oder ‚wahrem' oder ‚wissenschaftlichem' Wissen auf der sozialen Ebene dienen muß".[7] Andererseits verfügt die Tätigkeitstheorie mit diesem Begriff über ein Prinzip zur Erklärung von Regularitäten des menschlichen Verhaltens, die dem Radikalen Konstruktivismus verschlossen bleiben. (Dies gilt übrigens nicht für den Pragmatismus: *Dewey* hat sich ausführlich mit der Kategorie „Habitus – habit" befaßt, und die Herausbildung von Gewohnheiten in den Mittelpunkt seiner pragmatistischen oder, wie er selber sie bezeichnete, instrumentalistischen Theorie gestellt.[8])

Die Folgen dieser beiden Theorien für die Unterrichtsgestaltung beleuchten schlaglichtartig den Unterschied zwischen Tätigkeitstheorie und Radikalem Konstruktivismus: die Tätigkeitstheorie führt letztlich zur Instruktion objektiv wahren Wissens, unter Einsatz machtvoller gegenständlicher Mittel und Darlegung der eingesetzten reflexiven Strategien. Der Verzicht auf die Annahme der Zugänglichkeit objektiver Wahrheit bringt demgegenüber gemäß der Sicht des Radikalen Konstruktivismus einen zirkulären, selbstreflexiven Unterricht hervor. Bauersfeld weist darauf hin, daß dem Begriff des „Lehrens" hierbei Risiko, Ungewißheit und Subjektivität anhaften. Er schlägt vor, daß deshalb die Instruktion in solchem Unterricht ersetzt wird durch die aktive Teilnahme aller Beteiligten an einer „Klassenzimmer-Kultur", die gewissermaßen den Topos der „Selbstorganisation" auf das soziale System überträgt.[9]

Auf diesem Wege erweist sich „Tätigkeit" als Schlüssel-Kategorie: Entlang dem von Bauersfeld vorgetragenen Argument verfolgen wir die Umwandlung der Selbsttätigkeit des einzelnen bei der Konstruktion von Wirklichkeit in eine zunehmend systemtheoretische Betrachtungsweise, die mit der *Deweyschen* Vorstellung von der Schulklasse als embryonischer Gesellschaft zu korrespondieren scheint.

Das Gut der Tätigkeit ist der notwendige Ausgangspunkt, eine nicht weiter reduzierbare Grenzkategorie, aus der die Konsequenz des sozialen Zusammenhangs herauswächst. Die Kategorie ist in der Erziehungswissenschaft dort neuerdings wieder von besonderem Interesse, wo es um die Konstruktion von fächerübergreifenden, interdisziplinären Strukturen geht, weil die Fächer letztlich das Ergebnis handelnder Auseinandersetzung mit der Wirklichkeit, d. h. das Produkt menschlicher Tätigkeit sind. Von hier aus fällt somit auch ein Licht auf eines der am häufigsten genannten Merkmale von Unterrichtsprojekten, nämlich deren fächerübergreifende Perspektive: Sie wird dort fast zwangsläufig erscheinen, wo das Handeln selber im Vordergrund steht, die Kategorie der Tätigkeit also stärker ins Gewicht fällt als die Anbindung an eine bestimmte Fachdisziplin. Mittelbar erweist sich die pädagogische Aktualität der Kategorie Tätigkeit durch deren zwingende Folge, den Schritt in den gesellschaftlichen Bereich. Dieser soziale Zusammenhang wird innerhalb der Tätigkeitstheorie, wie angedeutet, zum kollektiven Subjekt umgeformt, dem die Wirklichkeit als ein wissenschaftlich und damit verbindlich erforschtes Objekt gegenübersteht, mit entsprechenden Folgen für einen Instruktions-Unterricht. Der Radikale Konstruktivismus hingegen kommt von einem vergleichbaren Ausgangspunkt zum Begriff des sozialen Systems, das auf die Selbstorganisation der Lernenden im Unterricht hinausläuft. Hier drängt sich die Vermutung auf, daß die Aktualität der Projekt-Idee innerhalb des Begriffsclusters des Radikalen Konstruktivismus aufs Neue entfaltet werden könnte. Der Radikale Konstruktivismus erscheint in diesem Lichte als Zuspitzung und Fortführung bestimmter Tendenzen der Philosophie des Pragmatismus.

Tatsächlich ist die systemtheoretische Perspektive nur eine der Folgen aus dem Spektrum, das der Radikale Konstruktivismus im Kontext der Kategorie Tätigkeit bereithält. Es gibt weitere Anwendungen und Übertragungen, zum Beispiel: Während in der didaktischen Diskussion der Gegenwart das sog. entdeckende Lernen immer noch im Sinne einer Leitvorstellung gehandelt wird, ist der Begriff des Entdeckens selbst durch den Radikalen Konstruktivismus radikalen Zweifeln ausgesetzt, die wenigstens mittelfristig auch zu einer Revision der Didaktik des Entdeckens führen könnten. *Heinz von Foerster* wird nicht müde, die Unhaltbarkeit von „Entdeckungen" herauszustellen. Begriffe wie „Ordnung-Zahlen-Formeln-Symmetrien-Naturgesetze-Gegenstände-Taxonomien- usw." sind für ihn nichts anderes als (mit einem von *Gregory Bateson* entlehnten Wort) Erklärungsprinzipien, also Erfindungen, mit deren Hilfe bestimmte Erscheinungen plausibel gemacht werden sollen, – Erscheinungen, die bei näherem Zusehen immer noch unverstanden bleiben.[10]

Lassen wir uns einmal probehalber auf die Vorstellung eines „erfindenden" statt eines „entdeckenden" Lernens ein, so ergeben sich eine Reihe von Folgen, die hier in knapper Form angedeutet seien. Ich möchte gleichzeitig vorschlagen, die Idee des Unterrichtsprojekts in Richtung der angedeuteten Folgen zu rekonstruieren.

1. Da keine verbindlichen Maßstäbe mehr „von außen" verfügbar sind, finden sich die Akteure auf den eigenen Kommunikations-Prozeß zurückgeworfen. Die Wirklichkeit wird zum gemeinsamen Konstrukt. In diesem Sinne spricht Bauersfeld vom „sozialen Konstruktivismus". Hier ist der Hinweis auf den Begriff der „Gemeinschaft von Forschenden" („community of inquiry") angebracht, wie er im Bereich der sog. Kinderphilosophie von *Matthew Lipman* entwickelt worden ist. Der Begriff geht auf *C. S. Peirce* zurück, der ihn in dem Essay „Die Festlegung einer Überzeugung" i. S. eines Instrumentes verwendet, das den Methoden der Autorität und der unbefragten Überzeugung überlegen ist.[11] Lipmans Übertragung auf den Raum von Schule und Unterricht soll die Unmittelbarkeit der Untersuchung bezeichnen, die mit den philosophischen Themenstellungen einhergeht.[12] Die „Gemeinschaft von Forschenden" kennt kein Gefälle zwischen Lehrenden und Lernenden, – alle sind Lernende, Forschende. Die Gruppe entwickelt Spielregeln der Untersuchung von Problemen, denen sie in selbstgeplanten Schritten nachgeht, und langfristig ist sie vollkommen unabhängig von der Leitung durch einen „primus inter pares".[13]

2. Ähnlich, wie die Selbstvergewisserung der auf sich zurückgeworfenen Gruppe von miteinander Handelnden aus dem Fehlen verbindlicher, zu „entdeckender" Zusammenhänge und Sätze folgt, führt auch die „Gemeinschaft der Forschenden" zur Untersuchung solcher Fragestellungen, die für die Forschenden selbst relevant sind. Die Mitglieder werden Probleme in den Mittelpunkt ihres Interesses und ihres Handelns rücken, die ihnen selber auf den Nägeln brennen. „Schulprobleme" im Sinne von Fachsystematik und Deduktion treten zurück. Alltagsprobleme und die mit ihnen verbundenen Handlungsinteressen der Schüler treten hervor. Was dabei vor allem verschwindet, ist die innere Distanz zu den Gegenständen als Folge von deren Belanglosigkeit. Es wäre ein Irrtum, dies ohne weiteres mit einem Qualitätsverlust gleichzusetzen. Kinder und Jugendliche haben oft tiefe spirituelle Interessen, sie sind dort noch verwundbar, wo viele Erwachsene sich den Panzer der Routine und die Technik des Ignorierens zugelegt haben. Aber die Akzentsetzung wird sich auch beispielsweise innerhalb des „Philosophierens mit Kindern" verschieben: Während es zwar gelegentlich passiert, daß Kinder spontan über solche abstrakten Prinzipien und Erklärungsmuster intensiv miteinander diskutieren, die mit ihren Alltagserfahrungen kaum zu tun haben, werden Fragen des Handelns und Verhaltens aus dem Bereich der unmittelbaren Erfahrung – etwa die Erfahrung von Gewalt und Ungerechtigkeit – in den Vordergrund rücken. *Dewey* forderte, daß die Philosophen damit aufhören sollten, die Probleme der Phi-

losophie zu erörtern, um sich stattdessen den Problemen der Menschen zuzuwenden.

3. Der explosivste Sprengstoff des Radikalen Konstruktivismus steckt in der Umwälzung des didaktischen Paradigmas. Zwar ist diese Revolution in der pragmatistischen Erziehungsphilosophie angekündigt – „Demokratie und Erziehung" steckt voller Anspielungen darauf –, aber erst der Radikale Konstruktivismus stellt die Problematik des vorherrschenden Paradigmas auf eine solche Weise heraus, daß es nicht länger möglich ist, ihr auszuweichen. Seit *Comenius* im 17. Jahrhundert den Satz aufgriff und verkündete, daß nichts im Verstand sei, das nicht zuvor in den Sinnen war, gilt das daraus abgeleitete Prinzip als die Geschäftsgrundlage für alle didaktischen Arrangements. Ähnlich, wie es Comenius selber anhand des Orbis sensualium pictus vorgemacht hat, verfahren wir im großen Ganzen seither im Unterricht. Zuerst wird das arrangiert, was *Roth* die „originale Begegnung" genannt hat, die Schüler dürfen Dinge anfassen, mit Gegenständen umgehen, man gestattet ihnen einschlägige sinnliche Wahrnehmungen; mit dem zweiten Schritt wird eine erste Abstraktionsstufe betreten: Abbildungen, Zeichnungen heben das an der Erfahrung heraus, auf das es – gemäß den Zielsetzungen des Lehrplans – ankommt; mit dem dritten Schritt dann kommt Didaktik ans Ziel, indem der Begriff, das Gesetz, das Prinzip erfaßt und den abstrakten Operationen verfügbar gemacht wird. Wenn nun aber diese End-Produkte des didaktischen Weges bloße Erfindungen sind, wie der Radikale Konstruktivismus behauptet, dann verliert die gesamte kunstvolle Sequenz ihre Verbindlichkeit, und die Suche nach alternativen didaktischen Wegen wird legitim. Im Bereich des handwerklichen und künstlerischen Könnens beispielsweise kann eine gegenläufige Schrittfolge beobachtet werden. Statt vom Konkreten zum Abstrakten fortzuschreiten, kommen wir hier umgekehrt von der vagen oder auch abstrakten Vorstellung über einen genaueren Plan hin zum Produkt, das, wie *Kerschensteiners* Starenkasten, oft genug einen greifbaren Gegenstand darstellt. Die subversive Macht des Projektunterrichts wird einsichtig, wenn wir uns vergegenwärtigen, daß hier ein dem didaktischen Paradigma genau gegenläufiger Lernweg beschritten wird.

Wäre es nicht interessant, sich ein Schulwesen vorzustellen, dessen Unterricht in Übereinstimmung mit den Grundsätzen des Radikalen Konstruktivismus als Kette von Projekten inszeniert würde, die auf die Konstruktion der Wirklichkeit in konkreten Gestalten hinausläuft?

Zweite Façette: Der Erhalt der Würde des einzelnen

„Würde" bezeichnet eine Kategorie, die trotz ihrer zentralen Bedeutung in den Texten eines so bekannten Denkers wie *Ernst Bloch* hierzulande aus der Mode gekommen ist. Vielleicht ist es als Indiz für die Unterschiedlichkeit der in den USA vorherrschenden Perspektive akzeptabel, wenn ich auf einen populären Song hinweise, der einen vergleichsweise langen und komplizierten Text um den Begriff „Würde" herum entfaltet, *Bob Dylans* erfolgreiches Stück „Dignity" aus dem Jahre 1994.

Der Komplex demokratischer Ideen, welche in den Jahren 1787 bis 1789 in die amerikanische Verfassung eingebracht wurden, hängt vor allem mit der Vorstellung *Jeffersons* einer agrarisch geprägten Gesellschaft zusammen, über der gewissermaßen als maßgebliche Vision das Leitbild des unabhängigen Yeoman-Farmers schwebt, der sein eigenes Feld bestellt. Indem dieser seine Arbeit – verantwortlich nur gegenüber dem Land und dem Wohlergehen der eigenen Familie – selbst bestimmt, sich seine Ziele selbst setzt, ist er frei von den Zielsetzungen und Bestimmungen anderer, und daraus ergibt sich seine Würde eines freien Mannes in der neuen Welt. Sie unterscheidet sich von der Würde eines freien Mannes in der alten Welt, denn dieser brauchte keinem Lebenserwerb nachzugehen, andere mußten für ihn arbeiten. Sein Leben war durch Müßiggang gekennzeichnet. In der neuen Welt ist die Notwendigkeit, für den eigenen Lebensunterhalt zu arbeiten, mit der Unabhängigkeit von anderen und dem Recht auf freien Verfolg des eigenen Glückes verbunden. Dies jedenfalls ist die ursprüngliche Idee, deren Echo noch immer vernehmbar bleibt, auch wenn die Verhältnisse in der amerikanischen Gesellschaft sich weit anders entwickelt haben, als es den ursprünglichen Absichten Jeffersons entsprach.

Einer der neueren (vor allem in der ökologischen Bewegung) einflußreichen amerikanischen Schriftsteller, der Poet *Gary Snyder*, schreibt beispielsweise folgende Verse in einem Gedicht:

„What have I learned but
the proper use for several tools?
The moments
between hard pleasant tasks
To sit silent, drink wine,
and think my own kind
of dry crusty thoughts."[14]

Die Wendung „hard pleasant tasks" – schwere, erfreuliche Vorhaben – mag deutschen Lesern als ein Widerspruch in sich selbst vorkommen, – in der traditionellen amerikanischen Sicht schließen harte Arbeit und Freude einander keineswegs aus. Ihre Verbindung wird in der Vorstellung durch das Scharnier der Selbstbestimmung hergestellt. In diesem selbstgesetzten Arbeits- und Daseinszweck – Purpose – liegt zugleich das Moment des Erhalts der menschlichen Würde. Es ist eine Option, die von Amerika ausgehend als Wunschbild auch andere Kulturen und Gesellschaften transzendieren konnte und gerade in der Periode der Industrialisierung auf ihre Weise dazu beigetragen hat, die Vorstellung nichtentfremdeter Arbeit am Leben zu halten. Projektunterricht als selbstbestimmte Arbeit innerhalb des schulischen Instruktionswesens partizipiert an diesem Bild und wirkt in einem auf Anpassung ausgerichteten System subversiv. In diesem Sinne erscheint es mir plausibel, die Kategorie „Würde" als konstitutiv für die Projektidee aufzufassen.

Allerdings ist der Eintrag der Idee von der Übertragbarkeit auf die Verhältnisse abhängig. Zwischen dem, was auf „embryonische" Weise im Raum der Schule geschieht, und der Arbeitswelt muß es zur Wechselwirkung kommen. In einer Arbeitswelt, in der die Zwecksetzung, das Purposing, jedes ihrer Elemente von anderer Seite vorgegeben ist, muß das selbstbestimmte Purposing des Unterrichtsprojektes ins Leere laufen. Die Entwicklung scheint sich inzwischen in den USA womöglich noch weiter als hierzulande von der Möglichkeit solcher Selbstbestimmung entfernt zu haben. Hinzu kommt, daß jedes Segment gesellschaftlicher Arbeit von dafür zuständigen Agenturen okkupiert ist, so daß die unmittelbare Verbindung zwischen schulischer Projektarbeit und außerschulischem Arbeitsleben gar nicht mehr oder nur noch auf künstliche Weise besteht. Das Typhusprojekt – ob es sich nun in dem von *Collings* beschriebenen oder in dem von *Knoll* zurechtgerückten Sinne zugetragen hat[15] – belegt für die Zeit um den Ersten Weltkrieg, daß damals immerhin noch die Möglichkeit gegeben war, mit dem Schulunterricht eine Wirkung zu erzielen, die über die bloße Unterweisung der Kinder hinausging: Die Aufklärung der Bevölkerung über hygienische Notwendigkeiten.

Jene Barfußlehrer, die in der Türkei, im Mexiko, im China der zwanziger Jahre auf die Dörfer gingen und den Leuten zeigten, wie man Beton gießt, Toiletten baut, Lesen und Schreiben lernt, Obstplantagen anlegt und Bienen züchtet, fanden für ihre Pädagogik ein fruchtbringendes Feld vor. In den heutigen industriellen oder postindustriellen Gesellschaften sind uns Pädagogen solche Möglichkeiten genommen. Tatsächlich erscheint die Selbstzwecksetzung dem Arbeitsleben als Option völlig abhanden gekommen zu sein. Die meisten Menschen erhoffen sich die Möglichkeit der Selbstbestimmung und des Erhalts der ursprünglichen Würde nur noch innerhalb der Spielwelt der sogenannten Freizeit. In dieser Situation wirkt der Vorschlag, das Unterrichtsprojekt als eine methodische Sequenz neben anderen zu betrachten, so blind er für die Potentiale des Ansatzes ist, auf unheimliche und systemkonforme Weise konsequent.

Haben wir uns also mit einer Projektidee, die der oft mißbrauchten Kategorie Würde verbunden ist, selber in eine Sackgasse hineinmanövriert? Um weiterzukommen, ist es notwendig, eine Sprache zu finden, die es uns möglich macht, die Aktualität von Unterrichtsprojekten auch unter dem Anspruch dieser Kategorie zu erhalten, womöglich zu erneuern. Erinnern wir uns zunächst an den pragmatistischen Grundsatz, daß ein Begriff sich in seinen Folgen erschöpft! Welche Folgen enthält nun der Begriff „Würde" im Zusammenhang gesellschaftlichen Handelns? Ein hervortretendes Merkmal ist – negativ formuliert – die aus ihm folgende Unberechenbarkeit und Unvorhersagbarkeit der Zwecksetzungen von einzelnen. Positiv gewendet, können wir mit der Notwendigkeit einer Art von gesellschaftlichem „Zufallsgenerator" argumentieren, der die Entfaltung der Potentiale der einzelnen begünstigt und die in den bestehenden Situationen enthaltenen Möglichkeiten im gesellschaftlichen Zusammenspiel rasch und umstandslos ausschöpft. Die damit erreichbare Ausweitung und Verstärkung des Erfahrungsprozesses ist eine Folge, die durch Manipulation und social engineering kaum herstellbar wäre.

Auf diese Weise entfernen wir uns vom Begriff der Würde – dem Gegenstand vieler Sonntagsreden – und nähern uns einer Betrachtung der Funktion der Folgen des Begriffes an, die zumindest dies leistet, daß sie das Spiel auch für andere Bezeichnungen öffnet. Es ist wahrscheinlich kein Zufall, daß sich an dieser Stelle wiederum eine typische Argumentation aus dem Radikalen Konstruktivismus anbietet, nämlich die Unterscheidung zwischen trivialen und nichttrivialen Operatoren, Systemen usw. Der Unterschied ist durchgängig, er erfaßt Menschen und Systeme gleichermaßen, wenn *Heinz von Foerster* bei seiner Darstellung auch den Begriff der Maschine dafür einsetzt.[16] (Formal ausgedrückt, geht es um den Begriff des Operators, also jener Agentur, die innerhalb einer Handlung oder eines Prozesses den Wechsel herbeiführt.) Überall dort, wo bekannte Ursachen zu vorhersagbaren Wirkungen führen, haben wir es mit trivialen Maschinen zu tun. Eine solche Maschine wird unter allen Umständen, in jeder Situation, ganz gleich, was vorher passiert ist, die vorausgesagten Wirkungen herbeiführen. Sobald ich den Schlüssel im Autoschloß drehe, springt der Anlasser an; wenn ich in der Schulklasse die Frage „Zwei mal drei?" stelle, werden mir die Schüler „Sechs" anworten. Andererseits gibt es nichttriviale Maschinen, die unvorhersagbare Wirkungen produzieren und nicht analysiert werden können, weil sie je nach Situation anders reagieren und durch ihre eigene Geschichte bestimmt werden.

Menschen neigen zwar dazu, die Unberechenbarkeit der Wirklichkeit nach Kräften zu reduzieren, indem sie eine Vielzahl verläßlicher Apparaturen entwerfen und Institutionen usw. einrichten, die den Ursache-Wirkungs-Zusammenhang des gesellschaftlichen Lebens durchschaubar machen und damit überhaupt erst erträglich werden lassen. Andererseits neigen wir auch dazu, die Existenz unserer Mitmenschen und deren Nichttrivialität zu akzeptieren. Im Schulsystem bildet sich diese Ambivalenz darin ab, daß es hier einerseits darum geht, den Erhalt des Gegebenen sicherzustellen, indem die ursprüngliche Unberechenbarkeit der jungen Menschen in Trivialität überführt wird, die deren Teilhabe am Leben der Gesellschaft erst ermöglicht und den Fortbestand des sozialen Ganzen sichern hilft. Andererseits ist in der Nicht-Trivialität eine unabsehbare Zahl von Chancen enthalten, ohne deren Aktualisierung das Ausschöpfen und die Entwicklung der Erfahrung unmöglich wäre. Mit dem restlosen Abbau des Nicht-Trivialen wäre der Sache der Gesellschaft letztes Endes ebenso wenig geholfen wie dem Interesse des einzelnen. Das Nicht-Triviale als Potential des Noch-Nicht-Dagewesenen muß also gleichzeitig erhalten bleiben und in das Ganze des trivialen Systems integriert werden. Wie ist dies möglich? Ein Weg besteht darin, die direkte Teilhabe der Träger des Nicht-Trivialen an den Steuerungs-Prozessen sicherzustellen, denen die Instruktionsprozesse folgen. *Deweys* Satz, daß es im Erziehungswesen nichts wichtigeres gibt als die Partizipation der Unterrichteten bei der Aufstellung der Pläne, denen der Unterricht folgt, gewinnt seine ganze Brisanz in anbetracht des Dilemmas, das die Trivialitäts-Argumentation aus dem Radikalen Konstruktivismus deutlich macht: Dem Programm der Trivialisierung der Schüler durch das Schulsystem steht die Notwendigkeit des Fortbestands ihrer Nichttrivialität gegenüber.

Mit der Transformation des Problems der Würde des einzelnen zum Problem des Erhalts seiner Nichttrivialität gewinnt der Projektunterricht auch unter dieser Perspektive erneut Aktualität. Das Unterrichtsprojekt wird zum Prototyp der Vermittlung des Trivialen mit dem Nichttrivialen im Unterricht. Zwecksetzung und handelnde Auseinandersetzung bei schweren und erfreulichen Vorhaben fordern beide Operatoren heraus.

Wäre es nicht faszinierend, sich ein Schulsystem mit doppeltem Lehrplan vorzustellen, in dem einerseits in einem (ausschließlich trivialen) Teil „Prüfungsvorbereitung" auf die Tests und Leistungsnachweise direkt und ohne Verbrämung hingearbeitet, und andererseits der gesamte Rest der verfügbaren Zeit rücksichtslos auf die Arbeit an den „hard and pleasant tasks" von Projekten verwandt würde?

Dritte Façette: Die Herstellung der Zeit

Der von Lehrerinnen und Lehrern manchmal gegen die Zumutung des Projektunterrichts vorgebrachte Einwand, die Sache koste zuviel Zeit, bezeichnet ein Kernproblem des modernen Schulwesens. Eine genauere Betrachtung der Art und Weise, auf die in der Schule mit Zeit umgegangen, in der hier Zeit letztlich konstituiert wird, öffnet Einblicke in die tiefe Misere dieses Systems, und kann gleichzeitig die Chance der Projektidee einsichtig machen: Ausgangspunkt einer neuen, dem gegebenen Erkenntnisstand angemesseneren Form institutionalisierten Lernens zu sein.

Daß die Verwaltung und Zuteilung der Zeit in der Gesellschaft eine Angelegenheit der Macht darstellt, ist unumstritten, seit *Norbert Elias* die Zusammenhänge in seiner Zeit-Studie erklärt hat.[17] Daß die Aufstellung der Stundentafeln für die Fächer das Privileg der Kultusbehörden ist wie die der Stundenpläne eine Angelegenheit der Schulleitung, wirft ein Licht darauf, daß die Zuteilung von Zeit auch innerhalb der Schule als ein Politikum behandelt wird. Daß die Pläne zur Unterrichtsvorbereitung, wie sie von den Unterrichtenden gefordert sind, das verfügbare Zeitbudget von 45 Minuten möglichst effektiv und kontrollierbar aufteilen, wird in der praktischen Phase der Lehrerausbildung geübt. Daß diese Pläne lediglich die Spitze eines Eisberges von Zeit-Politik und mittels Zeit-Zuteilung ausgeübter Macht im Schulwesen abbilden, hat etwa *Paul Jackson* in seiner Studie gezeigt, die den Zusammenhang zu dem in der bürokratisierten Industriegesellschaft erforderlichen Zeittakt aufdeckt, welcher den Rhythmus von Abwarten und Drankommen zum eigentlichen, wenn auch heimlichen Lehrplan des Unterrichts erhebt.[18]

Auf jeder der verschiedenen Ebenen der Hierarchie geht es um eine Phase des Zeit-Management. Aber auch der Lehrplan des Schulwesens ist dem Zeit-Streß unterworfen. In jedem der im Lehrplan repräsentierten Fächer kommt es zu Entwicklungen, die Neues ins Spiel bringen, bis hin zu einer Rekonstruktion der jeweiligen Fachperspektive. Diese Entwicklungen werden als Anhäufung neuer Daten wahrgenommen, die es der bereits vorhandenen und in der Schule zu vermittelnden Datenmasse hinzuzufügen gilt. Als Folge bläht sich der Lehrplan jedes einzelnen Faches zunehmend auf. Zugleich bringt der Prozeß der Gesellschaft dauernd neue Probleme hervor, die auf dem Felde des Lehrplans mit den Fächern in Konkurrenz treten. „Medien", „Drogen", „Umweltkrise", „Gewalt" „AIDS" „Computer" sind etwa zur Zeit geläufige Stichworte, sie bezeichnen komplexe Probleme, die auf eine Bearbeitung im Schulunterricht drängen.[19] Auf diese Weise erscheint der Lehrplan selbst einem mehrfachen Streß ausgesetzt und gewissermaßen dauernd vom Infarkt bedroht.

Strategien, die zur Lösung vorgeschlagen wurden, sind im Kern Management-Instrumente, welche Zeit als eine externe Ressource auffassen, die es auf möglichst nutzbringende Weise auszuschöpfen gilt. Unter dieser Perspektive erscheint der Entwurf des exemplarischen Unterrichts aus den sechziger Jahren mit seiner Parole „Mut zur Lücke!" als Versuch, durch „Inselbildung" *(Wagenschein)* immer noch die Konturen eines gewissermaßen pointillistisch reduzierten Gesamtgemäldes des Wissens zu vermitteln. Und die Rückführung der Disziplinen zu methodischen oder konzeptuellen „Strukturen", die der amerikanischen Curriculum-Reform der späten sechziger Jahre zugrundelag, wird als Strategie erkennbar, durch eine neue Abstraktionsebene das Geschäft der Lehrplankonstruktion im Sinne einer Art Flurbereinigung aufs neue überschaubar zu machen. Immerhin wohnte diesen Ansätzen – ähnlich wie dem in den letzten Jahren diskutierten Vorschlag *Wolfgang Klafkis*, „epochaltypische Schlüsselprobleme" als Ausgang für eine Rekonstruktion des Lehrplans zu nutzen,– auch eine pädagogische Perspektive inne, die im Sinne der Annäherung an die Projektidee interpretiert werden könnte. Trotzdem kommen diese Vorschläge wie Hilfsangebote zur Lösung eines Lehrplan-Problems daher, das letztlich als Problem des Management einer knappen externen Ressource wahrgenommen bleibt.

Bezeichnend für den systemtypischen Umgang mit der Problematik – nicht nur in den USA – erscheint mir der folgende Vorgang: Im Jahre 1991 setzte der amerikanische Kongreß eine unabhängige Experten-Kommission mit dem Auftrag ein, die Beziehung zwischen „Zeit" und „Lernen" in den amerikanischen Schulen zu untersuchen und auf der Basis der Untersuchung ein Gutachten zu erstellen. Die National Education Commission on Time and Learning legte im April 1994 ihren Bericht mit dem Titel „Prisoners of Time" vor.[20] Der Text läuft auf den Vorschlag hinaus, einen Kern bestimmter weniger Lerngegenstände einzurichten und rigoros (gemessen am „Weltstandard") zu verfolgen, um auf diese Weise – so die Hoffnung – die verfügbare Zeit flexibler zu verwenden. Solche „Beschränkung auf das Wesentliche" läßt nicht nur die Frage offen, was denn das Wesentliche sei, sondern erinnert auch an den alten, gegen jeden Reformanspruch gerichteten Schlachtruf „Back to the Basics!" In seiner Auseinandersetzung mit dem Vorschlag der Kommission hat *Patrick Slattery* darauf hingewiesen, daß dem Bericht jene lineare Zeitvorstellung zugrundeliegt, wie sie durch die *Newtonsche* mechanische Physik als Paradigma etabliert wurde.[21] Er zeigt, daß dieser Zeitbegriff durch neue Konzepte der Auseinandersetzung mit dem Gegebenen überholt ist. Diese Konzepte sind unterschiedlich, betonen aber alle den Zusammenhang verschiedener Größen dort, wo die hergebrachte Betrachtungsweise das Getrennte hervorhob:

Einsteins Relativitätstheorie verbindet Raum und Zeit zu einer umfassenden Einheit, so daß es ebenso sinnlos ist, von „leerem Raum" zu sprechen, wie von einer von den Ereignissen abgekoppelten Zeit. Die Quantentheorie stellt den zusammenhängenden Prozeß des Gegebenen heraus, indem sie Vertauschungsrelationen untersucht. *Heisenbergs* Unschärferelation läuft auf die Untrennbarkeit von Beobachter und Beobachtetem hinaus und entzieht damit der wohl wichtigsten Prämisse der hergebrachten empirischen Forschung die Legitimation. Und *Prigogine* hat den Zweiten Hauptsatz der Thermodynamik in dem Sinne ergänzt, daß zunehmende Komplexität mit gesteigerter Entropie nicht identisch ist, sondern quasi stabile Fließgleichgewichte produziert. Die Chaostheorie definiert die Grenzen der Erkenntnis neu, fließende Muster treten an die Stelle statisch fester Größen. Und der Radikale Konstruktivismus betrachtet triviale Maschinen als Sonderfälle inmitten einer nichttrivialen Welt.

All diese Konzepte unterminieren den Anspruch linearer Zeitvorstellungen auf ihre je eigene Weise. Die Zeit – darin stimmen sie überein – kann nicht länger als vorhandene, externe Ressource gelten. Vielmehr handelt es sich um eine den Vorgängen zugehörende Dimension, etwas, das gewissermaßen eher in Begriffen der Qualität als in den herkömmlichen der Quantität faßbar erscheint. Eine naheliegende Folge der solchermaßen veränderten Sichtweise kann unter pädagogischer Perspektive vor allem als Aufwertung des Gegenwärtigen beschrieben werden: Vergangenheit und Zukunft sind nicht länger Strecken, die vom Punkt der Gegenwart aus horizontal abgetragen werden, sondern selber Dimensionen der Gegenwart im Sinne der Aussage *Deweys:* „We always live at the time that we live and not at some other time, and only by extracting at each present time the full meaning of each present experience are we prepared for doing the same thing in the future."[22]

Damit ist ein Programm zum Umgang mit der Zeit angedeutet, das die Alternative zum Programm des Management von Zeit und Lehrplan darstellt: Es geht um die Intensivierung der gegenwärtigen Erfahrung, also um den Versuch, die quantitative, zweidimensionale Zumessung von Zeit durch eine qualitative Steigerung zu ersetzen, die formal als Dimensions-Vermehrung zu betrachten wäre. Dies Programm könnte den Namen „Herstellung von Zeit" tragen. Es ist noch zu entwickeln. Daß es entwickelt werden wird, erscheint mir angesichts der bestehenden Diskrepanz zwischen den neuen physikalischen Leitvorstellungen der Zeit und der bröckelnden Vorherrschaft der alten Leitvorstellungen innerhalb des Bereichs der Schule als wahrscheinlich. Die Projektidee könnte in einem entsprechend rekonstruierten Unterrichtswesen zur didaktischen Grundlage werden, weil sie die Rahmenbedingungen des neuen Paradigmas transportiert. Beispielsweise ist das Fächerübergreifende (als Merkmal von Unterrichtsprojekten) als Indiz für die Überwindung des oben bezeichneten Dilemmas des Lehrplan-Management zu sehen: Die Vereinbarung, sich auf einen Gegenstand oder ein Problem gemeinsam einzulassen, generiert unter den Beteiligten ein situationsbedingtes Curriculum, das die Fachsystematik ebenso transzendiert wie es die Problemorientierung des Unterrichts einschließt und relativiert. Zum Beispiel ist das Projekt zur Kontroverse um den Meramec-Dammbau eine Phase der Erfahrungs-Intensivierung, in der Fächer, die herkömmlich „Geographie", „Politische Bildung" usw. genannt werden, aufgehoben sind. Wäre es nicht faszinierend, eine Rekonstitution des Zeitbegriffes im Schulwesen durch solchen Projektunterricht voranzutreiben?

Anmerkungen

1 *Jan Phillips:* A Cave, a Dam, a River. In: „Phi Delta Kappan", June 1978; deutsch „Höhle, Damm und Fluß" in: H. Schreier (Hg.), Sachunterricht – Vorschläge und Beispiele. Paderborn: Schöningh 1981, S. 60–63.

2 Ibid., 63; übrigens ist der Meramec nicht aufgestaut worden, – was vielleicht als Teil eines die USA betreffenden umfassenden Meinungs-Umschwungs zu interpretieren ist, bei dem die Grenzen der Manipulation des natürlichen Raumes einer politisch entscheidenden Minderheit der Bevölkerung gerade im Verlauf der siebziger Jahre zu Bewußtsein gekommen sind. Eine der Schülerinnen aus *Ms. Phillips* Klasse hat das inzwischen maßgeblich werdende Argument in ihrem Positionspapier auf poetische Weise in folgende rhetorische Frage gekleidet: „Und was gliche der Schönheit eines Flusses?"

3 Vgl. etwa *Michael Knoll:* John Dewey und die Projektmethode. Zur Aufklärung eines Mißverständnisses. In: „Bildung und Erziehung" 45, März 1992, S. 89–108. Knolls Polemik gegen die deutsche Rezeption der Projekt-Idee kulminiert u.a. in folgender Passage: „Anders als die deutschen Autoren annehmen, ist der Aufsatz kein Beleg für die These, daß *Dewey* ein didaktisches Projektkonzept vertritt. Im Gegenteil, *Dewey* unterscheidet sehr wohl zwischen verschiedenen Methoden, und die Projektmethode ist nur eine unter ihnen." (S. 96) In der amerikanischen Erziehungswissenschaft ist die Trennung zwischen Didaktik und Methodik, die in der Bundesrepublik während der sechziger Jahre maßgeblich wurde, indes nie vollzogen worden. Sollte der Sinn von Knolls Aussage jedoch auf die Behauptung hinauslaufen, daß Dewey sich unter Verzicht auf utopische Leitvorstellungen ausschließlich an der gegebenen Praxis orientierte, so stünde er mit seiner Auffassung außerhalb der gesamten Dewey-Rezeption.

4 *John Dewey:* My Pedagogic Creed. Aus: Dewey on Education. New York: Columbia University, Teachers College, Bureau of Publications, 1897; Übers. H. S.

5 Vgl. *Schäfer, K.-H.:* Die Laborschule der Universität von Chocago und die Interventionspädagogik Jon Deweys. In: F. Baumgart (Hg.): Emendatio rerum humanorum. Erziehung für eine demokratische Gesellschaft. Festschrift für Klaus Schaller, Frankfurt/M. 1985, S. 217–232.

6 *Heinrich Bauersfeld:* Tätigkeitstheorie und Radikaler Konstruktivismus: Was verbindet sie und was unterscheidet sie? In: Balhorn, Brügelmann (Hg.), Bedeutungen erfinden – im Kopf, in Schrift und miteinander. Konstanz: Faude 1993, S. 38–56.

7 Ibid., 48; die Arbeiten von *Maurice Halbwachs* über das Verhältnis von individuellem und kollektivem Gedächtnis sind geeignet, auch den Begriff des „kollektiven Subjekts" zurechtzurücken: Einerseits gilt es als ausgemacht, daß beispielsweise individuelles Gedächtnis sich ausschließlich in sozialen Zusammenhängen entfaltet. Andererseits haben wir gelernt, daß es eine Sache, die man als universelles Gedächtnis bezeichnen könnte, nicht gibt und nicht geben kann: Das kollektive Gedächtnis ist partikular, nicht universell. Vgl. *Maurice Halbwachs:* Das kollektive Gedächtnis. Frankfurt a.M.: Suhrkamp 1991.

8 *John Dewey:* Human Nature and Conduct. New York: Henry Holt and Co. 1922; dt.: Die menschliche Natur. Ihr Wesen und ihr Verhalten. Übersetzt von Paul Sakmann. Stuttgart/Berlin 1931.

9 A.a.O., S. 52.

10 *Heinz von Foerster:* Entdecken oder Erfinden – Wie läßt sich verstehen verstehen? In: H. Gumin und A. Mohler (Hg.), Einführung in den Konstruktivismus. München: Oldenburg 1985.

11 *Charles Sanders Peirce:* Die Festlegung einer Überzeugung. In: E. Martens (Hg.), Texte der Philosophie des Pragmatismus. Stuttgart: Reclam 1975, S. 61–98.

12 Unter den zahlreichen Publikationen des Lipmanschen Institute for the Advancement of Philosophy for Children könnten die beiden folgenden einen geeigneten ersten Einblick vermitteln: *Matthew Lipman:* Harry Stottlemeyer's Discovery. New Jersey: First Mountain Foundation 1974; *M. Lipman, A. M. Sharp, F. Oscanyan:* Philosophical Inquiry. Instructional Manual to Accompany Harry Stottlemeyer´s Discovery. New Jersey: First Mountain Foundation 1979.

13 Zur Programmatik der Kinderphilosophie bzw. des Philosophierens mit Kindern: *E. Martens / H. Schreier (Hg.),* Philosophieren mit Schulkindern. Heinsberg: Dieck 1994.

14 *Gary Snyder:* Axe Handles. San Francisco: North Point Press 1983, S. 85.

15 Das Typhus-Projekt, wie es *Ellsworth Collings* beschrieben hat, ist in Deutschland vor allem durch die von *Peter Petersen* herausgegebene Übersetzung bekanntgeworden: Der Projekt-Plan. Grundlegung und Praxis. Weimar: Böhlaus Nachfolger 1935; kürzlich hat *Michael Knoll* den Bericht von *Collings* als Fälschung oder Täuschung in einer Art kriminalhistorischer Untersuchung zu entlarven unternommen: Abschied von einer Fiktion. Ellsworth Collings und das „Typhusprojekt". In: „Neue Sammlung" 32, Oktober 1992, S. 571–587.

16 In Anspielung auf das von dem britischen Mathematiker *Alan Turing* erfundene Gedankenexperiment, das zu der Bezeichnung „Turing-Maschine" geführt hat. Turing hatte in dem Aufsatz „Computing Machinery and Intelligence" im Jahre 1950 vorgeschlagen, zur Operationalisierung der Frage „Können Maschinen denken?" einen Test zu entwickeln, bei dem Menschen ein Wesen, von dem unbekannt ist, ob es sich um eine Maschine oder um einen anderen Menschen handelt, befragen. Zu den in diesem Text nur angedeuteten Unterschieden zwischen trivialen und nichttrivialen Maschinen vgl. *von Foerster* a.a.O. und ders.: Lethology. A Theory of Learning and Knowing vis à vis Undeterminables, Undecidables, Unknowables. In: Conoscenza come educazione. San Martino di Castrozza 1990, S. 1–18.

17 *Norbert Elias:* Über die Zeit. Frankfurt a.M.: Suhrkamp 1984.

18 *Paul Jackson:* Einübung in eine bürokratische Gesellschaft. Zur Funktion der sozialen Verkehrsformen im Klassenzimmer. In: J. Zinnecker (Hg.), Der heimliche Lehrplan. Weinheim und Basel: Beltz 1975.

19 Die Vermutung liegt nahe, daß die Konkurrenz von Mächten wie Kirche, Wissenschaft, Politik, Wirtschaft um Einfluß auf den Lehrplan, wie ihn *Erich Weniger* in seiner Lehrplan-Theorie beschrieb, inzwischen von der weniger leicht politologisch erklärbaren Konkurrenz verdrängt worden ist, die zusammen mit der angedeuteten Informations-Aufblähung der einmal etablierten Fächer zu einer Art permanenter Explosion des Lehrplans führen.

20 *US Government Printing Office:* Prisoners of Time. Report of the National Commission on Time and Learning. Washington, D.C. 1994.

21 *Patrick Slattery:* A Postmodern Vision of Time and Learning: A Response to the National Education Commission Report „Prisoners of Time". In: „Harvard Educational Review", vol. 65, No. 4, Winter 1995, S. 612–633.

22 *John Dewey:* Experience and Education. New York: Macmillan 1938, S. 49.

Klaus Hahne, Ulrich Schäfer
Geschichte des Projektunterrichts in Deutschland nach 1945[1]

Einleitung

Das Interesse, aus der Geschichte des Projektunterrichts etwas zur Klärung des Projektverständnisses im aktuellen Gebrauch beizutragen, rührt aus der Faszination und gleichzeitig der Unsicherheit her, die mit der Verwendung des pädagogischen Begriffs „Projekt" bis heute einhergeht. Dies liegt in der Bandbreite dessen begründet, was jeweils unter „Projektunterricht" verstanden wird. Die Extreme hat *Stubenrauch* (1976, S. 10) skizziert: „Einerseits als schlichte Umbenennung des traditionellen Unterrichts, andererseits als ein konsequenter Versuch, Unterricht und Lernen ganz anders zu organisieren, ein Versuch, der jedoch auf ungeheure Schwierigkeiten stößt, wenn er in der traditionellen Schule verwirklicht werden soll."

Was *Schiller* im Prolog zu „Wallensteins Lager" sagt, gilt auch für den Projektunterricht: „Von der Parteien Gunst und Haß verwirrt, schwankt sein Charakterbild in der Geschichte." Galt in den siebziger Jahren manchen das „Projekt als kontrafaktische Idee zu den herrschenden Produktionsverhältnissen" (*Suin* 1976, S. 59), so wird nun in den neunziger Jahren die Forderung nach Projektunterricht als Mittel zur Auflösung verkrusteter Unterrichtsformen von Seiten der Wirtschaft an die Schule herangetragen (*Tillmann* 1994, S. 138).

Bei unserem Versuch, die Geschichte des Projektunterrichts in Deutschland nach 1945 so aufzuarbeiten, daß diese auch die Verwendung des Projektbegriffs erhellt, lassen wir uns von zwei Thesen leiten:

■ *Kontinuitätsthese.* In der Fachliteratur wird der Begriff „Vorhaben" seit 1946 in geringer Zahl, aber kontinuierlich – in direkter Anknüpfung an die Diskussionen der Vorkriegszeit – und seit 1950 auch identisch mit dem Begriff „Projekt" verwendet. Es läßt sich zeigen, daß der Ausdruck „Projekt" den des „Vorhabens" zunehmend ablöst.

■ *Krisenthese.* Nur scheinbar unvereinbar steht dieser Kontinuitätsthese eine Krisenthese gegenüber. Sie besagt, daß das Konzept des Projektunterrichts immer dann Konjunktur hat, wenn gesellschaftliche Umbrüche oder Krisensituationen zu Reformen im Bildungs- und Qualifikationssystem führen bzw. dazu herausfordern. Für diese These spricht, daß schon die Entfaltung und Verbreitung des Projektkonzepts in der amerikanischen Reformpädagogik („progressive education") ebenso mit Umbrüchen und krisenhaften Erscheinungen der Gesellschaft zusammenfällt wie die deutsche Reformpädagogik (*Röhrs* 1977, 1980). Entsprechend geht die Renaissance des Projektlernens in der Bundesrepublik mit der Rezessionskrise nach dem Ende der Rekonstruktionsphase seit 1967 und dem gesellschaftlichen Aufbruch einher, der mit dem Regierungswechsel und der Studentenbewegung eingeleitet wurde.

1945–1967 – Vereinzelte, aber kontinuierliche Diskussion

Bevor die Entwicklung in der Bundesrepublik abgehandelt wird, soll auf die Nichtentwicklung in der Sowjetischen Besatzungszone hingewiesen werden. Im Jahre 1947 wurde dort eine Schrift von *N. P. Schtscherbow* „Über die Organi-

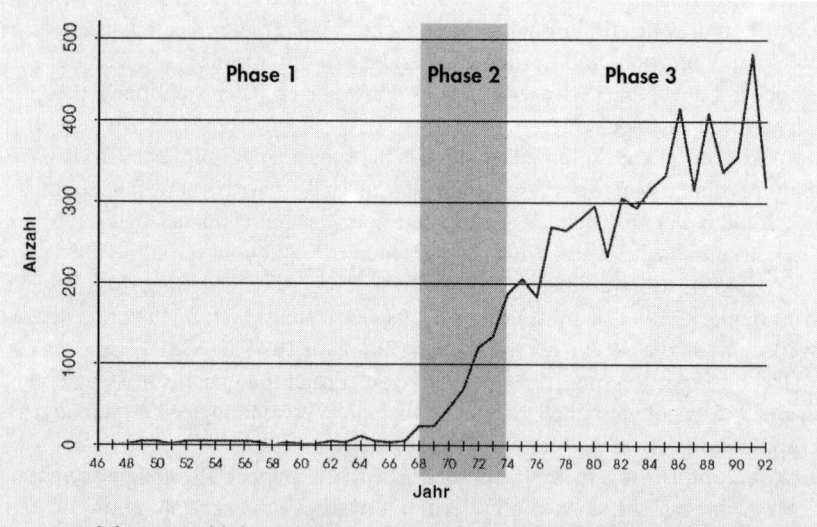

Graphik 1: Anzahl der Publikationen zum Lernen in Projekten in Deutschland in den Jahren 1945–1992 (Quelle: Auswertung pädagogischer Allgemein- und Spezialbibliographien sowie -datenbanken)[2]

90

sationsformen des Unterrichts" veröffentlicht, in der der Verfasser nach einer Abrechnung mit den amerikanischen Pragmatisten eindeutig ablehnend zur Projektmethode Stellung nimmt: Sie „ignoriert vollständig die Notwendigkeit eines systematischen, wissenschaftlichen Studiums und zerstört gleichzeitig selbst die Möglichkeit einer systematischen und intensiven Aneignung der Kenntnisse ..." (*Schtscherbow* 1947, S. 20). Diese Verdammung bewirkte, daß der Projektunterricht in der Pädagogik der DDR keine Rolle spielte, bis er nach der Wende 1989 auch dort rezipiert wurde (*Hammerschmidt* 1990).

Im Westen war von den deutschen Vertretern der Projektmethode nur noch *Otto Haase* in Deutschland am Leben; *Johannes Kretschmann* war während des Krieges gestorben, *Adolf Reichwein* war als Widerstandskämpfer hingerichtet worden und *Fritz Karsen* hatte als Marxist und Jude bereits 1933 die Flucht ins Ausland ergriffen. *Haase* wurde wieder Hochschullehrer, und zwar an der Pädagogischen Hochschule Niedersachsen. Schon 1946 trat er mit einem Artikel an die Öffentlichkeit, in dem er sein Bildungsprogramm formulierte, wobei er auch sein Konzept der Vorhabengestaltung wieder aufgriff (*Haase* 1946). 1948 bringt Haase eine Neubearbeitung des Buches „Natürlicher Unterricht" von *Johannes Kretschmann* aus dem Jahre 1933 heraus,[3] dessen Kapitel „Planen und Gestalten von Vorhaben" neben *Haases* eigenem Artikel aus dem Jahre 1933 zu den zentralen Dokumenten wird, auf die sich die Diskussion der folgenden Jahre bezieht. 1949 stellt er in einem Aufsatz heraus: „Unter dem Einfluß der amerikanischen Pädagogik und auf Grund eigener Erfahrung wurde im Jahre 1930 von mir der Begriff des ‚Vorhabens' geprägt" (*Haase* 1949, S. 113). Ab 1949 beginnen dann in pädagogischen Zeitschriften Praxisberichte über Vorhabengestaltung (vor allem in der Volksschule) zu erscheinen (*Moser* 1949, *Thon* 1949).

Die theoretische Diskussion des Vorhaben-/Projektbegriffs wurde stark beeinflußt durch den 1951 von *Geißler* herausgegebenen und bis in neueste Zeit immer wieder nachgedruckten Sammelband „Das Problem der Unterrichtsmethode", in dem *Geißler* feststellt: „Das ‚Vorhaben' ist die Übersetzung des amerikanischen ‚project' und zweifellos von diesem stark beeinflußt" (*Geißler* 1951, S. 15). Im weiteren führt er aus, daß die amerikanische Konzeption in Deutschland vor allem in der *Kilpatrickschen* Auffassung bekannt geworden sei, die den „ursprünglichen Begriff des Projekts als einer praktischen Aufgabe stark erweitert und seine Konturen dadurch völlig verwischt" habe und beruft sich dabei auf *Bossing*. Obwohl dessen verkürzte und verengte Auffassung des Projektbegriffs[4] in seinem Heimatland kaum Einfluß hatte, bestimmte der Abdruck der Übersetzung seines Handbuchkapitels in diesem Sammelband (*Bossing* 1951) in hohem Maße die Rezeption in Deutschland, bis dies Mitte der siebziger Jahre in neueren Studien (*Suin* 1975, *Magnor* 1976) korrigiert wurde.

Wie differenziert und aktuell die Auffassungen des Projektunterrichts in der frühen Nachkriegszeit unter dem Wort Vorhaben schon gewesen sind, zeigt ein Blick auf *Schindler* (1952): Dieser entwickelt ein Konzept von Vorhaben und Werk, nach dem der Schüler im Vorhaben das Werk als Ganzheit, als Vision vor sich haben muß, woraus die besondere Bildungskraft erwachse (S. 326ff.) Er machte zur Kennzeichnung von Vorhaben und Werken differenzierte Ausführungen zu – wie man heute sagen würde – Phasen, Handlungszielen und Produkten sowie Merkmalsgruppen, die später zur Kennzeichnung von Projektunterricht eingesetzt werden. In der weiteren Diskussion über Vorhaben und Projekte lassen sich neben Darstellungen des Haaseschen Konzepts (*Wetterling* 1952) Versuche finden, die Begrifflichkeiten von Vorhaben und Projekt zu differenzieren; dabei kommt *Heins* (1952) zu der Auffassung, daß die Ähnlichkeiten überwiegen, während *Odenbach* (1957) aufgrund der Verschiedenheit der Projektauffassungen, mit denen er sich beschäftigt (*Kilpatrick* bzw. *Bossing*), Unterschiede konstatiert und deshalb weiter an dem seiner Ansicht nach genaueren Vorhabenbegriff festhalten möchte.

Der Begriff des Projekts nach dem amerikanischen Konzept findet sich seit Anfang der fünfziger Jahre – abgesehen von der Diskussion um das Verhältnis von Projekt und Vorhaben – nur in Lexika und Gesamtdarstellungen (*Eggersdorfer* 1950, *Dolch* 1952, *Schneider* 1953). Erste originär deutsche Überlegungen zum Projektunterricht nach dem Zweiten Weltkrieg entstanden erst im Zusammenhang mit den Hessischen Bildungsplänen für allgemeinbildende Schulen von 1956/57 (Abschnitt Sozialkunde). Hier wird erstmals ein expliziter Bezug zwischen den Zielsetzungen des Faches und der Projektmethode vorgenommen:

„Soziales Verhalten und politische Bildung sind nicht theoretisch zu lernen, sondern nur durch Erleben, Tun und Üben. Daher muß die Schule nicht nur in ihren Lebensformen das Vorbild einer demokratischen Gesellschaft darstellen, sondern auch dauernd und planmäßig Situationen schaffen, die zur Übung sozialen Verhaltens herausfordern." Dieser Eigenart der Sozialkunde entspreche im besonderen auch für alle Schularten (Volksschule, Mittelschule, Gymnasium) das „Unterrichtsverfahren" der „Projektmethode" als „Die gemeinsame Erforschung eines sozialen Sachverhaltes oder Problems" (*Hessischer Minister für Erziehung und Volksbildung* 1957, S. 176–177, S. 354–355, S. 485–486).

Einen Aufsatz, der erstmals in seinem Titel das Wort „Projektmethode" enthält, legt *Fruhmann* (1956) vor. Unter Bezug auf die hessischen Bildungspläne analysiert er das Thema Preissteigerung von Lebensmitteln: „Anlaß für das Projekt ist die problemhaltige Schülerfrage, Ziel des Projektes ist die Erziehung des jungen Menschen zum sozialen Entscheidungsurteil. Das Projekt selbst vermittelt eine Begegnung zwischen dem jungen Menschen und einem Ausschnitt der Wirklichkeit; gemeint ist selbstverständlich immer die Wirklichkeit des sozialen Lebens. Das Studium dieses Wirklichkeitsbereiches geschieht gewöhnlich in Gruppen ... [und] ... vollzieht sich ... in Stufen ..." (S. 373).

Auch in weiteren Veröffentlichungen zum Projektunterricht im Bereich des gesellschaftlich-politischen Unterrichts Ende der fünfziger und in den frühen sechziger Jahren verwenden die Autoren den Ausdruck Projekt (*Fischer/Herrmann/Mahrenholz* 1960, *Greinert* 1967). Im Werk- und später im Arbeitslehreunterricht wird dagegen länger an der Bezeichnung „Vorhaben" festgehalten, wobei *Hübner* (1965) eine Ausnahme darstellt, der alternierend die Ausdrücke „Werkprojekt" und „Werkvorhaben" benutzt.

1968–1974 – Gesellschaftskrise und Projektkonjunktur

In diesem Zeitraum lassen sich zwei wichtige Strömungen für die Weiterentwicklung des Projektlernens identifizieren: einerseits eine Richtung, die unter dem Stichwort „Projektstudium" die Reform von Studium und Hochschule intendierte, andererseits eine Richtung, die unter dem Stichwort „Projektunterricht" bzw. „Projektorientierung der Schule" in engem Zusammenhang mit der Curriculumreform und der Einführung von Gesamtschulen stand.

Projektstudium[5]

Die Erschütterungen der deutschen Gesellschaft, die durch das erstmalige Auftreten von Arbeitslosigkeit nach Jahren des „Wirtschaftswunders" hervorgerufen wurden, ergriffen schnell auch den Hochschulbereich. Durch den Eintritt der Sozialdemokraten in die Regierung und das damit verbundene Verschwinden einer parlamentarischen Opposition formierte sich schnell eine außerparlamentarische (APO), die von der „antiautoritären" Studentenschaft getragen wurde. Deren Politisierung, durch den Protest gegen den Vietnamkrieg angetrieben, verdichtete sich im Widerstand gegen die Einführung der Notstandsgesetze.

Im Rahmen dieses Kampfes fanden erstmals Streiks der Studenten statt, in denen Gegenmodelle hochschulischer Arbeits- und Lebenspraxis, wie die Kritische Universität in Berlin (*Ad-hoc-Gruppe Soziologie u. a.* 1968), entstanden. Besonders im Rahmen des „Aktiven Streiks" an der Universität Frankfurt organisierten die Studenten ihr Lernen selbst in sogenannten „Projektgruppen" (*Aktiver Streik* 1969, *Hartmann/Voegelin* 1969). Bereits hier finden sich wesentliche Elemente der Projektdiskussion der folgenden Jahre: Selbstorganisation in

Lerngruppen statt eines vereinzelten und entfremdeten, auf die Autoritätsperson des Lehrenden fixierten Arbeitens; forschendes statt rezeptives Lernen; wechselseitiger Bezug von Theorieaneignung und gesellschaftlicher Praxis außerhalb der Universität.

In den folgenden Jahren wurden diese Konzepte vom universitären Mittelbau aufgegriffen (*Bundesassistenkonferenz* 1970, *Becker* 1971) und zu wesentlichen Bestandteilen der Forderung nach einer umfassenden Reform der Hochschulen erhoben. Die bildungspolitischen Kämpfe um die Institutionalisierung des Projektstudiums als Element der hochschulischen Ausbildung kulminierten in den Auseinandersetzungen um den Aufbau des Lehrerstudiums an der neuen Universität Bremen (*Berndt u. a.* 1972). Auf die erfolgreiche Durchsetzung als Strukturmoment in Bremen hin verbreitete sich das Projektstudium später vor allem an anderen neu gegründeten Universitäten (Universität Oldenburg 1976–79, Gesamthochschule Kassel 1981), allerdings lediglich als eine neue Unterrichtsform neben den traditionellen – eine andere Universität wurde nicht erreicht.

„Projektunterricht" / „Projektorientierung der Schule"

Wie für das Projektstudium ist auch hier kennzeichnend, daß die Forderungen nach einer Veränderung der Lernprozesse und zugleich der Organisationsstrukturen der Bildungseinrichtungen zunächst von den Lernenden ausgingen, aber erst nach der Übernahme durch andere (Lehrer, Bildungsplaner, Curriculumentwickler usw.) zum Preis des Verzichtes auf eine völlig andere Organisation von Schule durchgesetzt werden konnten.

Die erste bekannte politisch begründete Forderung nach Projektorientierung der Schule stellten die antiautoritären Schüler in Anknüpfung an die entsprechenden Forderungen der Studentenbewegung auf: „Der Unterricht muß unter dem zentralen Gesichtspunkt stehen, Anlagen und Interessen der Schüler zu selbständiger Arbeit zu fördern. Die durch Fächer streng arbeitsteilige Methode der Schulen, die eine Fülle disparater Kenntnisse aber kein Wissen vermitteln, muß abgelöst werden durch Erarbeitung von Einsichten in Zusammenhänge und Widersprüche in tendenziell wissenschaftlicher Arbeit." Drei Veränderungen werden gefordert: „1. Einschränkung der Pflichtfächer; 2. Polytechnischer Unterricht; 3. Ablösen des bisherigen Unterrichts in Jahrgangsklassen durch ein Projektsystem" (*Aktionszentrum Unabhängiger und Sozialistischer Schüler* 1968, S. 56 f.).

Die Aufschlüsselung der in dieser Phase stark ansteigenden Zahl der Publikationen ergibt folgenden Befund:

Eine neue Theorie des Curriculums, welche die traditionellen Lehrplankonzepte abgelöst hatte, führte dazu, daß Curriculumentwicklung nun vor allem in der Erarbeitung von modellhaften Bausteinen statt von geschlossenen Vorschriften, oft unter Einbezug von Lehrern (schulnahe Curriculumentwicklung), bestand. So wurden etwa in Hessen „Beispiele für lernzielorientierten Unterricht" (*Kommission zur Reform der Hessischen Bildungspläne* 1970) erarbeitet, denen das Etikett „Projekt" angeheftet wurde. Der Anstieg von Veröffentlichungen zur Praxis des Projektunterrichts in dieser Phase wird zunächst von solchen Entwürfen dominiert, an deren Stelle aber zunehmend Berichte über durchgeführte Projekte treten.

Die Gesamtschule stellt anzahlmäßig unter den Schultypen eine verschwindende Minderheit dar, gleichwohl hat sie – als ein Schultyp mit Modellversuchscharakter – zu den Veröffentlichungen zum Projektunterricht in diesen Jahren am meisten beigetragen, was als Beleg für die These, daß das Lernen in Projekten eine Affinität zu Reformvorhaben im Bildungsbereich hat, gewertet werden kann (*Hessischer Kultusminister* 1970).

Der Blick auf die Unterrichtsfächer zeigt, daß in den Jahren 1968–1970 die Zunahme vor allem durch Publikationen zur Arbeitslehre, die das frühere Fach Werken ablöste, bedingt ist (*Klafki* 1970). In den folgenden Jahren kommen vor allem Diskussionen und Berichte über fächerübergreifende Projekte und solche in den Fächern Deutsch, gesellschaftlich-politischer Unterricht und Kunst hinzu. In diesem Trend wird sichtbar, daß offensichtlich auch eine Affinität besteht zwischen Bemühungen um eine neue Unterrichtsform und Fächern, die ihre traditionelle Fachdidaktik in Frage stellen: die Deutschdidaktik rekurrierte auf die Sprachhandlungstheorie (*projektorientierter deutschunterricht* 1974), Kunst sollte in Visuelle Kommunikation umgewandelt werden (*Möller* 1971) und die Gemeinschaftskunde wurde zur Gesellschaftslehre (*Hessischer Kultusminister* 1970).

Eine Durchsicht der Inhalte, die zum Projektthema werden, führt zu der Erkenntnis, daß offensichtlich nun alles zu solchen Themata werden kann. Die Schlußfolgerung liegt nahe, daß diese Zunahme auch dadurch zu erklären ist, daß die Bezeichnung „Projekt" als Modewort vielen traditionellen Unterrichtseinheiten angeheftet wurde, um ihnen einen „progressiven" Anstrich zu geben.

Aus dieser Phase stammt auch der Versuch, zwischen „richtigem" Projektunterricht und „projektorientiertem Unterricht" als Reduktionsform (d. h. einer Form, auf die, je nach Autor, bestimmte Merkmale nicht zutreffen) zu unterscheiden (*Bonn* 1974, S. 472 f.). Allerdings hat sich diese Unterscheidung nicht durchgesetzt, da keine Übereinstimmung über Merkmale des Projektunterrichts erzielt wurde; bis heute werden beide Begriffe nebeneinander und oft synonym benutzt.

Abschließend läßt sich feststellen, daß diese Jahre, in denen die Entwicklung stark von Konflikten (bis hin zur Kriminalisierung selbstorganisierten Lernens) begleitet war, eine Durchgangsphase bildeten. Sie hat vor allem Anstöße zu einer neuen Qualität von Theoriebildung und Praxis des Projektunterrichts geliefert.

1975 bis heute – Reflexionsphase und neue Kontinuität / Konsolidierung auf hohem Niveau

Diese noch andauernde Phase zeichnet sich dadurch aus, daß das Projektlernen in allen Schultypen, allen Fächer sowie – wie bereits im Hochschulbereich – auch in der außerschulischen Jugendarbeit (*Damm* 1975), der Erwachsenenbildung (*Werder* 1980) und der beruflichen Bildung (*Wiemann* 1974)[6] Fuß gefaßt hat.

Wir sehen als Anzeichen für die Konsolidierung des Projektunterrichts, daß

■ Hochschulschriften und Verlagsmonographien zum Projektbegriff erscheinen, die ausführlicher auf seine historische Genese und seine mögliche Abgrenzung zu anderen Unterrichtskonzepten eingehen (*Suin* 1975, *Magnor* 1976, *Bohnsack* 1976, *Struck* 1980, *Pütt* 1982, *Hahne* 1984, *Krauth* 1985);

■ die ersten Monographien und Sammelbände erscheinen, die theoretische Einführungen, oft unter Rückgriff auf seine Geschichte, Merkmale und Phasen, mit Praxisbeispielen verbinden (*Redaktion betrifft: erziehung* 1976, *Laubis* 1976, *Kaiser/Kaiser* 1977, *Stach* 1978, *Frey* 1982, *Bastian/Gudjons* 1986, *Hänsel* 1986, *Emer/Horst/Ohly* 1991);

■ immer mehr sowohl Bücher als auch Themenhefte von Zeitschriften zum Projektunterricht in einzelnen Fächern erscheinen (Deutschunterricht: *Ingendahl* 1974, *Tymister* 1975; Mathematik: *Münzinger* 1977; Sport: *Warwitz* 1977; Sachunterricht: *Mayer* 1978; Naturwissenschaften: *CUNA-Autorengruppe* 1981, *Mie/Frey* 1989, *Münzinger/Frey* 1989, *Jüdes/Frey* 1993; vgl. Liste der Zeitschriftenhefte in *Frey* 1996 (7. Aufl.), S. 242 f.);

■ wie schon in der zweiten Phase (1968–1974) neue Lernbereiche und Fächer wie Umwelterziehung (*Rupprecht* 1975) und Informatik (*Koerber* 1978) besonders zum Projektunterricht tendieren;

■ zunehmend Bücher erscheinen, die weniger Praxisdarstellungen als rezeptartige Anleitungen zur Durchführung von Projektunterricht enthalten (*Frey* 1982, *Klippert* 1985, *Arbeitsgruppe Oberkircher Lehrmittel* 1986, *Jostes/Weber* 1987);

■ Projektunterricht verstärkt in Lehrpläne Eingang findet (*Riquarts* 1984);

■ Projektwochen als neuer Organisationsrahmen für das Projektlernen sich an Gesamtschulen entwickeln und rasch in allen anderen Schulformen Verbreitung finden (*Stieghorst* 1975, *Berger u. a.* 1977, *Heller/Semmerling* 1983, *Duncker/Götz* 1984);

■ wenn auch spät, empirische Untersuchungen durchgeführt werden (*Schümer/Weißenfels* 1995).

Der revolutionäre Impetus, der die Reformbewegung vorangetrieben hatte, war verebbt; die Gesamtschulen hatten sich konsolidiert, wodurch die Aufbruchstimmung verloren gegangen war. In dieser Situation verschaffte das Konzept der Projektwochen dem Projektlernen einen neuen Schub. Während einer Projektwoche hebt die ganze Schule ihre Organisation nach Zeittakt, Fächern und Klassen auf, um Freiräume für Projektlernen und für ein anderes Schulleben zu schaffen. Zunächst waren die Projektwochen vor allem eine Ansammlung von Hobbykursen, in denen Schüler und Lehrer ihren Interessen nachgingen. Dann ist eine Entwicklung von Projektwochen zu Rahmenthemen festzustellen, wobei sich das Projektlernen auch wieder anspruchsvollen theoretischen und Fachinhalten zuwendet.

Man kann die Projektwochen kritisch als resignative Kanalisierung und Einschränkung des Projektlernens unter Rücknahme seines schulverändernden Anspruchs interpretieren, vor allem wenn sie als „Bonbonpädagogik" bei einer ansonsten unveränderten Schule vor den Ferien stattfindet (*Heidorn* 1987). Andererseits muß man die durch sie geschaffene organisatorische Erleichterung des Projektlernens anerkennen.

Angesichts der nach wie vor steigenden Anzahl von Publikationen zum Projektunterricht verfolgen wir jetzt in unserer Darstellung eine qualitative Kennzeichnung der Veröffentlichungen in bezug auf ihren Beitrag zur Fundierung und Erweiterung des Projektbegriffs. Im Sinne der Kontinuitätsthese verschränken wir diese Phase mit den früheren und untersuchen den Projektunterricht hinsichtlich fünf unterschiedlicher Dimensionen seiner Bestimmung: 1. über Merkmale; 2. über Phasen; 3. als Gegenform zu etwas; 4. über Typen; 5. über die Qualität von Lernprozessen.

1. Bestimmung des Projektunterrichts über Merkmale

Weit verbreitet ist die Auffassung, daß die frühesten deutschen Versuche, das Projekt über seine Merkmale zu definieren, die von *Otto* (1974) und *Flechsig* (1975) seien (so noch *Hänsel* 1986, S. 17).

Demgegenüber findet sich eine Kennzeichnung des Vorhabens durch Merkmale, die sich als Differenzierung von Projektprodukten und Handlungszielen erweisen, bereits bei *Schindler* (1952, S. 339).

Heise (1960, S. 44 f.) skizziert das Projekt wesentlich als „arbeitsteilig" und sagt: „Die Schule nimmt Betätigungen in den Unterricht hinein, die eben nur mit Hilfe jener Sachen und Fertigkeiten, die im kindlichen Interesse liegen, auszuführen sind.

Der Schüler lernt die Sache nicht mehr mit der Absicht, sie zu lernen, sondern weil er sie zum Zwecke eines ganz bestimmten Tuns in seiner Gruppe braucht."
Friedrichs (1964, S. 834f.) gibt zur Kennzeichnung von Projekten und Vorhaben an:

- Unterrichtsabläufe sind nach Inhalt und Durchführung vom Interesse der Schüler bestimmt;
- kaum eingeschränkte Selbsttätigkeit der Schüler;
- Sachganzheit statt Fächergrenzen;
- Prinzipien der Spontaneität in bezug auf Anlaß und Art der schulischen Tätigkeit;
- relativ langandauernde Aktivität der Schüler;
- nur seltene Fälle von Einflußnahme durch den Lehrer (kurze Hilfen und sachliche Hinweise);
- Aktivitäten zielen „in das große soziale Umfeld" hinaus.

Klafki (1970, S. 89) gibt eine Kennzeichnung von Projekten bzw. Vorhaben durch wenigstens vier Merkmale:

- „Es muß sich um eine Aufgabe handeln, auf deren Auswahl und Gestaltung die Schüler entscheidenden Einfluß haben, mit der sich mindestens die Mehrzahl einer Gruppe (Klasse) als mit ‚ihrem' Projekt identifiziert;
- die Planung und Durchführung muß eine gemeinsame Leistung der Gruppe sein;
- Ergebnis eines Vorhabens bzw. Projekts muß ein ‚gegenständliches Werk' oder eine ‚Aktion' sein;
- das Ergebnis muß von Anfang an als ein den üblichen Unterrichtsrahmen überschreitendes ‚Werk', als eine Aktivität geplant sein, mit der die Gruppe gestaltend oder verändernd in das sogenannte ‚Schulleben' oder in die Beziehungen zwischen Schule und außerschulischer Realität hineinwirken will."

Schulz (1973) versteht unter Projekten Unterrichtseinheiten, die folgende Merkmale haben:

- Bedürfnisbezogenheit: ein Unterrichtsprojekt wird ausgelöst von dem Bedürfnis der Lernenden;
- Situationsbezogenheit: Bewältigung von Lebenssituationen, die nicht nur in der arrangierten Welt der Schule, sondern gerade in der Alltagsrealität relevant sind;
- Selbstorganisation des Lernprozesses;
- Produktorientiertheit;
- Interdisziplinarität: Überschreitung der Grenzen fachspezifischer Betrachtungs- und Aktionsweisen;
- Gesellschaftliche Relevanz: „Der Ausgang vom subjektiven Bedürfnis der Lernenden, die auf Grund ihrer vorgängigen Sozialisation von dem, was sie wirklich brauchen, von ihren sogenannten objektiven Bedürfnissen, keine rechte

Vorstellung haben, wird relativiert durch die Forderung, die gesellschaftlichen Bedingungen, unter denen man seine Bedürfnisse artikuliert, meist zu reflektieren, um über die Kritik an diesen Bedingungen zu mehr als der bloßen Anpassung an gegebene soziale Strukturen zu gelangen" (*Schulz* 1973, S. 7).

■ Kollektive Realisierung: Gruppen können besser als einzelne Konventionen in Frage stellen.

Mit den beiden letzten Kriterien modifiziert Schulz nach seiner Einlassung die liberale und demokratische Projektauffassung in der Tradition *John Deweys* aufgrund der Erfahrungen aus „der Verwendung des Projektbegriffs als Kampfbegriff gegen systemorientierte Studiengänge" (ebd.).

In der Folgezeit kommt keine ernst zu nehmende theoretische Überlegung zum Projektunterricht (von *Nündel* 1974 über *Otto* 1974, *Flechsig* 1975 bis zu *Gudjons* 1986) mehr ohne einen solchen Merkmalskatalog aus.

Seit *Kost* (1977, 1984) gibt es eine Tendenz, den Versuch, Projekte über Merkmalskataloge zu bestimmen, für unbefriedigend zu halten und andere, didaktisch begründete Begriffsbestimmungen einzufordern (*Hahne* 1984, *Krauth* 1985, *Hänsel* 1986, *Schilmöller* 1995).

2. Bestimmung des Projektunterrichts über Phasen

Gute Phasenbeschreibungen von Projektunterricht scheinen eine besondere Durchschlagskraft zu haben. Das zeigt das Beispiel des Vierphasen-Modells von *Kilpatrick,* welches selbst von seinen größten Kritikern wie *Bossing* übernommen wurde. Das Ablaufmodell von *Frey* (1982) hat in der deutschen Diskussion eine ähnliche Wirkung erzielt, ist aber nicht das erste.

Ein aus der Theorie der Vorhabengestaltung kommendes eigenständiges Zehn-Phasenmodell legt *Schindler* (1952, S. 340 f.) vor:

„1. die Vorausschau des Werkes als Ganzes,

2. das Erkennen der Probleme und Teilaufgaben des Werkes,

3. die Prüfung der Durchführbarkeit,

4. die Planung der Arbeit,

5. die finale Wertsetzung im Objekt,

6. die Durchführung der Arbeit: a) Zweckmäßigkeit, b) Arbeitsweg, c) Arbeitsmittel, d) Arbeitsgruppen,

7. die Zusammenstellung,

8. Prüfung und Korrektur der Arbeit,

9. Erkenntnis des Werkes als Wert, a) Wertschau, b) Wertfeier,

10. Übergabe des Werkes in den Gemeinschaftsdienst."

Bei *Fruhmann* (1956, S. 373) vollzieht sich das Studium des Wirklichkeitsbereichs in Projekten in sieben Stufen, von denen die Verteilung der Unterthemen auf Gruppen eine wichtige Phase darstellt. *Schweingruber* trägt die Merkmale „Standortsbestimmung" (1971, S. 174) und „Fixpunkte" (1974, S. 1433) bei. Eine direkte, aber wesentlich elaboriertere Rückbesinnung auf das Vierphasen-Modell *Kilpatricks* findet sich bei *Röseler* (1976) unter dem Gesichtspunkt der „planung des nichtplanbaren".

Das seit Beginn der achtziger Jahre am meisten rezipierte Phasenmodell stammt von *Frey* (1982). Dieser bemüht sich, seine einzelnen Phasen anhand von Beispielen aus Berichten über stattgefundene Projekte zu verdeutlichen. Er geht von den von Kilpatrick her bekannten vier Hauptphasen aus und fächert sie zu fünf Schritten, die er „Komponenten" nennt, auf:

1. Projektinitiative,
2. Auseinandersetzung mit der Projektinitiative,
3. Gemeinsame Entwicklung des Betätigungsgebietes (Ergebnis = Projektplan),
4. (Verstärkte) Aktivitäten im Betätigungsgebiet/Projektdurchführung,
5. Abschluß des Projekts.

Quer zu diesen Phasen setzt er zwei Komponenten, die immer wieder situativ eingeschoben werden:

6. Fixpunkt
7. Metainteraktion/Zwischengespräch.

3. Bestimmung des Projektunterrichts als Gegenform zu etwas

Die Kennzeichnung des Projektunterrichts als Gegenform findet sich seit der Reformpädagogik durchgängig in fast allen Abhandlungen. Weil sie so häufig auftritt, haben wir darauf verzichtet, mögliche Gegensatzpaare bestimmten Autoren zuzuordnen und geben im folgenden nur eine Aufzählung möglicher Polaritäten. Diese läßt deutlich werden, daß es nicht mehr um „naive(n) Gegenüberstellungen von Negativfolie und positivem Gegenbild" (*Schilmöller* 1995, S. 167) gehen darf, sondern daß ähnlich wie mit Merkmalen eine Charakterisierung von Unterrichtsberichten auf ihre Projekthaltigkeit (beispielsweise auf Skalen oder Kreisdiagrammen) hin möglich wird.

Projektunterricht	<—>	Nicht-Projektunterricht
Projektlernen	<—>	Lehrgangslernen
Aktives Lernen	<—>	Rezeptives Lernen
Entdeckendes Lernen	<—>	Darbietender Unterricht
Intrinsische Motivation	<—>	Extrinsische Motivation
Erfahrung	<—>	Vermittlung
Problemorientiert,		
Interessenorientiert,	<—>	Fachsystematisch ausgerichtet

Lebensweltorientiert

Schülerzentriert/-geplant	<—>	Lehrerzentriert/-geplant
Selbstgesteuert	<—>	Fremdgesteuert
Offen	<—>	Geschlossen
Spontan	<—>	Geplant
Ganzheitlich	<—>	Parzelliert
Mit Kopf, Herz und Hand	<—>	Verkopft

Die Bestimmung von Projektunterricht als Gegensatz zu etwas anderem wird zunehmend abgelöst durch das Erkennen eines Wechselverhältnisses zwischen den Grundformen des Unterrichts (*Klafki* 1985, S. 233 f.). Unter diesen Grundformen kann dann im Vergleich ihrer Merkmale der Projektunterricht als „besondere Unterrichtsform" (*Hänsel* 1986, S. 29 ff.) gekennzeichnet werden.

4. Bestimmung des Projektunterrichts über Typen

Es erstaunt, daß, außer der Rezeption bzw. Diskussion der Projekttypologie von *Kilpatrick* (*Krauth* 1985) bzw. ihrer Kritik durch *Bossing,* eigenständige deutsche Ansätze, eine Typologie von Projekten zu entwickeln, relativ selten und wenig elaboriert sind. Folgende Differenzierungen von Merkmalen lassen sich erkennen: Fachbezug/Fächerintegration (*Hessischer Kultusminister* 1970, *Laubis* 1976); Handlungsziele/Produkte (*Schindler* 1952); Ausmaß der Schülerzentriertheit (*Laubis* 1976), Größe der beteiligten Schülerpopulation (Individualprojekt bis ganze Schule und darüber hinaus); Umfang/Zeitdauer (Kleinprojekte bis Langzeitprojekte, *Frey* 1982).

5. Bestimmung des Projektunterrichts über die Qualität von Lernprozessen

Eine solche Bestimmung versucht vor allem *Hahne* (1984). Er analysiert die in einem Modellversuch durchgeführten Projekte (*CUNA-Autorengruppe* 1981) in bezug auf darin auftretende Situationen, die „fruchtbare Lernprozesse" ermöglichten. Nach Hahne treten solche immer dann auf, wenn 1. es etwas zu entdecken gibt (stutzen, staunen, experimentieren); 2. Schüler andere Ziele haben (dürfen) als ihre Lehrer (Vermittlung von objektiven und subjektiven Schülerinteressen); 3. Schüler für sie wichtige Dinge herstellen können; 4. wenn man die richtigen Ausdrucksmöglichkeiten bereitstellt (Medienarbeit); 5. Lernen an Widersprüchen ermöglicht wird. *Heidorn* (1987, S. 70) nimmt diese Konzeption auf und will den „Wiederaufbau der Reformruine Projektunterricht" über eine Besinnung auf das wesentliche, nämlich auf die Qualität von Lernprozessen, erreichen.

Zum Abschluß: Eine neue Geschichte der Projektmethode?

Seit einigen Jahren versucht *Knoll,* die Geschichte der Projektmethode neu zu schreiben und ihren Anfang in die Mitte des 17. Jahrhundert nach Frankreich zu verlegen. Schaut man genauer hin, wird deutlich, daß der Autor offensichtlich den Unterschied zwischen Begriff und Wort nicht sieht und deshalb den durch das französische Wort „projet" repräsentierten Entwurf(zeichnung)sbegriff der Technik/Architektur mit dem Unterrichtsbegriff von Projekt in der Pädagogik in einen Topf wirft. Nur so kann er behaupten: „Es war an der Académie Royale d'Architecture, daß der Begriff Projekt zum ersten Mal im Sinne einer Unterrichtsmethode gebraucht wurde" *(Knoll* 1991, S. 15). Leider vergißt er anzugeben, wer es denn gewesen sein soll, der eine entsprechende Äußerung gemacht hätte, wie sie gelautet haben könnte und in welchem zeitgenössischen Dokument sie nachzulesen wäre; seine Arbeitsweise entspricht somit dem Prinzip „Konstruktion statt Rekonstruktion". *Schöller* (1993, S. 204) stellt hingegen in einer auf intensivem Studium der zeitgenössischen Quellen beruhenden Untersuchung, in der die Geschichte der Académie rekonstruiert wird, fest: „Auch wenn wir nun die Namen einiger Schüler kennen ..., sind wir über die Schule selbst im Grunde noch immer schlecht unterrichtet." Wir sehen keinen Grund, uns der Meinung anzuschließen, es hätte eine pädagogisch begründete Projektmethode vor der Entwicklung des Projektunterrichts an *Deweys* Laborschule in Chicago existiert.

Anmerkungen

1 Es versteht sich, daß in einem Rahmen wie diesem vieles nicht in der eigentlich wünschenswerten Tiefe, sondern nur ansatzweise dargestellt werden kann, und Fragestellungen, Thesen und Schlußfolgerungen nur exemplarisch anstatt im eigentlich notwendigen Umfang durch Literatur belegt werden können. Deshalb sind die Literaturhinweise als Beispiele zu nehmen und in Gedanken durch „z. B." oder „u s w." zu ergänzen.

2 Vergleicht man die aus Graphik 1 ablesbare Entwicklung der Publikationszahlen zum Lernen in Projekten mit den Gesamtzahlen der pädagogischen Publikationen in Deutschland, wie sie in den beiden periodischen Bibliographien „Das pädagogische Schrifttum" und später „Bibliographie Pädagogik" erschlossen sind (1949: 3500, 1960: 5800, 1968: 7500, 1972: 8200, 1980: 11500, 1991: 13500, Grobauswertung), so wird deutlich, daß der prozentuale Anteil ab 1968 unverhältnismäßig stark ansteigt.

3 Andere Nachdrucke von Literatur aus der Vorkriegszeit, die für die Diskussion des Projektunterrichts relevant wurden, sind: *Dewey* 1949, *Reichwein* 1951 und 1967, *Collings* 1962 sowie *Kilpatrick* 1965a und b.

4 *Bossing* wirft in seiner Reduzierung des *Kilpatrickschen* Entwurfs von Projektunterricht mit der Ablehnung von dessen Projekttypen gerade auch das über Bord, was *Dewey* und *Kilpatrick* in

bezug auf Demokratisierung, Erfahrungslernen und Motivation herausgearbeitet hatten, und fällt somit hinter den geschichtlich erreichten Stand zurück.

5 Auf das Projektstudium kann hier nur kurz unter Skizzierung der für unseren Zusammenhang wesentlichen Züge eingegangen werden.

6 Der Projektbegriff wird in der beruflichen Bildung zunächst im Zusammenhang mit den Lernformen in der beruflichen Grundbildung diskutiert. *Wiemann* (a. a. O.) arbeitet die Unterschiede eines projektorientierten Handlungsmodells zum Lehrgangslernen und zum authentischen Lernen in der Produktion heraus. Die meisten Veröffentlichungen unter dem Stichwort „Projekte" oder „Projektarbeiten" enthalten aber nur das Konzept der Herstellung komplexer Werkstücke bzw. die Zeichnungsunterlagen dafür. Eine erste pädagogische Dimensionierung des Lernens in Projekten findet sich dann in den Handreichungen für eine sozialpädagogisch orientierte Berufsbildung (*Petzold u. a.* 1982, 54 ff.). Erst seit Mitte der achtziger Jahre wird im Zusammenhang mit der Neuordnung der Berufe und der sogenannten Schlüsselqualifikationsdebatte die Projektmethode auch in der betrieblichen Ausbildung und der Fachstufe intensiver diskutiert. Die Zielsetzung der Befähigung zum selbständigen Planen, Durchführen und Kontrollieren und das mit der Leittextmethode verbreitete Konzept der vollständigen Handlung führen zu einer besonderen Ausbreitung der Projektmethode.

Literatur

Ad-Hoc-Gruppe Soziologie u. a.: beiträge zur studien- und hochschulreform. 2. Berlin 1968

Aktionszentrum Unabhängiger und Sozialistischer Schüler: Resolution zur Schulreform (1968). In: Haug, H.-J./Maessen, H.: Was wollen die Schüler? Frankfurt a. M. 1969, S. 53–57

Aktiver Streik. Dokumentation zu einem Jahr Hochschulpolitik am Beispiel der Universität Frankfurt am Main. Darmstadt 1969

Arbeitsgruppe Oberkircher Lehrmittel (Hg.): Das AOL-Projekte-Buch. 250 Projekte und Ideen für eine lebendige Schule. Reinbek 1986. (Nachdr. 1992)

Bastian, J./Gudjons, H. (Hg.): Das Projektbuch. [1]. Theorie, Praxisbeispiele, Erfahrungen. Hamburg 1986. (4. Aufl. 1994)

Becker, E.: Hochschuldidaktik als Rationalisierungsstrategie und als Projektwissenschaft mit emanzipatorischem Interesse. In: Studentische Politik, 4 (1971) 5, S. 11–19

Berger, W. u. a.: Projektwochen – ein Weg zur Entschulung? Versuche der IGS Dortmund-Scharnhorst. In: Gesamtschule, 9 (1977) 4, S. 29–33

Berndt, E.-B. u. a.: Erziehung der Erzieher: Das Bremer Reformmodell. Ein Lehrstück zur Bildungspolitik. Reinbek 1972

Bohnsack, F.: Erziehung zur Demokratie. John Deweys Pädagogik und ihre Bedeutung für die Reform unserer Schule. Ravensburg 1976

Bonn, P.: Projekt, Projektorientierter Unterricht, Projektstudium. In: Wulf, C. (Hg.): Wörterbuch der Erziehung, München u. a. 1974, S. 470–474

Bossing, N. L.: Die Projekt-Methode; (Progressive Methods of Teaching in Secondary Schools, 1935, Ausz., dt.). In: Geisler, G. (Hg.): Das Problem der Unterrichtsmethode, Weinheim 1951, S. 133–167

Bundesassistentenkonferenz (Hg.): Forschendes Lernen – Wissenschaftliches Prüfen. Bonn (1970).

Collings, E.: Welches sind die Ursachen für den Typhus bei Herrn Smith? (1935); (An Experiment with a Project Curriculum, 1923, Ausz., dt.) In: Dietrich, T. (Hg.): Unterrichtsbeispiele von Herbart bis zur Gegenwart, Bad Heilbrunn/Obb. 1962, S. 88–92

CUNA-Autorengruppe: Unterrichtsbeispiele zu Natur und Technik in der Sekundarstufe I. Ergebnisse aus dem CUNA-Programm. Köln 1981

Damm, D.: Politische Jugendarbeit. Grundlagen, Methoden, Projekte. München 1975

Dewey, J.: Demokratie und Erziehung. Übers. von Erich Hylla (1930). (Democracy and Education, 1916, dt.). 3. Aufl. Braunschweig u. a. 1949. (Nachdr. Weinheim 1993)

Dolch, J.: Projekt. In: ders.: Grundbegriffe der pädagogischen Fachsprache, Nürnberg 1952, S. 94

Duncker, L./Götz, B.: Projekt-Unterricht als Beitrag zur inneren Schulreform. Begründungen, Erfahrungen, Vorschläge für die Durchführung von Projektwochen. Langenau-Ulm 1984. (2. Aufl. 1988)

Eggersdorfer, F. X.: John Deweys und seines Kreises "Projekt-Methode" in der amerikanischen Durchschnittsschule. In: ders.: Jugendbildung. 5., durchges. Aufl., München 1950, S. 434–436

Emer, W./Horst, U./Ohly, P. (Hg.): Wie im richtigen Leben ... Projektunterricht für die Sekundarstufe II. Bielefeld 1991

Fischer, K. G./Hermann, K./Mahrenholz, H.: Der politische Unterricht. Bad Homburg u. a. 1960

Flechsig, K.-H.: Was ist ein Lernprojekt? In: ders./Haller, H.-D.: Einführung in didaktisches Handeln, Stuttgart 1975, S. 327–334

Frey, K.: Die Projektmethode. Weinheim u. a. 1982. (7. Aufl. 1996)

Friedrichs, G.: Das Projekt im politischen Unterricht. In: Die Deutsche Berufs- und Fachschule, 60 (1964), S. 834–843

Fruhmann, T.: Die Projekt-Methode. In: Die Pädagogische Provinz, 10 (1956), S. 369–379

Geisler, G. (Hg.): Das Problem der Unterrichtsmethode. Weinheim 1951. (9. Aufl. 1994)

Gesamthochschule Kassel. Projektkoordination (Hg.): Projektstudium in der Lehrerausbildung der Gesamthochschule Kassel aus der Sicht der Betroffenen. Hamburg 1981

Greinert, W.-D.: Projektmethode und politischer Unterricht. In: Die Berufsbildende Schule, 19 (1967), S. 96–104

Gudjons, H.: Handlungsorientiert lehren und lernen. Projektunterricht und Schüleraktivität. Bad Heilbrunn/Obb. 1986. (4. Aufl. 1994)

Haase, O.: Das bild der volksschule. Ein weg zur gegliederten einheitsschule. In: Die Schule, 1 (1946) 10, S. 1–6

Haase, O.: Der Junglehrer. Bewährung und Prüfung. In: Schulverwaltungsblatt für Niedersachsen, 1 (1949), S. 111–116

Hänsel, D. (Hg.): Das Projektbuch Grundschule. Weinheim u. a. 1986. (Nachdr. 1995)

Hahne, K.: Fruchtbare Lernprozesse in Naturwissenschaft, Technik und Gesellschaft. Wenn die Erfahrungsmöglichkeiten der Schüler den Unterricht bestimmen. Marburg 1984

Hammerschmidt, U.: Zehn Fragen, zehn Antworten zum Projektunterricht. In: Pädagogische Forschung, 31 (1990) 3, S. 65–69

Hartmann, T./Voegelin, L.: Zum Selbstverständnis der Arbeitsgruppen an der Universität Frankfurt. In: Studentische Politik, 2 (1969) 1, S. 54–59

Heidorn, F.: Reformruine Projektunterricht. Über die Fragwürdigkeit eines didaktischen Modebegriffs. In: Kremer, A./Stäudel, L. (Hg.): Praktisches Lernen im naturwissenschaftlichen Unterricht, Marburg 1987, S. 55–74

Heins, J.: Vorhaben. Möglichkeiten und Grenzen. In: Pädagogischer Wegweiser, 5 (1952) 6, S. 1–5

Heise, H.: Das arbeitsteilige Projekt. In: ders.: Die entscholastisierte Schule, Stuttgart 1960, S. 43–52

Heller, A./Semmerling, R. (Hg.): Das ProWo–Buch. Leben, Lernen, Arbeiten in Projekten und Projektwochen. Königstein/Ts. 1983. (2. Aufl. 1984)

Hessischer Kultusminister (Hg.): Information Gesamtschule – Gesellschaftslehre. Fuldatal 1970

Hessischer Minister für Erziehung und Volksbildung (Hg.): Bildungspläne für die allgemeinbildenden Schulen im Lande Hessen. 2. Das Bildungsgut. B–D. Wiesbaden 1957

Hübner, H.-J.: Werkerziehung in der Hauptschule. Frankfurt a. M. 1965

Ingendahl, W. (Hg.): Projektarbeit im Deutschunterricht. Theorie und Praxis einer lebenspraktisch orientierten Spracherziehung. München 1974

Jostes, M./Weber, R.: Projektlernen. Handbuch zum Lernen von Veränderungen in Schule, Jugendgruppen und Basisinitiativen. Köln 1987

Jüdes, U./Frey, K. (Hg.): Biologie in Projekten. Beispiele für fachübergreifende, projektorientierte Vorhaben mit Schwerpunkten aus der Biologie. Köln 1993. (3. Aufl. 1997)

Kaiser, A./Kaiser, F.-J. (Hg.): Projektstudium und Projektarbeit in der Schule. Bad Heilbrunn/Obb. 1977

Kilpatrick, W. H.: Philosophie der amerikanischen Erziehung (1928); (The Philosophy of American Education, 1928, dt.). In: Röhrs, H. (Hg.): Die Reformpädagogik des Auslands, Düsseldorf u. a. 1965a, S. 136–144

Kilpatrick, W. H.: Die Projekt-Methode. Die Anwendung des zweckvollen Handelns im pädagogischen Prozeß (1935); (The Project Method, 1918, dt.) In: Röhrs, H. (Hg.): Die Reformpädagogik des Auslands, Düsseldorf u. a. 1965b, S. 88–99

Klafki, W.: Thesen zur inneren Schulreform – am Beispiel der Gesamtschule. In: ders.: Neue Studien zur Bildungstheorie und Didaktik. 4. Aufl., Weinheim u. a. 1985, S. 228–245

Klafki, W. (Hg.): Unterrichtsbeispiele der Hinführung zur Wirtschafts- und Arbeitswelt. Düsseldorf 1970

Klippert, H.: Projektwochen. Arbeitshilfen für Lehrer und Schulkollegien. Weinheim u. a. 1985. (3. Aufl. 1994)

Knoll, M.: Die Projektmethode in der Pädagogik von 1700 bis 1940. Ein Beitrag zur Entstehung und Verbreitung reformpädagogischer Konzepte. Kiel, Univ., Diss., 1991

Koerber, B.: Möglichkeiten und Probleme eines projektorientierten Informatikunterrichts in der Sekundarstufe I. In: Informatik in der Schule, Paderborn 1978, S. 189–207

Kommission zur Reform der Hessischen Bildungspläne (Hg.): Beispiele für lernzielorientierten Unterricht. Projekt. 1–7. Marburg 1970

Kost, F.: Die Projekt(ions-)methode. Zur Geschichte und Kritik des didaktischen Projektbegriffs. In: Bildung und Erziehung, 37 (1984), S. 29–36

Kost, F.: Projektunterricht und „Kritische Didaktik". In: Moser, H. (Hg.): Probleme der Unterrichtsmethodik, Kronberg/Ts. 1977, S. 133–162

Krauth, G.: Leben, Arbeit und Projekt. Eine konzeptionsgeschichtliche und vergleichende Studie über die gesellschaftliche, pädagogische und didaktische Bedeutung der Projektidee in reformpädagogischen Bewegungen. Frankfurt a. M. u. a. 1985

Kretschmann, J.: Natürlicher Unterricht. (1933). Neubearb. von O. Haase. Hannover 1948

Laubis, J.: Vorhaben und Projekte im Unterricht. Ravensburg 1976

Magnor, M.: Die Projektmethode: ein Ergebnis der philosophischen und erziehungstheoretischen Ansätze John Deweys und William Heard Kilpatricks. Osnabrück, Univ., Diss., 1976

Mayer, W. G.: Projektunterricht in der Primarstufe. Planung und Durchführung eines mehrperspektivischen Sachunterrichts in der Primarstufe mit Empfehlungen zu Studium und Fortbildung. Limburg 1978

Mie, K./Frey, K. (Hg.): Physik in Projekten. Beispiele für fachübergreifende, projektorientierte Vorhaben mit Schwerpunkten aus der Physik. Köln 1989. (5. Aufl. 1996)

Möller, H. R.: Zur Didaktik der visuellen Kommunikation. In: Kunst und Unterricht, (1971) 14, S. 1–3

Moser, F.: Vom Flachs zum Leinen. Bericht über ein Unterrichtsvorhaben. In: Westermanns Pädagogische Beiträge, 1 (1949), S. 489–492

Münzinger, W./Frey, K. (Hg.): Chemie in Projekten. Beispiele für fachübergreifende, projektorientierte Vorhaben mit Schwerpunkten aus der Chemie. Köln 1989. (5. Aufl. 1996)

Münzinger, W. (Hg.): Projektorientierter Mathematikunterricht. München u. a. 1977

Nündel, E.: Das projekt und der deutschunterricht. In: Westermanns Pädagogische Beiträge, 26 (1974), S. 643–650

Odenbach, K.: Das Vorhaben. In: Westermanns Pädagogische Beiträge, 9 (1957), S. 577–584

Otto, G.: Das Projekt. Merkmale und Realisationsschwierigkeiten einer Lehr-Lern-Form. In: Frey, K./Bländsorf, K. (Hg.): Integriertes Curriculum Naturwissenschaft der Sekundarstufe I, Weinheim u. a. 1974, S. 568–587

Petzold, H.–J. u. a.: Sozialpädagogisch orientierte Berufsausbildung. Handreichungen für die Ausbildungspraxis im Benachteiligtenprogramm des BMBW. Bonn 1982

projektorientierter deutschunterricht. (Themaheft). In: Westermanns Pädagogische Beiträge, 26 (1974), S. 643–694

Pütt, H.: Projektunterricht und Vorhabengestaltung. Essen 1982

Redaktion betrifft: erziehung (Hg.): Projektorientierter Unterricht: Lernen gegen die Schule? Weinheim u. a. 1976. (2. Aufl. 1978)

Reichwein, A.: Film in der Landschule. Vom Schauen zum Gestalten. (1938). Neu hg. von Heinrich Lenzen. Braunschweig 1967. (Neuausg. Weinheim 1993)

Reichwein, A.: Schaffendes Schulvolk. (1937). Neu hg. von seinen Freunden. Braunschweig u. a. 1951. (Neuausg. Weinheim 1993)

Riquarts, K.: Hinweise auf „Projektunterricht!" in Lehrplänen und Richtlinien der Länder der Bundesrepublik Deutschland und in Berlin (West). In: Bildung und Erziehung, 37 (1984), S. 37–46

Röhrs, H.: Die progressive Erziehungsbewegung. Verlauf und Auswirkung der Reformpädagogik in den USA. Hannover u. a. 1977

Röhrs, H.: Die Reformpädagogik. Ursprung und Verlauf in Europa. Hannover u. a. 1980

Röseler, R.: Die planung des nichtplanbaren. Das beispiel deutsch. In: Redaktion betrifft: erziehung (Hg.): Projektorientierter Unterricht: Lernen gegen die Schule? Weinheim u. a. 1976, S. 44–55

Rupprecht, E.: Umweltprobleme in der Schule. Ein Beitrag zur Integration von naturwissenschaftlichem und gesellschaftspolitischem Unterricht. Baunatal 1975

Schilmöller, R.: Projektunterricht. Möglichkeiten und Grenzen entschulten Lernens in der Schule. In: Regenbrecht, A./Pöppel, K. G. (Hg.): Erfahrung und schulisches Lernen, Münster 1995, S. 166–212

Schindler, G.: Das Vorhaben und das Werk. In: ders.: Bildungslehre eines natürlichen Unterrichts, Düsseldorf 1952, S. 326–341

Schneider, F.: Projektmethode. In: ders.: Einführung in die Erziehungswissenschaft mit besonderer Berücksichtigung der Lehre vom Erziehen und Unterrichten. 2., verb. Aufl., Graz u. a. 1953, S. 362–363

Schöller, W.: Die „Académie Royale d'Architecture" 1671–1793. Anatomie einer Institution. Köln u. a. 1993

Schtscherbow, N. P.: Die Methode der Projekte. In: ders.: Über die Organisationsformen des Unterrichts, Berlin u. a. 1947, S. 20–27

Schümer, G./Weißenfels, M.: Projekte im Fachunterricht. Ergebnisse einer Umfrage unter Grund- und Sekundarschullehrern aus vier Bundesländern. Berlin 1995

Schulz, W.: Das Projekt. Chancen und Grenzen einer Lehr-Lern-Form in Schulunterricht und Lehrerausbildung. Basel 1973

Schweingruber, R.: Das Projekt. Ein Beitrag zur Erneuerung der Schule. In: Schweizerische Lehrerzeitung, 119 (1974), S.1432–1434

Schweingruber, R.: Die Projektmethode – ein Beitrag zu einer Schulreform? In: Schweizerische Lehrerzeitung, 116 (1971), S. 172–175

Stach, R. (Hg.): Projektorientierter Unterricht. Theorie und Praxis. Kastellaun 1978

Stieghorst, C.: Projektwochen in der Robert-Bosch-Gesamtschule in Hildesheim. In: Gesamtschule, 7 (1975) 6, S. 14–15

Struck, P.: Projektunterricht. Stuttgart u. a. 1980

Stubenrauch, H.: Projektorientiertes Lernen im Widerspruch des Systems. In: Redaktion betrifft: erziehung (Hg.): Projektorientierter Unterricht: Lernen gegen die Schule? Weinheim u. a. 1976, S. 9–15

Suin de Boutemard, B.: 75 Jahre Projektunterricht. In: Redaktion betrifft: erziehung (Hg.): Projektorientierter Unterricht: Lernen gegen die Schule? Weinheim u. a. 1976, S. 58–64

Suin de Boutemard, B.: Schule, Projektunterricht und soziale Handlungsperformanz. Eine wissenssoziologische und handlungstheoretische Untersuchung. München 1975

Thon, K.: Das Vorhaben als lebendige Ganzheit im Lernvorgang. In: Bildung und Erziehung, 2 (1949), S. 31–47

Tillmann, K.-J.: Kooperationsbereitschaft, Flexibilität, Kundenorientierung. Ein neuer Reformdialog zwischen Wirtschaft und Schule? In: Neue Sammlung, 34 (1994), S. 137–148

Tymister, H. J. (Hg.): Projektorientierter Deutschunterricht. Vorschläge für Lehrer und Schüler. Düsseldorf 1975. (2. Aufl. 1980)

Universität Oldenburg. Zentrum für Pädagogische Berufspraxis (Hg.): materialien – Berichte aus den Projekten. 1–16. Oldenburg 1976–79

Warwitz, S./Rudolf, A.: Projektunterricht. Didaktische Grundlagen und Modelle. Schorndorf 1977

Werder, L. von: Alltägliche Erwachsenenbildung. Aspekte einer bürgernahen Pädagogik. Weinheim u. a. 1980

Wetterling, H.: Otto Haases Entwurf des „Vorhabens". In: Westermanns Pädagogische Beiträge, 4 (1952), S. 398–403

Wiemann, G.: Didaktische Vorstudie für ein projektorientiertes Handlungsmodell beruflicher Grundbildung (im Berufsfeld Metall). Hannover 1974

Pädagogische Begründungen

Herbert Gudjons
Lernen – Denken – Handeln

Lern-, kognitions- und handlungspsychologische
Aspekte zur Begründung des Projektunterrichtes

Einleitung

Drei Vorwürfe durchziehen u. a. die aktuelle Diskussion um Schule und Lernen.
Erstens: Der Sinn der Lerninhalte ist den Lernenden weitgehend verloren
gegangen. Wenn gelernt wird, dann selten aus persönlicher Betroffenheit, selten unter Erfassung des Sinnes der Anstrengungen. Man lernt, weil man Qualifikationen braucht: Realschulabschluß mindestens, besser noch Abitur. Und
dafür werden eben die schulischen Lernanforderungen befolgt, – das altbekannt Tauschwert-Prinzip: Entfremdetes Lernen wird in Kauf genommen,
um bestimmte Zertifikate zu erhalten, aber vieles wird nach der nächsten
Klassenarbeit wieder vergessen. Es stellt sich also die Frage, welche Qualität der Erwerb von Wissen haben muß, damit es den Lernenden als subjektiv
bedeutsam und wichtig erscheint und nicht zum „trägen Wissen" (s. u.) degeneriert.
Zweitens: Das schulische Lehren und Lernen hinkt weiter hinter dem her, was
die moderne Lern- und Kognitionspsychologie über Lernprozesse, über das
Lernen des Menschen und über den Zusammenhang von praktischen Erfahrungen und Denken herausgearbeitet hat. Die Frage stellt sich dringend: Wie
müssen Lernprozesse organisiert werden, die nicht mehr allein von der Lehrtradition der gängigen Praxis leben, sondern die Forschungsergebnisse der
modernen Lern- und Kognitionstheorie, insbesondere auch die gehirnphysiologischen Grundlagen und Chancen aufnehmen und praktisch fruchtbar
machen?

Drittens: Die Schule – ursprünglich aufgrund neuer gesellschaftlicher Lernbedarfe eingerichtet – hat den Bezug zur Wirklichkeit auf weite Strecken verloren. Sie reißt heute Denken und Handeln, Wissen und Tun auseinander. Schule soll auf künftige gesellschaftliche Problemlagen vorbereiten, die aber den Schülern und Schülerinnen und auch ihren Lehrern und Lehrerinnen größtenteils unbekannt sind. Die Frage lautet also, wie wir heute das Lernen so gestalten können, daß es Handeln auch für unbekannte Zukunftsanforderungen ermöglicht.

Wir werden in diesem Beitrag sehen, wie alle drei Kritikpunkte zusammenhängen und welche Lösungsperspektiven sich ergeben.

Die am häufigsten – zumindest unter Schülern und Schülerinnen – anzutreffende Begründungsfigur für den Projektunterricht ist hedonistisch: „Mehr Spaß" mache er, endlich mal etwas anderes, – bis hin zur Überschrift in einer norddeutschen Tageszeitung: „Die Schule fällt aus – wir haben Projektwoche". Wenn sich der Projektunterricht – nicht die gelegentliche Projektwoche – als besondere Unterrichtsform mit spezifischen Möglichkeiten des Lernens neben den anderen methodischen Großformen des Unterrichts (wie Lehrgang, thematische Unterrichtseinheit, Üben/Trainieren) etablieren will, muß er freilich umfassender begründet werden. Vor allem darf handlungsorientiertes Lernen nicht mit der falschen Fragestellung „Lernen oder action" diskutiert werden (*Kashnitz* 1993). Wenn Denken, Lernen und praktisches Handeln eine Einheit bilden sollen, dann ist zu klären, wie Handeln und Lernen, Denken und Tun in dieser besonderen Unterrichtsform zusammenhängen, welche Möglichkeiten der Projektunterricht zur Reintegration dieser in der Schule weitgehend getrennten Elemente bietet und wo seine Grenzen liegen.

Im folgenden werden daher zur lern- und kognitionspsychologischen Begründung einige Aspekte erörtert und einige Argumente vorgetragen. Das Konzept von Projektunterricht, auf das sich diese Überlegungen beziehen, wurde bereits mehrfach beschrieben (*Bastian/Gudjons* 1991, 1993, *Gudjons* 1994).

Eine umfassende Erarbeitung der Fülle interdisziplinär angelegter moderner Handlungstheorien, wie sie z.B. *Hans Lenk* zusammengestellt hat (*Lenk* 1977–1984), ist wegen ihrer Heterogenität nicht sinnvoll. Ansätze bieten eher die handlungsorientierte Lernpsychologie, wie sie im Anschluß an *Piaget* von *Aebli* (1980, 1981, 1983) entwickelt wurde, oder die Handlungstheorie *Volperts* (1992). Allerdings wäre der Versuch, den Projektunterricht aus modernen Handlungstheorien „abzuleiten", nicht zweckmäßig, weil es keine einheitliche Handlungstheorie gibt, die eine geschlossene Grundlage für einen handlungsorientierten Unterricht bilden könnte.

Ähnliches gilt für die modernen Lern- und Kognitionstheorien und Theorien zum Wissenserwerb und zur Wissensrepräsentation (*Einsiedler* 1996): Auch aus ihnen läßt sich keine systematisch kohärente Begründungsbasis bruchlos für eine bestimmte Unterrichtsform entwickeln. Es ist daher sinnvoller, sich auf einzelne zentrale Aspekte dieser Theorien zu konzentrieren und jeweils mit aller Vorsicht nach Hinweisen zu fragen, was sie zur Begründung des Projektunterrichtes als Gesamtkonzept und zu einzelnen seiner Merkmale beitragen können.

1. Lernpsychologische Aspekte

1.1 Wie arbeitet unser Gehirn? Neurobiologische Grundlagen der Gehirnforschung

Daß u. a. unser Gehirn die biologische Grundlage für Lernprozesse bildet, ist eine banale Feststellung. Dennoch hat die Pädagogik lange Zeit die Aufarbeitung der modernen Gehirnforschung als „biologistisch" abgetan, – so als wäre die Umwelt und ihre Gestaltung der einzig relevante Faktor bei Lernprozessen.

Das Gehirn – kein Ablagemechanismus

Wir wissen aber inzwischen einiges darüber, wie unser Gehirn als „System-Gigant" arbeitet (*Eccles* 1987, *Popper/Eccles* 1987, *Miller-Kipp* 1992, *Roth* 1994, *Otto* 1995). Es speichert Informationen nicht einfach in einzelnen „Abteilungen", sondern ordnet es zu komplexen Netzen. Unser Gedächtnis ist kein einfacher Ablagemechanismus, in welchem Ereignisse in Schubladen verstaut und bei Bedarf wieder hervorgeholt werden. „Vielmehr werden die unterschiedlichen Aspekte eines Ereignisses in weit verstreuten Bereichen der Großhirnrinde gespeichert: Geräusche etwa im auditorischen Kortex hinter der Schläfe, Gesehenes in den Arealen des visuellen Kortex im Hinterhaupt, Berührungsempfindungen im Scheitellappen der Großhirnrinde und so weiter." (*Otto* 1995, S. 61) Die hohe Leistungsfähigkeit des menschlichen Gehirns besteht in seinen beinahe unendlichen Kopplungsmöglichkeiten. Als Maß für den Aufbau oder die Umstrukturierung solcher Netze gelten die „Kopplungskoeffizienten" (*Friedrich* 1995, S. 19), so daß man sagt, „daß das Netz lernt, wenn sich die Kopplungskoeffizienten ändern." (Ebd.)

Emotionaler Kontext und Informationsaufnahme

Von größter Bedeutung ist dafür, daß das Gehirn neben einzelnen Bausteinen (z. B. eines Ereignisses) jeweils auch deren Kontext speichert, also wo, wann und unter welchen Umständen dieses Ereignis stattgefunden hat. Das gilt vor allem auch für die emotionalen Begleitumstände: Eindrückliche emotionale

Begleitumstände fördern nachweislich die Gedächtnisleistung, was inzwischen auch neurochemisch belegt werden konnte. (Man blockierte z. B. bei einer Versuchsgruppe mit Hilfe von Propanolol die Rezeptoren der Zellen für die gedächtniswirksamen Hormone Adrenalin und Noradrenalin, erzählte dann eine Geschichte und überprüfte später die Behaltensleistungen; es zeigte sich, daß diese Gruppe im Vergleich zu einer unbehandelten Kontrollgruppe einzelne emotional getönte Abschnitte der Geschichte wesentlich schlechter erinnerte. Offensichtlich konnte das Gehirn bei den nicht „blockierten" Teilnehmern der Kontrollgruppe emotional wichtige Informationen besser behalten. *Otto* 1995, S. 60)

Neuronale Netze

Grundlage für den Aufbau von neuronalen Netzen sind die elektrischen und chemischen Prozesse im Gehirn (*Roth* 1994). Unsere ca. 1 Billion Nervenzellen (ältere Schätzungen gingen von 15 Milliarden aus, *Miller-Kipp* 1992, S. 49) sind durch ein Riesennetz von Dendriten und Axonen miteinander verbunden. An den Kontaktstellen, den Synapsen, wird die neuronale Erregung übertragen, dies erfolgt entweder elektrisch oder chemisch. Während bei den (selteneren) elektrischen Synapsen die Übertragung durch direkten Kontakt der Zellwände ohne jede Verzögerung erfolgt, sind chemische Synapsen durch den sog. synaptischen Spalt voneinander getrennt; die elektrische Erregung setzt im Endknöpfchen eines Axons eine chemische Substanz frei, Transmitter, und zwar in einer der Erregung entsprechenden Menge. Dieser in den synaptischen Spalt ausgeschüttete Transmitter (oder Botenstoff) erregt oder hemmt die gegenüberliegende Membran der nachgeschalteten Zelle. Bei erregenden (exzitatorischen) Synapsen entsteht in der nachgeschalteten Zelle wiederum eine elektrische Erregung, bei hemmenden (inhibitorischen) Synapsen wird die nachgeschaltete Zelle kurzfristig weniger erregbar (vgl. den o. a. Versuch). Vermittels dieser Verbindungen können sich Nervenzellen zu funktionalen Einheiten, Nervennetzen, Kernen oder ganzen Arealen zusammenschließen. Auch kann die Erregung eines Nervennetzes zu mehreren andern geschickt werden, so daß sich eine fast unendliche Fülle gegenseitiger Beeinflussungsmöglichkeiten von Nervenzellen und Netzen ergibt. Damit bilden neuronale Netze die materielle Grundlage für kognitive Leistungen und Verhaltenssteuerungen.

Was eine Information „bedeutet"

Nun werden die eingehenden Reize aus der Umwelt nicht einfach wertneutral abgespeichert, sondern vom Empfänger mit Bedeutungen versehen. Die Sinnesrezeptoren „müssen die mehr oder weniger spezifischen Einwirkungen von

114

physikalischen und chemischen Umweltreizen in Ereignisse umwandeln, durch die Nervenzellen in ihrem Aktivitätszustand verändert (erregt oder gehemmt) werden können. Die Sinneszellen übersetzen das, was in der Umwelt passiert, in die 'Sprache des Gehirns', nämlich die Sprache der Membran- und Aktivitätspotentiale, der Neurotransmitter und Neuropeptide." (*Roth* 1994, S. 80) Diese elektrischen und chemischen Signale sind zunächst neutral, haben also keine „Bedeutung". Diese erhalten sie erst durch die Bedingungen, unter denen sie vom Empfänger – dem Gehirn – aufgenommen werden: Erst der Empfänger konstituiert die Bedeutung (das Gehirn interpretiert sie mit Hilfe bestimmter interner Kriterien z. B. hinsichtlich der Intensität, der Qualität, der Modalität, der Zeitstruktur oder des Ortes der Reize, *Roth* 1994, S. 100 f.). Das gesamte Gedächtnissystem und das Bewertungssystem hängen also untrennbar zusammen, Gedächtnis ist nicht ohne Bewertung möglich, und jede Bewertung geschieht wiederum aufgrund des Gedächtnisses, also früherer Erfahrungen und Bewertungen (ebd. S. 185).

Gehirn und „Geist"

Die moderne neurobiologische Gehirntheorie bezieht daher ausdrücklich psychologisch-philosophische Begriffe (wie Bedeutung, Bewertung, Repräsentation) ein, weil ohne die Begriffe Bedeutung und (Selbst-)Bewertung die Verarbeitung von ursprünglich neutralen neuronalen Erregungen in einem Gesamtkontext nicht verstehbar ist, ebensowenig die Fähigkeit des Gehirns, seine Leistungen auf verschiedene Gebiete zu verteilen (hochgradige Distributivität) und somit komplexe höhere Gehirnfunktionen zu entwickeln. Solche „höheren" Funktionen sind Leistungen, die von der Neurobiologie mit Geist bezeichnet werden (*Miller-Kipp* 1992, S. 52). Bewußtsein und Selbstbewußtsein des Menschen haben keinen neuroanatomischen Ort, „sie haben sich vom Organgeschehen sozusagen emanzipert." (Ebd.) Solche Leistungen, die das Gehirn aus sich selbst heraus, aber über sich selbst heraus erbringt, werden auch als „Emergenz" bezeichnet. Diese Fähigkeit zum qualitativen Sprung ist auch für eine Psychologie des Wissenserwerbs und damit für Lernprozesse wichtig: Es „dämmert" uns etwas, besser noch es „blitzt" plötzlich, wir haben etwas „begriffen".

Das Gehirn – ein selbstreferentielles System

Dabei ist das Gehirn ein lernendes System, das allerdings nach seinen eigenen Gesetzmäßigkeiten lernt: Es ist selbstreferentiell. Das bedeutet: Das Gehirn muß seine Kriterien, nach denen es seine eigene Aktivität bewertet, selbst entwickeln, und zwar „aufgrund früherer interner Bewertungen der Eigenaktivität. Lernen ist für das Gehirn (und damit den Gesamtorganismus) stets Lernen am Erfolg oder Mißerfolg eigenen Handelns, wobei die Kriterien für die Feststellung von Erfolg wieder dem Lernen am Erfolg unterliegen." (*Roth* 1991, S. 148)

Unsere Wahrnehmungen sind damit nicht direkte Abbilder der vorhandenen Wirklichkeit, vielmehr sind auch Wahrnehmung und Erkenntnis konstruktive Vorgänge, in denen wir neutralen Signalen Bedeutung geben. Zugespitzt formuliert: Die Wirklichkeit wird vom Menschen nicht ge-, sondern erfunden. Das ist die erkenntnisbiologische Grundlage des Konstruktivismus, mit dem wir uns weiter unten noch beschäftigen werden. Deutlich wird aber auch hier bereits, daß Erkenntnis prinzipiell subjektgebunden ist.

Gefühle beim Lernen

Unsere Informationsverarbeitung und unser Verhalten wird – wie wir gesehen haben – von Netzen oder Systemen gesteuert, die das ganze Gehirn durchziehen. Eines solcher zentralen Systeme ist das „limbische System" (mit seinem Hauptsitz ungefähr in der Mitte des Kopfes – übrigens eine schöne Symbolik! – im Randgebiet zwischen dem Zwischenhirn und dem Großhirn). Das limbische System arbeitet aber eng mit andern Hirnregionen zusammen (*Edelmann* 1996, S. 40). Dieses System bewertet alles, was von den äußeren Sinnesorganen und dem Gehirn wahrgenommen wird, es färbt die Eindrücke sozusagen emotional ein und ist für die emotionalen Tönungen verantwortlich, die unsere Denkprozesse begleiten (*Otto* 1995, S. 34 f.) Dabei steht es in sehr engem Kontakt mit dem Gedächtnissystem, das im Hippocampus und Teilen der Großhirnrinde untergebracht ist.

Die Wirkungsweise des limbischen Systems kennen wir aus der Erfahrung des Alltags: An Ereignisse, die mit starken Gefühlen verbunden sind, erinnern wir uns leichter als an solche, die uns gefühlsmäßig kalt ließen (wie z. B. das Lernen lateinischer Vokabeln oder von Geschichtszahlen). Unser Gedächtnis- und Gefühlssystem wiederum ist stark mit der Großhirnrinde rückgekoppelt, so wird gewährleistet, daß die Welt für uns „Sinn" ergibt, – die Rohdaten von den Sinnesorganen allein liefern dem Gehirn noch kein „sinnvolles" Weltbild (*Otto* 1995, S. 47). Das Gehirn meldet seine Eindrücke und Analysen permanent in Rückkopplungsschleifen seiner „Gedächtnis- und Bewertungsabteilung" zurück, was wiederum die Bewertung neuer Sinnesdaten beeinflußt und so insgesamt dazu beiträgt, daß aufgrund der Interpretation der Daten sich das Gehirn seinen Reim auf die Welt macht.

Man ist bereits an dieser Stelle versucht, die auf der Hand liegenden Konsequenzen für Lernprozesse auch in der Schule zu ziehen, z. B. für eine positive emotionale Tönung von Lernsituationen zu sorgen, damit die Chancen des limbischen Systems voll genutzt werden. Das muß nicht platter Hedonismus sein („es muß alles Spaß machen"), wohl aber gilt es, das Element der Freude und der persönlichen Bedeutsamkeit von Lernprozessen zu fördern. Für den Projektunterricht ergibt sich z. B. die Notwendigkeit, die Interessen und Bedürfnisse der Schüler und Schülerinnen zur Grundlage der gemeinsamen Arbeit zu machen.

Wir sahen bereits, daß Lernen gehirnphysiologisch gleichbedeutend ist mit dem Aufbau oder der Umstrukturierung von neuronalen Netzwerken. Die gegenwärtig populäre Unterscheidung der besonderen Fähigkeiten der rechten und linken Gehirnhälfte (nach der der linken eher analytisch-begriffliches, der rechten eher synthetisch-anschauliches Vermögen zugeschrieben wird) ist nicht nur durch die Entdeckung des Corpus callosum, der verbindenden Brücke zwichen beiden Hemisphären, sondern vor allem wegen der komplexen Netzwerkfunktionen des Gehirns von geringerer Bedeutung. Wichtiger hingegen ist die Unterscheidung verschiedener Gedächtnisse.

Verschiedene „Gedächtnisse"

Wir haben zunächst ein einfaches *Wiedererkennungsgedächtnis* (Rekognitionsgedächtnis), das uns z. B. hilft, einen Gegenstand, den wir nur einmal gesehen haben, wiederzuerkennen. Wichtiger ist das *Arbeitsgedächtnis* als diejenige Instanz, die von Moment zu Moment unsere wache Aufmerksamkeit mit passenden Informationen aus dem im Gehirn gespeicherten Wissensschatz zusammenbringt (wie bei Ihnen jetzt gerade während des Lesens dieses Textes). Es kann über das *Assoziationsgedächtnis* auch Informationen abrufen, die in unserem *Langzeitgedächtnis* vorhanden sind (das ist physiologisch nachweisbar durch die enge neuronale Verbindung von Hirnrinde und Hippocampus, also einer Struktur tief innen an den Schläfenlappen). Das zeigt noch mal, wie stark verschiedene Hirnteile bei bestimmten Gedächtnisaufgaben eingespannt sind. Unser *deklaratives oder explizites Gedächtnis* weiterhin umfaßt alles, was wir an bewußtem Wissen verfügbar haben, unser prozedurales oder implizites Gedächtnis schließlich umfaßt alle Fertigkeiten, die wir eingeübt haben und beherrschen, ohne daß man genau wissen oder sich bewußt machen muß, „wie es geht" (*Otto* 1995, S.54).

Von großer lernpsychologischer Bedeutung sind weiterhin die Unterscheidungen von Gedächtnis und Speicherzeit (*Bower/Hilgard* 1984, S. 225 ff., *Weidenmann/Krapp* u. a. 1993, S. 147 ff. S., *Otto* 1995, S. 56 ff.)

■ Unser *Ultrakurzzeitgedächtnis* bewahrt Informationen bis ca. 20 Sekunden auf (z. B. eine Postleitzahl, die Sie aus dem dicken gelben Buch auf den Briefumschlag übertragen). Die Abspeicherung von solchen Erstinformationen wird verhindert, wenn mangelndes Interesse, fehlende Assoziationsmöglichkeiten (wohin sollen Sie die Information: „Die Ekasi-Formel steuert den Tunneleffekt" tun?) oder störende Zusatzwahrnehmungen (Schmerz, Geräusche) gleichzeitig auftreten. Im Normalfall aber wird ein in das Wahrnehmungssystem eintretender Stimulus (Input) als Muster erkannt, analysiert und identifiziert und – sofern übergreifende Bedeutungszuschreibungen (s. o.) Aufmerksamkeit „befehlen" – kodiert. Erst dann gelangt der Input in das

- *Kurzzeitgedächtnis* (1–2 Stunden): Hier werden Phänomene gespeichert, die nicht lange zurückliegen, z. B. im episodischen Gedächtnis (was habe ich gestern abend gemacht?), im semantischen Gedächtnis (was stand heute in der Zeitung?), im visuellen Gedächtnis (wie sah der neue Kollege aus?) und im auditiven Gedächtnis (wie klang der neue Hit?). Auch hier ist wichtig, daß emotional Bedeutsames schneller ins Langzeitgedächtnis übergeht. Eingehende Informationen werden z.T. verglichen mit den bereits im Langzeitgedächtnis gespeicherten Informationen, was ihre Chance erhöht, weiter zu gelangen durch den Flaschenhals des Kurzzeitgedächtnisses in das

- *Langzeitgedächtnis* (dauerhafte Speicherung), –Traum- und Zielmarke jedes Pädagogen. Was im Assoziationsgedächtnis (s. o.) schon verankert wurde, weil es mit vielen Assoziationen gleichsam „angereichert" wurde, wird eher auch fester Bestandteil des Langzeitgedächtnisses. Nur das, was vom Gehirn für dauerhaft behaltenswert erachtet wird, wird ins Langzeitgedächtnis transferiert. Dort kommt es erneut zur Kodierung, d.h. zur Verknüpfung und Integration in die bestehenden, hierarchisch strukturierten Netze als Wissen (z. B. Fakten, Sachverhalte) oder als Verfahren (z. B. Wissen, wie man etwas macht). Die Strukturen des Wissens bestehen also nicht aus additiv aneinander gereihten Konzepten. Vielmehr ist z. B. das „Konzept" Apfel multimodal in mehreren „Marken" repräsentiert: Bildmarke, Geräuschmarke, Bewegungsmarke, semantische Marke ‚eßbar', Wort-Bildmarke u. a. m. *Einsiedler* 1996, S. 173). So bilden sich über solche Listen von Konzepten hinaus semantische Netzwerke. Im Langzeitgedächtnis wird u.a. begriffliches Wissen, relationales Wissen, Wissen über visuelle Phänomene, prozedurales Wissen abstrakt symbolisch gespeichert, wobei überflüssige Einzelheiten weggelassen werden (*Einsiedler* 1996, S. 168). Die Kapazität des Langzeitgedächtnisses ist – abhängig vom Grad der Organisation! – sehr hoch, und das nach Bedeutung kodierte Wissen ist praktisch dauerhaft.

Der Sinnzusammenhang von Informationen

Insgesamt ist die Wirksamkeit der multidimensionalen Kodierung hoch, wenn auch Nebeninformationen (etwa Beispiele oder Erfahrungshinweise, persönliche Erlebnisse) als „Hinweisreize" fungieren können: Die Wahrscheinlichkeit, daß etwas erinnert wird, ist dann größer. Vor allem, wenn die Informationen in einen Sinnzusammenhang eingefügt worden sind, der vom Lerner selbst hergestellt wurde, ist die Gedächtnisbildung erheblich verbessert. Ferner behalten Schüler begriffliches Wissen (ebenso wie Handlungswissen), das in Cluster, Kategorien oder Begriffshierarchien eingeordnet wird, besser: In einer Studie von *Dumke* (1984) lernten Kinder in Grundschulklassen Inhalte zum Thema „Eichhörnchen" und „Leben der Eskimos" und ordneten Begriffe in Hierarchieanordnungen ein (z. B. zu den Oberbegriffen „Lebensgewohnheiten", „Jagen"), während Kontrollklassen lediglich im Anschluß an die Lektionen einfache Lückentexte ausfüllten. Es zeigte sich, daß die Versuchsklassen im Nachtest und noch Wochen später in den Behaltensleistungen den Kontrollklassen überlegen waren (vor allem lernschwache Schüler!).

Das ist nicht verwunderlich, weil die Aufnahme von Informationen auf ein System von Bedeutungen bezogen bzw. an eine definierte Stelle der (bereits erworbenen) Bedeutungsstruktur angelagert wird. So hat eine Versuchsgruppe, die sich beim Lernen von Wörtern eine verbindende Geschichte ausdachte, sich an 93 Prozent der Wörter erinnert, gegenüber einer Gruppe bloßer Auswendiglerner, die es nur auf 13 Prozent brachte. Offensichtlich sind selbstgefundene Ideen, die einzelne Elemente (in den Begriffen der Gestaltpsychologie) zu einer sinnvollen „Gestalt" verbinden, hoch wirksam, – gegenüber der Speicherung von isoliertem Einzelwissen. Im Projektunterricht ist es eben diese kohärente Struktur einer Handlung (s. u.), die mit ihren verbindenden Elementen wie Ziel, Handlungsplan, Lösungsversuche, Teilhandlungen, Ergebnis, Produkt, Reflexion usw. ein sinnstiftendes beziehungsreiches Ganzes bildet. Die Frage ist daher fast rhetorisch:

1.2 „Mag das Gehirn Projektunterricht?"

Wenngleich nicht die gesamte Gehirnforschung (die übrigens noch sehr lückenhaft ist) für eine einzige Unterrichtsform wie den Projektunterricht vereinnahmt werden darf, so ergeben sich doch auch bei vorsichtigem Weiterdenken einige Anhaltspunkte für einen didaktische Zusammenhang mit dem Projektunterricht.

Der Projektunterricht betont zunächst den Zusammenhang von Problemen, nicht die isolierte Wissensvermittlung. Wenn sich die Themenstellung aus einer „problemhaltigen Sachlage" (*Gudjons* 1994, S. 68) ergibt, dann verbindet ein solcher „Situationsbezug" unterschiedliche Aspekte und Assoziationen, bezieht unterschiedliche Kontexte der Wirklichkeit ein, vermeidet eine künstliche Abspaltung von Problemaspekten durch Begrenzung auf das, was im engeren Sinne zum Fach gehört. Statt Isolierung von Fachaspekten kommt die Wirklichkeit in ihrer Fülle zum Vorschein, sie kann als Netz von Problemen netzwerkartiges Lernen fördern. Nicht umsonst ist in Reformbeispielen der Schule immer wieder die Rede vom „vernetzten Denken" im Rahmen fächerübergreifenden Unterrichts (*Schnack* 1996); oder wie *Ludwig Huber* es formuliert: Lernen „über Fächergrenzen" (im doppelten Sinn: Lernen über die Grenzen, die Fächer setzen, und Lernen über solche Begrenzungen hinaus (*Huber* 1994). Der gesamte neuere Diskurs zur theoretischen Neufassung des Bildungsbegriffes (*Hansmann/Marotzki* 1988/1989, *Klafki* 1991) betont das Verstehen von Strukturzusammenhängen, das Lernen komplexen Relationswissens und das Denken in Zusammenhängen (etwa Denken in ökologischen Vernetzungen).

Ein anschauliches Beispiel: *Dorothee von Wulffen* hat dies unterrichtsmethodisch den „zweiten Blick" genannt (*v. Wulffen* 1997, S. 16 ff.) und an einem praktischen Unterrichtsversuch gezeigt, wie sich im Lateinunterricht ein umfassenderes Verständnis z. B. der augustäischen Ära erst ergibt, wenn die – durch Lektüre von Klassikern erschlossene – Dimension des „glänzenden" Roms ergänzt wird durch handlungsorientierte Formen des Kennenlernens der meist „elenden Alltagskultur" der Mehrheit der Menschen. Unser Gehirn konstruiert – wie beschrieben – für eingehende Informationen Bedeutungen, d. h. hier konkret: je mehr kognitive Verarbeitungsnetze aufgebaut werden, desto „bedeutsamer" wird eine eingehende Information, d. h. desto mehr Zusammenhänge können hergestellt werden und desto „runder und wirklichkeitserfüllter" wird unser Bild von einer Sache. Entsprechend gilt umgekehrt: Ein solches Wissen kann unter *verschiedenen* Perspektiven wieder abgerufen und für neue Verarbeitungen fruchtbar gemacht werden.

Lernen und Interesse

Unmittelbar einleuchtend sind dabei die Konsequenzen, die sich aus der Funktion des limbischen Systems (s. o.) ergeben: Eine hohe Motivation der Schüler und Schülerinnen fördert die emotional günstigen Begleitumstände des Arbeitens. Werden die Interessen der Lernenden zugrunde gelegt, ergibt sich in der Regel eine höhere Identifikation mit dem Lern- und Arbeitsgegenstand, die persönliche Bedeutsamkeit wird betont, und je öfter solche positiven Erfahrungen mit Lernprozessen und Gegenständen gemacht werden, desto größer sind die Chancen der Selbstreferentialität des Gehirns, Bedeutungen nach erfahrener persönlicher Relevanz zu konstruieren. Und warum sollten blockierende Transmitter (nachgewiesen z. B. für die hemmende Wirkung von Gamma-Amino-buttersäure, Glycin – *Otto* 1995, S. 26) für Lernprozesse unnötig ausgeschüttet werden, weil nach der Feuerzangenbowle die „Schule bitter sein muß, sonst nützt sie nichts"?

Die Wirkungsweise von Interessen beim Lernen muß nach der Unterscheidung von *Csikszentmihalyi/Rochberg-Halton* (1989, S. 100) keineswegs bloßer „hedonistischer Genuß" sein (pleasure), also die Konsumierung eines angenehmen Gefühlszustandes, sondern sollte eher als „Freude" (enjoyment) beschrieben werden, also der inneren Bewertung des eigenen Tuns auf dem Hintergrund persönlicher Zielvorstellungen. Und dabei kann eben Anstrengung auch Freude sein ...

Wichtig für die beschriebene netzwerkartige Verarbeitung (und eine entsprechend vielfältige spätere Abrufbarkeit!) ist, daß motiviert und interessiert aufgenommene Informationen in ihren Tiefenmerkmalen gespeichert werden, während niedrig interessierte Lerner nur Oberflächenmerkmale der Inhalte wiedergeben (*Schiefele* 1991). Lernen aus Interesse führt zu umfangreicheren, differenzierten und tief verankerten Wissensstrukturen (*Krapp* 1992, S. 765). Verstehen ist häufig mit positiver emotionaler Zuwendung oder Befriedigung verbunden (*Einsiedler* 1996, S. 178), hohes thematisches Interesse führt zu qualitativ besserer Wissensrepräsentation als niedriges thematisches Interesse, wie *Schiefele* (1991) empirisch nachgewiesen hat.

Der „Tu-Effekt"

Für eine multiple Enkodierung (die Verbindung verschiedener Eingangskanäle) ist dabei der „Tu-Effekt" – also die Unterstützung des Lernens durch Handeln – von großer Bedeutung (*Engelkamp* 1990, S. 242 ff.). Handelnd zu lernen in lebensnahen Problemen, durch Forschen, Entdecken und Erkunden, fördert den Aufbau solcher Netzwerke im Gehirn, weil vielfältige Bezüge eines Problems/einer Sache deutlich werden. Jeder Lerner schafft dabei eine Selbstkonstruktion der Wissensstruktur und einen Aufbau mentaler Modelle im Gehirn, – das kann man ihm durch keine noch so geschickte „didaktische Aufbereitung" abnehmen. Nur so kann aus der „Klärung der Sachen" (*v. Hentig*) „Bildung" werden, denn Bildung ist letzlich immer ein sehr persönlicher, individueller Prozeß. Als Lehrende können wir im Grunde nur die Lernwelten der SchülerInnen „modellieren" (*Kösel* 1993).

Dem Projektunterricht kommen dabei besondere Chancen zu. In der Regel sind mit Handlungsprozessen vielfältige Kanäle für Informationen verbunden. Eingehende Stimuli haben in Handlungszusammenhängen intensivere Qualität als die Tafel oder das Buch. Wenn Informationen aus dem Kurzzeitgedächtnis

in die Vernetzungen hierarchisch geordneter Wissensbestände ins Langzeitgedächtnis gelangen sollen, so geht es dabei um „Verstehen", d. h. um das „Schaffen neuer, weiter als bisher greifender Zusammenhänge", die „Sinnkonstanz"
haben (*Hörmann* 1983, S. 18, 20). Dabei muß unser Gehirn vielfältige Bilder,
Vorstellungen und Assoziationen zusammenbringen und miteinander ver-
knüpfen. Dazu ist eine mehrkanalige Informationsaufnahme („multisensori-
sches Lernen") sicher von großem Vorteil, allerdings kann es auch bereits bei
der Wahrnehmung zu Störungen kommen, wenn z. B. die Sinneskanäle durch
zu viele, und dabei noch unterschiedliche Informationen belastet werden. (Wort-
marken müssen sehr genau zu Bildern passen, Visualisierungen bei hoch
abstrakten Sätzen können störend wirken u.a.m.) Unser semantisches, visuel-
les und auditives System sind nicht nur unterschiedlich organisiert, sondern
kodieren Informationen auch unterschiedlich (*Einsiedler* 1996, S. 176).

Lernhilfen – weiterhin unverzichtbar

Vor allem darf nicht übersehen werden, daß der Lernende selbst die Wissensstruktur *konstruieren* muß, daß Vielfalt auf der sensorischen Ebene dazu allein
nicht reicht, sondern daß die Abstraktionsprozesse bei der eigentlichen Strukturbildung im Langzeitgedächtnis zusätzlicher Lernhilfen bedürfen (s. u.). Für
den Projektunterricht heißt das z. B., daß die inhaltlichen Ergebnisse praktischer
Unterrichtsphasen der systematischen Einordnung in übergreifende thematische
Zusammenhänge bedürfen (s. u.), entweder als Teil der Projektarbeit (z. B. in
der Auswertungsphase) oder als Ergänzung durch lehrgangsorientierte Elemente. *Heinrich Roth* (1963, S. 111) hat daher schon in den 60er Jahren mit
Recht das Prinzip der „originalen Begegnung" (wie es u.a. den Projektunterricht
kennzeichnet) um das Prinzip des „orientierenden Lernens" ergänzt, das
Überblick, Zusammenhänge und Ordnungen vermittelt. Handlungsorientierter
Unterricht bleibt auf die unterstützende Integration von Ergebnissen handelnd-
praktischer Phasen in die Systematik eines Problemfeldes angewiesen.

Skepsis ist also geboten gegenüber dem von *F. Vester* immer wieder sehr
populär vorgetragenen, aber sehr schlichten Rat, aufgrund unserer biologischen
Lernvoraussetzungen eine mehrkanalige Informationsaufnahme anzubieten.
Nach den Ergebnissen der neueren Kognitionsforschung ist das zu wenig. Dennoch hat Vester sicher recht, wenn er feststellt, „je mehr passende Assoziationen, je mehr Möglichkeiten einer vielfältigen Zuordnung schon da sind, umso
weniger muß der Stoff gepaukt werden, und umso besser ist er aus dem Lang-
zeit-Gedächtnis – selbst auf eine ungewohnte Anfrage hin – abrufbar." (*Vester*
1987, S. 68)

Lernen mit allen Sinnen

Auch angesichts der genannten Einschränkungen ist bei der Informationsaufnahme und –verarbeitung eine ausreichende Beanspruchung möglichst vieler Sinnes- und Bewegungsorgane sinnvoll, – Lernen mit allen Sinnen bleibt gefragt. Auch hier läßt sich gehirnphysiologisch ein Nachweis führen: Der Grad der Erregung der Formatio reticularis (eines Teilgebietes des Hirnstammes) durch Tast-, Geruchs-, Gehör-, Geschmacks- und Sichtreize bestimmt ganz entscheidend die Aktivierungslage des Großhirns (*Möller* 1987, S. 113), das wir ja in seiner Bedeutung für Denken und Gedächtnis bereits angesprochen hatten. Bleiben die verschiedenen „Einströme" in die Formatio reticularis aus, kommt es zu verminderten Bereitschaften des Großhirns und zu Ermüdung. Aus der Deprivationsforschung ist bekannt, daß Verarmung und Entzug sinnlicher Reize, eine mangelhafte Beanspruchung der Sinnes- und Bewegungsorgane zur Herabsetzung der Aktivität, zu Antriebsmangel und Konzentrationsausfällen führen (*Möller* 1987, S. 113).

Nochmal zusammengefaßt: „Handlungsintensives Lernen begünstigt die ‚multidimensionale Kodierung‘ von Informationen, da es verschiedene Sinnesorgane beteiligt, mehrere Gehirnregionen mitschwingen läßt und ein breites Netz bedeutungshaltiger Assoziationen ermöglicht." (*Möller* 1987, S. 185)

2. Kognitionspsychologische Aspekte

2.1 Erkenntnisbiologie

Wie wir gesehen haben, legen die Ergebnisse der neurobiologischen Gehirnforschung Konsequenzen für unser Verständnis von Unterricht nahe. Das gilt auch für die Erkenntnisbiologie, also jener Richtung, die sich mit Herkunft und Aufbau der menschlichen Vernunft gattungsgeschichtlich beschäftigt und dabei die vermuteten angeborenen kognitiven Strukturen des Menschen entziffern will. (*Miller-Kipp* 1992, S. 66 ff.) Unsere phylogenetisch erworbenen Erkenntnisstrukturen sind für unsere Weltwahrnehmung in der Ontogenese höchst bedeutungsvoll, sie unterliegen der Ontogenese ebenso wie sie sie präformieren. Solche angeborenen kognitiven Strukturen, die durch die gesamte Kulturgeschichte bis in die Ontogenese reichen und hier sich zugleich (z. B. in den von *Piaget* erarbeiten Phasen) verändern, sind: Unser analoges Denken (als analoges Verrechnen von Erfahrung), disjunktives Denken (als das Ordnen der Wahrnehmung nach Gegensatzpaaren), induktives Schließen (als die Erweiterung einer Erfahrung zu einer allgemeinen Erwartung), kausales Schließen (als Ursachenvermutung durch die kausale Verknüpfung einer temporalen Folge), finales Denken und Schließen (als Zweckvermutung durch die zweckhafte Ordnung ähnlicher Erfahrung und Wahrnehmung) und das generelle Streben des Denkens nach Ordnung und Einfachheit durch Reduktion von Komplexität).

Unsere Erkenntnisstrukturen bilden sich also in einem kognitiven Austauschprozeß zwischen Subjekt und Welt, und zwar in einem aktiven Austauschprozeß. „Das kognitive ‚Vermächtnis' der biologischen Evolution im Subjekt: ... die grundlegenden Denkmodelle oder die Urschichten des Wirklichkeitsbewußtseins ... befähigen also das Subjekt vom Beginn seiner kognitiven Entwicklung an zu einer selbsttätigen und ... *eigenständigen* Auseinandersetzung mit der Umwelt und damit zur geistigen Konstruktion von Welt" (*Miller-Kipp* 1992, S. 78). Das hat Konsequenzen für unser Grundverständnis von Bildung: Bildung ist ein eigenständiger, aktiver geistiger Aneignungsprozeß. Bildung wäre demnach „geistige Interaktion" (*Miller-Kipp* 1992, S. 133) zwischen Ich und Welt, die vom Erkenntnisvermögen des Menschen selbsttätig angestrebt und angesteuert wird. Bildung setzt damit gleichsam in der Ontogenese den gattungsgeschichtlichen Aufbau von Geist fort.

Durchdenkt man unter diesem Aspekt schulische Didaktik, so bieten sich vor allem Unterrichtskonzepte an, die diesen grundlegenden Bildungsbegriff methodisch einlösen, indem sie verstärkt Möglichkeiten zu selbsttätigen, eigenständigen und aktiven Interaktion mit der Welt berücksichtigen. Genau diesen Aspekt – gegenüber einer bloßen Instruktionsdidaktik – nehmen Arbeiten auf, die sich von der Erkenntnistheorie des Konstruktivismus her mit der Frage der Wissenskonstruktion beim Lernen und entsprechenden Fördermöglichkeiten durch Unterricht beschäftigen.

Im folgenden geht es daher um Wissenserwerb und Wissensstrukturierung im Unterricht, vor allem unter der Perspektive handlungsorientierter Unterrichtsformen.

2.2 Konstruktivismus und Lernen

Wir hatten schon oben angedeutet, daß der Konstruktivismus (*v. Glasersfeld* 1992, *v. Foerster* 1992) grundsätzlich davon ausgeht, daß wir in unseren Wahrnehmungs- und Erkenntnisprozessen die Welt nicht abbilden, sondern „konstruieren". Das hätte weitreichende Konsequenzen für die gesamte Didaktik (*Kösel* 1993, *Landesinstitut* ... 1995, *Miller* 1996). Ohne auf die gesamte Konstruktivismusdebatte einzugehen, halten wir hier nur fest: Jeder Lernende übernimmt nicht von außen (u. U. vom Lehrer) Vorgekautes, sondern schafft sich ein eigenes System von Bedeutungen in seinem Gehirn.

Während in der Variante des „Radikalen Konstruktivismus" als Erkenntnistheorie das Existieren einer objektiven Welt überhaupt energisch bestritten wird (vgl. *Gerstenmaier/Mandl* 1995), wird im „Neuen Konstruktivismus" in der

Soziologie, Kognitionswissenschaft und Psychologie eher betont, daß Denken und Wissen „situiert" sind, d. h. Denken, Wissen und Lernen werden eher als eine Art aufgefaßt, in der ein Handelnder in eine Situation (physikalischer und sozialer Kontext) eingebettet ist, was seine Lernprozesse entscheidend bestimmt. Konkret bedeutet dies – wie z. B. in der Mathematikdidaktik verdeutlicht wurde (*Lave* 1993), – daß schulisches Lernen immer im Zusammenhang mit alltäglichen Erfahrungen gesehen werden muß, – sonst „nützt" Lernen nichts. Kognition – die Entstehung von Bedeutungen und Bewußtsein – ist damit eingebettet in Anwendungsperspektiven, in Handeln, in einen relevanten Kontext. Zwar konstruiert der Lerner sein Wissen selbst in Abhängigkeit von seinem Vorwissen, von den gegenwärtigen mentalen Strukturen und bestehenden Überzeugungen, es entstammt also nicht irgendeiner externen Quelle, aber Bedeutungen werden sozial ausgehandelt, in kooperativen Prozessen mit der relevanten Umwelt.

Wenn also dem Lerner dieser Bezug zum relevanten Kontext fehlt, dann ist Information für ihn wenig bedeutsam. Es kommt zum sogenannten „trägen Wissen": „Wissen, das nicht zur Anwendung kommt, das in bestehendes Vorwissen nicht integriert wird und zu wenig vernetzt und damit zusammenhanglos ist" (*Gerstenmaier/Mandl* 1995, S. 867). Es ist zu vermuten, daß diese fehlende Anwendungsqualität des „trägen Wissens" mit der Art des Wissenserwerbs zusammenhängt (ebd., S. 875). Aktive Auseinandersetzung mit Problemen erhöht dagegen die Anwendungsqualität von Wissen.

Insgesamt wird Lernen in dieser Variante des Konstruktivismus als „aktiver Prozeß" aufgefaßt, in dem Bedeutungen erfahrungsbasiert sind, mit der Konsequenz, daß Lernen einen „rich context" braucht, also ein Höchstmaß an Situiertheit (s. o.), und zwar gerade auch außerhalb des Klassenzimmers (*Gerstenmaier/Mandl* 1995, S. 881). Klar, – das heißt auch: dem Lerner zuzumuten, sich mit „multiplen Perspektiven" auseinanderzusetzen, Inhalte also unter variierenden Aspekten und von verschiedenen Standpunkten aus zu sehen und zu bearbeiten, um schließlich die flexible Anwendung des Wissens zu erreichen. Gerade der Projektunterricht mutet dies den SchülerInnen zu: die Auseinandersetzung mit der „wirklichen Wirklichkeit", ohne daß diese in der didaktischen Planung vorschnell auf ihren „Bildungsgehalt" gestutzt und entsprechend vorselektiert wird, – sicher ein riskantes Unternehmen.

Das ist für alle diejenigen, die sich erst einmal um didaktische Reduzierung von Themen für den Verständnishorizont von SchülerInnen und um eine didaktisch fruchtbare Analyse eines Themas bemühen, sicherlich ungewohnt. Aber: „Neue Inhalte dürfen nicht als fertiges System bzw. als Welt abgeschlossener Erkenntnisse präsentiert werden. Der Lernende muß vielmehr die reale Möglichkeit haben, eigene Wissenskonstruktionen und Interpretationen vorzunehmen sowie eigene Erfahrungen zu machen." (*Gerstenmaier/Mandl* 1995, S. 879) Das ist der tiefere Sinn von der Rede im Projektunterricht, daß eine „problemhaltige Sachlage" den Ausgangspunkt bilden soll (*Hänsel* 1986/*Gudjons* 1994). Es ist von diesem Ansatz her konsequent, eine realistische, authentische Lernumgebung anzubieten, explorierendes und offenes Lernen gegenüber einer Instruktion über „geklärte Sachverhalte" vorzuziehen. Dabei ist allerdings zu sehen, daß auch die sogenannte Realität einschließlich ihrer Restriktionen immer Ergebnis menschlicher Interpretation von Erfahrungen ist.

Eine konstruktivistische Didaktik (also jene Richtung, die die Selbstkonstruktion allen Wissens durch den Lernenden selbst betont) nötigt uns heute also, unsere „Annahmen über den Prozeß und die Förderung des Wissenserwerbs zu überdenken. Um das Problem des trägen Wissens zu vermeiden, sollten sich Lernende nicht als passive Rezipienten von Wissen verstehen, sondern als aktive, selbstgesteuerte Lernende. Sie sollten zunehmend in der Lage sein, ihr Lernen selbst zu planen, zu organisieren, durchzuführen und zu bewerten. Lehrende sollten sich weniger als Vermittler, Präsentatoren von Wissen verstehen, sondern mehr als Mitgestalter von Lernumgebungen und Unterstützer von Lernprozessen." (*Gerstenmaier/Mandl* 1995, S. 883)

2.3 Konsequenzen konstruktivistischer Didaktik

Praktisch bedeutet damit dieser neue Forschungstrend der – zunächst abstrakt erscheinenden – erkenntnistheoretischen konstruktivistischen Diskussion folgendes (*Dubs* 1995, S. 890 f.): Konstruktivistischer Unterricht muß sich

1. an *komplexen, lebens- und berufsnahen, ganzheitlich zu betrachtenden Problembereichen* orientieren. Das bedeutet: „ Nicht vereinfachte (reduktionistische) Problemstellungen, sondern die Realität unstrukturierter Probleme sind dem Unterricht zugrunde zu legen, denn verstehen läßt sich etwas nur, wenn es im komplexen Gesamtzusammenhang erfaßt ist, dann Einzelheiten im Gesamtzusammenhang betrachtet und vertieft und schließlich wieder in den Gesamtzusammenhang gebracht werden (das Ganze ist mehr als seine Teile). Zu überwinden sind also das vorherrschende, additive Aneinanderreihen von einzelnen Lerngegenständen und das bloße Üben mit gut strukturierten Problemstellungen, weil dies nicht genügt, um verstandenes Wissen aufzubauen, mit dem in neuartigen lebenswirklichen Lernsituationen weitergearbeitet werden kann." (Ebd., S. 890) Besser als eine Lektion über Stadtgeographie wäre demnach das Erkunden einer Neubausiedlung.

2. Lernen ist daher als *aktiver Prozeß* zu verstehen, in welchem vorhandenes Wissen aus neuen eigenen Erfahrungen verändert und neu konstruiert wird.

Besser als die Vermittlung von Kenntnissen über Gentechnologie wäre daher z. B. die Analyse von Markenkennzeichnungen von Nahrungsmitteln im Hinblick auf genetisch manipulierte Substanzen.

3. Durch *kollektives Lernen* (z. B. in Gruppen) erst wird die individuelle Interpretation und Sinngebung überdacht und neu strukturiert. Besser als einsames Lernen zu Hause wäre also eine Debatte in der Lern- oder Arbeitsgruppe oder in der Klasse.

4. Dabei sind *Fehler* erlaubt, ja bedeutsam, weil ihre Besprechung und Korrektur verständnisfördernd wirkt und zur besseren Konstruktion des verstandenen Wissens beiträgt. Besser als die korrekte Lösung von Buchaufgaben wäre also das Experimentieren mit ungewissem Ausgang.

5. Für die Lerninhalte sind *Vorerfahrungen und Interessen* der Lernenden deshalb wichtig, weil diese eine Herausforderung für die Neustrukturierung des bisherigen Erfahrungsschatzes bedeuten. Besser als die Vermittlung gesicherter Ergebnisse der Sexualforschung wäre also zunächst das Aufgreifen von Erfahrungen der Schüler und Schülerinnen mit Liebe und Sexualität.

6. *Gefühle und persönliche Identifikation* sind bedeutsam und müssen einbezogen werden, weil sie den Untergrund für kognitive Prozesse bilden. Besser als abstrakte Kenntnisvermittlung in der Mathematik wäre also die Faszination von der Bedeutung mathematischer Operationen für die Lösung z. B. philosophischer Probleme.

7. Die *Evaluation* (Überprüfung, Auswertung) richtet sich nicht primär auf die Lern*produkte*, sondern auch auf die Fortschritte im Lernprozeß, weil statt bloßer Wissens*reproduktion* vor allem die Wissens*konstruktion* angestrebt wird. Selbstevaluation fördert die Beurteilung der individuellen Lernfortschritte und die Verbesserung der eigenen Lernstrategien. Besser als abschließende Noten für eine Klassenarbeit wären also Arbeitsprozeßberichte der Schüler/innen bei einem Projekt und individuelle feedbacks der Lehrkraft zu dem, wie und was in einer Gruppe gearbeitet wurde.

Wenn es stimmt, was führende konstruktivistisch-systemthoretisch orientierte Wissenschaftler herausgefunden haben (*Maturana/Varela* 1987), ist jeder lebendige Organismus ein autopoietisches System, d. h. ein Sytem, das sich selbst organisiert. Dann aber können nur „Perturbationen" im Sinne von lernfördernden Verunsicherungen und Weiterführungen arrangiert werden, um Lernprozesse in Gang zu setzen. Im Grunde kann der Lernende also nur angeregt werden, selbstorganisatorisch Autonomie in seinen Lernprozessen zu verwirklichen.

Das ist das Ende aller „Beybringekunst" durch Unterricht. Der Projektunterricht – als *Unterricht* – muß dann allerdings helfen, angesichts der Komplexität und Pluralität solcher Lernerfahrungen ordnungsstiftende Kategorien zu entwickeln, Muster gleichsam, um diese Informationsflut und „Unordnung" der wirklichen Wirklichkeit zu bewältigen. Das wäre dann der tiefere Sinn, warum auch Projektarbeit auf die systematisierenden Perspektiven der Fächer angewiesen ist, auf die Einordnung und Systematisierung der im Projekt erworbenen Erfahrungen und Lernergebnisse in einen durchaus lehrgangsorientierten Unterricht (*Gudjons* 1994). Solche „Groß-Wissensstrukturen" betten Einzelwissen ein in Systemkenntnisse, vermitteln „vielschichtiges Wissen aus Einordnungen, Erklärungen, Vergleichen, Bewertungen usw. (z. B. in Geschichte: Konflikt zwischen Kaisertum und Papsttum im Mittelalter; in der Ökologie: System Wald, System Kohlendioxid-Sauerstoff-Kreislauf)" – *Einsiedler* 1996, S. 174).

Lernhilfen zur Strukturbildung müssen hinzutreten, sie sind kein Gegensatz zum Lernen an der wirklichen Wirklichkeit in Projekten. Das macht gerade den Sinn von „Schule" aus.

3. Handlungstheoretische Aspekte des Projektunterrichtes

Nach dem bisher aufgezeigten Zusammenhang von Lernen und Tun liegt es nahe, Lernvorgänge nicht zuletzt auch als Handlungen zu begreifen und ein allgemeines Handlungsmodell, wie es z. B. von *Aebli* (1980, 1981,1983) oder *Volpert* (1992) entwickelt wurde, zugrunde zu legen. Die Grundstruktur eines solchen Handlungsmodells ist relativ einfach:
1. Es gibt ein Problem/eine Dissonanz/einen Anlaß, mich zielgerichtet mit einer Sache auseinanderzusetzen und zu lernen;
2. eine Planung wird entwickelt, wie dabei vorzugehen ist;
3. diese Planung wird (auch mit Sackgassen und Rückkopplungen zum Ziel) durchgeführt;
4. das Ergebnis wird überprüft und der Handlungsverlauf reflektiert.
Wenn das Lernen der Schüler so verläuft, könnte dies im konsequentesten Fall das Ende des traditionellen Unterrichtes im Sinne einer „Lehr-"Veranstaltung sein. Bissig gesagt: Damit würde das Lehren als Lernbehinderung verschwinden ... (*Holzkamp* 1993)

Zielpunkt ist also die Selbststeuerung der Handelnden. Das ist m. E. von großer Bedeutung für ein pädagogisch gefülltes Verständnis des Handlungsbegriffes. Formal wäre eine Handlung z. B. auch das Abschreiben eines Tafeltextes. Wesentlich für einen inhaltlich-pädagogisch bestimmten Handlungsbegriff sind u. a. zwei Merkmale: 1. Der Handelnde bestimmt selbst (und/oder mit andern) über das Vorhaben, er ist an der Planung beteiligt, identifiziert sich mit dem Sinn des Ganzen. Das Thema wird zu unserem Thema. 2. Am Anfang jeder Handlung steht eine „Dissonanz", d.h. eine echte Fragestellung, ein Auseinanderklaffen von aktueller und gewünschter Kompetenz, eine vom Aktor selbst wahrgenommene Diskrepanz zwischen einem nicht befriedigten Bedarf und der Vorstellung eines erreichbaren Zustandes, in dem diese Diskrepanz beseitigt ist, – kurz: ein zu lösendes Problem (*Volpert* 1992, S. 14). Erst der Wunsch nach Behebung dieser „Dissonanz" setzt kognitive Prozesse in Gang (*Aebli* 1980, S. 20f.) und ist Voraussetzung für die Übernahme von Verantwortung.

Im Projektunterricht sind es oft nicht die traditionellen Lernziele, sondern Handlungsprodukte, von denen her sich der Unterricht strukturiert. Der Unterricht wird nicht im Kopf des Lehrers allein – vorwegnehmend und undurchschaubar für die Schüler und Schülerinnen – strukturiert, sondern vom gemeinsam gewünschten Ergebnis her organisiert. Damit ändert sich auch die Rolle des Lehrers vom Instrukteur zum Lernberater (*Bastian* 1993).

Eigentätigkeit ist gut, aber Handeln ist mehr. Schüler und Schülerinnen sollen nicht beschäftigt werden, sondern Handlungskompetenzen aufbauen. Eine Handlung ist Tätigkeit mit besonderer Qualität, sie hat eine bestimmte Struktur.

Wir hatten oben schon gesehen, daß eine Handlung ihren Ausgang nimmt von einer selbst wahrgenommenen „Dissonanz". Es gilt, ein Problem zu bearbeiten oder zu lösen. Die Handlung hat also ein (selbst oder gemeinsam mit andern) gesetztes Ziel, sie ist eine bewußte und gewollte Tätigkeit. Sie ist eine entdeckende Auseinandersetzung mit der den Menschen umgebenden Welt (in weitestem Sinn), wobei diese wiederum auf die Person zurückwirkt. Damit sind Handlungen nicht nur kognitiv bestimmt, sie entspringen auch aus emotional eingefärbten Motiven und sind von Gefühlen begleitet.

Dem Handlungsziel folgt ein Plan, wie man dieses verwirklichen könnte. Eine Handlung strebt also nach Ordnung und Struktur. (*Aebli* 1980, S. 16) Teilhandlungen sind hierarchisch (auch mit Rückkopplungsschleifen) aufgebaut, von ständiger Prozeßwahrnehmung und denkender Steuerung begleitet. Handlungen vollziehen sich nach gelernten Handlungsschemata und deren Neu-Kombination. Während „reines Denken" als Probehandeln verstanden werden kann, erweist sich die Handlungskompetenz erst im Handlungsvollzug. Zum Erwerb von Handlungskompetenz gehört vor allem die Fähigkeit des Menschen, seine Handlungen zu reflektieren, – zu lernen. Ein mit Wissen vollgestopfter Kopf nützt den Schülern und Schülerinnen nichts, wenn sie sie nicht das Handeln lernen. Und Handeln lernt man nur durch Handeln und seine Reflexion, – so wie man Autofahren eben nicht allein aus dem Lehrbuch lernt, sondern durch (die vom Fahrlehrer angeleitete) praktische Erfahrung und Übung.

„Inneres Handeln" (Denkoperationen) und „äußeres Handeln" (materielle Operationen), Aktion und Kognition, sind dabei eng aufeinander bezogen (*Gudjons* 1994). Genetisch betrachtet besitzen sie dieselbe Struktur, weil Denken aus dem Handeln hervorgeht und auf dieses steuernd zurückwirkt (*Aebli* 1980, S. 26). Man könnte sagen, daß Begriffe – zentrale Mittel unseres Denkens – Abkömmlinge und Werkzeuge des Handelns zugleich sind. Selbst die abstrakt codierte Formel $a^2 + b^2 = c^2$ ist nichts anderes als eine in Symbolen ausgedrückte Handlungskette: Wir bilden das Quadrat über a, fügen das Quadrat über b hinzu etc.

Da weiterhin unser Wissen netzwerkartig gespeichert ist (s. o.) und unsere Begriffe sich in Clustern oder Begriffshierarchien aufbauen, die durch handlungsorientiertes Lernen besser gefördert werden als durch isolierte Informationsaufnahme, liegt es nahe, durch Handlungsprozesse eher „kognitive Landkarten" aufzubauen als enzyklopädisches Wissen zu vermitteln. Das Abrufen und Fruchtbarmachen von „sinnvoll" geordneten Wissensbeständen aber ist wiederum eine zentrale Bedingung dafür, handeln zu können. Denn im Handeln ziehen wir sozusagen die Fäden unseres assoziativen Wissens zusammen, zu einem Knoten gleichsam, der zielgerichtet eingeordnetes Wissen anwendet und für die Bewältigung der Handlung fruchtbar macht.

Ein solches „finales Handlungswissen" (also durch Handeln erworbenes und zu Handlungen befähigendes Wissen – *Reetz* 1994) ist zur Bewältigung von Handlungssituationen im Leben unverzichtbar. Dies gilt vor allem für die eingangs genannten „unbekannten Problemlagen": „Werden die Situationen schwierig, kommt es zur Bewährungsprobe des Handlungswissens. Es muß unter Umständen neu organisiert werden. Wir sprechen von Problemlösung und greifen auf das Wissen mit Sachstruktur zurück, was umso eher gelingt, je mehr wir daran gewöhnt sind, Sachwissen in zielgerichtetes Handlungswissen zu transformieren." (*Reetz* 1994, S. 35) Einfacher gesagt: Sachwissen ist gut und nötig, aber für eine Handlungskompetenz ist es wichtig, daß unser Sachwissen schon im Hinblick auf das Handeln organisiert ist. Und das geschieht am besten, wenn es handelnd erworben wurde.

So schließt sich der Kreis: Schulisches Lernen, das in konkreten Handlungszusammenhängen erworben wurde und gleichzeitig für Handeln befähigt, ein Wissen, das nicht „träge" ist, sondern auf außerschulische Kontexte bezogen ist, also den Zusammenhang von Denken, Handeln, Lernen und Wissen wahrt, – das könnte eine Perspektive für verstärkten Projektunterricht sein …

Literatur

Aebli, H.: Denken: Das Ordnen des Tuns. Bd. 1: Kognitive Aspekte der Handlungstheorie. Bd. 2: Denkprozesse. Stuttgart 1980, 1981

Aebli, H.: Zwölf Grundformen des Lehrens. Stuttgart 1983

Bastian, J.: Beruf: Lehrer. In: Lehrer – Schüler – Unterricht. Handbuch des Raabe-Verlages. Berlin 1993

Bastian, J./Gudjons, H. (Hg.): Das Projektbuch. Hamburg 1991, 3. Aufl.

Dies. (Hg.): Das Projektbuch II. Hamburg 1993, 2. Aufl.

Bower, G.H./Hilgard, E.R.: Theorien des Lernens. Bd. 1: Stuttgart 1983, Bd. 2: Stuttgart 1984

Csikszentmihalyi, M./Rochberg-Halton, E.: Vom Sinn der Dinge. Weinheim 1989

Dubs, R.: Konstruktivismus: Einige Überlegungen aus der Sicht der Unterrichtsgestaltung. In: Z.f.Päd. H.6/1995, S. 889–903

Dumke, D.: Die hierarchische Strukturierung von Unterrichtsinhalten als Lernhilfe in der Grundschule. In: Psychologie in Erziehung und Unterricht 31 (1993), S. 43–49

Eccles, J.C.: Gehirn und Seele. München 1987

Edelmann, W.: Lernpsychologie. Weinheim 1996, 5. Aufl.

Einsiedler, W.: Wissensstrukturen im Unterricht. Neuere Forschung zur Wissensrepräsentation und ihre Anwendung im Unterricht. In: Z.f.Päd. H.2/1996, S. 167–191

Engelkamp, J.: Das menschliche Gehirn. Göttingen 1990

Foerster, H. v.: Entdecken oder Erfinden? Wie läßt sich Verstehen verstehen? In: Gummin, H./Meier, H. (Hg.): Einführung in den Konstruktivismus, S. 41–88. München 1992

Friedrich, G.: Die Praktikabilität der Neurodidaktik. Frankfurt/M. 1995

Gerstenmaier, J./Mandl, H.: Wissenserwerb aus konstruktivistischer Perspektive. In: Z.f.Päd. H. 6/1995, S. 867–888

Glasersfeld, E. v.: Konstruktion der Wirklichkeit und des Begriffs der Objektivität. In: Gummin, H./Meier, H. (Hg.): Einführung in den Konstruktivismus, S. 9–39. München 1992

Gudjons, H.: Handlungsorientiert lehren und lernen. Bad Heilbrunn 1994, 4.Aufl.

Gudjons, H.: Didaktik zum Anfassen. Bad Heilbrunn 1997

Hänsel, D. (Hg.): Das Projektbuch Grundschule. Weinheim 1986

Hansmann, O./Marotzki, W. (Hg.): Diskurs Bildungstheorie. Bd. 1 und 2. Weinheim 1988 und 1989

Hörmann, H.: Über einige Aspekte des Begriffes „Verstehen". In: Montada, L./Reusser, K./Steiner, G. (Hg.): Kognition und Handeln, S. 13–22. Stuttgart 1983

Holzkamp, K.: Lernen. Subjektwissenschaftliche Grundlegung. Frankfurt/M. 1993

Huber, L.: Nur allgemeine Studierfähigkeit oder doch allgemeine Bildung? Zur Wiederaufnahme der Diskussion über „Hochschulreife" und die Ziele der Oberstufe. In: Die Deutsche Schule H. 1/1994, S. 12–26

Jank, W./Meyer, H.: Didaktische Modelle. Frankfurt/M. 1991

Kashnitz, Handlungsorientierter Unterricht – Lernen oder action? In: Bundesfachgruppe für ökonomische Bildung (Hg.): Handlungsorientierung und ökonomische Bildung. Bergisch Gladbach 1993

Klafki, W.: Neue Studien zur Bildungstheorie und Didaktik. Weinheim 1991

Kösel, E.: Die Modellierung von Lernwelten. Elztal-Dallau 1993

Krapp, A.: Interesse, Lernen und Leistung. In: Z.f.Päd. H.5/1992, S. 747–770

Landesinstitut für Schule und Weiterbildung (Hg.): Lehren und Lernen als konstruktive Tätigkeit. Beiträge zu einer konstruktivistischen Theorie des Unterrichts. Soest 1995

Lave, J.: Word problems: A microcosm of theories of learning. In: Light, P./Butterworth, G. (Hg.): Context and cognition – ways of learning and knowing, S. 74–114. Hillsdale 1993

Lenk, H. (Hg.): Handlungstheorien – interdisziplinär. Bd. I-IV. München 1977–1984

Maturana, H./ Varela, F.: Der Baum der Erkenntnis. München 1987

Miller, R.: Der Konstruktivismus – und das Lehren und Lernen in der Schule. In: Lehrer – Schüler – Unterricht. Handbuch des Raabe Verlages. Berlin 1996

Miller-Kipp, G.: Wie ist Bildung möglich? Die Biologie des Geistes unter pädagogischem Aspekt. Weinheim 1992

Möller, K.: Lernen durch Tun. Frankfurt/M. 1987

Otto, B.: Ist Bildung Schicksal? Gehirnforschung und Pädagogik. Weinheim 1995

Popper, K.R./Eccles, J.C.: Das Ich und sein Gehirn. München 1982

Reetz, L.: Zum Konzept des handlungsorientierten Lernens in der beruflichen Bildung. In: Schaube, W. (Hg.): Handlungsorientierung für Praktiker, S. 33–36. Darmstadt 1995

Roth, G.: Neuronale Grundlagen des Lernens und des Gedächtnisses. In: Schmidt, S.J. (Hg.): Gedächtnis. Frankfurt/M. 1991

Roth, G.: Das Gehirn und seine Wirklichkeit – Kognitive Neurobiologie und ihre philosophischen Konsequenzen. Frankfurt/M. 1994

Roth, H.: Pädagogische Psychologie des Lehrens und Lernens. Hannover 1963

Schiefele, U.: Interesse und Textrepräsentation – Zur Auswirkung des thematischen Interesses auf unterschiedliche Komponenten der Textrepräsentation unter Berücksichtigung kognitiver und motivationaler Kontrollvariablen. In: Zeitschrift für Pädagogische Psychologie 1991, S. 245–259

Schnack, J. (Hg.): Gymnasiale Oberstufe gestalten. Hamburg 1996

Vester, F.: Denken, Lernen, Vergessen. München 1987, 14. Aufl.

Volpert, W.: Wie wir handeln – was wir können. Heidelberg 1992

Weidenmann, B./Krapp, A. u.a. (Hg.): Pädagogische Psychologie. Weinheim 1993, 2. Aufl.

Wulffen, D. v.: Der „Zweite Blick". Handlungsorientierte Zugänge zur Antike und zum Lateinunterricht. In: PÄDAGOGIK H.1/1997, S. 16–18

Heinz Günter Holtappels
Sozialisationstheoretische Begründungskontexte für Projektlernen

Unter den gegenwärtigen Sozialisationsbedingungen von Kindern und Jugendlichen könnte projektorientiertes Lernen zunehmende Bedeutung erlangen.
Diese Leitthese wird im Rahmen des vorliegenden Beitrags geprüft. Im ersten
Teil werden wesentliche Aspekte gewandelter Sozialisationsbedingungen refe-
riert. Der zweite Teil stellt den Versuch dar, aus den Sozialisationsbedingungen didaktische bzw. erzieherische Orientierungen abzuleiten und ein zeit-
gemäßes Bildungsverständnis der Schule mit auf Entwicklungsaufgaben bei
Kindern und Jugendlichen gerichtete Lernkonzepte zu skizzieren. Im dritten Teil
werden Elemente von Projektlernen herausgearbeitet, die Aufgaben für soziales Lernen in der Schule verdeutlichen.

1. Gewandelte Sozialisationsbedingungen

Die Lebensbedingungen des Aufwachsens von Kindern und Jugendlichen haben
sich in den letzten Jahrzehnten offenbar tiefgreifend verändert (vgl. *Rolff/Zim-
mermann* 1992; *Holtappels* 1994, S. 33 ff.). Einige wesentliche – für Sozialisationsaufgaben bedeutsame – Aspekte sind im folgenden beschrieben.

Wandel der Familienkonstellationen
Kinder und Jugendliche erfahren heute mit hoher Wahrscheinlichkeit im Verlauf der Kinder- und Jugendzeit einen Wechsel in den Familienkonstellationen
(vgl. *Rolff/Zimmermann* 1992): Aus Kindern von Elternpaaren werden Kinder
von Alleinerziehenden, womöglich werden sie Stiefkinder oder wachsen mit
nicht-verheirateten Bezugspersonen auf. An Kinder und Jugendliche wird also
heute häufiger die Anforderung gestellt, sich in ihrer intimsten Umwelt auf
wechselnde Bezugspersonen, Beziehungs- und Wohnkonstellationen in emotionaler und psycho-sozialer Hinsicht einstellen zu müssen.

Für die nicht unbeträchtliche Zahl der Kinder, die heute als Einzelkinder oder aber in Ein-Eltern-Familien aufwachsen, ist zumindest festzustellen, daß damit für diese Kinder ein Teil der ansonsten gegebenen sozialen Gratiskontakte zu Elternteilen bzw. zu Geschwistern und deren Freundeskreis entfällt. Hinzu kommt, daß heutzutage in immer weniger Familien die Großeltern mit unter demselben Dach leben. Durch den Wegfall relevanter gleichaltriger Interaktionspartner bei Einzelkindern fehlen Möglichkeiten der Entwicklung von Rollenverhalten und sozialen und interaktiven Kompetenzen bei gleichzeitiger Überversorgung durch erwachsene Bezugspersonen. Kinder von Alleinerziehenden sind entweder durch sozio-ökonomische Restriktionen materiell betroffen oder von außerhäuslicher Unterbringung in ganztägige Betreuung (vgl. *Napp-Peters* 1985). Zudem sind sie – ähnlich wie Kinder beiderseits Erwerbstätiger – in ihrer Entwicklung von einer Verminderung der Zuwendungskontakte zur erwachsenen Bezugsperson und beträchtlichen Anpassung an die Zeitrhythmen der Eltern betroffen. Die zu beobachtenden Entwicklungen in den Familien bleiben nicht ohne Einfluß auf das Erleben von Familienbeziehungen, auf das Ausmaß an familiären Kontakten und die Freizeitaktivitäten der Kinder.

Verlust von Erfahrungsräumen in der Wohnumwelt

Erheblichen Einfluß auf die Entwicklungsmöglichkeiten nehmen auch die Veränderungen in der räumlichen Umwelt. So ist vor allem der städtische Raum für Kinder zunehmend unattraktiver geworden. Freiräume, die Kindern Streifräume, Spiel- und Erfahrungsmöglichkeiten bieten, sind in der verbauten städtischen Umwelt kaum sichtbar oder auf enge Nischen zusammengeschmolzen. Der weiterhin anwachsende Straßenverkehr hat gewaltige Flächen okkupiert und der Straße fast überall die Funktion eines Spiel- und Aufenthaltsraums entrissen (vgl. *Harms u. a.* 1985; *Rauschenbach/Wehland* 1989). Zugleich hat durch den Rückgang der Kinderzahl die Kinderdichte abgenommen. Die Straßensozialisation mit allen Freiheiten für Eigentätigkeit und soziale Kontakte geht so in ihrer Bedeutung zurück.

Die alten Sozialisationsräume – Straßen-, Weg- und Hofflächen, Hauseingänge, Wiesen, Haine und andere Freiflächen – sind in städtischen Umfeldern weitgehend durch spezielle Reservate und Inseln abgelöst worden, in die Kinder verwiesen werden: Kinderspielplätze und Bolzplätze, Schulhöfe und Stadtparks. Auch wenn diese Einrichtungen mittlerweile zum Teil hohe Qualität erreicht haben, werden sie von Kindern nicht durchgängig angenommen; sie eignen sich eher Plätze auf der Straße, um das Haus herum, in Hauseingängen und Höfen, auf Freiflächen oder in Innenstadtbereichen an (vgl. *Herlyn/Schäfers*

1981; *Zeiher* 1983; *Lang* 1985), wo sie jedoch oft normierte und öffentlich kontrollierte Räume vorfinden, in denen sie häufig und rasch in Konflikt mit gesellschaftlichen Normen und Regeln kommen. Dies setzt sich fort in den privaten Räumen, wo Kindern geringe Außenflächen und in Wohnungen kleinste Zimmer zugestanden und Spiel- und Bewegungsmöglichkeiten stark beschnitten werden (vgl. *Rauschenbach/Wehland* 1989).

Sämtlichen Siedlungsformen ist die Auflösung der natürlichen Lebenszusammenhänge in voneinander getrennte Teilbereiche des Wohnens, der Ausbildung und des Arbeitens, des Einkaufens, von Spielen und Freizeit, von vorschulischer und schulischer Erziehung gemeinsam. Trabantenstädte und Einfamilienhaussiedlungen an Stadträndern zeigen dieses Auseinanderfallen der Lebenswelt jedoch am eindringlichsten. Wie *Rolff* und *Zimmermann* (1985, S. 66 ff.) feststellen, sind hier für Kinder zwar vielfach die zum Spielen nötigen Freiräume vorhanden, jedoch bieten diese Wohnquartiere meistens wenig Anregungspotentiale und sind keine von den eigentlichen lebensweltlichen Zusammenhängen geprägten Lernorte vorfindbar. Vielfältige Lern- und Erfahrungsmöglichkeiten sind für Kinder und Jugendliche rar. Ob öde Mehrfamilienhaus-Strukturen oder saubere und mit Ziergärten und Hecken versehene dekorative Einzelhaus-Siedlungen – Monotonie und Gleichförmigkeit bestimmen hier die materielle Kultur der Kindheit (vgl. auch *Bruhns* 1985, S. 154 ff.). Lernen durch Anschauung ist hier insbesondere auch durch das Fehlen von Handel, Handwerk, Gewerbebetrieben und sozialen Begegnungsräumen begrenzt. Kinder und Jugendliche, die nicht mobil sein können oder dürfen, sind weitgehend auf diese wenig stimulierende oder gar verarmte Umwelt beschränkt (vgl. *Harms u. a.* 1985, S. 396).

Rösner/Tillmann (1982) verdeutlichen für Hochhaus-Trabantensiedlungen: „Die Entflechtung und soziale Normierung der Räume ... verhindert demnach Umgestaltung, aktive Aneignung und Kreativität. Gleichzeitig verlangt sie von den Bewohnern ein hohes Maß an Anpassung ..." ebenda, S. 193). Die Autoren zeigen auch Anhaltspunkte für mögliche Auswirkungen auf das Sozialverhalten der Kinder in der Schule auf, das in hohem Maße von Widerstand, Untertauchen und Aggressivität geprägt sei (ebenda, S. 199 ff.).

Tendenzen gesellschaftlicher Individualisierung

Die zunehmenden gesellschaftlichen Individualisierungs- und Pluralisierungstendenzen in den Lebensstilen und Freizeitformen haben zur Folge, daß neben der im sozialen Zusammenleben spürbaren gesellschaftlichen Trennung zentraler Funktionsbereiche (Arbeiten, Wohnen, Freizeit) auch im Bildungs-, Kultur- und Freizeitbereich gemeinsam geteilte soziale Erfahrungen schwinden.

135

In dem Maße, wie sich hergebrachte Bindungen und normative Vorgaben auflösen, ist beispielsweise auch die Einbindung des einzelnen und der Familien in ein angestammtes soziales und räumliches Gefüge von Verwandtschaft, Bekannten, Freunden, Nachbarn und örtlichen Gemeinschaften nicht mehr selbstverständlich. Es zeichnet sich offensichtlich ab, daß Veränderungen im räumlichen und sozialen Umfeld zu „einer Verlagerung des sozialen Lebens der Kinder aus dem nachbarschaftlichen Zusammenhang in individuell geknüpfte private Netzwerke" (*Zeiher* 1989, S.77) geführt haben. Denn offensichtlich ist es für einen großen Teil der Schüler schwierig, in ihrem unmittelbaren Wohnumfeld umfangreiche Kontakte zu Gleichaltrigen aufzubauen. Aufgrund der „Auflösung nachbarschaftlicher Kinderöffentlichkeiten" (*Zeiher* 1989) werden zunehmend häufiger Sozialkontakte und Aktivitäten geplant, verabredet und häufig von den Eltern und anderen Erwachsenen initiiert. „Der Aufbau zu gleichaltrigen Nichtgeschwistern muß daher im Prinzip erarbeitet werden, er ist ein bewußter Vorgang, die Freundschaften werden – gerade weil jede/r früh selbständig sein darf/muß – wertvoller als zu anderen Zeiten, wo viele Kinder im Wohnumfeld eine Selbstverständlichkeit waren" (*Preuss-Lausitz* 1994, S. 135).

Das Aufwachsen geschieht überwiegend nicht mehr innerhalb eines relativ stabilen und vertrauten sozialen Kontextes. Den Chancen, sozialisationsbedingte Einengungen und Zwänge überwinden zu können, steht der Verlust von Orientierung und die Auflösung traditioneller Sicherheiten und Werte gegenüber. Diese Enttraditionalisierung und Entsicherung (vgl. *Heitmeyer* 1993) kann neben neuen – aber auch ungewissen – Chancen für innovative Lebensformen auch als Verlust von Zugehörigkeit und Teilnahmechancen, als Vereinzelung, Ausgrenzung und soziale Separierung erfahren werden.

Mit der schwindenden Bedeutung von Verwandtschafts- und Nachbarschaftskontakten und des Rückgangs an familiär verbrachter Zeiten geht einher, daß Kinder und Jugendliche heute bereits eine beträchtliche Zeit in spezifischen Betreuungseinrichtungen und spezialisierten Kinder- und Jugendorten verbringen oder von Eltern initiierte und organisierte Aktivitäten (Musikunterricht, Sport, Tanz, Kinderspielgruppen etc.) wahrnehmen, wobei allzu oft der schnellebige „Konsum" sachorientierter Aktivitäten im Vordergrund steht, soziales Lernen und stabile Gruppenbeziehungen ins Hintertreffen geraten. Der Lebensraum von Kindern und Jugendlichen besteht zunehmend aus „Inseln" zu Lasten sozial-integrativer Zusammenhänge in Form sozialer Gemeinschaft und integrativer Lernformen. Die unverbundene und diversifizierte Organisation von Schule und anderen pädagogischen Einrichtungen und kommerziellen Angeboten scheint also die gesellschaftlichen Tendenzen der Individualisierung und Verinselung der Kindheit noch zu verstärken.

Neben den veränderten räumlichen Bedingungen sind Kinder heute auch einem gewandelten Zeiterleben unterworfen: Zum einen werden sie von den standardisierten Zeitrhythmen der Erwachsenen bestimmt, wobei das kindliche Zeiterleben eingebettet ist in die Zeitrhythmen der Berufstätigkeit und der privaten Lebensführung der Eltern sowie der Schule und betreuender Einrichtungen. Hinzu kommt, daß Eltern zunehmend Lern-, Sport- und Freizeitaktivitäten für ihre Kinder organisieren, welche auch den Bereich der frei disponierbaren Zeit einschränkt. Zum anderen spielt dabei auch der Grad der heutigen räumlichen Mobilität eine Rolle, wodurch die Aneignung und Erfahrung der Welt durch Kinder zu einem keineswegs niedrigen Anteil mit raschen Ortswechseln verbunden ist und aus Beförderungsmitteln heraus geschieht: aus dem Schulbus oder dem elterlichen Auto, über Einkaufs- oder Urlaubsfahrten. Das kindliche Erleben von Welt erfolgt eher aus der Ferne, aus einer Art „Panorama-Perspektive", was die rasche Verarbeitung einer komplexen Informationsfülle bedingt (vgl. *Rolff/Zimmermann* 1985).

Gleichzeitig zeigt sich bei Kindern und Jugendlichen in Freizeitorientierungen und Lebensstilen eine zunehmende Tendenz zu subkulturellen Milieus, selbstgewählten Freundschaftsgruppen und Vereinen, eine Abwendung von Freizeit in familiären Zusammenhängen und ein Bedeutungsverlust von Nachbarschaft im Wohnumfeld (vgl. u. a. *Allerbeck/Hoag* 1985; *Zinnecker* 1987; *Burkard u. a.* 1992).

Mediatisierung von Erfahrung und Informatisierung des Lebensalltags

Mit dem Rückgang an Aufenthalts- und Erfahrungsräumen sowie an Kinderkontakten in der Nachbarschaft geht eine Entwicklung einher, die als wachsende Mediatisierung von Erfahrung bezeichnet wird. Denn in dem Maße, wie Kinder und Jugendliche zu Hause eine Vereinzelung erleben, sind sie verstärkt mit dem Angebot elektronischer Medien wie Fernsehen/Kabelfernsehen, Video und Computer konfrontiert. Mit intensivem Medienkonsum geht Zeit für Eigentätigkeit, Erleben authentischer Wirklichkeit und praktisches Erfahrungslernen verloren (vgl. auch *Klemm u. a.* 1985, S. 116 ff.). Wichtiger als die Bindung von Zeit ist vielleicht eine Veränderung der Art und Weise der Aneignung der Welt durch Fernsehen. Film und Fernsehen suggerieren die echte und unmittelbare Wiedergabe von Wirklichkeit, Bildkultur tritt an die Stelle von Schriftkultur. Tatsächlich erfahren Kinder dadurch in zunehmend höherem Maße Wirklichkeit aus zweiter Hand. Medien produzieren eine eigene Wirklichkeit, die oft kaum aus einer aktiv erfaßten und eigenen Realität gewonnen werden kann. Die mediale Wirklichkeit liefert jedoch Wahrnehmungsraster und Interprationsmuster für Erfahrungen und Erleben der eigenen realen Welt.

Insbesondere das Fernsehen gibt Kindern oftmals Anregungen, wie sie in ihrem Leben Ordnung schaffen können. Daß diese Orientierungen vorproduziert, leicht konsumierbar, aus zweiter Hand sind und leicht vermarktbar sein müssen, liegt im Charakter der Massenkultur. Einige Untersuchungen haben des weiteren gezeigt, daß Fernsehen Erwartungssteigerungen bei den Kindern erzeugt, z. B. bezüglich des künftigen Berufs oder des Lebensstils. Die Medienpräsenz im Kinderalltag muß allerdings ambivalent beurteilt werden: Medien können Kinder zur Passivität verleiten und negative Einflüsse auf ihre Entwicklung bewirken, aber auch anregend sein, Informationsfülle liefern, Weltsicht erweitern. Es stellt sich die Frage, ob das selbstverständliche Aufwachsen mit Medien und Informationssystemen heutige Kinder und Jugendliche zu kompetenten und kritischen Nutzern macht oder ob erst über Bildungsprozesse ein reflexiver Umgang mit medialer Informationsüberflutung erreicht wird.

2. Sozialisationsbedingte Orientierungen für schulische Lernprozesse

Wenn die Schule den Sozialisationsbedingungen und Qualifikationsanforderungen Rechnung tragen will, dann wird dies mit einem traditionellen Verständnis von Schule und Unterricht, also in der vorherrschenden Unterrichtsorganisation, mit ihren starren Zeitrhythmen des Stundenplans, der strikten fächerspezifischen Zuordnung von Lerninhalten und der überwiegend vorfindbaren didaktisch-methodischen Monokultur lehrerzentrierter Instruktion, offensichtlich nicht zu bewältigen sein.

Welche Konsequenzen lassen sich hinsichtlich didaktischer und erzieherischer Orientierungen für schulisches Lernen ziehen? Im folgenden sollen aus den oben skizzierten Sozialisationsbedingungen thesenartig Orientierungen für schulische Prozesse von Lernen und Erfahrung abgeleitet werden (vgl. auch *Klemm u. a.* 1985; *Gudjons* 1990):

1. *Durchschaubarkeit und Reflexivität* könnte eine erste Orientierung für schulisches Lernen ausmachen. Wenn einerseits wachsende Lebensrisiken und instabile Lebensbedingungen Einfluß auf psycho-soziale Befindlichkeiten und Zukunftsorientierungen nehmen, andererseits aufgrund komplexer werdender gesellschaftlicher und technologischer Prozesse in nahezu allen Lebensbereichen wenig durchschaubares Expertenwissen das Alltagswissen verdrängt und Desorientierung und Verunsicherung bewirken, dann sind in schulischen Lernprozessen heute umso mehr Aufklärung, Orientierung und Reflexion zu leisten.

Denn Lebensrisiken und Black-Box-Systeme sind erst im umfassenden Wissen um sie erfaßbar und einschätzbar, weil sie meist dem Alltagsverstand nicht direkt zugänglich sind, sondern erst über Wissenssysteme (vgl. dazu *Rolff* 1988). Das Zukunftswissen stammt vermutlich immer mehr aus Planungsstäben, der Wissenschaft, der Forschung, der Politik oder aus fremden Kulturen, nicht aber aus der direkten Lebenswelt der Kinder und Jugendlichen. Die Segregation gesellschaftlicher Funktionsbereiche und die zunehmende Expertisierung des Alltags haben bewirkt, daß benötigtes Wissen keineswegs unmittelbar in der außerschulischen Lebenswelt vermittelt wird, sondern „daß die Entzifferung des alltäglichen Geschehens, die alltägliche Orientierung und das alltägliche Handeln an Selbstverständlichkeit verloren haben" (*Rolff* 1988, S. 141 f.). Alltagserfahrungen, Expertisierungstendenzen und Medieninformationen bedürfen mehr denn je aufklärender und orientierender, also bildender Wissensbestände, um aufgeschlüsselt, verarbeitet und kritisch reflektiert werden zu können.

2. Diese Orientierung steht in Verbindung zu einer zweiten Maxime: *Ganzheitlichkeit durch Lernen in Zusammenhängen.* Gerade im Zeitalter der medialen Informationsüberflutung und des fragmentierten Faktenwissens kommt dem Bildungsprozeß auch das Lernen der Verarbeitungsfähigkeit von Informationen in Zusammenhängen zu (vgl. *Negt* 1989, S. 347 f.). Dazu gehört, daß Schüler/innen lernen, aus den zahlreichen Informationen das jeweils Wichtige auswählen und das jeweils Richtige folgern zu können (vgl. auch *Pfeiffer/Rolff* 1985). Die von Medien gelieferten Informationen und vorgegebenen Orientierungen müssen interpretiert und ebenso wie die Methoden und Verfahren des Zustandekommens hinterfragt werden, wozu die Anleitung zur Erkenntniskritik gehört.

Zugleich hat die zunehmende gesellschaftliche Technisierung und Spezialisierung bewirkt, daß die direkte Anschauung authentischer Lebensvollzüge, Arbeits- und Produktionsprozesse heute der direkten Beobachtung von Kindern und Jugendlichen ebenso entzogen ist wie komplexe gesellschaftspolitische, ökonomische und ökologische Prozesse dem einzelnen nicht direkt zugänglich sind. Sinnzusammenhänge der Lebenspraxis sind deshalb in ganzheitlichen Lernprozessen, mit kognitiven, manuellen, sozialen und emotionalen Zugängen, zu verdeutlichen. Dies impliziert interdisziplinäre und fachübergreifende Zugangsweisen.

3. Eigentätigkeit ist nicht nur die intensivste Form der Aneignung von Lerninhalten, sondern eröffnet auf Erfahrung basierende Erkenntnisprozesse und Lernen mit Ernstcharakter. Wenn aber zum einen in der Wohnumwelt Lern- und Erfahrungsräume, authentisches Erleben und praktisches Handeln

schmilzen, zum anderen der bewegungsarme Medienkonsum gleichzeitig zu Passivität verleitet und selbsttätiges Tun verdrängt, gewinnt die Förderung von Eigentätigkeit und praktischem Handeln in schulischen Lernprozessen an Bedeutung. *Sinnlichkeit durch Eigentätigkeit und Authentizität* lautet daher eine dritte didaktische Orientierung.

4. In Zukunft werden Sozialisationsprozesse zunehmend von zentralen Lebensfragen und epochaltypischen Schlüsselproblemen beeinflußt sein, die junge Menschen nach Handlungsmöglichkeiten und Lösungsansätzen fragen lassen: Umwelt-, Friedens- und Gesundheitsprobleme, Fragen von Berufschancen und sozialer Existenzsicherung sowie des Umgangs mit „beschädigter Identität" (*Negt* 1989, S. 348 f.), mit Ausgrenzung und Anderssein – also Probleme multikulturellen Zusammenlebens, der Integration von Außenseitern und Behinderten.

Politisch-soziales Lernen könnte hier Einsichten in die Verantwortung des einzelnen zur Gestaltung der Lebensumwelt und den Erwerb von Kompetenzen des Gestaltungshandelns und der Partizipation fördern: Politische Bildung muß historisch-politische Zusammenhänge aufzeigen, wobei für deren Verstehen Kenntnisse des Entstehens vermittelt werden müssen. Zum einen können aktuelle Ereignisse und Prozesse auf dem Hintergrund historischen Wissens fundierter beurteilt werden, zum anderen liefern solche Kenntnisse Einblicke in die Veränderbarkeit und die Dynamik gesellschaftlicher Entwicklungen. Anhand historisch-politischer Zusammenhänge werden somit erst die Chancen in die Gestaltbarkeit einer Gesellschaft aufgezeigt. Gleichzeitig muß Bildung Erfahrungsmöglichkeiten bereitstellen, die die Einsicht fördern, daß erst über die aktive Gestaltbarkeit bzw. Mitgestaltung gesellschaftlicher Zustände und Prozesse die Wahrnehmung von Interessen und emanzipative Ziele erreichbar werden. Daß diese Aspekte von Gestaltbarkeit schließlich über konkretes gesellschaftliches Engagement und über die Partizipation an Prozessen der Willensbildung und Interessenvertretung zum Tragen kommen, kann in der Schule nur über praktisch-politische Erfahrungen vermittelt werden.

Im Rahmen der Umsetzung von solchen Lernzielen, die sich auf Fragen der Emanzipation und Interessenwahrnehmung beziehen, wären aber nicht nur Einsichten in Chancen individueller Interessenrealisierung, sondern auch die soziale Verantwortung zu betonen, also ein Eintreten für kollektive Interessen im Sinne von Solidarität und Gerechtigkeit. In diesem Zusammenhang lassen sich auch weltanschauliche Konzepte, Wertfragen und Gegensätze thematisieren und philosophische Ansätze in den Lernprozeß einbeziehen. Dabei gewinnt insbesondere die moralkognitive Förderung der Urteilsfähigkeit der Schüler/innen im Rahmen der Ausbildung politisch-demokratischer Gestaltungskompetenz an Bedeutung (vgl. auch *Dobbelstein-Osthoff/Schirp* 1987; *Schirp* 1990). Damit verbunden wäre die Gewinnung von sozialer Verantwortlichkeit der Jugendlichen in gesellschaftspolitischen Gestaltungsprozessen; Solidarität wäre dabei das Äquivalent zu mündiger Selbstbestimmung und Emanzipation des Individuums (vgl. *Klemm u. a.* 1985, S. 177) ausmacht.

Kinder und Jugendliche besitzen im Lebensalltag aber nur wenige Möglichkeiten für aktives, selbständiges und verantwortliches Handeln. Die ihnen zugestandenen Kompetenzen und Handlungsspielräume bewegen sich nur in engen Erlaubnisgrenzen, eher werden sie durch Zeitrhythmen und Lebensformen der Erwachsenen in Erfahrungsvielfalt, Bewegungsdrang und Einflußformen beschnitten; Gestaltungsinitiativen, Partizipationschancen und Selbständigkeit zählen außerhalb der Schule allenfalls in der Jugendarbeit zu den alltäglich praktizierten Erfahrungsformen. *Aktives Gestaltungshandeln, Partizipation und Verantwortung* zur Ausbildung moralisch-kognitiver Urteilsfähigkeit und demokratischer Handlungskompetenz bilden daher eine weitere Orientierung für den Lern- und Erziehungsprozeß.

5. Angesichts gesellschaftlicher Pluralisierungs- und Individualisierungstendenzen besteht ein erheblicher Bedarf an sozialer Integration. Gleichzeitig werden im Zuge des Sinkens der Kinderzahl in den Familien und des Rückgangs nachbarschaftlicher Begegnung soziales Lernen und das Erleben von Gemeinschaft in manchen außerschulischen Feldern nur eingeschränkt erfahrbar. *Gemeinsinn und soziales Lernen* lautet daher eine fünfte erzieherische Orientierung.

Gerade mit Blick auf die Tendenzen der Individualisierung der Lebensverhältnisse und der Pluralisierung von Wertorientierungen, Normen und Lebensstilen kann die Schule für die Entwicklungsprozesse von Kindern und Jugendlichen einen Raum bieten zur Entwicklung von Werthaltungen und Urteilsvermögen, zum Einüben von Rollenmustern, zum Austesten und Erproben kind-, jugend- und erwachsenengemäßen Rollenverhaltens. Denn im Zuge der gesellschaftlichen Ausdifferenzierungsprozesse gehen stabile Orientierungen verloren, während die Heterogenität und Komplexität von Rollenerwartungen steigt.

Hinsichtlich der gesellschaftlichen Differenzierung und Rollenvielfalt nennt *Tippelt* (1990, S. 194) zwei Konsequenzen sozialen Wandels: Erstens werden Jugendliche in der modernen Gesellschaft mit steigenden Rollenanforderungen und schwierigen Integrationsleistungen konfrontiert, zweitens wird der Aufbau gemeinsamer kultureller Orientierungen nicht mehr durch Überführung in präzise umrissene Positionen bewerkstelligt, sondern Jugendliche müssen ihren Rollenhaushalt als Individualleistung zusammenstellen und erlernte Rollen individuell ausgestalten.

Gesellschaftliche Differenzierungsprozesse implizieren die Gefahr der Segmentierungen von Bewußtsein und der Handlungsmöglichkeiten. Damit verbunden sind höhere Anforderungen an die Entwicklung des Rollenverhaltens und die Identitätsbildung (vgl. *Tippelt* 1990, S. 283; *Berger u. a.* 1975): Die moderne Identität muß reflexiv, differenziert, offen und individuiert sein. Immer neue Informationen, Erfahrungen und Erwartungen verlangen höhere Fähigkeiten der eigenen Entscheidung und der Antizipation von Erwartungen und somit ein hohes Maß an sozial-kognitiver Rollenübernahme und Empathie. Die Anlehnung an stabile Institutionen und ihrer objektiven Ordnung verlagert sich hin zur subjektiven Wirklichkeit des Individuums, das nun verstärkt durch Innenverarbeitung, also durch Selbsterfahrung, Diskussion und Reflexion Werte und Orientierung gewinnt. Individuelle Mobilität und dauerende Veränderungen der Umwelt führen zur Erfahrung von Diskontinuität für die Übernahme von Rollen und der Ausbalancierung von Identität. So werden im Laufe des Lebenszyklus wie auch im Sozialisationsprozeß selbst Offenheit, neue Lernprozesse und Transformationen der Identität erforderlich. Dies betrifft in besonderem Maße sowohl neue berufliche Rollen als auch die Veränderung des Geschlechterverhältnisses.

Die Schule stellt über schulische Lerngruppen ein soziales Interaktionsfeld für strategisches Rollenlernen zur Verfügung: Schüler/innen lernen in komplexen und differenzierten Interaktionen Rollenerwartungen zu identifizieren und zu interpretieren, eigene Rollenerwartungen zu entwickeln, eigenes Rollenverhalten auszuprobieren und Identität auszubalancieren.

Vor dem Hintergrund einer Ausdünnung von Kontaktchancen in der Nachbarschaft, einem Verlust an Treff- und Kommunikationsorten im Wohnumfeld, wachsender Multikulturalität des Wohnmilieus und einer Verinselung von Kindheit und Jugend infolge wachsender Individualisierungstendenzen gewinnt soziales Lernen in der Schule zweifellos an Bedeutung. Soziale Lernprozesse erfordern ein stärker sozialpädagogisch orientiertes Lernen in Gruppen. Darauf gerichtete Lern- und Sozialisationsprozesse in der Schule würden sich damit der Persönlichkeitsbildung des einzelnen und der Entwicklung des sozialen Miteinanders verpflichten. Mit Blick auf künftige Qualifikationsanforderungen der Kooperation und Teamarbeit im Berufsleben kann ein Lernen in Gruppen gleichzeitig dazu beitragen, kooperative Arbeitsstrukturen und Teamhandeln zu entwickeln.

3. Soziales Lernen und Projektlernen

Wie können im Rahmen von Projektlernen Sozialisationsprozesse in der Schule unterstützt und gefördert werden, wie es in den skizzierten erzieherischen Orientierungen angedeutet wurde? Die Antwort liegt im wesentlichen in der sozialerzieherischen Komponente projektorientierter Lernprozesse: der Gestaltung von Arrangements sozialen Lernens als tragendes Element oder Merkmal von Projektlernen. Lernen in Gruppen ist ja durchaus ein für Projektlernen konstitutives Element, wenn auch nicht zwingend notwendig und durchgängig praktiziert.

Dadurch, daß Schüler/innen in Lerngruppen gemeinsam ihr Projekt planen, durchführen und auswerten, somit gemeinsame Erfahrungen machen, in Gruppen lernen und handeln, kommt jedenfalls dem Projektlernen auch Bedeutung für die Initiierung sozialer Lernprozesse zu. Auf gelingende Sozialisation, also Persönlichkeitsbildung für ein handlungsfähiges Subjekt, ausgerichtet, meint soziales Lernen Prozesse der individuellen Auseinandersetzung und Bewältigung von sozialen Ereignissen in Form sinnhafter Rekonstruktionen der Umwelt und Steuerung und Reflexion eigenen Handelns in sozialen Interaktionen (vgl. *Petillon* 1993). Welche sozialisationsbezogenen Zielsetzungen verbinden sich mit Projektlernen?

a) *Lebensweltbezug als sozialisationsorientiertes Projektmerkmal: Dewey/Kilpatrick* gehen bei der Gewinnung von Erziehungszielen von Erziehungsprozessen aus, „wie sie vom Leben selbst organisiert" werden. Dabei sollen die Schüler/innen wichtige Probleme ihrer Lebenswelt sowie eigene Kenntnisse und Fähigkeiten in den Lernprozeß einbringen und auf diese Weise die Projekte in Inhalt und Vorgehensweise bestimmen. Dies deutet auf eine dynamische und offene Lehrplanung hin, die sich an den für die Schüler interessanten und relevanten Lebensgebiete und Schlüsselfragen orientiert. Damit knüpft Projektunterricht unmittelbar an den lebensweltlichen Erfahrungen, Problemlagen, Bedürfnissen und Interessen der Beteiligten an. Dies wären Projektthemen, die erstens den Lebenszusammenhang und die sozialisatorische Umwelt der Schüler/innen (Familiensituation, Wohnumwelt, soziale Einbindungen in Altersgruppen und Netzwerke) einbeziehen, zweitens auf die soziale und kulturelle Qualität von Erfahrungsräumen und Problemfeldern in der Schulumwelt (z. B. Freizeitdefizite, Berufsorientierung) sowie auf Lerngelegenheiten in Form lebenspraktischer und gemeinwesenorientierter Schlüsselprobleme gerichtet sind.

b) *Teamfähigkeit und kooperatives Verhalten:* Gruppen- und Teamarbeit eignet sich als Sozialform im Projektlernen, um in kooperativer Arbeit Planungen anzustellen, Probleme zu analysieren, Lösungen zu entwerfen, Verfahren zu beurteilen und Ergebnisse auszuwerten. Umfangreichere Vorhaben können am ehesten mit einer Lerngruppe arbeitsteilig abgewickelt werden – also etwa in Projekten zur Anlage eines Schulgartens, Schulraumgestaltung, im Rahmen von Veranstaltungen oder Festen.

Projektlernen kann kooperatives Verhalten und Teamhandeln fördern, indem Schüler/innen jeweils ihre spezifischen Erfahrungen, Kenntnisse und Fähigkeiten in den Lernprozeß einbringen, sich gegenseitig unterstützen und helfen, voneinander lernen statt zu konkurrieren, gemeinsam oder arbeitsteilig Aufgabenstellungen untersuchen und dialogisch Probleme lösen oder Konflikte bewältigen. Dabei werden gleichzeitig Sprach- und Kommunikationskompetenzen geschult. Projektorientiertes Lernen zielt hier sowohl auf die Förderung sozialer Austauschprozesse als auch auf den Gemeinschaftscharakter schulischen Lernens: Das jeweilige Kollektiv macht seine Arbeitsergebnisse anderen Lerngruppen zugänglich, läßt sie somit für andere hilfreich und für sich selbst erfolgreich werden und ermöglicht gegenseitige Kritik. So werden Produkte und Ergebnisse erzeugt, über die und mit denen das Lernkollektiv mit anderen kommunizieren kann (vgl. *Stubenrauch* 1976, S. 14).

Nach *Muth* (1991, S. 12f.) findet die Gruppenarbeit innerhalb einer größeren tätigen Gemeinschaft statt; Gruppen bilden sich zur Bewältigung einer Aufgabe, die unter Umständen für einen einzelnen zu schwierig wäre. Alle Mitglieder sind in den Arbeitsprozeß eingespannt, so daß jeder in die Verantwortung und mit Blick auf das gemeinschaftliche Ergebnis in die Pflicht genommen wird, einen Beitrag für das Ganze zu leisten.

c) *Gemeinsinn und soziale Verantwortung:* Zugleich besteht hier ein dauerndes Spannungsverhältnis zwischen Individuum und Gruppe, wobei eine Balance zwischen Individualität und Vergemeinschaftung das Ziel sein könnte. Damit sind also sozialerzieherische Anliegen verbunden: Die Schüler/innen lernen, daß die Qualität der Arbeit und des Lebens in der Gruppe vom sozialen Verhalten jedes einzelnen abhängt und umgekehrt die Entfaltungsmöglichkeiten jedes einzelnen nicht losgelöst von der Sicherheit, Integration und Kohäsion der Gruppe zu denken ist.

Auf diesem Wege kann soziale Gemeinschaft gefördert werden, indem in oder im Zusammenhang mit Projekten besondere pädagogische Situationen geschaffen werden, die Arrangements für soziales Lernen hergeben (z. B. Klassenfahrten, Feste, Kulturveranstaltungen, Aufführungen). In solchen Lernarrangements werden nicht nur stabile Gruppenbeziehungen, soziale Bindungen und soziale Begegnungen ermöglicht, sondern auch Gemeinsinn und soziale Verantwortung im Hinblick auf Lernpartner und inhaltliche Projektarbeit praktiziert und gefördert.

d) *Verständigung, Integration und Solidarität:* Dabei geht es gleichzeitig um Lernziele der Verständigung und Integration als Elemente sozialen und interkulturellen Lernens. Über Gruppenarbeit werden Schüler/innen einerseits mit Problemen von Toleranz und Verständigung hinsichtlich anderer Auffassungen, Sichtweisen und Einschätzungen, gelegentlich auch fremder Kulturen, Lebensstile und Lebenslagen konfrontiert. Andererseits stellt sich die Frage des Umgangs mit Benachteiligten und Schwächeren. Im Projektunterricht könnte es am ehesten gelingen, sowohl die Wirkungen des konkurrenzierenden Leistungsprinzips mit seinen individuellen Leistungsabforderungen zu begrenzen als auch lernfördernde und entstigmatisierende Gruppenprozesse im Unterricht zu initiieren, wenn gemeinsame Lernfortschritte statt individueller Statuszuschreibungen im Vordergrund stehen (vgl. dazu *Klafki* 1992): Statt konkurrenzorientiertem Leistungsdenken lernen Schüler/innen voneinander, erbringen kooperativ Leistungen und lernen, sich zu verständigen und auch solidarisch zu handeln. Vielfalt und Unterschiedlichkeit werden zur Norm; nicht individuelle Leistungszuschreibungen, sondern Einzigartigkeit der Subjekte und ihr individueller Beitrag für das Kollektiv und die Gemeinschaftsaufgabe bestimmen den Wert der Lernpartner. Binnendifferenzierende und arbeitsteilige Projektstrukturen mit kooperativer Gruppenarbeit ermöglichen am ehesten die Akzeptanz unterschiedlichen Leistungsvermögens, die solidarische Integration Lernschwächerer und Umgang mit individuellen Fehlern als produktive Prozeßkomponente.

e) *Reflexivität und Rollenkompetenzen:* Vielfältige Aufgabenstellungen in Projekten, die Gruppenprozesse und soziale Begegnungen beinhalten, eröffnen in der Schule die Chance, Kinder und Jugendliche im Umgang mit Rollenerwartungen und Rollenkonflikten anzuleiten und Strategien des Rollen- und Identitätsmanagements zu trainieren. *Tippelt* (1990, 196ff.) verdeutlicht die Möglichkeiten, in erzieherischen Handlungszusammenhängen „Rollenstreß" und Spannungszustände während der Kindes- und Jugendentwicklung zu mindern: Durch pädagogische settings können über sozial-kognitives Lernen in Gruppen nicht nur Strategien etwa der Rollendistanz, der Abschottung oder der Delegation von Anforderungen eingeübt werden. Insbesondere können Kinder und Jugendliche subjektiv antizipierte Rollenerwartungen an der Realität tatsächlicher Gruppenerwartungen in der Interaktion überprüfen, Umgang mit Regeln, Rollenverhalten und -beziehungen spielerisch einüben und durch „Rollencoping" sequentielle Bewältigungsstrategien entwickeln, um verschiedene Rollenanforderungen sukzessiv nacheinander anstatt simultan zu bewältigen, was der Entwicklung Jugendlicher offensichtlich entgegenkommt. Insbesondere Projekte mit realitätsnahen und authentischen Bezügen, mit praxisrelevanten Problemstellungen und Ernstcharakter eröffnen Übungsfelder für die Entwicklung interaktiver Fähigkeiten und Rollenkompetenzen (vgl. auch *Duncker* 1990), also für Rollenübernahme und Empathie, Aufbau von Frustrations- und Ambiguitätstoleranz, aber auch für kritische Rollendistanz und flexibles Umlernen.

f) *Partizipatives Gestaltungshandeln und demokratische Handlungskompetenz:* In Projektaktivitäten ergeben sich im Rahmen eines ausgestalteten Schullebens Lernarrangements für Erfahrungen der Partizipation und Mitbestimmung an der Gestaltung der ganzen Schule, also hinsichtlich der inhaltlichmethodischen Lernaktivitäten, der sozialen Schulgemeinschaft und der schulräumlichen Umwelt. Insbesondere kontinuierliche „Schulprojekte" (Aufführungen, Ausstellungen, Cafeteriabetrieb, Schüleraustausch) oder an Produkten vielfältiger und umfassender Vorhaben (Werk- und Kunstobjekte, Tanz-, Theater,- Musik- und Chorproduktionen, Medienprodukte, Politik- und Geschichtsuntersuchungen etc.) eröffnen Chancen für aktives, selbständiges und eigenverantwortliches Gestaltungshandeln der Schüler/innen. Zugleich sind damit, ebenso wie im Rahmen von Mitwirkungsgremien, auch Übungsfelder für die Entwicklung demokratischer Handlungsfähigkeit gegeben, etwa in Anti-Gewalt-Projekten, in Schlichtungsgremien, über Schülerzeitung, im Klassenrat, in Raumgestaltungsprojekten. Im Rahmen der Ausbildung politisch-demokratischer Gestaltungskompetenz kommt insbesondere auch die Herausbildung moralisch-kognitiver Urteilsfähigkeit der Schüler/innen zum Tragen; sie zielt auf die Entwicklung von Beurteilungskriterien und Orientierungen, die das Empfinden von Kindern und Jugendlichen für Recht und Unrecht schärfen. Dies kann nicht über bloße theoretische Vermittlung geschehen, sondern muß in der Schule als just-community praktiziert und gelebt und dabei erprobt und eingeübt werden. Dabei geben reale Problemstellungen im Schulleben und außerschulischen Umfeld die Lernanlässe für Projekte her. Denn erst über die subjektive Relevanz der Themen, ihr Anknüpfen am Lebenszusammenhang der Jugendlichen, können Betroffenheit erzeugt und Motivation gestiftet werden. In diesem Zusammenhang erscheint der Hinweis von *Schirp* (1988, S. 206) hilfreich, daß politisches Lernen auch als „Beitrag zur politischen Alltagskultur" verstanden werden müsse, da es jenseits der „großen" und offiziellen Politik staatlichen Handelns Tätigkeits- und Erfahrungsbereiche im gesellschaftlichen Alltagshandeln in der direkten Lebensumwelt des Nahraums gebe.

146

Letzteres verweist auf zweierlei: 1) Soziales Lernen gehört zwar zu den konstitutiven Bestandteilen schulalltäglicher Lernprozesse, im Fachunterricht wie im außerunterrichtlichen Schulleben, gleichwohl sind gezielte pädagogische Situationen für Gelegenheiten sozialen Lernens zu schaffen. 2) Dies gelingt am ehesten über die Entwicklung differenzierter Lernarrangements mit projektförmigen Erfahrungsprozessen, die gezielt auf Sozialisationsaufgaben der Schule gerichtet sind.

Die Gestaltung des Schullebens und die Öffnung der Schule zu Schulumfeld und Lebenswelt bilden dabei den sozial-ökologischen Rahmen für erzieherische Arrangements sozialen Lernens, während Formen des Projektlernens den didaktisch-methodischen Prozeßrahmen ausmachen. Das Schulleben bettet soziale Lernprozesse in Projekten in den Lebens- und Erfahrungsraum der sozialen Schulgemeinschaft ein, mit stabilen Gruppenbeziehungen, sozialen Bindungen und personeller und sozialräumlicher Kontinuität, aber auch lerngruppenübergreifenden und interessegeleiteten offenen Aktivitäten. Die Brücke zur Lebenspraxis einerseits und zur Lebenswelt der Lernenden andererseits scheint dagegen nur über die pädagogische Öffnung der Schule herstellbar (vgl. *Holtappels* 1995). Durch Öffnung der Schule ergeben sich erweiterte Möglichkeiten für Projektformen mit wirklichkeitsnahen und lebensweltbezogenen Lernorten und Lerngelegenheiten, den Projektmerkmalen Situationsbezug, Schülerorientierung, Praxisrelevanz und Ganzheitlichkeit zusätzlich Rechnung tragen. Öffnung läßt sich mit vier Aspekten umschreiben:

Die *inhaltliche Öffnung* betrifft die Anreicherung und Veränderung der Unterrichtsinhalte durch Einbeziehung gesellschaftlicher Schlüsselfragen, schülerorientierter Lebensprobleme und gemeinwesenorientierter Lernanlässe. Die *methodische Öffnung* betrifft die Entwicklung projektartiger Lernarrangements, die praktisch-eigentätiges Handeln und soziale Erfahrungen, authentische Begegnungen und Ernstsituationen ermöglichen. Dabei werden Realitätsbezüge hergestellt und interessengeleitete-, aufgaben- und zielgruppenspezifische Orientierungen verfolgt, in methodischen Formen wie lokale Spurensuche, Werkprodukte, Ausstellungen, Basare, Aufführungen, Experimente. Die *räumliche Öffnung* betrifft die Erschließung und Nutzung außerschulischer Lernorte in der ökologischen und architektonischen Umwelt, der handwerklich-technischen und betrieblichen Arbeitswelt, im Bereich von Politik, Verwaltung und sozio-kulturellen Institutionen. Auf der vierten Ebene, der *institutionellen und personellen Öffnung* führt dies zur Kooperation mit anderen Institutionen, Organisationen (z. B. Behörden, Initiativen und Vereinen) und Personen (Laien, Expert/innen) des Schulumfelds, wobei vor allem soziale Begegnungen gestiftet (mit Schulnachbarn und anderen Kulturen, mit sozialen Problemen, Kontakte

147

zu alten Menschen, Asylbewerbern oder Behinderten) sowie eine intensive Elternarbeit praktiziert werden.

Mit dieser Perspektive verbindet sich zugleich die Hoffnung, strukturelle und interaktionelle Defizite der schulischen Lernorganisation und der davon ausgehenden problem- und devianzfördernden Effekte mindern zu können. Jedenfalls führt die institutionenkritische Schulforschung mißlingende schulische Sozialisationsverläufe auf mangelnden Lebensweltbezug der Lerninhalte und geringe Schülerorientierung der Lernprozesse, auf unzureichende Schülerpartizipation im Schulleben, restriktive Umgangsformen und versachlichte Beziehungsstrukturen ebenso zurück wie auf leistungsbezogene Versagenserlebnisse und soziale Etikettierungen (ausführlich: *Holtappels* 1987). Die Organisation differenzierter Lernarrangements im Rahmen von Schulleben und Schulöffnung, in denen Projektlernen auch Raum gibt für soziale Lernprozesse, würde Reform im doppelten Sinne möglich machen: die curricular-didaktische Veränderung der Lernorganisation zugunsten von Schülerorientierung und kritischem Lebensbezug und die dezidierte Gestaltung der Schule als entwicklungsfördernder Sozialisationsraum.

Literatur

Allerbeck, K./Hoag, W.: 16- bis 18jährige: 1962 und 1983. Projekt: Integrationsbereitschaft der Jugend im sozialen Wandel (Tabellenband). Frankfurt/M. 1985

Bastian, J./Gudjons, H. (Hg.): Das Projektbuch II. Über die Projektwoche hinaus – Projektlernen im Fachunterricht. Hamburg 1990

Berger, P.L./Berger, B./Kellner, H.: Das Unbehagen in der Modernität. Frankfurt/New York 1975

Bruhns, K.: Kindheit in der Stadt. München 1985

Burkard, Ch./Holtappels, H.G./Mauthe, A./Rösner, E.: Stadtentwicklung und Öffnung von Schule. IFS-Werkheft 37, Dortmund 1992

Dobbelstein-Osthoff, P./Schirp, H.: Werteerziehung in der Schule – aber wie? Ansätze zur Entwicklung der moralisch-demokratischen Urteilsfähigkeit (Arbeitsbericht des LSW Soest). Soest 1990

Duncker, L.: Projektlernen: Neue Rollen für die Schüler – Eine schultheoretische Ortsbestimmung. In: J. Bastian/H. Gudjons (Hg.), a.a.O. 1990, S. 65–80

Gudjons, H.: Projektunterricht begründen – Sozialisationstheoretische und lernpsychologische Argumente. In: J. Bastian/H. Gudjons (Hg.), a.a.O. 1990, S. 48–64

Harms, G./Preissing, C./Richtermeier, A.: Kinder und Jugendliche in der Großstadt. Zur Lebenssituation 9- bis 14jähriger Kinder und Jugendlicher. Berlin 1985

Heitmeyer, W.: Entsicherung, Individualisierungsprozesse und Gewalt. In: Beck, U./Beck-Gernsheim, E. (Hg.), Riskante Freiheiten. Frankfurt/M. 1993

Herlyn, I./Schäfers, B.: Zur Struktur der räumlich-materiellen Nahumwelt der Kinder. In: Kindsein. Zur Lebenssituation von Kindern in modernen Gesellschaften, Göttingen 1981, S. 72–90

Holtappels, H. G.: Schulprobleme und abweichendes Verhalten aus der Schülerperspektive. Empirische Studie zu Sozialisationseffekten im situationellen und interaktionellen Handlungskontext der Schule. Bochum 1987

Holtappels, H. G.: Ganztagsschule und Schulöffnung. Perspektiven für die Schulentwicklung. Weinheim/München 1994.

Holtappels, H. G.: Ganztagsschule und Schulöffnung als Rahmen pädagogischer Schulreform. In: Die Ganztagsschule 35, Heft 2/3-1995. S. 96–123

Klafki, W.: Lernen in Gruppen. Ein Prinzip demokratischer und humaner Bildung in allen Schulen. In: Pädagogik 44, Heft 1/1992, S. 6–11

Klemm, K./Rolff, H.-G./Tillmann, K. J.: Bildung für das Jahr 2000. Reinbek 1985

Lang, S.: Lebensbedingungen und Lebensqualität von Kindern. Frankfurt/M. 1985

Muth, J.: Zur theoretischen Grundlegung der Gruppenarbeit. In: E. Meyer/R. Winkel (Hg.), Unser Konzept: Lernen in Gruppen. Hohengehren 1991, S. 7–16

Napp-Peters, A.: Ein-Eltern-Familien. Weinheim 1985

Negt, O.: Plädoyer für einen neuen Lernbegriff. In: Landesinstitut für Schule und Weiterbildung (Hg.), Neue Allgemeinbildung, Soest 1989, S. 347–352

Petillon, H.: Soziales Lernen in der Grundschule. Anspruch und Wirklichkeit. Frankfurt/M. 1993

Pfeiffer, H.; Rolff, H.-G.: Informationstechnisches Wissen oder praktische Bildung? In: Zeitschrift für Sozialisationsforschung und Erziehungssoziologie 5, Heft 2/1985, S. 223–238

Preuss-Lausitz, U.: Schule und Kindheit zwischen Wandel und Umbruch in Deutschland. In: Geulen, D. (Hg.): Kindheit. Weinheim 1989, 2. Aufl. 1994, S.120–140

Rauschenbach, B./Wehland, G.: Zeitraum Kindheit. Zum Erfahrungsraum von Kindern in unterschiedlichen Wohngebieten. Heidelberg 1989

Rolff, H.-G.: Bildungsexpansion und Weiterbildung. In: H.-G. Rolff u. a. (Hg.), Jahrbuch der Schulentwicklung Band 5, Weinheim/München 1988, S. 131–156

Rolff, H.-G./Zimmermann, P.: Kindheit im Wandel. Eine Einführung in die Sozialisation im Kindesalter. Weinheim/Basel 1985, 2. Aufl. 1992

Rösner, E./Tillmann, K.-J.: Schule in der Trabantensiedlung. In: H.-G. Rolff/K. Klemm/K.-J. Tillmann (Hg.), Jahrbuch der Schulentwicklung. Daten, Beispiele, Perspektiven, Band 2, Weinheim/Basel 1982, S. 181–206

Schirp, H.: Menschenrechte und moralkognitive Entwicklung. Ansätze, Konzept und Effekte eines schulnahen Forschungsprojektes zur Entwicklung moralisch-demokratischer Urteilskompetenz (Arbeitsbericht Nr. 15 des LSW Soest). Soest 1990

Schirp, H.: Öffnung von Schule und projektorientiertes Arbeiten. In: Gagel; Menne (Hg.), Politikunterricht. Handbuch zu den Richtlinien NRW, Opladen 1988

Stubenrauch, H.: Projektorientiertes Lernen im Widerspruch des Systems. In: Redaktion b:e (Hg.): Projektorientierter Unterricht. Weinheim/Basel 1976, S. 9–15

Tippelt, R.: Bildung und sozialer Wandel. Eine Untersuchung von Modernisierungsprozessen am Beispiel der Bundesrepublik Deutschland seit 1950. Weinheim 1990

Zeiher, H.: Die vielen Räume der Kinder. Zum Wandel räumlicher Lebensbedingungen von Kindern seit 1945. In: U. Preuss-Lausitz u.a., Kriegskinder, Konsumkinder, Krisenkinder. Zur Sozialisationsgeschichte seit dem zweiten Weltkrieg, Weinheim, Basel 1983

Zeiher, H.: Modernisierungen in den sozialen Formen von Gleichaltrigenkontakten. In: Geulen (Hg.): Kindheit. Weinheim 1989, S. 68–85

Zinnecker, J.: Jugendkultur 1940–1985. Hg. vom Jugendwerk der Deutschen Shell. Opladen 1987

Klaus-Jürgen Tillmann
Gibt es eine ökonomische Begründung für Projektunterricht?

Warum eigentlich soll es in der Schule mehr Projektarbeit und weniger konventionellen Unterricht geben? Reformorientierten Erziehungswissenschaftler(-innen), die in diesem Band und an anderer Stelle darüber schreiben, fällt die Antwort nicht schwer: Demokratische Handlungskompetenz und Partizipationsfähigkeit soll erworben werden (*Holtappels* in diesem Band), die Motivation soll gesteigert, Lernen durch Eigentätigkeit soll gestützt, vernetztes Denken gefördert werden (vgl. *Gudjons* 1993, S. 59f.), der Zusammenhang zwischen außerschulischen Lebenserfahrungen und den Lernmöglichkeiten in der Schule soll hergestellt werden (vgl. *Semmerling* 1994). Und schließlich: Die „Subjekt-Objekt-Beziehung im Lehrer-Schüler-Verhältnis" soll überwunden werden (*Bastian* 1994, S. 30).

In all diesen Fällen wird nicht ökonomisch, sondern pädagogisch argumentiert: Im Mittelpunkt der Überlegungen stehen die lernenden Subjekte – die Schülerinnen und Schüler. Gefragt wird, wie schulischer Unterricht angelegt sein könnte, damit er auf die Bedürfnisse der Subjekte besser eingeht, damit er in optimaler Weise zur Entfaltung ihrer Kompetenz beiträgt, damit er zugleich ein Übungsfeld für tendenziell egalitäre, für demokratische Kommunikationsformen bietet. Dabei wird normativ unterstellt, daß der schulische Bildungsprozeß darauf auszurichten sei, die Entwicklung zum demokratisch handlungsfähigen Subjekt zu unterstützen – und daß der Projektunterricht dies in optimaler Weise ermögliche. Diese Grundgedanken finden sich bereits 1916 bei *Dewey* (vgl. 1993), sie sind inzwischen vielfach variiert worden. Damit verweist die pädagogische Begründung des Projektunterrichts auf einen wichtigen gesellschaftlichen Bezug: Es geht um das Lernen in einer und für eine Demokratie, es geht um die demokratische Weiterentwicklung der Gesellschaft (vgl. *Hänsel* 1988, S. 31).

So weit ich sehe, spielt in den Begründungen für den Projektunterricht ein anderer gesellschaftlicher Bezug bisher keine Rolle: Ob im Projektunterricht

Qualifikationen erworben werden, die später auf dem Arbeitsmarkt nachgefragt werden, hat bisher weder die Protagonisten noch die Kritiker des Projektunterrichts sonderlich stark beschäftigt. Marxistisch gesprochen: Ob der Projektunterricht einen Beitrag zur Produktion der Ware Arbeitskraft leistet, wurde kaum diskutiert. Eine solche Fragerichtung läßt sich als bildungsökonomisch bezeichnen. Damit wird das Verhältnis zwischen den Lernprozessen in der Schule und den ökonomischen Prozessen in der Gesellschaft thematisiert – und zwar auf der Ebene der Qualifikationen; es geht um die berufliche Verwertbarkeit schulisch erworbener Kompetenzen. In dem reformpädagogischen Diskurs zum Projektunterricht habe ich eine Bearbeitung dieser Frage bisher nicht gefunden. Dies ist aber auch nicht verwunderlich; denn eine solche Frage geht eben nicht „vom Kinde aus", sondern setzt bei den Anforderungen des Beschäftigungssystems an. Und solche Argumente fallen unter Pädagogen nur zu leicht unter den Verdacht, auf „Verzweckung", auf ökonomische Funktionalisierung von Bildungsprozessen zu zielen.

Etwa seit 1992 gibt es jedoch neue Töne in der Debatte; bildungsökonomische und reformpädagogische Argumente werden immer häufiger gemeinsam genannt. Über diese neue Diskussion soll zunächst berichtet werden; sodann gilt es, sie kritisch einzuschätzen.

1. Die neuen Töne – oder: Gibt es ein Kapitalinteresse an Projektunterricht?

Wir begeben uns zunächst einmal auf einen fiktiven bildungspolitischen Kongreß, über den ich später noch genaueres sagen werde. Hören Sie sich zunächst einmal an, was auf diesem Kongreß gesagt wird. In dem Einführungsreferat heißt es:

„Unsere Gesellschaft, unsere Bildung ist immer noch stark von Trennungen, von isolierten Sichten, von Gegensätzlichkeiten bestimmt: – Theorie gegen Praxis, Natur- gegen Geisteswissenschaften, ... – Kultur gegen Technik. ... Es fällt heute der jungen Generation offensichtlich immer schwerer, in Zusammenhängen zu denken und zu urteilen ... Die Schulen müssen zu interdisziplinärem und komplexem Denken befähigen. Deshalb müssen Lernbereiche verzahnt und ein fächerverbindender, nicht abschottender und isolierter Unterricht geboten werden." (a)

In der anschließenden Plenumsdiskussion wird besonders scharf die gängige Unterrichtspraxis kritisiert:

„Die Normalsituation in der Schule ist der Frontalunterricht, mit dem es jedoch kaum möglich ist, zusätzliche Eigeninitiative, Phantasie, Kritik und die Entwicklung persönlicher Anlagen zu fördern." (b)

„Frontalunterricht entspricht weder dem inzwischen vorhandenen Wissen über optimale Lernvoraussetzungen noch den instrumentellen Anforderungen in der späteren Arbeitswelt. Teamarbeit, Fallstudien, Projekte etc. sollten in stärkerem Maße als bisher den Unterricht bestimmen." (c)

In vielen Diskussionbeiträgen wird beschrieben, welche Auswirkungen auf die Persönlichkeitsentwicklung der Schüler(innen) die kritisierte Unterrichtspraxis hat:

„Die Schüler werden als ‚Einzelkämpfer' ausgebildet und somit mangelt es ihnen besonders an verantwortungsbewußtem Verhalten, an Kommunikationsfähigkeit und Kooperationsfähigkeit." (d)

Mehrere Redner verweisen auf die berufliche Praxis, in der ein solches Einzelkämpfertum längst überholt sei:

„Bereits vor 15 Jahren sind die Konstrukteure ausgestorben, die noch ein Auto allein entwickeln konnten. Heute sitzen hoch spezialisierte Ingenieure am Tisch und müssen gemeinsam das für den Kunden beste Ergebnis entwickeln. Die ganze Leistungsdiskussion hängt der betrieblichen Praxis um Jahre hinterher." Deshalb muß „Leistung auch in der Schule neu definiert werden". (e)

Bei so viel reformpädagogischen Schwung wundert es nicht, daß auch die Forderung nach mehr Projektunterricht aufgestellt wird:

„Teamarbeit, Fallstudien, Projekte etc. sollen in stärkerem Maße als bisher den Unterricht bestimmen". Dabei sollen schulfremde Fachleute, z. B. Handwerker „ in schulische Projekte" einbezogen werden. (f)

Betont wird schließlich:

„Dabei ist richtig verstandener Projektunterricht mehr als eine äußerliche Methode … Es geht darum, ein ‚Lernen in eigener Erfahrung' zu ermöglichen". (g)

Auf welcher Tagung befinden wir uns? Auf einem Gesamtschulkongreß der GEW? Auf einer Fachtagung des Fördervereins zum „Praktischen Lernen"? Oder auf einer Projekttagung der Bielefelder Laborschule? Weit gefehlt – wir befinden uns auf der allerjüngsten bildungspolitischen Konferenz der Deutschen Arbeitgeberverbände! Dort diskutieren die Personalchefs und Ausbildungsleiter großer Firmen – von VW über Bosch bis Oetker – über schulisches Lernen und berufliche Anforderungen. In zwei zentralen Punkten sind sich die betrieblichen Ausbildungsexperten einig:

In der Schule wird viel zu konventionell gearbeitet, die Vorherrschaft des Frontalunterrichts ist anachronistisch. Gefordert wird stattdessen viel mehr interdisziplinäres und projektorientiertes Arbeiten in Gruppen.

Die Schule hängt einem längst überholten Leistungsbegriff an: Schüler(innen) müssen sich mit reproduzierbarem Spezialwissen vollstopfen, das als Einzelleistung abgeprüft wird. Nicht hochspezialisiertes Wissen, sondern übergreifende „Schlüsselqualifikationen" – von der Kooperationsfähigkeit bis zum ökologischen Denken – sind gefordert. Die mangelnde Teamfähigkeit insbesondere der Abiturienten wird demgegenüber immer wieder beklagt.

Zugegeben – dieser bildungspolitische Kongreß der Arbeitgeberverbände hat (noch) nicht stattgefunden, doch die angeführten Zitate sind allesamt echt: Sie stammen aus Verlautbarungen leitender Industrie- und Wirtschaftsmanager zu Beginn der 90er Jahre und zeigen, daß in den Chefetagen über Schule und Schulreform inzwischen deutlich anders nachgedacht wird als in den 70er und 80er Jahren[1]. Jedenfalls: Die Zeit, in der die Wirtschaftsvertreter immer nur die mangelnde Rechtschreibleistung der Hauptschulabgänger kritisierten, scheint endgültig vorbei zu sein. Der Horizont der heutigen Diskussion ist deutlich weiter gespannt – und das bildungspolitische Publikum, das seit Jahrzehnten an erstarrte Grabenkämpfe gewöhnt ist, kann erstaunliche Bewegungen beobachten: Der GEW-Bundesvorsitzende *Dieter Wunder* spricht sich öffentlich für einen „neuen Dialog" mit den Repräsentanten der Wirtschaft aus, um gemeinsam herauszufinden, „was Schule leisten soll und leisten kann"[2]. Und die nordrhein-westfälische GEW läßt sich in einem wissenschaftlichen Gutachten von den renommierten Industriesoziologen *Lehner* und *Widmaier* (1992) erklären: Die moderne Arbeitswelt braucht Teamgeist, Kreativität und Konfliktfähigkeit – also braucht die Schule mehr Integration und Kooperation, mehr Projekte und weniger stupides Stofflernen. „Insellösungen statt Fließbandarbeit – und zwar in Fabrik und Schule" – so läßt sich die Aussage dieses Gutachtens zusammenfassen. Und freudig begrüßt werden diese Ergebnisse nicht nur von gesamtschul-engagierten Erziehungswissenschaftlern, sondern auch von Vorstandsmitgliedern der Ruhrgebiets-Industrie.[3]

Dazu paßt es, daß der Vorstandsvorsitzende der Siemens-AG erläutert:

„In unserer betrieblichen Ausbildung haben wir z. B. gute Erfahrungen mit Projektarbeiten gemacht, die gemeinsam zu planen und auszuführen sind. Die jungen Menschen haben dabei die Arbeitsergebnisse vorzutragen und ... zur Diskussion zu stellen." (*Kaske* 1993, S. 24).

Man reibt sich die Augen angesichts solcher Gemeinsamkeiten und fragt sich: Gehört die Zeit, in der von den Betrieben vor allem Anpassung, Unterordnung und Fleiß innerhalb bestehender Strukturen gefördert wurde, endgültig der Vergangenheit an? Ironisch formuliert: Führen die veränderten Kompetenzanforderungen zu so etwas wie einem „Kapitalinteresse" an Projektunterricht? Ich möchte mich mit dieser Diskussionslage in zwei Schritten befassen: Zunächst frage ich, ob es eine empirische Evidenz für die Aussagen der Wirtschaftsvertreter gibt, heute seien vor allem kommunikative und kreative Arbeitstugenden gefordert. Dazu gehe ich in einem Exkurs auf die Bielefelder

154

Laborschule und ihre Absolventenstudie ein (vgl. *Kleinespel* 1990). In einem weiteren Schritt will ich mich dann mit dieser Diskussion kritisch befassen und fragen: Welche Vorstellungen vom schulischen Bildungsprozeß stecken hinter diesen „neuen Anforderungen" – welche Defizite werden erkennbar? Und: Gibt es eine neue, eine „ökonomische" Begründung für den Projektunterricht?

2. Exkurs: Was fangen Laborschüler mit ihren sozialen Kompetenzen an?

Die Bielefelder Laborschule beginnt mit der Vorschulklasse für Fünfjährige, sie entläßt ihrer Schüler(innen) am Ende der 10. Klasse. Das Programm dieser Schule orientiert sich u. a. an *v. Hentigs* Forderung, Lernen nicht als „Belehrung", sondern möglichst weitgehend als eigenständige Erfahrungen zu organisieren (vgl. *v. Hentig* 1985). Projektorientiertes Arbeiten ist daher ein Kennzeichen der Laborschule in allen Altersstufen, über viele der dortigen Unterrichtsprojekte ist ausführlich berichtet worden (vgl. z. B. *Heuser/Kübler* 1988; *Lenzen* 1993; *Biermann/Schütte* 1995). Ein Teil der Laborschüler geht nach der 10. Klasse in die berufliche Ausbildung, ein anderer Teil besucht weiter die Schule, um den Hochschulzugang zu erreichen. Diese Jugendlichen werden im 13. Schuljahr – also drei Jahre nach Abschluß der Laborschule – gefragt: Welche Kompetenzen habt Ihr in der Laborschule erworben? Könnt Ihr diese Kompetenzen in Eurer neuen Situation (Oberstufe bzw. Berufsausbildung) gebrauchen? Uns interessiert hier der Vergleich zwischen den ehemaligen Laborschülern, die nun eine mehrjährige betriebliche Erfahrung gemacht haben und denjenigen, die inzwischen im dritten Jahr schulische Erfahrungen in einer Oberstufen-Schule gesammelt haben. Zwischen den „berufserfahrenen" Jugendlichen und den Oberstufen-Schülern zeigen sich zwei bedeutsame Unterschiede; einer davon war zu erwarten, der andere überrascht (vgl. im einzelnen: *Lütgert* 1993).
1. Das erwartbare Ergebnis bezieht sich auf die „klassischen" Arbeitstugenden wie Ordnung, Fleiß und Pünktlichkeit. Die Jugendlichen sind der Meinung, daß sie sich diese Kompetenzen in der Laborschule nicht besonders intensiv angeeignet haben (Tab. 1). Nicht überraschend ist, daß diese „Tugenden" in der betrieblichen Umwelt weit stärker gefordert werden als in den Oberstufen-Schulen (Tab. 2). Der Ernstcharakter der betrieblichen Arbeit, möglicherweise auch die hierarchische Anweisungs-Struktur, machen sich hier deutlich bemerkbar.
2. Das überraschende Ergebnis betrifft die sozialen und kommunikativen Kompetenzen. Hier stellen die Jugendlichen zunächst einmal der Laborschule ein

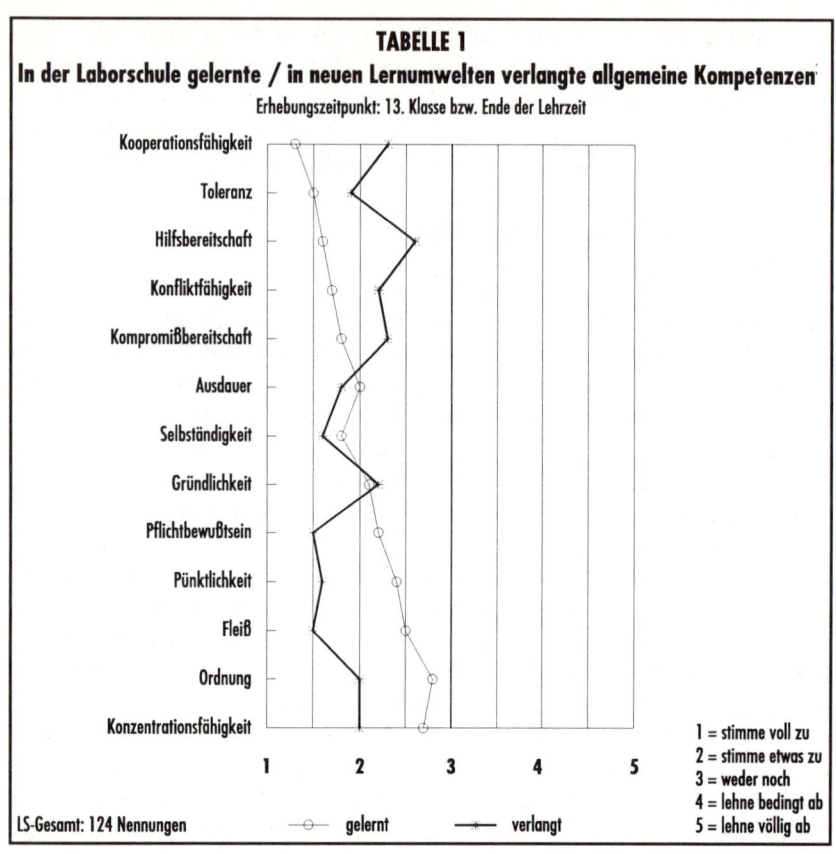

TABELLE 1

In der Laborschule gelernte / in neuen Lernumwelten verlangte allgemeine Kompetenzen

Erhebungszeitpunkt: 13. Klasse bzw. Ende der Lehrzeit

Kooperationsfähigkeit
Toleranz
Hilfsbereitschaft
Konfliktfähigkeit
Kompromißbereitschaft
Ausdauer
Selbständigkeit
Gründlichkeit
Pflichtbewußtsein
Pünktlichkeit
Fleiß
Ordnung
Konzentrationsfähigkeit

1   2   3   4   5

1 = stimme voll zu
2 = stimme etwas zu
3 = weder noch
4 = lehne bedingt ab
5 = lehne völlig ab

LS-Gesamt: 124 Nennungen   ──○── gelernt   ──✳── verlangt

hervorragendes Zeugnis aus (Tab. 1): Kooperationsfähigkeit, Toleranz, Hilfsbereitschaft und Konfliktfähigkeit sind Kompetenzen, die ihnen die Laborschule besonders gut vermittelt hat. Die meisten dieser Fähigkeiten werden ihnen nun aber in der beruflichen Tätigkeit weit stärker abverlangt als in der Schule: Toleranz, Hilfsbereitschaft und Kompromißfähigkeit scheinen in den Sek.-II-Schulen überhaupt nicht gefragt zu sein – dies stellt sich für die berufliche Ausbildung wesentlich anders dar (Tab. 2).

Dieses zweite Ergebis gewinnt an Brisanz, wenn man weiß, daß der weitaus größte Teil der ehemaligen Laborschüler nicht etwa die „normale" Oberstufe eines grundständigen Gymnasium besucht, sondern an einer der in Bielefeld angesiedelten Reformschulen (Oberstufen-Kolleg, Kollegschule, Gesamtschule) lernt. Und auch für diese Oberstufen mit Reformanspruch gilt, daß dort „Selbständigkeit" und „Kooperationsfähigkeit" nicht stärker gefordert wird als

156

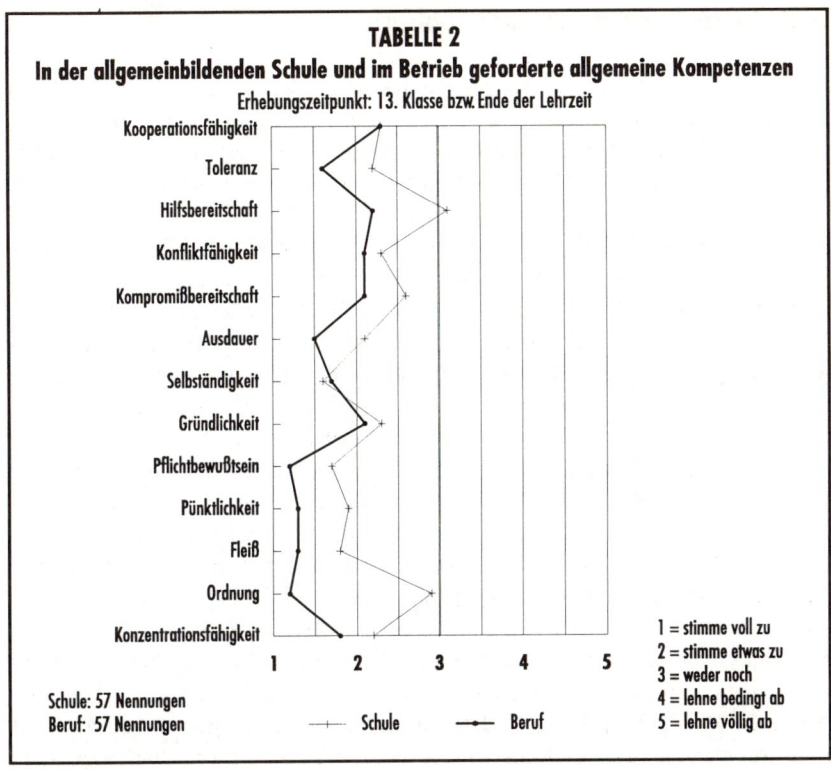

TABELLE 2
In der allgemeinbildenden Schule und im Betrieb geforderte allgemeine Kompetenzen
Erhebungszeitpunkt: 13. Klasse bzw. Ende der Lehrzeit

Kooperationsfähigkeit
Toleranz
Hilfsbereitschaft
Konfliktfähigkeit
Kompromißbereitschaft
Ausdauer
Selbständigkeit
Gründlichkeit
Pflichtbewußtsein
Pünktlichkeit
Fleiß
Ordnung
Konzentrationsfähigkeit

1   2   3   4   5

Schule: 57 Nennungen
Beruf: 57 Nennungen

⊢ Schule   ● Beruf

1 = stimme voll zu
2 = stimme etwas zu
3 = weder noch
4 = lehne bedingt ab
5 = lehne völlig ab

in der betrieblichen Ausbildung. Und „Hilfsbereitschaft" scheint in diesen Schulen geradezu ein Fremdwort zu sein. Kurz: Diese Ergebnisse sind wohl auch als eine massive Kritik an der schulischen Praxis in der Sekundarstufe II zu lesen.

Nun darf man diese Ergebnisse an einer einzigen Schule – einer herausragenden Modellschule dazu – nicht überbewerten. Dennoch halte ich dies für einen Hinweis, daß mit der angesprochenen Diskussion wohl tatsächlich eine geänderte betriebliche Realität verbunden ist. Die Erfahrungen, die die Laborschüler(innen) heute in der beruflichen Ausbildung machen, unterscheiden sich jedenfalls ganz erheblich von meinen eigenen Erfahrungen als Industrie-Lehrling in den 60er Jahren.

3. Kritische Rückfragen statt Euphorie

Als erste Zwischenbilanz läßt sich somit festhalten: Es gibt inzwischen eine weit differenzierte Sicht aus dem Wirtschafts- und Unternehmerlager auf die allgemeinbildende Schule: Der Glaube an die Richtigkeit einer möglichst gradlinig ausgerichteten Stoff- und Lernschule ist zumindest in den veröffentlichten Aussagen erheblich geschwunden; und die Bielefelder Absolventenstudie bestätigt, daß in der betrieblichen Praxis kommunikative und soziale Fähigkeiten weit stärker als in der Schule abgefordert werden. Ohne Zweifel haben sich vor diesem Hintergrund die Verständigungsmöglichkeit zwischen Vertretern der betrieblichen Ausbildung und reformpädagogisch engagierten Schulmenschen wesentlich verbessert. Und umgekehrt gilt, daß selbst unternehmer-kritische Lehrer(innen) zunehmend interessierter auf Methoden und Verfahren der betrieblichen Berufsausbildung schauen und sich dort auch schon das eine oder andere abgeguckt haben. Dieses neugierige Hinschauen führt nun allerdings dazu, daß gelegentlich sehr euphorische Töne angeschlagen werden. So ist z. B. *Reinhard Kahl* völlig fasziniert von der Berufsausbildung bei der „Wacker-Chemie" in München. Dort wird kooperativ in Übungsfirmen gearbeitet, dort gehören Kunst- und Malübungen genauso zum Ausbildungsprogramm wie Vorträge über Kulturrevolution. Und dies alles vollzieht sich in einem wunderschönen Gebäude, in dem sich auch eine Biotop-Anpflanzung befindet. Kahl nimmt dieses Beispiel exemplarisch, um festzustellen: Die Industrie habe den Abschied von der Fabrik des 19. Jahrhunderts längst vollzogen, Kreativität statt Drill sei dort längst Realität. Unsere Schule habe diesen Übergang nicht geschafft, hier herrsche vorwiegend immer noch die Stoff-, Drill- und Frontalpädagogik des 19. Jahrhunderts. Die Schule wird als eine sozial rückständige Einrichtung beschrieben; nicht nur Fortschritt, sondern auch Emanzipation liegen nun bei den Arbeitgebern. Das hört sich bei *Reinhard Kahl* dann so an:

„Die Austreibung des Eigensinns, die lange den heimlichen Lehrplan der Schulen bestimmte, die Erziehung zur Anpassung, ist heute aus der Sicht der Industrie kontraproduktiv. Produktiver wird indessen, das Eigene der Menschen zu akzeptieren und zu fördern ... Wenn sich die Industrie nun auf die Suche nach kreativen Ressourcen machen muß, weil sie darin entscheidende Wettbewerbsvorteile sieht, dann beginnt in dem Spiel von Selbst- und Fremdbestimmung ein neuer Satz" (*Kahl* 1993, S. 13).

Doch bei aller Freude über gewisse Bewegungen in der bildungspolitischen Landschaft gilt wohl: Das kritische Nachfragen, die auch ideologiekritische Analyse diese neuen Töne aus den Chef-Etagen ist keineswegs überflüssig, sondern dringend geboten. Genau dies soll im folgenden in sechs Punkten versucht werden:

1. Zunächst einmal fällt auf, daß sich die angesprochene Diskussion, daß sich auch das von Kahl beschriebene Ausbildungsbeispiel, auf das obere Segment der Schulabsolventen – auf die Abiturientinnen und Abiturienten bezieht. Ihre Einfügung in die Aufgaben der qualifizierten Sachbearbeitung, in die Position des mittleren und gehobenen Managements größerer Unternehmen wird von den Vertretern der Wirtschaft in den Mittelpunkt gerückt. Und auch die Beispiele für die sich immer stärker durchsetzenden Anforderungen auf Kooperation und Kreativität werden überwiegend aus den Entwicklungsbüros und weniger aus den Werkhallen geholt. Allenfalls werden in die Diskussion noch besonders qualifizierte gewerbliche Ausbildungsberufe etwa aus der Metall- und Elektrobranche einbezogen (vgl. z. B. *Institut der Deutschen Wirtschaft* 1987). Zu fragen ist daher: Wird hier – wieder einmal – so getan, als gäbe es unter den Heranwachsenden vor allem Abiturienten?

2. Mir scheint, daß diese Diskussion damit bewußt oder naiv die „Höherqualifizierungs-These" unterstellt: Veränderte Technologien und eine Zunahme des Dienstleistungssektors lassen den Bedarf an generell höheren fachlichen und überfachlichen Qualifikationen wachsen; nun ist aber diese These alles andere als gesichert (vgl. z. B. *Kern/Schumann* 1984; *IAB* 1989). So führt die Einführung von Computern häufig dazu, daß lediglich Bediener-Qualifikationen – also der nicht durchschaute Umgang mit einer Technik – gelernt werden muß. Und in den USA ist den 70er und 80er Jahren zwar der Bedarf an Computer-Spezialisten gestiegen, aber noch weit höhere Zuwachsraten hat es im Bereich des Haus- und Wachpersonals gegeben (vgl. im einzelnen *Klemm/Rolff/Tillmann* 1985, S. 98 ff.). Also Vorsicht bei der Vorstellung, die Arbeitswelt bestünde künftig überwiegend aus hochqualifizierten und selbständig agierenden Teams.

3. Zum dritten fällt auf, daß es sich bei den Forderungen auf mehr „Kooperationsfähigkeit", „Teamgeist" oder „Innovationsfähigkeit" um völlig formale, inhaltliche beliebig füllbare Kategorien handelt. „Kooperationsfähigkeit" für Führungskräfte – so hat es einmal ein Trainee-Experte erklärt – heiße, „lernen, sich mit Fingerspitzengefühl durchzusetzen" (*Heid* 1990, S. 106). Demgegenüber sollen die zu Führenden – also etwa Facharbeiter oder „kleine Angestellte" – ja wohl die Fähigkeit entwickeln, die vorgefundenen Anforderungen auf Zusammenarbeit zu erfüllen, die auf Optimierung der Arbeitsergebnisse ausgerichtet sind. Welche „Kooperationsfähigkeit" ist gemeint, wenn Schule aufgefordert wird, mehr davon zu vermitteln? Warum wird dies in den Statements, aber auch im Konzept der Schlüsselqualifikationen selbst (vgl. *Mertens* 1974; *Beck* 1993) nicht hinreichend differenziert? Warum wird hier eine Hierarchisierung eher verschleiert?

4. Zu ähnlich problematischen Ergebnissen komme ich, wenn ich hinterfrage, was denn mit der Forderung nach „Verantwortungsbewußtsein" als Teil des beruflichen Verhaltens – und damit als Teil der schulischen Vorbereitung – gemeint sein kann. Schon *Max Weber* hat gezeigt, daß man nur für das Verantwortung tragen kann, worauf man auch selber verändernden Einfluß nehmen kann (vgl. *Weber* 1988 S. 551 f.). Worauf aber können Arbeiter – auch in ganz modernen Betrieben – Einfluß nehmen? Um das Problem, das damit steht, zu verdeutlichen, hat *Helmut Heid* (1990, S. 108) ein möglicherweise böses Beispiel gewählt: Ob in einer Druckerei Pornohefte oder anspruchsvolle Bücher gedruckt werden – der Drucker ist dafür „verantwortlich", daß die technische Qualität des Produkts so gut ist, daß es auf dem Markt erfolgreich sein kann. Seine „Verantwortung" darf sich nicht auf das Nachdenken über verwerfliche Zwecke, auf die kritische Kontrolle der Arbeitsinhalte beziehen. Vielmehr wird der abhängig Arbeitende auf die Erfüllung der vorgegebenen Zwecke mit dem Appell an die „Verantwortung" auch noch moralisch festgelegt wird. Was wir hier finden, ist also bestenfalls eine „halbierte Verantwortlichkeit". Soll die allgemeinbildende Schule darauf vorbereiten, oder ist es nicht gerade ihre Aufgabe, auch diesen Charakter der Halbierung und dahinter steckende Machtverhältnisse durchschaubar zu machen? Und gehört es nicht seit *Dewey* zum Konzept des Projektunterrichts, daß die Beteiligten auch die Zielsetzungen bestimmen, daß sie für das gesamte Vorhaben die Verantwortung übernehmen?

5. „Innovationsfähigkeit", „Flexibilität", manchmal auch „Kundenorientierung" oder gar „positives Denken" – all diese modernen betrieblichen Sekundärtugenden werden unbefragt und wie selbstverständlich unter eine Prämisse gestellt: Sie haben dem ökonomischen Zweck des einzelnen Unternehmens zu dienen. Nun ist dies ja keineswegs verwerflich, wenn dabei die Prinzipien der Menschenwürde gewahrt bleiben. Nur: In keiner der mir vorliegenden Stellungnahmen aus der Wirtschaft wird gefordert, daß die jungen Menschen sich mit dem damit verbundenen Zusammenhängen kritisch auseinandersetzen sollen: Wie sieht es denn aus mit den ökologischen Folgen der Industrialisierung? Was bewirken immer mehr Autos? Wo wird Umsatzsteigerung unverantwortlich? Welche Zusammenhänge bestehen zwischen den Gewinnen hier und der Armut in der Dritten Welt? Dies alles wird in den mir zugänglichen Papieren nirgendwo thematisiert, eine inhaltliche Hinwendung des „vernetzten Denkens" auf diese Sachverhalte ist aber dringend erforderlich. Hier geht es eben nicht um beliebiges Spezialwissen oder gar um abgestandenen schulischen Unterrichtsstoff – sondern um eine kritische Sichtweise der Welt und um ein verantwortungsbewußtes Urteil. Und an dieser Stelle ist die allgemeinbildende Schule gefordert, auch wenn die Betriebe diese Einsichten nicht einfordern. Und Projektarbeit in der Schule – etwa ein Dritte-Welt-Projekt – hat ja gerade die Absicht, diese Zusammenhänge durchschaubar zu machen.

6. Das gesamte Konzept dieser „modernen" Kompetenzen ist inhaltlich extrem unterbestimmt. Wenn in diesen Aussagen von Unterrichtsinhalten die Rede ist, dann fast ausnahmslos in einer angeblich kritischen Wendung: Inhalte erscheinen als „zuviel Stoff", als „abprüfbares Spezialwissen", es wird auf die angeblich immer kürzeren „Halbwertzeiten" des Fachwissens verwiesen. Daraus wird dann zugespitzt geschlossen: Weil über die zukünftigen benötigten inhaltlichen Qualifikationen nichts Gesichertes gesagt werden kann, soll die „moderne" Schule sich auf die Vermittlung formaler Qualifikation konzentrieren. Das Problem liegt nun darin, daß jede formale Bildung sich nur material – also an Inhalten – vollziehen läßt. Und Schule kann aus der Entscheidung über relevante und irrelevante, über bildsame und weniger bildsame Inhalte nicht einfach aussteigen. Und es geht in der Schule eben nicht um das Spezialwissen in hohen „Halbwertzeiten", sondern um die Aneignung fachlicher Grundqualifikationen und um den Erwerb eines kritischen Bildes von dieser Welt. Und dann kann man es drehen und wenden, wie man will: Dazu benötigt man als Orientierung ein Konzept von „Allgemeinbildung" – und genau dies ist das Konzept der „Schlüsselqualifikation" eben nicht. *Helmut Heid* (1990) hat auch an dieser Stelle die Kritik besonders zugespitzt formuliert: Die Flucht aus der Verbindlichkeit der Inhalte habe auch eine – vielleicht erwünschte – affirmative Wirkung. Sie führe zum Verbrauch, zur Austauschbarkeit und fortlaufender Entwertung inhaltlicher Bildung: Beliebigkeit und Flexibilität statt kritischer Deutung der Welt.

4. Projektarbeit mit ökonomischen oder mit pädagogischen Argumenten?

Was ist aus alledem zu folgern? Zunächst einmal sind die Veränderungen, die sowohl in der betrieblichen Ausbildung als auch in den schulpolitischen Aussagen der Wirtschaft zu beobachten sind, bemerkens- und begrüßenwert. Die Dialog- und Kooperationschancen mit Schule und Lehrern werden dadurch sicher wesentlich verbessert. Was die Diskussion zur Schulentwicklung, zur Schulreform im allgemeinbildenden Bereich angeht, so hat eine „alte" Diskussion einen wichtigen neuen Aspekt erhalten: Ansätze zur Projektarbeit, zu fächerübergreifendem Lernen, zur Abschaffung von Ziffernnoten, zur verstärkten Lehrer- und Schülerkooperation sind in der Schule ja keineswegs neu;

in den letzten Jahren haben sie erheblich an Boden gewonnen. Bisher wurden für diese alternativen Arbeitsformen gute pädagogische Argumente vorgetragen, die ihren Ausgangspunkt in ihren Fähigkeiten und Bedürfnissen des Kindes, aber auch in den Gesetzmäßigkeiten des Lernprozesses finden. Solche Reformargumente stießen und stoßen oft auf Widerstand. Dabei wird ganz häufig die Frage gestellt, ob die Kinder denn dann auch noch genug lernen, um im betrieblichen Konkurrenzkampf zu bestehen. Die zitierten Verlautbarungen aus der Wirtschaft und aus der Industriesoziologie sind nun offensichtlich geeignet, solche Vorbehalte abzubauen. Denn als neues Argument ist nun zu hören, solche pädagogischen Arbeitsformen seien nützlich für die Vorbereitung auf „dezentrale Insellösungen" in den Betrieben und auf Verfahren der „schlanken Produktion" (vgl. *Lehner/Widmaier* 1992). Es sieht so aus, als würde dadurch die Überzeugungskraft der pädagogischen Argumente wesentlich gestärkt; denn wenn wir die Schule reformieren, wenn wir den Projektunterricht befördern – so lautet nun die ‚Message' –, geht es nicht nur den Kindern, sondern auch den Betrieben besser. Dies ist für Pädagogen auf Elternversammlungen natürlich eine extrem attraktive Argumentation. Doch Vorsicht bei einer solchen Argumentationslogik! Schließlich sind wir Anfang der siebziger Jahre mit einer ähnlichen These schon einmal in eine schlimme Sackgasse gelaufen: Das damalige ökonomische Argument, die Schulreform nützte dem Wirtschaftswachstum und verhelfe zu beruflichem Aufstieg, erwies sich sehr bald als wissenschaftlich unhaltbar – und die uneingelösten Aufstiegshoffnungen werden den Schulreformern bis heute angelastet (vgl. *Tillmann* 1987, S. 9ff.). Spricht diese Erfahrung nicht dafür, die neue ökonomische Argumentation – so verführerisch sie gegenwärtig auch erscheinen mag – mit der gebotenen Skepsis zu behandeln? Denn ob der Trend zur „schlanken Produktion" auch in fünf Jahren noch als pädagogisch bedeutsam angesehen wird oder ob dann nicht ganz andere ökonomische Tendenzen vorherrschen, vermag gegenwärtig niemand zu sagen. Und gegen alle Euphorie ist zu betonen: Die betrieblichen Arbeitsaufgaben von „gestern" und „heute", selbst die von „morgen", sind ein extrem unsicherer Bezugspunkt nicht nur für die individuelle, sonder auch für die staatliche Planung von Bildung für die nächsten Jahrzehnte. Dies alles spricht dafür, auch künftig bei der Diskussion um Schulreform, um schulische Leistungen, und eben auch um Projektunterricht, die pädagogischen Argumente hinter den ökonomischen nicht zu verstecken.

Anmerkungen

1 Die vorangegangenen Darstellung stützt sich vor allem auf die folgenden Texte: *Peter Haase* (Personalchef bei VW): „Die Lehrer müssen umdenken", in: DER SPIEGEL 23/1992, S. 53 (Daraus die Zitate e, f, g). *Winfried Schlaffke* (Geschäftsführer des Instituts der Deutschen Wirtschaft): „Gefragt sind nicht mehr Einzelkenntnisse, sondern Bildung", in: Deutsche Lehrerzeitung 52/92, S. 3 (daraus das Zitat a). Im Mai 1992 fand im Internat Schloß Salem eine Tagung „Ausbildung 2000" statt, sie ist dokumentiert in: *Becker, G./Seydel, O.:* Neues Lernen. Frankfurt/M 1993. Dieser Band enthält Interviews mit sieben leitenden Ausbildungsmanagern von Großbetrieben (u.a. Bosch, Miele, Oetker, BMW, Dräger). (Hieraus die Zitate bzw. Verweise b, c, d).

2 Zit. nach Frankfurter Rundschau v. 28.9.1992.

3 Vgl. Kurzfassung des Gutachtens von *Lehner/Widmaier* 1992.

Literatur

Bastian, J.: Lehrer im Projektunterricht, in: Bastian, J./Gudjons, H. (Hg.): Das Projektbuch, Hamburg 1994, (4. Aufl.), S. 28–43

Beck, H.: Schlanke Produktion, Schlüsselqualifikationen und schulische Bildung. in: PÄDAGO-GIK, Heft 6/1993, S, 14–16

Becker, G./Seydel, O. (Hg.): Neues Lernen. Frankfurt/M. 1993

Biermann, Chr./Schütte, M.: Liebe, Freundschaft, Sexualität. Ein fächerübergreifendes Unterrichtsprojekt für die Jahrgänge 5/6. (IMPULS Bd. 27) Laborschule Bielefeld 1995

Haase, P.: „Die Lehrer müssen umdenken". in: Der Spiegel, H. 23/1992, S. 53

Hänsel, D.: Was ist Projektunterricht, und wie kann er gemacht werden? in: Hänsel, D./Müller, H. (Hg.): Das Projektbuch Sekundarstufe, Weinheim/Basel 1988, S. 11–45

Heid, H.: Ergebnisse der Qualifikationsforschung im Bereich beruflicher Bildung. in: Bund-Länder-Kommission für Bildungsplanung und Forschungsförderung (Hg.), Wie öffnet sich die Schule neuen Entwicklungen und Aufgaben? Bonn 1990, S. 94–110

Dewey, J.: Demokratie und Erziehung – eine Einleitung in die philosophische Pädagogik. Weinheim/Basel 1993, (Nachdruck der 3. Aufl. 1964)

Gudjons, H.: Projektunterricht begründen – sozialisationstheoretische und lernpsychologische Argumente, in: Bastian, J./Gudjons, H. (Hg.): Das Projektbuch II, Hamburg 1993 (2. Aufl.), S. 48–64

v. Hentig, H.: Die Bielefelder Laborschule – Eine empirische Antwort auf die veränderte Funktion der Schule. Bielefeld 1985

Heuser, Chr./Kübler, H.: Schüler/innenbetriebspraktiken und Berufswahlorientierung, in: Hänsel, D./Müller, H. (Hg.): Das Projektbuch Sekundarstufe, Weinheim 1988, S. 230–247

Instiut für Arbeitsmarkt- und Berufsforschung – IAB – (Hg.): Arbeitslandschaft bis 2010 (Verf.: Prognos-AG.). Nürnberg 1989

Institut der Deutschen Wirtschaft (Hg.): Berufsausbildung für das Jahr 2000. Eine Bilanz der Neuordnung der industriellen Metall- und Elektroberufe. Köln 1987

Kahl, R.: Schule u nd Fabrik: Abschied vom 19. Jahrhundert. in: PÄDAGOGIK, Heft 6/1993, S. 9–13

Kaske, K.: Neue Anforderungen an das Gymnasium: Projekte, fachübergreifender Unterricht, Basissischerung, in: Becker, G./Seydel, O. (Hg.): Neues Lernen. Die wechselseitigen Erwartungen von Schule und Wirtschaft. Frankfurt/M. 1993, S. 19–25

Kern, P./Schumann, M.: Das Ende der Arbeitsteilung? München 1984

Kleinespel, K.: Schule als biographische Erfahrung. Die Laborschule im Urteil ihrer Absolventen. Weinheim/Basel 1990

Klemm, K./Rolff, H.G./Tillmann, K.J.: Bildung für das Jahr 2000. Bilanz der Reform, Zukunft der Schule. Reinbek 1986 (3. Aufl.)

Lehner, F./Widmaier, U.: Eine Schule für eine moderne Industriegesellschaft. Studie im Auftrag der Gewerkschaft Erziehung und Wissenschaft, Landesverband Nordrhein-Westfalen, Essen 1992

Lenzen, K.D.: Zirkusschule – Schulzirkus. Essen 1992

Lütgert, W.: Soziale Kompetenzen – wo braucht man sie? Erfahrungen von Absolventen der Bielefelder Laborschule. in: PÄDAGOGIK, Heft 6/1993, S. 35–41

Mertens, D.: Schlüsselqualifikationen. in: Mitteilungen aus der Arbeitsmarkt- und Berufsforschung, Heft 7/1974, S. 36 ff.

Schlaffke, W.: Gefragt sind nicht mehr Einzelkenntnisse, sondern Bildung. in: Deutsche Lehrerzeitung, Ausgabe 52/1992, S. 3

Semmerling, R.: Projektwochen – alternatives Lernen in der Regelschule, in: Bastian, H./Gudjons, H. (Hg.), Das Projektbuch, Hamburg 1994 (4. Aufl.), S. 44–61

Tillmann, K.J.: Zwischen Euphorie und Stagnation. Erfahrungen mit der Bildungsreform. Hamburg 1987

Weber, M.: Politik als Beruf. in: ders., Gesammelte politische Schriften, Tübingen 1988

Johannes Bastian, Jochen Schnack
Projektunterricht und Schulentwicklung

Zur schultheoretischen Begründung eines neuen Verhältnisses von Unterrichtsreform und Schulentwicklung

Fragestellungen einer Schultheorie im Kontext von Schulpädagogik

Klaus-Jürgen Tillmann bilanziert 1995 die Tradition schultheoretischer Konzepte, wie sie vor allem in den siebziger Jahren entfaltet wurden, und hält dabei hinsichtlich der Aktualisierung und Präzisierung einer schultheoretischen Perspektive zweierlei fest:

■ Theoriebildung innerhalb der Schulpädagogik erfolgt in drei einander ergänzenden Perspektiven: als Theorie der Schule, als Didaktik und als schulische Sozialisationstheorie. Schultheorie ist demnach eine „Regionaltheorie" neben zwei anderen. Diese Regionaltheorien sollen nicht „überschneidungsfrei" arbeiten, sich aber durch jeweils eigene Kernfragen und Aufmerksamkeitsrichtungen ausweisen (S. 153).

■ Fokus einer Schultheorie ist das öffentliche Pflichtschulsystem als Gesamtstruktur und die einzelne Schule als Institution und damit als Glied des Gesamtsystems (S. 152). Mit *Benner* rückt er damit „die institutionellen Sach- und Systemzwänge der Schule als gesellschaftliches Teilsystem" (1978, S. 366) und deren pädagogische Bedeutung in den Mittelpunkt schultheoretischer Analysen (S. 152).

Bilanz der Projektdiskussion im Kontext von Schulpädagogik

Bilanziert man vor dem Hintergrund dieser Systematik die Diskussion über Projektunterricht, dann läßt sich diese unter vier Aspekten zusammenfassen:

1. Projektunterricht wird in diesem Band – aber auch von anderen Vertretern dieses Reformkonzepts – als umfassende Veränderungsperspektive von Schule und Unterricht einschließlich der damit verbundenen Fragen der Subjektentwicklung verstanden. Für eine schulpädagogische Fundierung folgt daraus die Notwendigkeit einer Diskussion dieses Reformkonzepts im Rahmen aller drei oben genannten schulpädagogischen „Regionaltheorien": der Didaktik, der schulischen Sozialisationstheorie und der Schultheorie.

2. Projektunterricht wird bislang vorwiegend im Kontext didaktischer Fragestellungen diskutiert. Dabei geht es insbesondere um die Begründung und Konkretisierung einer besonderen Unterrichtsform. Didaktische Bestimmungen dieser Unterrichtsform über Merkmalskataloge, Phasenbeschreibungen und/oder Akzentuierungen im Verhältnis zu anderen Unterrichtsformen liegen vor (vgl. z. B. *Bastian/Gudjons* 1990, *Frey* 1990 und *Otto* in diesem Buch). Zur didaktischen Begründung dieser besonderen Unterrichtsform werden Erkenntnisse der Lern- und Handlungstheorie herangezogen (vgl. *Gudjons* 1995 und in diesem Band).

3. Projektunterricht wird darüber hinaus im Kontext sozialisationstheoretischer Fragestellungen diskutiert. Dabei geht es sowohl um eine Analyse der mit Projektunterricht verbundenen Kommunikationsstrukturen, Beziehungsformen und der Subjektentwicklung in Lehr-Lern-Prozessen (vgl. z. B. *Bastian* 1986), als auch um eine Analyse der außerschulischen Sozialisationsprozesse und deren Auswirkungen auf Schule und Unterricht (vgl. *Gudjons* 1995 und *Holtappels* in diesem Band).

4. Projektunterricht wird auffällig selten im Kontext schultheoretischer Fragestellungen diskutiert. Die Frage nach dem Verhältnis von Projektunterricht und den institutionellen Sach- und Systemzwängen der Schule als gesellschaftliches Teilsystem, und das heißt auch nach den institutionellen Bedingungen, unter denen dieses Reformkonzept realisiert werden soll, wird kaum bearbeitet. Zu dieser Frage soll hiermit ein Beitrag geleistet werden.

Fragen an Projektunterricht aus schultheoretischer Perspektive

Zur Konkretisierung der schultheoretischen Fragerichtung schlägt *Tillmann* die Bearbeitung von zwei Fragen vor (1995, S. 154). Auf unser Thema übertragen lauten diese:

■ Unter welchen institutionellen Bedingungen finden Kommunikations- und Lernprozesse des Projektunterrichts statt, und welche Veränderungen der institutionellen Bedingungen sind möglich und nötig, um Projektunterricht zu verwirklichen?

■ Auf welche gesellschaftlichen Bedingungen sind die derzeitigen institutionellen Bedingungen zurückzuführen, und welche gesellschaftlichen Prozesse bewirken oder verhindern einen Wandel dieser institutionellen Bedingungen? Allgemeiner formuliert, geht es bei der Diskussion von Projektunterricht in schultheoretischer Perspektive also um das Verhältnis von Unterrichtsreform und Schulreform vor dem Hintergrund gesellschaftlicher Entwicklungen.

Zur Bearbeitung solcher Fragen schlägt *Tillmann* eine Kooperation der Schultheorie mit den beiden anderen Regionaltheorien vor:

Im gemeinsamen Blickfeld von Schultheorie und Didaktik geht es vor allem um die Beantwortung der Frage nach den angemessenen schulorganisatorischen Bedingungen für „guten Unterricht". Im gemeinsamen Blickfeld von Schultheorie und Sozialisationstheorie liegen vor allem die Fragen, die sich auf die Bedeutung institutioneller Arrangements für die Subjektentwicklung der Schüler(innen) beziehen (vgl. S. 154).

Es ist erstaunlich, daß zu diesem Reflexionszusammenhang bislang nur wenige Überlegungen vorliegen, weil sich Projektunterricht sowohl in seiner Tradition seit Beginn dieses Jahrhunderts als auch in den aktualisierten Konzepten seit Mitte der 70er Jahre als Veränderungsperspektive für Schule und Unterricht mit institutions- und gesellschaftskritischem Hintergrund versteht.

Als eines der wenigen Beispiele für solch eine umfassende Theorieperspektive kann die politik-soziologische Analyse des Projektunterrichts durch *Bernhard Suin de Boutemard* angeführt werden (1986, S. 62 ff.). Im Rückgriff auf die wissenschaftstheoretischen Grundlagen des Chicago-Pragmatismus von *John Dewey* und *George Herbert Mead* formuliert *Suin de Boutemard* den umfassenden Anspruch des Projektunterrichts im Unterschied zu anderen Reformkonzepten als Schul- und Unterrichtsform, in der die Mitglieder durch problemformulierendes und problemlösendes Handeln selbst lernen.

Zur schultheoretischen Abstinenz der Projektdiskussion

Die institutionellen Bedingungen wurden in der Diskussion über Projektunterricht zwar mitgedacht, jedoch nicht systematisch analysiert.

In der Rückschau läßt sich dieses Defizit aus dem Selbstverständnis einer Reformstrategie der „inneren Schulreform" erklären, die kritisch-reflektierend die Entwicklung eines Reformkonzepts in der Praxis beobachtet und systematisiert hat und so zu ihrer Weiterentwicklung beizutragen versucht hat.

Das theoretische Interesse einer solchen Konzeptualisierung von Reformpraxis galt aufgrund des reformpragmatischen Charakters weniger einer systematischen Analyse der institutionellen Sach- und Systemzwänge als vielmehr der Herausarbeitung produktiver Spannungen zwischen den konzeptionellen Herausforderungen dieser Unterrichtsform und den „gegebenen" institutionellen Handlungsspielräumen. Im Vordergrund stand das Interesse, die Akteure dieses Reformprozesses durch didaktische und sozialisationstheoretische Begründungen zu legitimieren und sie gleichzeitig zu ermuntern, trotz des „projektfeindlichen Charakters" der Institution schrittweise an der Umsetzung dieses Reformkonzepts zu arbeiten. Die dahinter liegende Haltung gegenüber den institutionellen Bedingungen entsprach dabei einer Mischung aus Resignation und Selbstüberschätzung.

Auf der Ebene der Reformpraxis galt entsprechend das Konzept eines individuellen Auslotens und Erprobens von konkreten Handlungsspielräumen der jeweiligen Individuen bzw. Einzelschulen. Bei denen, die sich mit der Erprobung dieser Unterrichtsform auseinandergesetzt haben, konnte – als ein Ergebnis der systemkritischen Analysen der Studentenbewegung – ein kritisch-distanziertes Verhältnis zur Institution vorausgesetzt werden. Der Eintritt dieser Generation in die Schulpraxis hat die Macht und die Beharrlichkeit der institutionellen Systemzwänge überdeutlich werden lassen, gleichzeitig aber auch den Blick dafür geöffnet, daß der Nahraum der Lehrer-Schüler-Interaktion, die Gestaltung von Unterricht und Schulleben Handlungsspielräume eröffnet, wenn sie individuell erstritten werden. Die reformpädagogische Orientierung, Unterrichtsreform mit einer langfristig angelegten Reform der Institution zu verbinden, diese aber nicht zur Voraussetzung der Reformarbeit zu machen, durchzieht deshalb theoretische Arbeiten und Projektpraxis gleichermaßen. Das Verhältnis der Reformpraxis gegenüber den institutionellen Verhältnissen kann als Strategie der Unterwanderung durch pädagogische Handlung und Argumentation beschrieben werden.

Exemplarisch für Analyse und Strategie der inneren Schulreform kann angeführt werden, was wir in unserem ersten Projektbuch 1986 einleitend zum Verhältnis von Unterrichtsreform und Bildungsreform und damit implizit zu den Reformperspektiven vor dem Hintergrund institutioneller Bedingungen formuliert haben (*Bastian/Gudjons* 1986, S. 8, 9):

Unter der Überschrift „Projektunterricht – Bildungsreform von unten" wird zunächst kritisch festgestellt, daß Schule im Sinne der „klassischen Verwaltungsbürokratie" zunehmend Anforderungen der Verwaltungsorganisation unterstellt ist. Gleichzeitig wird darauf verwiesen, daß in Stundentafeln und Richtlinien auch Spielräume zur eigenen Ausgestaltung pädagogischer Reformarbeit „an der Basis" gewährt werden – Spielräume für die Experimentierfreude und den Wagemut einzelner.

Bildungsreform von unten wird hier gegen die drohende Resignation aufgrund der vielfach als gescheitert deklarierten Bildungsreform der 60er und 70er

Jahre gesetzt. „Wenn also schon die Fortschritte im Bereich der äußeren Reform … wieder verloren zu gehen scheinen, dann wird Projektunterricht als zentrales Stück innerer Schulreform umso bedeutender. Bildungsreform von unten, – allerdings in inhaltlicher Kongruenz zu den Zielen der Gesamtreform: billiger darf Projektunterricht nicht werden. … Projektunterricht als Reform von unten wird nur dann zählebiger sein als umfassendere Ansätze, wenn er deren Intentionen zu seinen Orientierungspunkten macht." (ebd., S. 8, 9)

Die Notwendigkeit einer analytischen und praktischen Verbindung von innerer und äußerer Schulreform (*Schwänke* 1989) wird in dem 1990 folgenden Band ‚Das Projektbuch II' als komplementäres Verhältnis von innerer und äußerer Schulreform präzisiert (*Bastian/Gudjons* 1990, S. 18 f.). Das Fazit dieser Analyse lautet: „Wer das ‚Innenleben' der Schule unter der o.g. Leitperspektive verändert, wird sich längerfristig Fragen der äußeren Organisation … stellen müssen; und zwar immer dann, wenn pädagogische Ansprüche an schul(system)bezogene Grenzen stoßen" (ebd., S. 21). Damit ist die Perspektive einer schultheoretischen Analyse der institutionellen Bedingungen von Projektunterricht zwar formuliert, aber noch nicht konkretisiert. Deshalb fragen wir im folgenden Kapitel nach dem

Projektunterricht im Spannungsverhältnis zur Institution

Die erste der beiden oben formulierten Fragen an Projektunterricht aus schultheoretischer Perspektive lautet: Unter welchen institutionellen Bedingungen finden Kommunikations- und Lernprozesse des Projektunterrichts statt, und welche Veränderungen der institutionellen Bedingungen sind möglich und nötig, um Projektunterricht zu verwirklichen? Abgesehen von stufenspezifischen Besonderheiten wie beispielsweise dem Kurssystem der gymnasialen Oberstufe, die hier außer acht gelassen werden (vgl. dazu *Bastian u. a.* 1995), können vier für alle staatlichen Schulen geltende institutionelle Bedingungen genannt werden, die jede für sich, vor allem aber in ihrem Zusammenwirken zu den konzeptionellen Elementen des Projektunterrichts in einem Spannungsverhältnis stehen:

Das Fachunterrichtsprinzip

Das Fachunterrichtsprinzip legt fest, daß Unterricht verschiedenen Fächern zugeordnet ist, die relativ unabhängig voneinander unterrichtet werden. Funktion und Inhalt der Unterrichtsfächer sind Ergebnisse eines historischen Prozesses, in dem die jeweilige Gesellschaft das für ihren Fortbestand als wichtig erachtete Wissen in einer systematisierten Form und durch ausgebildete Spezialist(inn)en an die nachfolgende Generation zu vermitteln versucht (vgl. *Mannzmann* 1984; *Bracht* 1993). Die dem Fachunterricht angemessene Vermittlungsform ist der an der Fachsystematik orientierte Lehrgang. Das Fachunterrichtsprinzip ist über Lehrerausbildung, Stundentafeln und fachorientierte Lehrpläne abgesichert.

Projektunterricht steht zum Prinzip des Fachunterrichts in einem Spannungsverhältnis, weil er nicht die systematische Vermittlung von Fachwissen zum Ausgangspunkt des Unterrichts macht, sondern die gemeinsame Bearbeitung eines für die Beteiligten bedeutsamen Problems (vgl. *Bastian/Gudjons* 1990, S. 17 ff.). Dieser Perspektivenwechsel setzt sich nicht über die historisch gewachsene Bedeutung des Fachwissens hinweg, sondern weist diesem eine Funktion zu, die nur in einer fächerverbindenden bzw. fächerübergreifenden Form erfüllbar ist. Fachwissen wird dabei in einer die Fächergrenzen überschreitenden Form zur Bearbeitung eines Problems genutzt. Wenn Projektunterricht neben dem Lehrgang als Normalfall von Unterricht mit den institutionellen Bedingungen von Schule in Einklang gebracht werden soll, dann berührt dies nahezu alle aus dem Fachunterrichtsprinzip folgenden institutionellen Bedingungen. Da der Projektunterricht im Kontext der Allgemeinen Didaktik als eine Grundform von Unterricht gilt (vgl. *Klafki* 1985, S. 233 f.), steht nicht diese Unterrichtsform unter Legitimationsdruck, sondern die institutionelle Verfaßtheit von Schule, die immer noch nach dem Fachunterrichtsprinzip organisiert ist. Aufgabe von Schulentwicklung wird sein, die für die Integration von Projektunterricht notwendigen institutionellen Freiräume zu beschreiben und zu gestalten.

Die Lehrpläne

Lehrpläne werden als Zusammenstellung von Bildungsvorstellungen und Lehrinhalten verstanden (vgl. *Hacker* 1993, S. 972). Lehrpläne sind in der Regel fachbezogen ausgelegt und an der Systematik der jeweiligen Bezugswissenschaft orientiert; sie ordnen das Fachwissen nach inhaltlichen und altersangemessenen Aspekten, treffen eine Auswahl aus der Gesamtmenge des Wissens und formulieren damit eine Perspektive auf die Zukunft, indem sie vor allem jenes Wissen in Unterrichtsinhalte übersetzen, das nach Meinung der gegenwärtigen Generation für die zukünftige Generation unabdingbar ist (vgl. *Dingeldey* 1992, S. 151). *Tillmann* (1995b) unterscheidet drei Funktionen des Lehrplans:

- *Die Koordinierungsfunktion:* Durch Lehrpläne wird die Arbeit der einzelnen Schulen koordiniert, indem für die einzelnen Klassenstufen verbindlich zu behandelnde Inhalte vorgegeben werden. Auf diese Weise soll sichergestellt werden, daß die Lehrer(innen) das für jede Klassenstufe verbindliche Wissen berücksichtigen und die Abschlüsse an verschiedenen Schulen der gleichen Schulform vergleichbar sind.

■ *Die Orientierungsfunktion:* Diese Funktion zielt auf die Information der an Schule Beteiligten – insbesondere auf die Lehrerinnen und Lehrer. „Der Lehrplan formuliert ein Grundverständnis des jeweiligen Fachs, setzt einen Rahmen für die zu behandelnden Inhalte und soll darüber hinaus Anregungen und Hilfen für die Planung und Durchführung von gutem Unterricht geben" (ebd., S. 39).

■ *Die Legitimationsfunktion:* Der Lehrplan legitimiert die zu lehrenden Inhalte und Kompetenzen gegenüber der Öffentlichkeit, insbesondere gegenüber den Wissenschaften, den politischen Instanzen und den Eltern. Durch seine Begründung und seine Systematik weist er aus, daß der aktuelle Stand der fachdidaktischen Diskussion und die Erfordernisse der Gesellschaft berücksichtigt wurden.

Projektunterricht steht zu Lehrplänen in einem Spannungsverhältnis, weil er sich bei der Bestimmung der Unterrichtsinhalte auch an den Fragen und Interessen der Beteiligten orientiert (vgl. dazu ausführlich den Beitrag von *Speth* in diesem Band). Dieser Perspektivenwechsel setzt sich nicht über die gesellschaftliche Bedeutung und die damit verbundenen Funktionen der Lehrpläne hinweg; er verweist jedoch darauf, daß eine Auswahl aus der Gesamtmenge des Wissens für die Beteiligten vor allem dann pädagogisch bedeutsam wird, wenn diese an der Auswahl beteiligt werden. Wenn Projektunterricht neben dem Lehrgang als Normalfall von Unterricht mit den institutionellen Bedingungen von Schule in Einklang gebracht werden soll, dann bedeutet das für die Entwicklung von Lehrplänen, daß diese sich auf die zur Sicherstellung der o.g. Funktionen notwendigen Rahmenvorgaben beschränken müssen. Aufgabe von Schulentwicklung wird sein, die dann vorhandenen Freiräume für die Entwicklung von Schulprogrammen und Schulcurricula zu nutzen (zur Konkretisierung vgl. *Fleischer-Bickmann* 1994, S. 3).

Die Formen der Leistungsbewertung

Die Bewertung schulischer Leistung basiert vorwiegend auf individuell erbrachten, kognitiven Leistungen und deren Überprüfung mit Hilfe anerkannter und fachbezogener Instrumente; daraus folgt, daß Leistungsbewertung selektiv wirkt. Die Bewertung schulischer Leistung schöpft ihre Legitimation insbesondere aus ihrer gesellschaftlichen Bedeutung. Diese ergibt sich aus der Funktion des Schulwesens bei der Allokation der nachwachsenden Generation innerhalb der gesellschaftlichen Hierarchie und Aufgabenverteilung. Die Leistung der Schülerinnen und Schüler wird anhand eines vorgegebenen Maßstabs – idealtypisch anhand der Vorgaben des Lehrplans – gemessen und beurteilt. Das jeweilige Urteil ist ein entscheidendes Kriterium für den weiteren Bildungsgang bzw. Lebensweg des jeweiligen Schülers. Formale Gerechtigkeit (d. h. Vergleichbarkeit) wird durch die Einteilung der Schüler(innen) in altersgleiche Gruppen sowie durch gleiche Prüfungsaufgaben innerhalb der Lerngruppe hergestellt. Triebkraft für die umfassende staatliche Regelung der Leistungsbewertung im 19. Jahrhundert war die Durchsetzung einer leistungsbezogenen gegen eine herkunftsbezogene Allokation der nachwachsenden Generation (vgl. *Klafki* 1989, S. 16).

Projektunterricht steht zur herkömmlichen Leistungsbewertung in einem Spannungsverhältnis, weil er sich bei der Bestimmung der Schülerleistungen an einem erweiterten Leistungsbegriff orientiert, der inhaltliche, arbeitsmethodische und soziale Aspekte berücksichtigt (vgl. dazu *Bastian* in diesem Buch). Dieser erweiterte Leistungsbegriff setzt sich nicht über die gesellschaftliche Bedeutung der Allokationsfunktion von Schule und die damit verbundene Notwendigkeit der Leistungsbewertung hinweg; er verweist jedoch darauf, daß dieser Funktion von Schule inzwischen ein in der Allgemeinen Didaktik Mitte der 80er Jahre revidierter Leistungsbegriff zugrundeliegt (vgl. *Klafki* 1985, S. 174), dem die institutionell vorgeschriebenen Formen der Leistungsbewertung nicht mehr entsprechen. Wenn Projektunterricht neben dem Lehrgang als Normalfall von Unterricht mit den institutionellen Bedingungen von Schule in Einklang gebracht werden soll, dann bedeutet dies für die Bewertung von Leistungen, daß Formen der Leistungsbewertung zugelassen werden müssen, die einem erweiterten Leistungsbegriff gerecht werden. Aufgabe von Schulentwicklung wird sein, die dann vorhandenen Freiräume mit veränderten Formen der Leistungsbewertung zu gestalten.

Die Vorgaben der Schulorganisation

Das Fachunterrichtsprinzip und die darauf beruhenden Stundentafeln verlangen von Lehrer(inne)n vor allem in den Sekundarstufen I und II einen ständigen Wechsel der Inhalte bzw. der Lerngruppe. Dieser Wechsel ist bedingt durch die in der Regel verbindlichen 45-Minuten-Zeiteinheiten einer Unterrichtsstunde. Diese Zeiteinheit ist ein zentrales Element der Schulorganisation. Nach ihr werden die Stundentafel, die Berechnung der Lehrer(innen)arbeitszeit und die Zuweisung von Lehrkräften bemessen. Darüber hinaus folgen dieser Zeiteinheit im Zusammenspiel mit dem Fachunterrichtsprinzip und den Zielvorgaben der Lehrpläne

- eine Lernortentscheidung: aufgrund der kurzen Zeiträume findet Unterricht nahezu ausschließlich in Schulräumen statt;
- Entscheidungen für Sozialformen des Unterrichts und die darin implizite Rollenverteilung: der Lehrende hat das Planungs- und Steuerungsmonopol (vgl. *Wesemann* 1990, S. 135), die Lernenden werden zu Rezipienten;
- Entscheidungen für Formen der Leistungskontrolle: die übliche und vorgeschriebene Kontrollform der Klassenarbeit bzw. Klausur wird in der Leistungsanforderung auf die vorgegebene Zeiteinheit ausgelegt.

Projektunterricht steht zur Organisation der Schule als Stundenschule in einem Spannungsverhältnis, weil er bei der Unterrichtsgestaltung auf längerfristige und handlungsorientierte Lernprozesse in veränderter Rollenverteilung setzt und dabei prozeßorientierte Leistungen anstrebt. Diese veränderte Unterrichtsgestaltung setzt die Möglichkeit einer Schul- und Unterrichtsorganisation voraus, die diesen didaktisch begründeten Veränderungen den entsprechenden institutionellen Spielraum geben. Wenn Projektunterricht neben dem Lehrgang als Normalfall von Unterricht mit den institutionellen Bedingungen von Schule in Einklang gebracht werden soll, dann bedeutet dies für die Schulorganisation, daß langfristige Problembearbeitungsprozesse unter Einschluß der Arbeit an außerschulischen Lernorten ermöglicht werden müssen. Aufgabe von Schulentwicklung wird sein, die dann vorhandenen Freiräume mit veränderten Formen des Unterrichts auszugestalten.

Folgerungen

Schultheoretische Studien (vgl. z. B. *Fend* 1980 und *Klafki* 1989) sowie empirische Studien zur Schulentwicklung (vgl. z. B. *Bastian u. a.* 1995, *Rolff* 1995, S. 37 f.) verweisen auf eine hohe Interdependenz der institutionellen Faktoren. Diese Interdependenz gilt als eine wichtige Ursache für die von der Schulforschung diagnostizierte Beharrlichkeit sowohl des Gesamtsystems Schule als auch der Einzelschule. Wenn aber die einzelnen institutionellen Faktoren zueinander in einem komplexen Bedingungszusammenhang stehen, dann können tiefgreifende Veränderungen weder durch die Modifikation einzelner Faktoren, noch durch Einzelpersonen, aber auch nicht durch bildungspolitische Globalstrategien erreicht werden.

Die schultheoretische Analyse der institutionellen Bedingungen unter denen Projektunterricht stattfindet, läßt sich in drei Punkten zusammenfassen:
- Die institutionellen Rahmenbedingungen von Schule stehen in einem deutlichen Spannungsverhältnis zu den konzeptionellen Elementen des Projektunterrichts.

- Die institutionellen Rahmenbedingungen von Schule stehen in ihrer konkreten Auslegung im Widerspruch zu zentralen Aussagen und Erkenntnissen der Schulpädagogik, insbesondere der Didaktik.
- Die institutionellen Rahmenbedingungen von Schule stehen in einem hochgradig interdependenten Verhältnis zueinander; die Veränderung einzelner Faktoren ist deshalb im Sinne eines komplexen Schulentwicklungsprozesses nur wenig aussichtsreich.

Um das Beharrungsvermögen von Schule in ihrer institutionellen Verfaßtheit vor dem Hintergrund der dazu im Widerspruch stehenden didaktischen Entwicklungen genauer analysieren zu können, wären vielfältige schultheoretische Studien auf einer mittleren Ebene erforderlich. Dabei wäre u. a. herauszuarbeiten, wie die institutionellen Bedingungen auf die Handlungsspielräume der Akteure einwirken, aber auch ob und wie die Akteure mit ihren Handlungen die institutionellen Bedingungen beeinflussen. Die Bearbeitung dieser und anderer Fragen auf einer mittleren Ebene zwischen schultheoretischen und didaktischen Fragestellungen ist jedoch angesichts des gegenwärtigen Diskussionsstands der Schultheorie Programmatik, nicht Realität (vgl. *Tillmann* 1995, S. 156).

Darüber hinaus wäre eine schultheoretische Analyse um die Bearbeitung der oben genannten zweiten Frage nach den gesellschaftlichen Bedingungen der institutionellen Verfaßtheit von Schule zu ergänzen. Hierzu wären genauere Studien über den gesellschaftlichen Wandel und seine Auswirkungen auf Schule und Unterricht notwendig (vgl. dazu z. B. *Helsper/Krüger/Wenzel* 1996). Dies kann hier nicht geleistet werden. Zu einem Teilaspekt dieses Problems – den Veränderungen in der Arbeitswelt und deren Bedeutung für Projektunterricht – vergleiche den Beitrag von *Klaus-Jürgen Tillmann* in diesem Band.

Der folgende Abschnitt fragt deshalb zunächst einmal, wie Schule und die in ihr Handelnden mit den in diesem Abschnitt analysierten Widersprüchen zwischen institutioneller Verfaßtheit und pädagogischen Entwicklungen umgegangen sind und welche Konsequenzen sich daraus für das Verhältnis von Unterrichtsreform und Schulentwicklung ergeben. Systematisch ist dies die Frage nach

Schulentwicklung als Annäherung von innerer und äußerer Schulreform

Seit Anfang der 90er Jahre wird über Schulreform unter dem Titel „Autonomie von Schule" diskutiert. Die dieser Diskussion zugrundeliegende zentrale Annahme lautet: Die einzelne Schule braucht größere Planungs-, Entscheidungs- und Handlungsspielräume, um den Herausforderungen der Gegenwart gerecht werden zu können. Diese Diskussion nimmt das zentrale Anliegen innerer Schulreform nach einer Erweiterung der Handlungsspielräume auf, verbindet es mit einer neuen Forschungs- und Entwicklungsperspektive und formuliert bildungspolitische Konsequenzen zur Veränderung der institutionellen Rahmenbedingungen von Schulreform. (Zu einer neuen Balance von Schulreform und Bildungsreform vgl. ausführlich *Bastian* 1996). Diese Diskussion wird auf drei Ebenen geführt:

- Auf der Ebene der Bildungspolitik als Diskussion über eine Veränderung der institutionellen Rahmung von Schule, d. h. als Diskussion über die Veränderung der Schulgesetze und Schulverfassungsgesetze. Initiatoren dieser Diskussion sind Kultusministerien in den Ländern Hessen, Bremen, Niedersachsen, Hamburg und Nordrhein-Westfalen – ein zunächst erstaunliches Phänomen angesichts der Beobachtung, daß Bemühungen um eine freiere, lebendigere, lebensnähere Schule bislang eher von Lehrerinnen und Lehrern, manchmal auch von ganzen Kollegien initiiert und getragen wurden. Die Administration hatte dazu nicht selten eine skeptisch kontrollierende Distanz. Kennzeichen dieser bildungspolitischen Diskussion über die Gestaltung von Schule ist, daß Veränderungen der Rahmenbedingungen von außen an Schule herangetragen werden, dabei jedoch die Veränderung der Schulen von innen heraus zum Ziel haben.

- Auf der Ebene schulischer Reformpraxis sehen wir Lehrerinnen und Lehrer, beziehungsweise ganze Schulen, die ein erstaunliches Reformpotential entwickelt haben und dabei insbesondere die Veränderung des Unterrichts in den Blick nehmen. Von Autonomie wird dabei allenfalls am Rande gesprochen. Bisweilen gibt es sogar eine deutlich wahrnehmbare Skepsis gegenüber der bildungspolitischen Diskussion zur Erweiterung der Gestaltungsspielräume, weil dieser nicht nur eine zeitliche, sondern auch eine intentionale Nähe zu Kürzungen in den Bildungshaushalten unterstellt wird. Schule gestalten heißt für reformengagierte Lehrer(innen) und Schulen zunächst: sich selbst sowie den Schülerinnen und Schülern die notwendigen Bedingungen für guten Unterricht schaffen, heißt Schule von innen heraus verändern; daß diese Reformansätze durch institutionelle Veränderungen im Sinne von Gestaltungsautonomie unterstützt werden können, gerät auf der Ebene der Schulen erst allmählich in den Blick.

- Auf der Ebene der Erziehungswissenschaft gibt es seit Beginn der 90er Jahre Arbeiten, die Schulentwicklung vor allem als Organisationsentwicklung der Einzelschule verstehen und Schulen dabei unterstützen wollen, sich zu lernenden Organisationen zu entwickeln (vgl. *Dalin/Rolff* 1990). Etwa fünf Jahre zuvor, also etwa seit Mitte der 80er Jahre, hatte die Schulforschung die

Frage nach der Qualität der Einzelschule gestellt; die Diskussion der Schul-systeme und -formen war in den Hintergrund getreten. Die Leitfrage dieser neuen Forschungsperspektive lautete: „Was ist eine gute Schule?" Inzwi-schen kann die Schulpädagogik aufgrund von vorwiegend amerikanischen Untersuchungen recht genau formulieren, welche Faktoren eine gute Schule ausmachen (vgl. *Tillmann* 1989, *Aurin* 1990, *Steffens/Bargel* 1992).

Bilanziert man die Diskussion über die Erweiterung der Gestaltungsautonomie von Schulen, so zeichnet sich die Möglichkeit einer Annäherung der Bemühun-gen innerer und äußerer Schulreform ab.

Das Ergebnis könnte eine fruchtbare Synthese sein: Die relative Blindheit der inneren Schulreform gegenüber den institutionellen Bedingungen und ihren spe-zifischen Widerständen würde durch die vorrangig auf die Veränderung der Institution gerichtete Perspektive äußerer Schulreform ergänzt; die relative Blindheit äußerer Schulreform gegenüber den komplexen Kommunikations-und Interaktionsprozessen der Einzelschule und den dort arbeitenden Individuen würde durch die spezifisch pädagogische Perspektive der inneren Schulreform erweitert. In der Fokussierung der Perspektiven auf die Entwicklung der Ein-zelschule unter pädagogischen und institutionellen Aspekten liegt die neue Qua-lität einer Schulentwicklung als Institutions- und Professionsentwicklung.

Die mangelhafte Berücksichtigung der Komplementarität dieser beiden Reformstrategien hat zu einem Entwicklungsstand von Schulreform geführt, den die Bildungskommission NRW als Paradoxie beschreibt: „Viele Veränderun-gen im Verhältnis zu den zentralen Vorgaben der Stundentafeln und der Lehr-pläne spielen sich auf einer Ebene ab, die unterhalb der durch die Rechtsvor-schriften geschaffenen Strukturen liegt, so daß sich die paradoxe Situation eines Wandels der einzelnen Schule bei relativ großer Stabilität der zentralen Vor-gaben insgesamt ergibt" (1995, S. 143). Zugespitzt formuliert: Das Marken-zeichen innerer Schulreform sind graue Maßnahmen, die die institutionellen Bedingungen entweder ignoriert oder unterlaufen haben. Umgekehrt läßt sich daraus aber auch folgern, daß sich ein erheblicher Teil des Reformpotentials am Widerstand der institutionellen Grenzen aufgerieben hat.

Widersprüchliche Entwicklungen und deren Ursachen lassen sich sowohl aus der Perspektive der inneren wie auch der äußeren Schulreform beschreiben.

Auf der Ebene der inneren Schulreform lassen sich mindestens drei Span-nungsfelder beschreiben:

1. Die veränderten Voraussetzungen bei Schülerinnen und Schülern in allen Schulformen haben die Erprobung neuer Unterrichtsformen gefordert. Da in vielen Klassen die Voraussetzungen für einen vorwiegend lehrgangsorien-tierten Fachunterricht nicht mehr gegeben waren, wurden individualisierende

176

und handlungsorientierte Unterrichtsformen entwickelt. Freie Arbeit, Offener Unterricht und eben auch Projektunterricht stehen als Konzepte für diese Veränderungen. Dafür haben sich Lehrer(innen) Gestaltungsspielräume auf der didaktischen Ebene geschaffen.

Im Widerspruch dazu steht, daß die offiziellen Rahmungen in Form von Stundentafeln und Zeitstrukturen weitgehend unverändert geblieben sind. Die Notwendigkeit institutioneller Veränderungen im Sinne einer konsequenten Freigabe der didaktischen Gestaltungsspielräume auf der Ebene der Einzelschule wird erst im Zusammenhang mit der Autonomiediskussion gesehen.

2. Die Erprobung neuer Unterrichtsformen stand im Widerspruch zu den herkömmlichen Lehrplänen – sowohl zu deren quantitativen als auch zu deren qualitativen Vorgaben. Lehrerinnen und Lehrer, die sich stärker an den Interessen und Fähigkeiten ihrer Schüler(innen) orientieren und das jeweilige regionale Umfeld sinnvoll nutzen wollten, haben sich Gestaltungsspielräume auf der curricularen Ebene genommen.

Im Widerspruch dazu steht, daß die offiziellen Rahmungen in Form von Lehrplänen in vielen Ländern unbeweglich geblieben sind, auch wenn einige Länder inzwischen mit der Entwicklung von erheblich reduzierten und vergleichsweise flexiblen „Bildungsplänen" begonnen haben (vgl. PÄDAGOGIK 5/96). Die schon sehr viel ältere Diskussion über eine zumindestens teilweise Verlagerung der Curriculumarbeit in die einzelne Schule sowie eine entsprechende Zurücknahme der zentralen Vorgaben wurde erst im Zusammenhang mit der Autonomiediskussion bildungspolitisch konkretisiert.

3. Die Gestaltungsspielräume auf der didaktischen und curricularen Ebene gerieten in Widerspruch zu einer mißtrauisch kontrollierenden und von oben nach unten durchregierenden Schulaufsicht. Handlungs- und Gestaltungsspielräume wurden zunächst von Lehrer(inne)n erstritten, dann von der Aufsicht geduldet und sehr viel später in Einzelfällen auch gefördert. Diese Veränderung folgt der Einsicht, daß Versuche, Schulen von oben zu verändern, angesichts des Selbstbewußtseins und des Handlungsdrucks in vielen Schulen ihre Basis verloren haben. Seit einigen Jahren ist deshalb auch zu beobachten, daß die Schulaufsicht sich gegenüber Reforminitiativen „von unten" offener verhält.

Im Widerspruch dazu steht, daß die juristische Form der traditionell kontrollierenden Aufsicht in den meisten Bundesländern noch Realität ist, auch wenn sich die Umgangsformen zum Teil gewandelt haben. Die Notwendigkeit einer konsequenten – auch juristischen – Neuformulierung der Aufgaben der Schulaufsicht als Schulberatung wird erst im Rahmen der Autonomie-Diskussion gesehen.

Aus der Perspektive äußerer Schulreform sieht *H.-G. Rolff* die Ursachen für die Entstehung dieser Disparitäten in einer Bildungspolitik, die den Herausforderungen des Bildungssystems bislang mit „Gesamtsystem-Strategien" zu begegnen versuchte, dabei aber die faktischen Auswirkungen der jeweiligen Reformen auf der Ebene des Unterricht nicht hinreichend berücksichtigt hat. Für die Stagnation dieser Reformstrategie formuliert er mit Bezug auf Untersuchungen im europäischen Raum drei Gründe (vgl. *Rolff* 1995, S. 37 f.):

1. Gesamtsystem-Strategien setzen ein Wissen darüber voraus, wie unter Berücksichtigung aller Bedingungen eine Verbesserung für alle Schulen erzielt werden kann. Demgegenüber zeigen die Studien, daß bildungspolitische Vorstellungen von unterschiedlichen Schulen unterschiedlich interpretiert werden. Deshalb sind standardisierte Lösungen zum Scheitern verurteilt.

2. Gesamtsystem-Strategien sehen Lehrerinnen und Lehrer als Konsumenten neuer Ideen, die vorbereitete Lösungen einfach übernehmen. Forschungen widerlegen diese Annahme. Sie zeigen, daß Schulen versuchen, die Innovationen den jeweiligen Verhältnissen anzupassen.

3. Gesamtsystem-Strategien nehmen an, daß Innovationen zielgenau zu implementieren sind. Die Vorstellung, daß Innovationen in zentralen Einrichtungen entworfen und anschließend an die Adressaten weitergegeben werden kann, stammt aus dem Technikbereich und hat für Schulen nur eine geringe Bedeutung. Änderungen an Schulen sind ein komplexer, politischer, ideologischer, sozialer, organisatorischer und vor allem pädagogischer Entwicklungsprozeß, der einer eigenen Dynamik folgt.

Auf dieser Grundlage läßt sich die derzeitige Diskussion über eine Erweiterung des Handlungsspielraums der Einzelschule als ein Versuch interpretieren, das beschriebene Spannungsverhältnis zwischen innerer und äußerer Schulreform zumindestens teilweise aufzulösen. Voraussetzung ist allerdings,

■ daß die Vertreter der äußeren Reform – sowohl in der Bildungspolitik als auch in der Erziehungswissenschaft – sich auf die komplexe Dynamik von pädagogischen Veränderungsprozessen einlassen und unterschiedliche Entwicklungen im Sinne einer Profilierung einzelner Schulen akzeptieren und fördern;

■ daß die Vertreter der inneren Reform – sowohl an den Schulen als auch in der Erziehungswissenschaft – sich in der Analyse und Gestaltung von Schulentwicklungsprozessen auf die institutionelle Verfaßtheit von Schule und die damit verbundenen Möglichkeiten und Grenzen einlassen und so den postulierten Anspruch an Unterrichts- und Schulreform einlösen.

Diese Synthese aus innerer und äußerer Schulreform soll im folgenden Abschnitt konkretisiert werden.

Projektunterricht: Ein Konzept zur Schul- und Professionsentwicklung

Erinnert sei zunächst an den eingangs zitierten Anspruch des Projektunterrichts, der sich im Unterschied zu anderen Reformkonzepten als Schul- und Unterrichtsform versteht, in der die Mitglieder durch problemformulierendes und problemlösendes Handeln selbst lernen.

Orientiert man sich an diesem Anspruch, dann versteht sich Projektlernen eben nicht nur als Konzept zur Reform des Unterrichts, sondern gleichzeitig als ein Schulentwicklungskonzept. Dieser Anspruch soll abschließend vor dem Hintergrund der voranstehenden schultheoretischen Analyse skizziert werden.

So wie sich die Mitglieder einer Schulklasse oder Lerngruppe einem Problem nähern, um es gemeinsam durch problemformulierendes und problemlösendes Handeln zu bearbeiten, genauso kann sich ein Kollegium der eigenen Schule als sozialer Organisation zuwenden. Die Parallelität der Herangehensweise, der Arbeitsformen und der Zielperspektive soll anhand von vier Projektschritten verdeutlicht werden, wie wir sie in Anlehnung an *Dewey* (1916, S. 203 ff.) formuliert haben (vgl. *Bastian/Gudjons* 1990, S. 28 ff.).

Für Unterricht haben wir als ersten Schritt eines Projektprozesses formuliert, daß eine für den Erwerb von Erfahrungen geeignete, problemhaltige Sachlage ausgewählt wird.

Überträgt man dies auf einen Schulentwicklungsprozeß, so läßt sich zunächst festhalten, daß jede Einzelschule als soziale Organisation im Sinne einer solchen „problemhaltigen Sachlage" interpretiert werden kann. Die Ausgangssituation eines Projektlernprozesses haben wir mit den Merkmalen „Situationsbezug", „Orientierung an den Interessen der Beteiligten" und „gesellschaftliche Praxisrelevanz" konkretisiert, das heißt: Die Beteiligten sollen einen Bezug zur eigenen sozialen Situation, zu ihren eigenen (Veränderungs-)interessen und zur gesellschaftlichen Bedeutung des Problems erkennen. Auch diese Merkmale lassen sich auf Schulentwicklungsprozesse übertragen. Erst wenn deutlich ist, was sich für mich als Mitglied der sozialen Organisation in einem solchen Prozeß erreichen läßt und welche Bedeutung diese Arbeit für Schule als gesellschaftliche Institution hat, bin ich bereit, mich auf eine genauere Analyse dieser Schule, ihrer Stärken, Schwächen und Veränderungsperspektiven vor dem Hintergrund gesellschaftlicher Wandlungsprozesse einzulassen.

Für Unterricht haben wir als zweiten Schritt eines Projektprozesses formuliert, daß die Beteiligten gemeinsam einen Plan zur Problemlösung entwickeln.

Überträgt man dies auf einen Schulentwicklungsprozeß, so läßt sich festhalten, daß ein solcher Prozeß nur dann gelingen kann, wenn die Beteiligten gemeinsam erarbeiten, was in welchen Schritten wie bearbeitet werden soll, welche Informationen dafür zusammengetragen werden müssen, in welchen Zeiteinheiten und in welcher Form der Arbeitsteilung die vereinbarten Ziele erreicht werden sollen. Die Einigung auf einen kleinschrittig operationalisierten Arbeitsplan mit einer vorläufig formulierten Zielperspektive ist sowohl für das Unterrichtsprojekt als auch für das Projekt ‚Schulentwicklung' unabdingbar.

Für Unterricht haben wir als dritten Schritt eines Projektprozesses formuliert, daß sich die Beteiligten mit dem Problem handlungsorientiert und kooperativ auseinandersetzen.

Überträgt man dies auf einen Schulentwicklungsprozeß, so läßt sich festhalten, daß ein solcher Prozeß nur gelingen kann, wenn sich die Beteiligten auf diesen Prozeß praktisch experimentierend und kooperierend einlassen. Im Sinne dessen, was auf der Ebene des Unterrichts „soziales Lernen" heißt, geht es in Schulentwicklungsprozessen um die praktische Erprobung von Veränderungsschritten im Team. Dabei werden Erfahrungen gemacht, ausgetauscht, dokumentiert und an andere vermittelt. Dabei gibt es Konflikte, Enttäuschungen und Rückschläge, die gemeinsam ausgehandelt und getragen werden müssen. Kooperation und Experimentierfreude sind sowohl für das Unterrichtsprojekt als auch für das Projekt ‚Schulentwicklung' wichtige Voraussetzungen. Erfahrungen zeigen, daß es gerade in dieser Phase auch eine hohe Übereinstimmung in den Schwierigkeiten geben kann.

Für Unterricht haben wir als vierten Schritt eines Projektprozesses formuliert, daß die erarbeitete Problemlösung an der Wirklichkeit überprüft wird.

Überträgt man dies auf einen Schulentwicklungsprozeß, so läßt sich festhalten, daß ein solcher Prozeß nur gelingen kann, wenn die Beteiligten ihre Arbeitsergebnisse zu vereinbarten Zeitpunkten evaluieren und damit in ihren Auswirkungen auf die angestrebten Veränderungen der Schule als soziale Organisation überprüfen. Die Entwicklung von neuen Instrumenten zur Selbstevaluation, die den Prozeß rekonstruieren und die Zielerreichung überprüfen – Lehrerinnen und Lehrer werden in einer Evaluationphase vermutlich kaum Klausuren schreiben – hat sowohl für das Unterrichtsprojekt als auch für das Projekt ‚Schulentwicklung' eine hohe Bedeutung.

Diese Skizze eines Schulentwicklungsprozesses als Projekt, in dem die Mitglieder einer Einzelschule durch problemformulierendes und problemlösendes Handeln selbst lernen, soll nun abschließend im Kontext eines etablierten Schulentwicklungskonzeptes diskutiert werden.

Das derzeit einzige über längere Zeit in Nordrhein-Westfalen, seit drei Jahren in Bremen und auf internationaler Ebene in Norwegen und den Niederlanden erprobte Konzept der Schulentwicklung ist das von *Per Dalin, Hans-Günter Rolff* und *Herbert Buchen* entwickelte Konzept mit dem Titel „Institutioneller Schulentwicklungsprozeß", kurz ISP (1995). Das Projektkonzept weist eine hohe Parallelität zu den im ISP entwickelten Phasen und der Zielperspektive dieses Schulentwicklungsprozesses auf, kann aber auch als Kompensation möglicher Schwächen dieses Ansatzes verstanden werden.

Als Reaktion auf einige kritische Einwände gegen ISP diskutieren die Autoren in der 2. vollständig neu bearbeiteten Fassung von 1995 (S. 333 f.) unter anderem zwei Fragen: „Vernachlässigt das ISP das Subjekt?" und „Erreicht ISP überhaupt den Unterricht?" Kritische Stimmen gegenüber dem ISP lassen sich dahingehend zusammenfassen, daß dieses Konzept primär auf das System Schule ziele und die dort arbeitenden Subjekte und deren konkrete Haupttätigkeit, den Unterricht, nicht genügend berücksichtige. Unabhängig davon, ob diese Kritik berechtigt ist – sie ließe sich aufgrund der vielfältigen Varianten dieses Konzepts auch nur im Rahmen einer Evaluation einzelner Schulentwicklungsprozesse überprüfen – liegen darin jedoch Hinweise auf mögliche Schwachstellen systembezogener Konzepte der Organisationsentwicklung (vgl. ausführlich *Bastian* 1997).

Ein am Projektkonzept orientierter Schulentwicklungsprozeß kann mit Blick auf diese Einwände für sich in Anspruch nehmen, daß er durch seinen expliziten Bezug auf die Parallelität zwischen Veränderungsprozessen des Unterrichts und der Schule als Institution die zunächst unterrichtsbezogene Perspektive von Lehrerinnen und Lehrern aufgreift und diese schrittweise auf eine systembezogene Perspektive überträgt. Diese Perspektive kann in sechs Punkten konkretisiert werden:

Ein projektorientierter Schulentwicklungsprozeß

- geht von den konkreten Bedürfnissen der beteiligten Subjekte und deren unterrichts-, schul- und personenbezogenen Veränderungsinteressen aus,
- greift auf konkrete Unterrichtserfahrungen zurück, indem er Methoden des Projektlernens auf systembezogene Veränderungsprozesse überträgt,
- involviert die Lehrerinnen und Lehrer in ein eigenes Projekt, das Rückschlüsse auf die Verbesserung von Unterrichtsprojekten ermöglicht,
- entwickelt prozeßbezogene Evaluationsinstrumente, die sowohl im Schulentwicklungsprozeß als auch in Unterrichtsprojekten von Bedeutung sind,
- ermöglicht Erfahrungen mit Schwierigkeiten und Lösungsansätzen für projekttypische Probleme auf der Kommunikations- und Beziehungsebene,
- hilft bei der Auseinandersetzung mit dem komplexen Verhältnis von Unterrichtsreform, Schulentwicklung und den interdependenten institutionellen Bedingungen, indem er diese nicht einzelnen zumutet, sondern als Ent-

wicklungsaufgabe eines Kollegiums definiert, das sich als pädagogische Handlungseinheit versteht. In diesem Sinne kann ein Projektkonzept, das sich als Schul- und Unterrichtsform versteht, in der die Mitglieder durch problemformulierendes und problemlösendes Handeln selbst lernen, einen Beitrag dazu leisten, die im Rahmen der schultheoretischen Analyse herausgearbeiteten Spannungen zwischen Projektunterricht und Schule konstruktiv aufzunehmen und in einem Projekt Schulentwicklung an deren Überwindung zu arbeiten.

Literatur

Aurin, K. (Hg.): Gute Schulen. Worauf beruht ihre Wirksamkeit? Bad Heilbrunn 1990

Bastian, J.: Lehrer im Projektunterricht. Plädoyer für eine profilierte Lehrerrolle in schülerorientierten Lernprozessen. In: Bastian/Gudjons a.a.O. 1986, S. 28 ff.

Bastian, J.: Autonomie konkret. Vier Thesen zu einer neuen Balance von Schulreform und Bildungspolitik. In: PÄDAGOGIK, 48, Jg., Heft 1/1996, S. 6 ff.

Bastian, J.; Gudjons, H. (Hg.): Das Projektbuch. Hamburg 1986 (4. Aufl. 1994)

Bastian, J.; Gudjons, H.: Projektunterricht – Bildungsreform von unten. In: dies. 1986, S. 8 ff.

Bastian, J.; Gudjons, H. (Hg.): Das Projektbuch II. Über die Projektwoche hinaus. Projektlernen im Fachunterricht. Hamburg 1990 (2. Aufl. 1993)

Bastian, J.; Gudjons, H.: Projektunterricht: Geschichte und Konzept als Perspektive innerer Schulreform. In: dies. 1990, S. 17 ff.

Bastian, J.; Gudjons, H.; Schnack, J.: Reform der Sekundarstufe II: Das Beispiel der Profiloberstufe. Hamburg 1995 (Manuskript)

Bastian, J.: Pädagogische Schulentwicklung. Von der Unterrichtsreform zur Entwicklung der Einzelschule. In: PÄDAGOGIK, 49. Jg., Heft 2/1997, S. 6 f.

Benner, D.: Hauptströmungen der Erziehungswissenschaft. München 1978 (2. Aufl.)

Bildungskommission NRW: Zukunft der Bildung – Schule der Zukunft. Neuwied 1995

Bracht, U.: Fach – Fächerkanon. In: Lenzen, Dieter (Hg.): Pädagogische Grundbegriffe. Reinbek 1993, Bd. 1, S. 578 ff.

Dalin, P.; Rolff H.-G.: Institutionelles Schulentwicklungsprogramm. Soest 1990

Dalin, P.; Rolff H.-G.; Buchen, H.: Institutioneller Schulentwicklungsprozeß. 2. neu bearb. Aufl., Bönen 1995

Dewey, J.: Demokratie und Erziehung. Original 1916. Deutsche Übersetzung Braunschweig 1964 (3. Aufl.). Nachdruck hg. von J. Oelkers, Weinheim und Basel 1993

Dingeldey, E: Lehrpläne und ihresgleichen – Verwaltungshandeln oder mehr? In: Steffens, U.; Bargel, T. (Hg.): Schulentwicklung im Umbruch. Analysen und Perspektiven für die zukünftige inhaltliche Gestaltung von Schule. (Beiträge aus dem Arbeitskreis Qualität von Schule, Bd. 6), Wiesbaden 1992, S.149 ff.

Fleischer-Bickmann, W.: Rahmenplan und Schulcurriculum. In: Buchen, H./Horster, L./Rolff, H.G. (Hg.): Schulleitung und Schulentwicklung. Stuttgart 1994

Fend, H.: Theorie der Schule. München, Wien, Baltimore 1980

Frey, K.: Die Projektmethode. 3. erw. Auflage Weinheim und Basel 1990

Gudjons, H.: Handlungsorientiert Lehren und Lernen. 4. Aufl., Bad Heilbrunn 1995

Hacker, H.: Lehrplan. In: Lenzen, Dieter (Hg.): Pädagogische Grundbegriffe, Bd. 2, Reinbek 1993, S. 972 ff.

Helsper, W.; Krüger, H.-H.; Wenzel, H. (Hg.): Schule und Gesellschaft im Umbruch. Band 1: Theoretische und internationale Perspektiven. Weinheim 1996

Klafki, W.: Neue Studien zu Bildungstheorie und Didaktik. Zeitgemäße Allgemeinbildung und kritisch-konstruktive Didaktik.Weinheim und Basel 1985

Klafki, W.: Gesellschaftliche Funktionen und pädagogischer Auftrag der Schule in einer demokratischen Gesellschaft. In: Karl-Heinz Braun u.a. (Hg.): Subjektivität, Vernunft, Demokratie. Analysen und Alternativen zur konservativen Schulpolitik. Weinheim und Basel 1989, S. 4 ff.

Mannzmann, A. (Hg.): Geschichte der Unterrichtsfächer. Bde. 1 bis 3. München 1984

PÄDAGOGIK Themenheft: Lehrpläne – Fessel oder Hilfe? PÄDAGOGIK, 48. Jg., Heft 5/1996

Rolff, H.-G.: Autonomie als Gestaltungs–Aufgabe. Organisationpädagogische Perspektiven. In: Daschner, P./ Rolff, H.-G./ Stryck, T. (Hg.): Schulautonomie – Chancen und Grenzen. Impulse für die Schulentwicklung. Weinheim und München 1995, S. 31 ff.

Schränke, U. (Hg.): Innere und äußere Schulreform. Hamburg 1989

Steffens, U.; Bargel, T.: Erkundungen zur Qualität von Schule. Neuwied 1992

Suin de Boutemard, B.: Projektunterricht: Geschichte einer Idee, die so alt ist wie unser Jahrhundert. In: Bastian/Gudjons a.a.O. 1986, S. 62 ff.

Tillmann, K.-J. (Hg.): Was ist eine gute Schule? Hamburg 1989

Tillmann, K.-J.: Auf dem Weg zu einer Theorie der Schule. Fünf Thesen zur Klärung. In: ders.: Schulentwicklung und Lehrerarbeit. Hamburg 1995, S.143 ff.

Tillmann, K.-J.: Lehrpläne und alltägliches Lehrerhandeln: Das Forschungskonzept. In: Hessisches Institut für Bildungsplanung und Schulentwicklung (HIBS) (Hg.): Lehrpläne und Lehreralltag. Einführung neuer Rahmenpläne in Hessen. Wiesbaden 1995b, S. 3 ff.

Wesemann, M.: Die institutionellen Strukturen der Schule und die Lehrerfortbildung. In: Wenzel, H.; Wesemann, M; Bohnsack, F. (Hg.): Schulinterne Lehrerfortbildung. Weinheim 1990, S.123 ff.

Didaktische Begründungen

Gunter Otto
Projektunterricht als besondere Unterrichtsform

Projektunterricht ist nicht per se guter Unterricht. Nicht alles, was den Modus des Lehrgangs verfehlt, ist Projektunterricht (Zur Diskussion der Merkmale von Projekten vgl. u. a.: *Gudjons* 1992, S. 61 ff.; *Kaiser* 1985, S. 550 ff.; *Otto* 1977, S. 151 ff.; *Struck* 1980, S. 19 ff.). Qualifizierter Projektunterricht kann sich heute nicht mehr allein auf *Dewey* und *Kilpatrick* berufen. Der Gegensatz von Lernen und Leben beschreibt noch keine Schule. Die Unterrichtsaufgabe der Schule muß in allen Modalitäten des Lehrens und Lernens erkennbar ernstgenommen werden.

Ich will nachfolgend vier Problemkreise bearbeiten: die Anlässe für die Forderung nach Projektunterricht; den Zweifel am Defizitvorwurf gegenüber der gegenwärtigen Schule; die Grenzen und Aufgaben der Pflichtschule; das Veränderungspotential von Projektunterricht.

Peter Petersen beginnt sein Nachwort zur deutschen Ausgabe von *Dewey-Kilpatricks* Projektplan (*Dewey/Kilpatrick* 1935) mit dem Hinweis, an der Geschichte des nordamerikanischen Schulwesens könne wie an einem Schulbeispiel abgelesen werden, wie sich überhaupt öffentliche Erziehung an die ursprüngliche Form der Haus- und der Meistererziehung angeschlossen habe (a.a.O., S. 206).

Vernachlässigt man den speziellen Kontext, tritt das universelle Problem zutage: In welchem Verhältnis stehen später entstehende zu früher entstandenen Konzepten? Petersen scheint im Blick auf die nordamerikanischen Bedingungen an einen schlüssigen Prozeß zu glauben, innerhalb dessen die ‚private Instruktion' in Lesen und Religion auf die städtischen Schulmeister und von denen auf die öffentlichen Schulen überging. Sein Modell ist einfach: Die harten Lebensbedingungen hätten dazu geführt, daß die Eltern und die Lehrmeister selbst gewahr wurden, daß sie ihre erzieherischen Pflichten nicht erfüllen konnten. Kirche und Staat hätten schließlich Eltern und Lehrmeister bei der Erfüllung ihrer religiösen Verpflichtungen zu unterstützen. Dieser Prozeß kulminierte im Jahre 1642 in dem Massachusetts Law in dem Satz: „The universal education of Youth is essential to the wellbeing of the State" (zit. nach ebd.).

187

Möglicherweise stimmt die so angenommene Struktur für die amerikanische Situation des Pionierzeitalters. Für das Verständnis aktueller Problemlagen, z.B. für die Veränderung der allgemeinbildenden Schule durch Projektunterricht, scheinen mir Petersens Annahmen zu einfach.

Zur aktuellen Option für eine historische Unterrichtsform

Das verstärkte Interesse an projektähnlichen Formen des Unterrichts fällt, wenn auch in einiger Verschwommenheit, mindestens seit der Reformpädagogik bei Beginn des Jahrhunderts als Gegensatz zum lehrgangsorientierten Unterricht auf (*Oelkers* 1989). Es ist, zwar begrifflich oft ungenau und nur beiläufig, auch in den 50er Jahren erkennbar (Erwähnung u. a. bei *Odenbach* 1961). Seit Ende der 60er Jahre ist ‚Lernen in Projekten‘ im Kontext der kritischen Befragung vieler tradierter Unterrichtsformen in Schulen wie in Hochschulen ein zentrales Thema der Hochschuldidaktik, der Schulpädagogik, der Schulfach-Didaktik sowie der Lehrplan- und Curriculumtheorie mit allen Konsequenzen für das implizite Verständnis u. a. von Wahrnehmung, Erfahrung und Handlung, um nur die markantesten praxisbestimmenden topics zu nennen. Auffällig ist dabei, daß sich die didaktische Aufmerksamkeit für diese Unterrichtsform unter durchaus unterschiedlichen politischen Randbedingungen verstärkt und präzisiert hat. Selbst für die letzten dreißig Jahre gilt, daß der Kontext, innerhalb dessen die Diskussion seinerzeit vor allem unter Studierenden begonnen hatte, heute nicht mehr gegeben ist. Gleichzeitig ist mindestens der Begriff in den vergangenen 30 Jahren in die Sprache der Schulorganisation und in die Verwaltungssprache eingegangen, und in methodischer Hinsicht ist der Projektunterricht oder der projektorientierte Unterricht zu einem Kern der allgemein- und der fachdidaktischen, aber ebenso auch der hochschuldidaktischen Diskussion geworden.

Angesichts dieser Beobachtung bedarf *Suin de Boutemards* These von der „politikgeschichtlichen Voraussetzung der Projektpädagogik" (*Suin* 1986, S. 62) einer erneuten Erörterung.

Seine These lautet: Projektpädagogik hat ‚politik-geschichtliche‘ Voraussetzungen, die im Sinne der Bürger- und Menschenrechte einzelnen und Gruppen erlaubten, „die Gestaltung ihrer Verhältnisse durch problemformulierendes und problemlösendes Handeln selber zu lernen" (ebd.). Bezogen auf diese Feststellung, ist zunächst zu markieren, daß die Diskussion über die Theorie und Praxis der Projektpädagogik unter höchst unterschiedlichen ‚politik-geschichtlichen Voraussetzungen‘ und innerhalb differenter Gestaltungsräume für notwendig gehalten worden ist: im Kaiserreich, am Ende der Rekonstruktionsphase der Bundesrepublik/West, nachdrücklich zur Zeit einschneidender wirtschaftlicher Krisen der 90er Jahre; oder weiter ausholend sowohl aktuell unter den Lebensbedingungen industrialisierter Gesellschaften in Europa (vgl. u.a. *Bie* 1972; *Bossing* 1942; *Bundeassistenkonferenz* 1970) als auch innerhalb der amerikanischen Verhältnisse der dreißiger Jahre und davor (vgl. u. a.: *Dewey / Kilpatrick* 1935) aber auch als Element der sozialistischen Pädagogik in der UDSSR (vgl. u. a. *Krupskaja* 1953, 1959; *Blonski* 1973/1919).

Solche politisch-soziologisch höchst unterschiedlichen Randbedingungen für die Forderung nach Projektorientierung des Unterrichts legen zwei Annahmen nahe: Entweder werden auch in differenten gesellschaftlichen Formierungen und Entwicklungen immer wieder ähnliche Forderungen an die Schule gestellt, oder es gibt unterhalb aller dieser „politikgeschichtlichen Milieus" *(Suin)* ein gleichbleibend basales Defizit, das aus der Geschichte des Schulwesens begründet werden kann. Die zweite Annahme verschärft die erste. Ich will die Defizitthese diskutieren.

Der Defizitvorwurf gegenüber der allgemeinen öffentlichen Schule

Das nun in Deutschland seit bald 100 Jahren anhaltende Interesse am Projektunterricht resultiert fast linear aus einem Vorverständnis von Schule (*Kob* 1978), ja beinahe aus dem Aufgabenkatalog, der zu ihrer Begründung führte.

Die Gründung allgemeinbildender Schulen und die Einführung der allgemeinen Schulpflicht gehen auf eine gesellschaftliche, eine ökonomische und durch Wissenschaft geprägte Situation zurück, in der „für immer größere Teile der Bevölkerung eine planmäßige Vermittlung von komplexen Lerninhalten außerhalb von Ernstsituationen" unerläßlich schien (*Fingerle* 1989, S. 1327). Genau auf dieser Linie hat sich das System Schule ausdifferenziert: die Anzahl der Fächer ist größer, ihre Abgrenzung gegeneinander verfeinert worden, der Abstraktionsgrad der Lerninhalte hat mit ihrer Systematisierung zugenommen, die Vermittlungs- und Lernstrategien sind sowohl spezieller als auch gegenstandsunabhängiger geworden. Weitgehend herrschen deduktive gegenüber induktiven, gesicherte und auf Wiederholbarkeit angelegte gegenüber experimentellen Strategien vor. Alles in allem: In dem Prozeß, in dem die Schule als notwendig erkannt wurde, weil des Notwendige nicht mehr im Dabeisein und Mitmachen, im Vollzug der Alltagspraxis also, gelernt werden konnte, mußte die Distanz zwischen dem konkreten ,Leben' und der Schule wachsen. Wahrnehmungsdefizite, Verlust konkreter Erfahrung und eingeschränkte Erfahrungsmöglichkeiten sind die Folge.

Hier liegt bis zum heutigen Tag der Ausgangspunkt für die Forderung nach Projekten. Angesichts der Alternative, einerseits die Spannung zwischen Theorie und Praxis, Wissenschaft und Alltag, zwischen Reflektieren und Handeln didaktisch kleinzuarbeiten oder andererseits in alltagspraktische Bezüge einzuführen, hat sich die Schulkritik immer wieder für den deklamatorischen Ruf nach ‚Lebensnähe‘, nach mehr ‚Praxis‘, nach höheren Anteilen von ‚Handlung‘ entschieden. Diese Herkunftslinie erklärt wohl auch, daß in einer auf Distanz zur Lebenspraxis entworfenen Schule (s. o.) eine große Zahl von Projekten immer wieder an der Peripherie der Schule verbleibt und oft genug an fehlender Kompetenz der Lehrenden scheitert.

Kilpatrick hatte schon im Jahre 1918 *Deweys* Umstellung vom Lehrgangs- auf den Projektunterricht in der Laborotary School als Wandel von der ptolemäischen zur kopernikanischen Weltauffassung beschrieben: „Der Mittelpunkt der Auffassung ist vom Fach verlegt auf das Leben, von Untätigkeit auf dynamisches Leben und Wiedererleben." (zit. nach *Boutemard* 1986, S. 67)

Diese Argumentation und das abschließende Zitat weisen auch auf die ideologischen Anteile des Streits hin. Um ein (pädagogischer) Kopernikus genannt zu werden, hätte Dewey nicht nur eine neue Form des Unterrichts erfinden müssen, sondern eine andere Schule. Aber die Schule blieb Schule. Innerhalb eines tradierten Systems, innerhalb der bestehenden Schulstruktur kann man neue Möglichkeiten entdecken, Veränderungsprozesse in Gang setzen, Freiräume schaffen – aber wahrscheinlich keine kopernikanischen Wenden herbeiführen. Auch wer die Defizite einer primär lehrgangsorientierten Schule zugibt, wird über die Relation zwischen konventionellen Lehrgängen und innovativen Projekten nachdenken müssen. Produktiv kann die Diskussion werden, wenn über das Spannungs-, das komplementäre Verhältnis nachgedacht wird, in dem innerhalb der Institution unterschiedliche Erfahrungs-, Handlungs- und Vermittlungsmodalitäten inszeniert werden. Andernfalls gerät man in eine bereits ohnehin verstopfte Sackgasse: der pejorative Sprachgebrauch solcher Wendungen wie „Lernschule", „Verkopfung" oder „bloße Wissensvermittlung" legt die falsche Annahme nahe, in unseren Schulen werde zu viel gelernt, dem Kopf zu viel zugemutet, zuviel Wissen vermittelt. Mein Gott Nein: Nicht Lernen und Wissensvermittlung sind zu reduzieren, nicht der Kopf ist zu schonen. Es kommt auf bessere, vielfältigere Inszenierungen *jeglichen* Lernens an, auf motivierende Zumutungen für den Kopf, den Leib und die Sinne (vgl. die Kontroverse *Prange* 1995 / *Rumpf* 1996).

Die Pflichtschule setzt die Grenze und stellt Ansprüche

Es sind die Struktur und Geschichte der Schule selbst, die die Möglichkeit und Wünschbarkeit von Unterrichtsformen und die Interaktionen zwischen allen Beteiligten beeinflussen – z. B. auch hinsichtlich der Innovationsangebote, die von Lehrern und Lehrerinnen, von Schülerinnen und Schülern, von Eltern angenommen werden.

An einem Gymnasium versucht eine Lehrerin in der Elternversammlung, den Beitrag der Eltern für ein außerschulisches Treffen mit den Schülerinnen und Schülern unterschiedlicher nationaler Herkunft zu diskutieren. Mehrere Anwesende stimmen ein, als ein Vater meint: „Was da zu tun ist, müssen Sie entscheiden. Sie – nicht wir – haben die Verantwortung. Sagen Sie uns, was es kostet."

Als der Lehrer mit einer Hauptschulklasse den Ablauf einer Betriebsbesichtigung vorbesprechen will und Erkundungsaufgaben zur Wahl stellt, fragt ein Schüler: „Warum sagen Sie uns nicht, was wir machen sollen? Was soll das Gelaber?"

In solchen Äußerungen manifestiert sich ein erinnertes, erfahrenes oder erwartetes Bild von Schule und Lehrerhandeln, das auf ein konventionelles Schema hinausläuft: Unterricht soll klar strukturiert sein, Schüler sollen wissen, was sie zu tun haben, klare Anweisungen unterstützen die Aufrechterhaltung von Ordnung und Disziplin (vgl. *Schümer* 1996, S. 154). Bei denen, die so unterrichten, verbessern sich die Schülerleistungen. Und daraus folgt konsequenterweise, Lehrerinnen und Lehrer werden „in erster Linie danach beurteilt (...), ob sie sich im Unterricht Respekt verschaffen können und ob man bei ihnen etwas lernt ..." (ebd.). *Schümer* folgert meines Erachtens zutreffend, wenn diese Beschreibung stimmt, dann ist es auch einleuchtend, daß Lehrerinnen und Lehrer keine Risiken eingehen und ihren Unterrichtserfolg nicht gefährden wollen; d.h., sie unterrichten so, wie es die Schüler gewohnt sind und erwarten.

Dem entsprechen Quantität und Qualität von Projekten im Schulunterricht. In zwei neueren Untersuchungen wird angegeben: Von 3.815 Lehrerinnen und Lehrern aller Regelschulen in Baden-Württemberg, Berlin, Hessen und Nordrhein-Westfalen, die zum Zeitpunkt der Untersuchung in 3. Klassen Deutsch, Mathematik oder Sachkunde sowie in 7. Klassen Deutsch, Mathematik oder Englisch unterrichteten, haben 10 % im Berichtszeitraum ein Projekt durchgeführt (*Schümer* 1996, S. 143ff.). Eine etwa zur gleichen Zeit in Österreich durchgeführte Untersuchung weist einen Anteil von ca. 0,5 % Projektlernen am gesamten Unterricht aus (zit. nach *Schümer* 1996, S. 144).

In beiden Untersuchungen wird gleichzeitig eine außerordentlich niedrige Qualität der Projekte behauptet, die kaum den klassischen Merkmalen eines Projektes entspricht. Dies kann für Deutschland leicht aus dem Widerspruch erklärt werden, der darin besteht, daß in der Mehrzahl der Bundesländer in Lehrplänen und von Schulbehörden Projekte gefordert werden, die (vgl. oben) in das in der Schule tradierte und von der Schule erwartete, für typisch gehaltene Profil nicht recht passen wollen (vgl. dazu auch *Bastian / Schnack* in diesem Band).

Das führt stellenweise u. a. auch zu einer fast schon grotesk zu nennenden Beliebigkeit mancher Projektthemen, die durch eine halbherzige Praxis begünstigt wird. In manchen Schulen stellen Schülerinnen und Schüler, nicht selten am „schwarzen Brett", Wunschlisten für Projektthemen auf. In der Sek. II eines Gymnasiums reicht die Liste z. B. von „Fahrradflicken" bis zu „Tango tanzen lernen". Bei diesem Vorgehen ist zweierlei sicher: Einen unterrichtlichen Zusammenhang, innerhalb dessen die Projekte eine Funktion hätten, dürfte es kaum geben. Lehrerinnen- oder Lehrerkompetenzen kann es bei der weitgehend zufälligen Themenliste nur per Zufall geben. Und vor allem: Unterrichtsnahe, unterrichtlich relevante, aber arbeitsintensive Themen werden vermieden. Eine ansonsten wegen der intensiven Arbeitsatmosphäre in ihrem Unterricht von den Schülerinnen und Schülern geschätzte Lehrerin hatte – gegen die Regel – selbst ein Thema vorgeschlagen: „Planung einer Wanderung durch die Mark Brandenburg auf den Spuren Theodor Fontanes". Obwohl diese Exkursion demnächst bevorstand, fand der Vorschlag keine hinreichende Stimmenzahl.

Was geschieht hier? In einer stark ritualisierten, in der Regel lehrerorientierten und lehrgangsmäßig bestimmten Schule wird der von den Lehrern nicht strukturierte Projekttag auf Seiten der Schüler als unverbindliche „Öffnung" von der Schule, nicht aber als anderer Modus von Unterricht wahrgenommen, günstigenfalls als für Freizeitinteressen offene soziale Situation. Die Lehrerinnen und Lehrer sind großenteils außerstande, sich für die Projektgruppe, auf die sie mehr oder wenig zufällig treffen, kompetent zu machen. Der gruppeninterne Druck unter den Schülerinnen und Schülern hindert auch Interessierte, unterrichtsnahen oder auf unterrichtliche Kontexte beziehbaren Themen zuzustimmen.

Projekte werden in der Schule eher als Ernstfall erlebbar, wenn sie auf dem Weg über oder durch Unterricht zustandekommen. „Freischwebende" Projekte werden als Freiraum innerhalb von Schule wahrgenommen, in dem weder Lehrende noch Lernende Verpflichtungen eingegangen sind, noch einzugehen gedenken.

Die Untersuchungen von *Gundel Schümer* erweisen auch, daß es allenfalls zufällige Zusammenhänge zwischen der Bereitschaft, projektorientiert zu unterrichten, und Fachzugehörigkeiten oder Schulgröße oder Schülerzahlen in den

Klassen gibt. Die Häufigkeit von Projektunterricht hängt nicht primär mit den äußeren oder organisatorischen Bedingungen der schulischen Arbeit zusammen (*Schümer* 1996, S. 147).

Vielmehr gibt es einen ganz anderen Zusammenhang: Projektorientiert unterrichtet, wer auch in seinem konventionellen Unterricht durch größeren Medieneinsatz, stärkere Methodenvielfalt und einen erheblichen Arbeitsaufwand bei der Vorbereitung auffällt. Solche Lehrerinnen und Lehrer „sind bestrebt, ihren Schülern eine anregende Lernumwelt zu bieten, die sie nicht zur bloßen Rezeptivität verurteilt, sondern ihre Aktivität fördert und ihnen sichtbare Erfolge beschert." (*Schümer* 1996, S. 149). Das heißt, diese Lehrerinnen erfüllen die konventionellen Erwartungen, die an die Schule gestellt werden und tun nichts Ungewöhnliches, wenn sie Schülerinnen und Schüler auch auf dem Weg über Projekte aktivieren und motivieren. Sie greifen im Schutze der Institution nicht nur auf „probate" Mittel und Verfahren zurück. Sie unterrichten innerhalb des Systems anspruchsvoll, deswegen „können sie wenigstens ab und zu ein Risiko eingehen und handlungsorientierten, schülerzentrierten Unterricht durchführen", Spielräume nutzen, auf Autorität verzichten, weil sie prinzipiell jederzeit in der Lage sind, eine dem Lernen angemessene Atmosphäre herzustellen" (*Schümer* 1996, S. 155).

Fazit: Sicher kann man über die Position von *Gundel Schümer* offensiver hinausgehen. Aber das Basisdatum bleibt bestehen:

Konventioneller Unterricht kann als Bedingung der Möglichkeit von Projekten gar nicht gut genug sein. Eine dem Lernen „angemessene Atmosphäre" – das ist eine Atmosphäre, in der Lehrerinnen und Lehrer, Schülerinnen und Schüler sich so sicher fühlen, daß sie Risiken eingehen können – ist die Voraussetzung sowohl für konventionellen wie für projektorientierten Unterricht.

Die Veränderungspotentiale von Projekten in der Schule

Ich will abschließend Veränderungsmöglichkeiten in drei Dimensionen erörtern, die durch Projekte eröffnet werden können, aber auf den Unterricht als Ganzes zurückwirken. Meine drei Stichworte sind: Wahrnehmung (und Interpretation), Handlung, (Selbst)Erfahrung, (vgl. eine ähnliche Veränderungstendenz bei *Duncker* 1988, S. 40f.).

Die Psychologie lehrt die nicht nur theoretische Schwierigkeit, Wahrnehmung, Erfahrung und Lernen voneinander zu trennen. „Lernen und Wahrnehmen wirken in beiden Richtungen aufeinander. Einerseits gibt es Veränderungen des Wahrnehmungsverhaltens durch Erfahrung, andererseits bestimmt die Art der Wahrnehmung das Lernen (*Bergius* 1971, S. 61).

Wahrnehmung ist für jeden Lernakt konstitutiv, zumal dann, wenn darunter nicht lediglich visuelle oder auditive Wahrnehmung verstanden wird und wenn Wahrnehmen nicht als passiver Rezeptionsprozeß, sondern als Rationalität erzeugendes, komplexes und aktives Verhalten verstanden wird. Die differenzierteste Ausarbeitung zur Wahrnehmungsproblematik liegt gewiß aus phänomenologischer Sicht und hier vor allem von *Merleau-Ponty* (1965) vor. Er faßt die Phänomenologische Position so zusammen: Die Phänomenologie ziele auf Enthüllung der Welt. Erkenntnis stützte sich letztlich auf die Kommunikation mit der Welt als erster Stiftung einer Rationalität. Rationalität bemesse sich an der Erfahrung, in der sie sich enthülle. Dies geschehe, indem Perspektiven sich kreuzten, Wahrnehmungen sich bestätigten und Sinn erscheine (vgl. *Merleau-Ponty* 1965, S. 16 f.). „Die phänomenologische Welt ist nicht Auslegung eines vorgängigen Seins, sondern Gründung des Seins; die Philosophie ist nicht Reflex eines vorgängigen Seins, sondern Gründung des Seins; die Philosophie ist nicht Reflex einer vorgängigen Wahrheit, sondern, der Kunst gleich, Realisierung von Wahrheit." (a. a. O. S. 17).

Die phänomenologische Argumentation, die meines Erachtens zur Intensivierung der unterrichtlichen Arbeit führen kann (vgl. *Peters* 1996), soll das hier leitende Verständnis von Wahrnehmung profilieren. Wahrnehmung ist weder positivistisches Registrieren gegebener Objekte noch lediglich Vorstufe des Erkenntnisprozesses.

Für Unterricht folgt aus solchem Wahrnehmungsverständnis u. a., daß alle diejenigen Situationen, in denen es um Sinnfragen, um Vieldeutigkeit der Phänomene, um soziale Zusammenhänge geht, freigehalten werden von vorfixierten Sinnangeboten, auf Eindeutigkeiten zielenden Interpretationen und undifferenzierten Konfliktvermeidungsstrategien, freigehalten auch von Vormeinungen der Lehrenden im Sinne abschließender Urteile, die durch Kompetenz oder Sozialisation bedingt sind. Es liegt auf der Hand, daß die Suche nach Rationalität auf dem Weg über Kommunikation schon allein aus äußeren Gründen in Projekten bessere Chancen hat als im unterrichtlichen Lehrgang. Die Arbeit in Gruppen begünstigt Kooperation und Kommunikation. Die mindestens nicht so rigide limitierte Zeit schafft eher Gelassenheit für Probehandlungen. Die interdisziplinäre Anlage des Arbeitens öffnet mehr Raum für Nachdenklichkeit und Deutung. Die mögliche Erfahrungsvielfalt verweist auf ein breiteres Spektrum von Lernprozessen.

In solchen projektorientierten Lernprozessen ist didaktische Kompetenz von Lehrerinnen und Lehrer gerade deswegen gefordert, weil die Freiräume der Lernenden nur auf dieser Basis vor Beliebigkeit und – was es ja auch gibt – Problemvermeidungsstrategien geschützt werden können. Kompetenz aller ist notwendig für die Antizipation von Situationen, für Moderation des Planens, Denkens und Handelns (vgl. *Otto* 1995).

Handlungsbezug des Lernens ist fast zum Schlagwort der aktuellen Didaktikdiskussion geworden. Dabei ist zweierlei zu beobachten: Vermutlich wird auf Grund dieser Diskussion in den Schulen nicht mehr und nicht weniger gehandelt als zuvor, und man wird achtgeben müssen, daß nun nicht jede Tätigkeit schon deswegen eine Handlung genannt wird, weil sie nicht im Sitzen geschieht.

Gudjons grenzt einen pädagogischen Handlungsbegriff gegen jede nur motivationale oder unterrichtsmethodische Instrumentalisierung ab. Handlungsorientierung versucht, „tätige Aneignung von Kultur in Form von pädagogisch organisierten Handlungsprozessen zu unterstützen. Über die ikonische Aneignungsweise hinaus bietet er die Möglichkeit, handelnd Denkstrukturen aufzubauen und den Zugang zur Welt nicht über ihre Abbilder, sondern durch vielfältige sinnliche Erfahrungen zu schaffen." Gemeint sind dabei Handlungen als tätiger Umgang mit Gegenständen, in sozialen Rollen und auf symbolischer Ebene. (*Gudjons* 1992, S. 56). Diese Elaborierung des Handlungsbegriffs geht weiter als die traditionelle „Produktorientierung" von Projekten. Die Absicht sei vielmehr, über Sinnlichkeit, Erfahrung, Tätigkeit / Handeln kognitive Strukturen aufzubauen. Dies schließt unmittelbar an *Deweys* dictum von der „denkenden Erfahrung" an.

Ein Unterrichtsbericht kann den gemeinten Handlungsbegriff konkretisieren und zeigen, inwiefern der Handlungsbezug etwas anderes als „Produktorientierung" intendiert. Eine Schülergruppe schreibt: „Unser Thema hieß ‚Im Rollstuhl'. Wir haben einige Rollstühle vom Behinderten-Heim ausgeliehen und sind damit in die Stadt und in Supermärkte gefahren. Wir waren ganz schön schockiert, wie uns die Leute angeschaut und behandelt haben. Viele haben aber auch ganz bewußt vorbeigeschaut, andere haben mit uns wie mit kleinen Kindern gesprochen. Wir haben viel über unsere Erfahrungen mit jugendlichen Behinderten geredet, was es heißt für sie, behindert zu sein ..." (zit. nach *Duncker/Götz* 1988, S. 135).

Duncker weist darauf hin, daß das Handlungsergebnis hier nicht in anfaßbaren Produkten bestehe, sondern „in persönlich tiefgreifenden Erfahrungen und Erkenntnissen über die Lebenssituation von Behinderten" (ebd.). Man mag bezweifeln, ob wirklich schon etwas über die „Lebenssituation" von Behinderten in Erfahrung gebracht worden sei. Aber zuzustimmen ist der Annahme, Gewinn und Nutzen der nachdenklich machenden Handlungen werden sich erst dann zeigen, „wenn konkrete Situationen eintreten, die die gewonnene Einstellung und Haltung auf die Probe stellen." (a. a. O., S. 139). Diese Probe dürfte allerdings bessere Chancen haben, als der Rückgriff auf gespeichertes Wissen über Behinderte oder z. B. die Erinnerung an eine Bildfolge.

Erfahrung hängt unmittelbar mit Lernen zusammen. „Erfahrungen werden ständig gemacht, denn die Interaktion von lebendigem Geschöpf und Umwelt ist Teil des eigentlichen Lebensprozesses" (*Dewey* 1980, S. 47). Von hier aus ist auch schon eine Beschreibung dessen möglich, was Lehren (in Institutionen wie der Schule) ist. Zum einen offenbar die Inszenierung von Situationen, in denen günstige Bedingungen für Erfahrungen bestehen, aber nicht für solche Erfahrungen, die ohnehin „ständig gemacht" werden, sondern für relevante Erfahrungen, relevant im Bezug auf „Sachen" und relevant für die handelnden Personen. Man könnte auch sagen, erfahrungsrelevant sind Situationen, in denen Defizite bestehen: Etwas läßt sich auf der Basis dessen, was die Beteiligten wissen oder können, nicht erklären oder verstehen, die bestehenden Vereinbarungen reichen für ein verträgliches Zusammenleben nicht aus, das Handeln Dritter ist vor dem Hintergrund gewohnter Konventionen oder der eignen Lebenserfahrung nicht verständlich. Alle diese Beispiele zeigen, neue Erfahrungen gehen immer schon von gemachten Erfahrungen aus. Lernen aus Erfahrung ist oft ein Umlernen (*Buck* 1989, S. 15).

Über ein durch Erfahrungen bestimmtes und zu neuen, aber ungewissen Erfahrungen führendes Projekt berichtet eine Schülergruppe: „… Schon lange sind wir mit unserer Schulordnung unzufrieden. Unser Rektor hat uns aufgefordert, einen Gegenvorschlag vorzulegen, der in den Klassen, im Lehrerkollegium und in der Schulkonferenz diskutiert werden kann. Wir haben die Projektwoche dazu benützt, die Schulordnungen auch von anderen Schulen anzuschauen, haben aber dabei wenig Übernehmenswertes gefunden. Unser Lehrer hat uns auch das Schulgesetz gegeben. Jetzt haben wir eine Umfrage unter Schülern, Lehrern und Eltern gestartet, die wir noch auswerten müssen. Wir hoffen, daß wir eine Lösung finden, glauben aber nicht, daß wir alle Wünsche durchsetzen können …" (*Duncker/Götz* 1988, S. 136).

In dem kurzen Textausschnitt wird viel von der Struktur eines Erfahrungsprozesses deutlich. Ausgangspunkt ist eine Defiziterfahrung und die Absicht, etwas zu verändern. Der Blick in andere Schulordnungen konfrontiert mit den in den Schulordnungen sedimentierten Konflikterfahrungen an anderem Ort und den dafür erdachten Lösungsvorschlägen. Die Umfrage schafft die Möglichkeit, die eigenen Erfahrungen (und Revisionsabsichten) mit den Erfahrungen der Interaktionspartner zu vergleichen. Und die Skepsis des Schlußsatzes? Worauf sollte sie beruhen, wenn nicht auf Erfahrung. Daß die Schülerinnen und Schüler trotzdem an einer neuen Schulordnung arbeiten, zeigt ihre Offenheit für neue Erfahrungen.

Von daher kann man einer sehr weit reichenden Formulierung von *Günther Buck* zustimmen. „Erfahrung erscheint als dasjenige, von woher überhaupt etwas lernbar ist, als Voraussetzung allen Lernens …" (*Buck* 1989, S. 11). Natürlich ist mit diesem Satz die ganze Schwierigkeit des institutionalisierten, also tendenziell vereinheitlichten Lehrens bezeichnet. Sie kann in diesem Zusammenhang nicht weiter verfolgt, geschweige denn gelöst werden. Aber die Chance von Projekten, die von konkreten Erfahrungssituationen der Schülerinnen und Schüler ausgehen, wird erkennbar. Das Problem der Schule hieße dann, persönliche Erfahrungssituationen der Schüler mit sachbezogenen Ansprüchen zu verbinden. Übrigens erweist sich dabei, daß die gemeinsame Vorbereitung der „Wanderungen durch die Mark Brandenburg" ein gutes Projektthema gewesen wäre. Wer hatte nicht schon einmal Erfahrungen mit schlecht vorbereiteten Ausflügen, Exkursionen, Museumsführungen etc. gemacht?

In unserem Beispiel werden einige andere Projekt-Aspekte fast beiläufig mit geklärt: Produkte sind nicht immer nur materiale Vergegenständlichungen oder sonstwie imponierend „Handgemachtes". Hier ist die Schulordnung das „materiale" Produkt. Aber das eigentliche Produkt ist der Plan der Schüler, „ein Stück Wirklichkeit für sich und ihre Mitschüler positiv zu beeinflussen" (*Dunckeг/Götz* 1988, S. 136). Und Handeln heißt hier, bezogen auf die angestrebte Wirkung lesen, vergleichen, diskutieren, aufschreiben, gegenlesen, Formulierungen erproben, auswerten usf.

Das möglicherweise zunächst trivial scheinende Beispiel sollte zeigen, wieviel unterrichtlich relevante Prozesse sich in einem Projekt abspielen und wie dringlich zu wünschen ist, daß viele Lerntätigkeiten aus Projekten in jeglichen Unterricht übergehen.

Literatur

Bastian, Johannes/Gudjons, Herbert (Hg.): Das Projektbuch. Hamburg 1986

Bastian, Johannes/Gudjons, Herbert (Hg.): Das Projektbuch II. Hamburg 1990

Bergius, Rudolf: Psychologie des Lernens. Stuttgart 1971

Bie, Louwerse De: Projektorientierung im pädagogischen Feld: Freiburg 1977

Blonski, P.P.: Die Arbeitsschule. Paderborn 1973 (russ. 1919)

Bossing, N.L.: Die Projektmethode. In: Kaiser, Annemarie / Kaiser, Franz-Josef (Hg.): Projektstudium und Projektarbeit in der Schule. Bad Heibrunn 1977

Buck, Günther: Lernen und Erfahrung. Darmstadt 1989

Bundesassistentenkonferenz (Hg.): Forschendes Lernen – wissenschaftliches Prüfen. Bonn 1970

Dewey, John: Kunst als Erfahrung. Frankfurt 1980

Dewey, John/Kilpatrick, William H.: Der Projektplan. Grundlegung und Praxis. Weimar 1935

Dieckmann, Bernhard: Erfahrung. In: Lenzen, Dieter (Hg.): Pädagogische Grundbegriffe, Bd. 1, S. 404–407. Hamburg 1989

Duncker, Ludwig/Götz, Bernd: Projektunterricht als Beitrag zur inneren Schulreform. Langenau-Ulm 1988 / 2. Aufl.

Fingerle, Karlheinz: Schule. In: Lenzen, Dieter (Hg.): Pädagogische Grundbegriffe, Bd. 2, S. 1326–1331. Reinbek 1989

Gudjons, Herbert: Handlungsorientiert lehren und lernen. Bad Heilbrunn 1992

Kaiser, Annemarie/Kaiser, Franz-Josef (Hg.): Projektstudium und Projektarbeiten einer Lehr-Lern-Form. Bad Heilbrunn 1977

Kaiser, Franz-Josef: Projekt. In: Otto, Gunter/Schulz, Wolfgang (Hg.): Methoden und Medien der Erziehung und des Unterrichts. Stuttgart 1985, S. 547–554 (= Enzyklopädie Erziehungswissenschaft, Bd. 4)

Kob, Jan-Peter: Die Interdependenz von Gesellschafts- und Erziehungssystemen. In: Götz, Bernd/Kaltschmid, Jochen (Hg.): Sozialisation und Schule. Darmstadt 1978, S. 502–523

Krupskaja, Nadeschda Konstantinowna: Ausgewählte pädagogische Schriften, Berlin 1953

Krupskaja, Nadeschda Konstantinowna: Über die allgemeinbildende polytechnische Schule. Berlin 1959

Merleau-Ponty, Maurice: Phänomenologie der Wahrnehmung. Berlin 1965

Odenbach, Karl: Studien zur Didaktik der Gegenwart. Braunschweig 1961

Oelkers, Jürgen: Reformpädagogik. Eine kritische Dogmengeschichte. Weinheim / München 1989

Otto, Gunter: Das Projekt. Merkmale und Realisationsschwierigkeiten einer Lehr-Lern-Form. In: Kaiser, Annemarie / Kaiser, Franz-Josef (Hg.). Projektstudium und Projektarbeiten. Bad Heilbrunn 1977, S. 151 ff.

Otto, Gunter: Denken und Machen in der Schule – Ein Problem der Unterrichtsmethode am Beispiel der Ästhetischen Erziehung. In: Weber, Alexander (Hg.): Lehrerhandeln und Unterrichtsmethode. Paderborn 1981

Otto, Gunter: Von der Unterrichtsvorbereitung zur Begleitung und Planung des Handelns. In: Kunst+Unterricht 193/1995, S. 35–37

Peters, Maria: Blick, Wort, Berührung. München 1996

Prange, Klaus: Die wirkliche Schule und das künstliche Leben. In: Zeitschrift für Pädagogik, 41. Jg. (1995), S. 327–333

Rumpf, Horst: Fixierungen und Wahrnehmungsschwächen. Replik auf Beiträge von Klaus Prange und Jürgen Diederich zum Thema „Kritik didaktischer Moden". In: Zeitschrift für Pädagogik, 42. Jg. (1996), S. 289–293

Schümer, Gundel: Projektunterricht in der Regelschule. Anmerkungen zur pädagogischen Freiheit des Lehrers. In: Zeitschrift für Pädagogik. 34 Beiheft / 1996, S. 141–158

Stoller, Silvia: Wahrnehmung bei Merleau-Ponty. Frankfurt/M. 1995

Struck, Peter: Projektunterricht. Stuttgart 1980

Suin de Boutemard, Bernhard: Projektunterricht – Geschichte einer Idee, die so alt ist wie unser Jahrhundert. In: Bastian, Johannes/Gudjons, Herbert (Hg.): Das Projektbuch. Hamburg 1986, S. 62–80

Gerd Heursen
Projektunterricht und Fachdidaktik

Die Entwicklung des Verhältnisses von Fachunterricht und Projektunterricht kann man mit der Entwicklung einer Beziehung vergleichen – allerdings in umgekehrter Phasenfolge: Aus herzlicher Abneigung (Reformpädagogik) entwickeln sich gelegentliche Seitensprünge (Bildungsreform der siebziger Jahre) und nach einer Latenzphase liegt eine spätere Heirat im Bereich des Möglichen. – Dies will ich im folgenden begründen.

Unbestritten ist, daß der Projektgedanke heute in vielen Schulen immer noch auf die Projektwochen beschränkt ist (vgl. *Bastian/Gudjons* 1990). Den Fachunterricht hat er kaum erreicht. Eher gilt, daß „Lehrerkonferenzen, Schulgremien und Eltern heute schnell abwinken, wenn einzelne unverdrossene Initiativen immer noch Projekte beantragen" (*Kroeger* 1992, S. 358 für den Deutschunterricht). Im Chemieunterricht (*Demuth* 1991, S. 220) und im Fremdsprachenunterricht (*Minuth* 1996) wird dem Projektunterricht nur ein geringer Stellenwert zugebilligt. Diese Einschätzungen werden für den Geograpieunterricht durch Zahlen belegt: *Reinfried* (1992) zitiert zustimmend eine Studie, nach der auf der Primarstufe zwar noch 10–20 Prozent der Unterrichtszeit auf Projekte verwandt wird, dieser Anteil in den folgenden Stufen aber auf fünf Prozent sinkt, obwohl das Fach Geographie unter Lehrern als geeignet für Projektunterricht gilt. Das Bild dürfte deshalb in den anderen Fächern eher noch trostloser ausfallen.

Dieser Eindruck wird durch Untersuchungen von *Hage u. a.* (1985) sowie durch die Einschätzung von *Hilbert Meyer* (1987) bestätigt, daß höchstens 2,6 Prozent des Unterrichts nicht lehrerdominiert sind.

Wissenschaft und Leben

Projektunterricht und Fachunterricht stehen gegenwärtig noch für zwei unterschiedliche Lernkulturen, wobei die eine die Highlights setzt und die andere den Ton angibt. Diese Unverbundenheit, so meine Grundthese, wird sich erst ändern, wenn beide in einer neuen Lernkultur zusammengeführt werden.

Die wesentlichen Unterschiede dieser beiden Lernkulturen ergeben sich aus dem Widerspruch von Wissenschaft und Leben. Auf der einen Seite sind die Schulfächer stark an „ihren" wissenschaftlichen Disziplinen orientiert, und dementsprechend verhalten sich auch die Fachdidaktiken. Auf der anderen Seite entwickeln sich Projekte zumeist in bezug auf Probleme der Lebenswelt. Lebenswelt- und Problemorientierung sind deshalb zwei wichtige Merkmale von Projektunterricht. Entwickelte Wissenschaft und modernes Leben stehen aber oft unverbunden nebeneinander (vgl. *Böhme/Engelhardt* 1979). Wissenschaftsorientierung und Lebensweltorientierung verweisen mithin auf kaum verbundene Unterrichtskonzepte.

Zur Geschichte

Der Projektgedanke geht auf eine Kritik an der verkopften, verfachlichten, der Systematik statt dem Leben gehorchenden Schule zurück. Das gilt für die amerikanische Reformpädagogik ebenso wie für die europäische, für *Dewey* wie für *Kerschensteiner* (vgl. dazu genauer *Suin de Boutemard* in diesem Buch). Aber weder dort noch hier konnte die Kluft zwischen Fach- und Lebensweltorientierung überwunden werden. Projektunterricht beschränkte sich daher auch in der Hochphase der Reformpädagogik in der Regel auf die wenigen Schul- und Unterrichtsversuche bekannter Reformpädagogen. Gleichzeitig wurde der Unterrichtsalltag durch den traditionellen Fachunterricht beherrscht.

Der wichtigste Grund für die Unvereinbarkeit beider Konzepte lag damals wie heute in den unterschiedlichen Ausgangsbedingungen und Zielannahmen: Suchte die Reformpädagogik die Individualität des Kindes zu stärken, indem sie eben diese Person zu ihrem Ausgang nahm, so trachtete die vorherrschende Schulpädagogik nach einer Vereinheitlichung des Lernens; sie versuchte durch Zentralisierung der Schule und Systematisierung der Lehrpläne möglichst viele Schüler mit möglichst großem Effekt an die für die expandierende Industrialisierung notwendigen Qualifikationen heranzuführen. Die traditionellen Didaktiken (insbesondere die an klaren Systemen orientierte Didaktik der Herbart-Schüler) waren der Transmissionsriemen der Vereinheitlichung des Lernens, die Fachdidaktiken waren ein Teil davon. Und weil sich die Zentralisierung des Schulsystems und das Selbstverständnis der Didaktiken nur ganz allmählich verändern, ist es nicht verwunderlich, daß sich bis heute an dem Zustand freundlicher Unverbundenheit nur wenig geändert hat (vgl. *Heursen* 1994).

Die Wissenschaftsorientierung der Schulfächer ist nicht nur eine wesentliche Existenzbedingung für Fachdidaktiken (vgl. *Heursen* 1989), sondern die Fachdidaktiken verdanken ihr auch eine erhebliche Expansion in den siebziger

Jahren (vgl. *Otto* 1984). Die Durchsetzung des Projektgedankens mit seinen Merkmalen Problemorientierung, Interdisziplinarität und Lebensweltorientierung könnte sogar das „Ende der Fachdidaktiken" bedeuten – so zumindestens formulierte *Klaus Behr* 1975 unbekümmert für sein Fach, den Deutschunterricht.

Neuer Anlauf

Mit dieser Bilanz könnten die Überlegungen zum Nicht-Verhältnis von Fachdidaktik und Projektunterricht abgeschlossen sein, wenn es nicht Anzeichen dafür gäbe, daß Projekte im Fachunterricht derzeit eine Renaissance erfahren, die nicht nur einer zyklischen Wiederkehr schulischer Moden zu verdanken ist. Vielmehr sind es bestimmte gesellschaftliche Entwicklungen und daraus resultierende Handlungsaufforderungen, die Lehrerinnen und Lehrer dazu bewegen, sich abermals mit dem Projektgedanken im Fachunterricht zu beschäftigen (vgl. *Bastian/Gudjons* 1990).

Der Handlungsdruck stellt sich oft als Leidensdruck dar: „Physik ist doof", titelt der Physikdidaktiker *P. Klemm* angesichts der großen Abwahlzahlen seinen Beitrag zum Zustand des Physikunterrichts (1994), „Chemieunterricht wird zunehmend schwieriger", stellen *Lutz u. a.* (1994) fest. Auch die Fremdsprachen sehen sich vor „besonderen Herausforderungen" (*Leupold* 1992).

Viele Fach- und Gymnasiallehrer machen die Erfahrung, daß sie es mit anderen Schülern, mit anderen Verhaltensweisen, mit anderen Erwartungen zu tun haben: „Ich wünsche mir, daß die SchülerInnen besser zuhörten / sich mehr für eine Sache interessierten / nicht so oft quatschten, wenn ich gerade etwas erkläre/ beim Experimentieren leiser wären / sich die Fakten besser merkten / sich genauer an die Anweisungen hielten/ nicht so oft ermahnt werden müßten", zitieren die Physiklehrer *Roer/Bömer* (1993) die Wunschliste ihrer Kollegen, um sich und ihre Kollegen zu fragen: Warum sind unsere Schüler so? Ihre Antwort lautet: Weil sie nicht den Unterricht haben, den sie brauchen. Weil die „Lehrpläne keinen Hinweis auf Spaß und Freude am Unterricht, auf Kreativität und Phantasie" geben (S. 31). Es sind die „anderen" Schüler, deren negative Merkmale häufig mit Unkonzentriertheit, Interessenlosigkeit, Konsumorientierung und gelegentlich Aggressivität, deren bessere Eigenschaften mit Selbstbewußtsein, Durchsetzungsvermögen, Fantasie etc. angegeben werden, deren kategorischer Imperativ „Erlebe dein Leben" ist, wie der Deutschdidaktiker *Kaspar Spinner* (1994) behauptet. Die jedenfalls „anders" sind, wie sowohl die Grundschuldidaktiker (z. B. *Fölling-Albers* 1992) als auch die Fachdidaktiker (z. B. *Czerwenka* 1993 und *Rampillon/Reisener* 1993 für den Fremdsprachenunterricht) behaupten, und die deshalb andere als die traditionellen Unterrichtskonzeptionen verlangen. Keine Schulform kann sich dem daraus resultierenden Handlungsdruck entziehen. „Nun hat man uns alle ins Gymnasium geholt, nun muß sich das Gymnasium auch nach uns richten", zitiert der Deutschlehrer *Hansjörg Liebermann* (1992, S. 86) in einem persönlichen Resümee am Ende seiner schulischen Tätigkeit zustimmend, wenngleich etwas wehmütig, eine Schülerin.

Die Antworten fallen in allen Schularten ähnlich aus. „FUN: Spaß an fächerübergreifenden Unterrichtsvorhaben Naturwissenschaften" (*Pregler u. a.* 1993), mehr „Schülerorientierung im naturwissenschaftlichen Unterricht" (*Röer/Bömer* 1993), „Handlungsorientierung im Literaturunterricht" (*Haas u. a.* 1994), mehr „Lebensweltorientierung im Chemieunterricht" (*Lutz u. a.* 1994). Und da der Projektunterricht derartiges immer schon geboten hat, ist er wieder beteiligt. Er könnte, so die Hoffnung, eine adäquate Antwort auf den „veränderten Schülertyp und die Herausforderung der 90er Jahre für den (Fremdsprachen-) Unterricht" sein (*Bliesener* 1991; Klammer von mir, *G.H.*).

Gewandelte Anforderungen an die Schule

Indessen führt Leidensdruck allein nur selten zu besseren Antworten. Erst die Frage nach den Ursachen ermöglicht eine befriedigende Antwort.

Ich will in diesem Zusammenhang lediglich auf zwei Entwicklungen hinweisen, die eine Verbindung von Fachunterricht und Projektunterricht nahelegen:

1. Die veränderte Bedeutung von Lehrinhalten, die sich aus veränderten gesellschaftlichen Bedingungen ergibt:
Auf gesellschaftlicher Ebene hat *Ulrich Beck* die Individualisierung der Gesellschaft (1986) und die Individualisierung als neue Vergesellschaftungsform (1993) beschrieben. Sie ist eine der wichtigsten Folgen der Entwicklung moderner Industriegesellschaften, mit der eine zunehmende Labilisierung immanenter Traditionen und Werte einhergeht. Der einzelne kann nicht nur über jeden Schritt seines Lebenslaufes selbst entscheiden, er ist sogar dazu gezwungen, um den Preis seiner gesellschaftlichen Existenz. „An die Stelle der alten Lebensformen treten solche, in denen die Individuen ihre Biografie selbst herstellen, inszenieren, zusammenschustern müssen ... Und sie können dabei auf kein traditionelles Wissen, keine Sicherheit zurückgreifen", schreibt *Beck* (1993, S. 67). Individualisierung ist aber nicht gleichzusetzen mit Emanzipation; denn Individualisierung in der nachindustriellen Gesellschaft, so Beck, bedeutet notwendigerweise die Vermarktung der eige-

nen Existenz und damit die Abhängigkeit von den Mechanismen des (Arbeits-) Marktes. Die freigesetzten Individuen werden abhängig von all jenen Institutionen, die Konformität mit den Ansprüchen des Arbeitsmarktes sichern: von Bildungsinstitutionen, von Konsumangeboten, von sozialrechtlichen Regelungen und Versorgungen (vgl. *Beck* 1986, S. 119). Dabei nimmt der Bildungssektor eine herausragende Stellung ein, weil der Arbeitsmarkt Bildung – genauer: attestierte Bildung – erzwingt. Anders gesagt: Die Schule, die eben jenes verspricht, gewinnt einen herausragenden Stellenwert in der Biographie des einzelnen. Unter den Bedingungen eines schrumpfenden Arbeitsmarktes indessen droht die traditionelle schulische Bildung im Sinne arbeitsmarktqualifizierender Aufgaben dysfunktional zu werden. Eine Folge davon ist, daß der in Lehrplänen und Fachkonzeptionen festgehaltene offizielle Bildungssinn, der sich unabhängig von Arbeitsmarkterwartungen wähnt, und die individuelle Bildungserwartung auseinanderfallen. Der in den Bildungsinstitutionen festgelegte Wert der Bildung entfernt sich zunehmend von den berechtigten Bildungserwartungen der Schüler bzw. Eltern, die von Bildung vor allem Arbeitsmarkttauglichkeit erwarten.

Die Schlußfolgerung aus dieser Entwicklung ist meines Erachtens eindeutig: Schulisches Lernen wird erst dann auch individuell bedeutsam, wenn es in einen Verwendungszusammenhang gestellt werden kann und die selbständige Entscheidungsfähigkeit der Schüler fördert. Projektunterricht hat unter anderem dies zum Ziel – wenn auch nicht im einem unkritischen Verhältnis zu den ökonomischen Verhältnissen (vgl. dazu *Tillmann* in diesem Band).

2. Die veränderte Funktion des Unterrichts, die sich aus dem „Wandel der Kindheit" (*Rolff/Zimmermann* 1985) ergibt (vgl. ausführlich *Holtappels* in diesem Band):

Als Hauptmerkmal des Kindheitswandels kann die Mediatisierung des kindlichen Lebens und der damit einhergehende Verlust primärer Erfahrungsmöglichkeiten angesehen werden (vgl. auch *Gudjons* 1990). Erfahrungen aber sind die Grundlagen menschlichen Erkennens und Handelns . Ein Verlust von Erfahrungsmöglichkeiten bedeutet deshalb immer auch einen Verlust von Lernmöglichkeiten. Denn „wo eine Vorstellung vom Entstehen fehlt, wird das Verstehen schwieriger" (*Gudjons* 1990, S. 51). Die Schule steht also in zunehmendem Maße vor der Aufgabe, Kindern jene primären Erfahrungen zu vermitteln, die bedeutsames Lernen zumindestens erleichtern. Sie wird damit zum „Erfahrungsraum" *(v. Hentig)* und Lernen wird „zum Erfahrungslernen" (*Fauser u. a.* 1988). „Tatsächlich", so die Vertreter des praktischen Lernens, das dem Projektunterricht sehr nahe steht, „setzen wir darauf, daß Schule ... über ein Eigenpotential verfügt, das es erst zuläßt, im Lernen Erfahrungen zu ermöglichen und den Entfremdungsprozessen der Moderne ... Sinnperspektiven eröffnende Bildungsprozesse entgegenzusetzen" (*Fauser u. a.* 1988, S. 164). Die Ziele dieses Prozesses heißen Ich-Entwicklung (*Krüger/Lersch* 1982), Ich-Identität (*Wilhelm* 1984) oder „Stärkung der Person der Schüler" (*v. Hentig*). Unterricht wird wieder zu erziehendem Unterricht, nachdem dieser Auftrag vor allem an den weiterführenden Schulen im Anschluß an die rein kognitivistisch verstandene Wissenschaftsorientierung der 70er Jahre fast verlorengegangen war (vgl. zur Kritik *Zimmermann/Hoffmann* 1985, S. 119 ff.). In der allgemeinen Didaktik hat z. B. *Geißler* (1983) die Grundlegung eines erziehenden Unterrichts versucht. Für den Projektunterricht hat *Chott* (1990) eine „erzieherische Orientierung" hinzugefügt. Und auch die Fachdidaktik entdeckt für sich den Zusammenhang von Fachunterricht und Persönlichkeitsentwicklung neu (vgl. *Aselmeier u.a.* 1985).

Neue Wissenschaftsorientierung

Sollen die Konsequenzen aus den oben dargestellten Entwicklungen unterrichtswirksam werden, bedarf es allerdings einer Reformulierung der dargestellten Bildungsziele (Selbständigkeit, bildende Erfahrung, Ich-Identität) durch Fachdidaktiken und Lehrer. Daß dies notwendig sein wird, geht von zwei Annahmen aus:

- Der Unterricht wird auf absehbare Zeit entsprechend der historischen Fächerung nach wissenschaftlichen Disziplinen gefächert bleiben.
- Jedes einzelne Fach muß für sich die Konsequenzen aus den dargestellten Entwicklungen ziehen, indem es den pädagogischen Auftrag, den Unterricht stärker mit der Lebenswelt der Schüler zu verbinden, jeweils eigenständig interpretiert.

Schon jetzt empfehlen Reformvorschläge, wenn auch in unterschiedlicher Begrifflichkeit – Handlungsorientierung, Schülerorientierung, offene Unterrichtskonzepte oder eben Projektunterricht – ziemlich unisono, den Fachunterricht stärker in der Lebenswelt der Schüler zu verankern. Der Deutschdidaktiker *Kaspar H. Spinner* (1994, S. 273) empfiehlt beispielsweise allen Lehrern, „vom Lernunterricht Abschied zu nehmen und Schule wieder zu einem Ort der Erfahrung zu machen". Soll dieser erneute Anlauf, den Projektgedanken in den Fachunterricht zu implementieren, diesmal gelingen, so bedarf es einer Revision des Verständnisses von Wissenschaftsorientierung: Die Orientierung an der Wissenschaft muß zukünftig eine Lebensweltorientierung beinhalten. Nach meiner Beobachtung hat dieser Revisionsprozeß bereits begonnen, und er wird vermutlich langfristig auf den Fachunterricht durchschlagen.

Die Kritik am wissenschaftsorientierten Unterricht richtete sich vor allem gegen eine einseitige Praxis, die zu einer dreifachen Abwendung des Fachunterrichts geführt hat, nämlich

- der Abwendung von einer dem Unterricht in allen Fächern zugrundeliegenden gemeinsamen Bildungsidee,
- der Abwendung von den Schülerinteressen, insofern sie die Bedeutung des Gelernten für sich nicht zu erkennen vermögen, und
- der Abwendung von einem erkennbaren Anwendungszusammenhang (vgl. ausführlicher *Heursen* 1996a).

Konzentration auf einen Bildungssinn

Die Klage über die Zersplitterung des fachlichen Lernens ist nicht neu. Schon *Otto Willmann* hatte karikierend formuliert, daß für den Schüler der Bücherriemen das einzige Band sei, das die Schulfächer zusammenhält. Älter noch ist der Gedanke, die Ganzheitlichkeit des Lernens durch die Konzentration der Fächer auf eine bestimmte Bildungsidee zu gewährleisten. Alle Versuche einer Konzentration durch übergeordnete didaktische Vorgaben können jedoch als gescheitert angesehen werden. Das gilt für die Idee des gesellschaftlichen Bildungsideals *(Weniger),* auf das sich der gesamte Lehrplan beziehen sollte ebenso wie die Idee einer ethischen Konzentration (z. B. Bezug aller Fächer auf eine Religion) oder den Bezug auf eine politische Idee (zuletzt gescheitert in der DDR). Der Versuch, über den Begriff der Wissenschaftsorientierung allen Lernens, wie er dem Strukturplan des Deutschen Bildungsrats (1970) als formale Bildungsidee zugrundelag, eine Einheit des Lernens zu stiften, kann ebenfalls als fehlgeschlagener Konzentrationsversuch angesehen werden. Selbst der Versuch einer eingeschränkteren Konzentration verwandter Fächer zu Lernbereichen ist an der zunehmenden Verfachwissenschaftlichung der Fächer letztlich gescheitert. Da zudem wegen der schon angeführten gesellschaftlichen Pluralisierungstendenzen eine gesamtgesellschaftliche Vorgabe sich ebenso verbietet, kann auch von den allgemeinen Didaktiken keine unterrichtswirksame Aussage über den Bildungssinn mehr erwartet werden.

Ein Ausweg aus diesem Dilemma liegt allein in der radikalen Subjektivierung des Lernens, auch des fachlichen. Der Schüler selbst muß die Einheit in seinem Bildungsgang stiften. Dem Unterricht kommt damit die Aufgabe zu, über die Vermittlung von Fachwissen und fachmethodischen Kenntnissen hinaus die individuelle persönlichkeitsgebundene Bedeutung des fachlichen Lernens zu betonen und zu sichern. Ein solcher Fachunterricht berührt viele Merkmale des Projektunterrichts. Als wichtigstes in diesem Zusammenhang: Über

Unterrichtsinhalte und ihre Sichtweise bestimmen die Schüler mit ihren Lehrern gemeinsam, sie übernehmen also Verantwortung für ihren Lernprozeß.

Persönliche Bedeutsamkeit

Die Konzentration des fachlichen Lernens auf einen übergreifenden Sinnzusammenhang durch die Schüler selbst kann nur gelingen, wenn dieses Lernen für sie selbst bedeutsam wird. Die traditionelle wissenschaftsorientierte Didaktik hat diese Grundbedingung sinnvollen Lernens häufig mißachtet, indem sie lediglich die an einem System der jeweiligen Bezugsdisziplin gewonnene Unterrichtsinhalte vermittelte und den kognitiven Wissens- und Kenntnisstand der Schüler zu erhöhen trachtete, ohne sich um die Frage zu kümmern, ob diesem Lernen eine persönliche Bedeutung zukam.

„Wir wollen wissen, was wir an Chemie in unserem Essen und in unserer Luft haben", zitiert der Chemielehrer *Fölling* (1983, S. 132) seine Schüler. „Stattdessen: stures Glotzen auf die Elementenkarte, Formelkram, der nichts nutzt". Und am Beispiel einer Schullektüre weist der Deutschdidaktiker *Eggert* (1984, S. 184) darauf hin, daß den Schülern durch lediglich formal und kognitiv orientierten Unterricht nicht nur der Zugang zur behandelten Literatur versperrt, sondern sogar bereits vorhandene Berührungen und Neigungen wieder gekappt werden können. Aber: „Gute Bildung ist anders, sie ist persönlich, erlebnishaft, anschaulich, tätig, immer wieder von interessanten, bedeutenden oder auch nur aktuellen Gegenständen bestimmt", schreibt *von Hentig* (1981). Hier wird eine andere Sicht unterrichtlicher Inhalte eingeklagt. In vielen seiner Schriften ist *Horst Rumpf* gegen die rationalistische Halbierung der Unterrichtsinhalte zu Felde gezogen (vgl. z. B. 1976, 1981) und hat ihre identitätshemmende Wirkung aufgezeigt. Wirksam können diese Hinweise und Mahnungen jedoch erst in geänderten fachdidaktischen Verständnis der Inhalte werden. Fachwissenschaftliche Erkenntnisse müssen als Teil der Genese der Schülerpersönlichkeit begriffen wird. Der Physikdidaktiker *Martin Wagenschein* hat mit dem Prinzip des genetischen Lernens für den naturwissenschaftlichen Unterricht dargestellt, daß eine solche Verbindung möglich ist.

Am Beginn dieses Weges steht in jedem Fall das eigene (kindliche) Tun: das Beobachten, das Forschen, die eigene Erklärung. In diesem Sinne ist sinnvolles wissenschaftsorientiertes Lernen immer auch handlungsorientiertes Lernen. Entprechend fällt der Fachdidaktik die Aufgabe zu, die Eigenaktivitäten der Schüler in den Vordergrund ihrer Konzepte zu rücken.

Zugleich müssen die Inhalte über ihre rein kognitiven Aspekte hinaus entfaltet werden. Persönlich bedeutsamer Unterricht ist deshalb in jedem Fall mehrperspektivisch; er behandelt neben den rational-wissenschaftlichen Erscheinungsformen der Inhalte auch deren ästhetische, emotionale, soziale, ethische, pragmatisch-handlungsbezogene Dimension.

Beide Aspekte, Eigentätigkeit und Mehrperspektivität des Unterrichts, können durch in den Fachunterricht integrierte Projektphasen verwirklicht werden. Tatsächlich wird das Motiv der Selbsttätigkeit und Mehrperspektivität in den Fachdidaktiken zunehmend aufgegriffen: z. B. von *Haas u. a.* (1994) für den Deutschunterricht, von *Apelt* (1993) für den Fremdsprachenunterricht, von *Ittermann* (1992) für den Geographieunterricht, von *Weskamp* (1993) für den Chemieunterricht. Bei diesen Versuchen wird aber auch deutlich, daß jedes Fach für sich klären muß, wie die Prinzipien der Eigentätigkeit und Handlungsorientierung angesichts der fachspezifischen Inhalte im Unterricht umgesetzt werden können:

Problemorientierung

Das dritte Argument gegen die traditionelle Fachdidaktik bezog sich auf die Abspaltung fachlichen Lernens von seinen Verwendungszusammenhängen. Dieser Aspekt hat sowohl eine gesellschaftliche als auch eine subjektive Dimension. Die gesellschaftliche Dimension verweist auf die Verwendung wissenschaftlicher Erkenntnisse in der entwickelten Industriegesellschaft. Die subjektive Dimension besteht in der Anwendbarkeit des Gelernten im Leben des Schülers.

Beide Dimensionen verweisen auf grundsätzliche Fragen nach der Konzeption und dem Selbstverständnis von Fachdidaktiken. Denn spätestens nach der im Zusammenhang mit der ökologischen Problematik artikulierten Kritik an der eindimensionalen zweckrationalistischen Weltsicht steht das jeweilige Erkenntnisinteresse, stehen Geschichte und Entwicklung der (Fach-) Wissenschaften als unabdingbarer Teil individueller Bildung auf der Tagesordnung der Fächer. Damit obliegt jeder Fachdidaktik, jedem Fachunterricht auch die Kritik der verwissenschaftlichten Welt als Kritik ihrer eigenen (Fach-)Disziplin. Denn „eine Didaktik, die sich der im letzten sittlich praktisch bestimmten Sinnfrage stellt, kann heute nicht anders, denn als Kritik aufzutreten" (*Schmied-Kowarzik* 1985, S. 26).

Gelingen kann das aber nur, wenn der persönliche Aspekt mitgedacht wird, wenn gezeigt wird, daß die von den Wissenschaften bearbeiteten, geschaffenen und gelegentlich gelösten Fragestellungen und Probleme auch solche der Schüler sind. Das aber ist kein motivationales, sondern ein inhaltliches Problem. Denn erst wenn dem einzelnen Schüler gezeigt werden kann, daß die betreffende Wissenschaft ein, wenngleich auch prekärer, Teil der gesellschaftlichen und individuellen Problembewältigung ist, und sie auf diese Weise die Grundlage für persönliche Entscheidungsfindung und Verhalten liefern kann, vermag dieser Schüler dem Fachlernen einen Sinn abzugewinnen. Indem Schüler sich mit den Sachproblemen in der oben beschriebenen Weise auseinandersetzen, andere Meinungen offen abwägend zur Kenntnis nehmen und schließlich eine Entscheidung treffen, wird ihre Kompetenz um einen fachlichen und zugleich sozialen und humanen Aspekt erweitert.

Eine so verstandene fachdidaktische Konzeption erfordert einerseits das Zusammenwirken mit der jeweiligen Fachwissenschaft und andererseits die Auseinandersetzung mit Fragestellungen, die über die Fächergrenzen hinausgehen. Diese Auseinandersetzung kann vor allem in Unterrichtsprojekten geleistet werden. Dabei kommt es darauf an, daß die ausgewählten Problemsituationen Ernstcharakter haben, zumindestens jedoch gut simuliert sind. Bei der jetzigen institutionellen Verfaßtheit der Schule bedeutet das, daß die Problemsituationen aus den Fächern heraus entwickelt werden. Im Chemieunterricht werden deshalb Verbraucherdialoge (z. B. zur Wirkung bestimmter Putzmittel – vgl. *Hellweger* 1984) eher eingesetzt werden als ein globales Thema zur Umweltproblematik. Und der „Kulturräuber Verres" ist viel eher ein Projekt des Lateinunterrichts (vgl. *Maier* 1990) als die Analyse bestimmter Statistiken, die wiederum aus dem Mathematikunterricht entwickelt wird (vgl. *Goetsch* 1990).

Neue Aufgaben für die Fachdidaktik

In Zukunft stehen die Fachdidaktiken vor der Aufgabe, ein Repertoire von Problembereichen zu entwickeln, die Teil der Lebenssituation der Kinder und Jugendlichen sind und an denen gleichzeitig fachspezifische Fragestellungen entfaltet werden können. Das fachliche Lernen an solchen Problembereichen müßte mehreren Kriterien genügen. Der Unterricht sollte:

■ den gegenwärtige Stand der Fachwissenschaft repräsentieren,
■ Historisch-kritische Analysen ermöglichen,
■ Bezüge zur gegenwärtigen Lebenswelt herstellen,
■ Rückschlüsse auf das jeweilige Erkenntnisinteresse erkennbar machen,
■ mehrperspektivisch angelegt sein,
■ die Selbsttätigkeit der Schüler fördern und
■ nach Möglichkeit sinnlich-faßbare Produkte anstreben.

Die hier diskutierte Verbindung von Projektunterricht und Fachunterricht hat aber auch Konsequenzen für den Projektbegriff. Die wichtigsten Veränderungen lassen sich schon heute beobachten:

■ Die erste Veränderung betrifft das Verständnis von Projektunterricht. Zwar berufen sich die meisten fachdidaktischen Autoren auf die vorliegenden Merkmalslisten, die aus allgemeindidaktischen Diskussionszusammenhängen stammen (vgl. z. B. *Bastian/Gudjons* 1990, S 28 ff). Es fällt jedoch auf, daß diese Merkmale entweder nicht im vollen Umfang beachtet oder aber den Fachbedürfnissen entsprechend interpretiert werden. Am auffälligsten sind dabei die Abweichungen bezüglich der Kriterien Interdisziplinarität und gesellschaftliche Relevanz.

So fällt die Dominanz fachbezogener Projekte in den diversen Beispielsammlungen sofort ins Auge. Diesen Eindruck bestätigt eine Zahl, von der die „Projektgruppe Praktisches Lernen" (1988) berichtet. Sie hat zusammen mit der Robert-Bosch-Stiftung in den achtziger Jahren einen Förderschwerpunkt Praktisches Lernen initiiert, in dessen Rahmen schulische Unterrichtsprojekte unterstützt wurden. Eine Analyse der geförderten Projekte ergab, daß vier Fünftel aller Projekte entweder rein fachbezogen oder aus einem Fach heraus angelegt sind (vgl. *Projektgruppe* 1988, S. 757).

Was die gesellschaftliche Relevanz anbelangt, so muß es einer die Fachsystematik einbeziehenden Projektidee naturgemäß schwerfallen, in jedem Fall die gesellschaftliche Bedeutung eines Projektthemas zu berücksichtigen. In einer Befragung von *Mie* (1990) zur Bedeutung der Projektmerkmale weisen Lehrer diesem Kriterium den letzten Platz zu.

■ Die zweite Veränderung betrifft die Organisationsform des Projektunterrichts. Eine Integration von Projektunterrichts in den Fachunterricht kann nur durch eine Vielfalt von Organisationsformen gewährleistet werden. Sie reicht von Stundenprojekten über Projektstunden und Projekttage bis hin zu Projektwochen und Jahresprojekten, die den „normalen" Unterricht begleiten.

Die unterschiedlichen, manchmal auch reduzierten Projektideen sind oft auch eine Folge der einengenden Rahmenbedingungen. Diese Rahmenbedingungen müßten schrittweise ausgeweitet werden, z. B. durch eine Veränderung der Schulkultur, in der ein vielfältiges Schulleben, individuelles Lernen, offene und flexible Unterrichtsstrukturen und vielfältige Lernorte zu bestimmenden Merkmalen werden (vgl. dazu auch *Bastian/Schnack* in diesem Band).

In einer solchen Lernkultur hat der Projektunterricht nicht nur seinen festen Platz, sondern kann zum „Unterrichtsprinzip einer ganzen Schule" werden (vgl. *Riegel/Weber* 1990).

Literatur

Apelt, W.: Projektmethode im Fremdsprachenunterricht – Ursprung und Grundlagen – (I). In: Fremdsprachlicher Unterricht 37/1993, S. 253 ff.

Aselmeier, U. u.a. (Hg.): Fachdidaktik am Scheideweg – Der Zusammenhang von Fachunterricht und Persönlichkeitsentwicklung. München 1985

Bastian, J./Gudjons, H. (Hg.): Das Projektbuch II. Über die Projektwoche hinaus. Projektlernen im Fachunterricht. Hamburg 1990 (2. Aufl. 1993)

Bastian, J./Gudjons, H.: Über die Projektwoche hinaus. Projektlernen im Fachunterricht. In: dies. 1990, S. 9 ff.

Beck, U.: Risikogesellschaft. Auf dem Weg in eine andere Moderne. Frankfurt/M. 1986

Beck, U.: Auflösung der Gesellschaft? Theorie gesellschaftlicher Individualisierung revisited. In: Lenzen, D. (Hg.): Verbindungen. Vorträge anläßlich der Ehrenpromotion von Klaus Mollenhauer. Weinheim 1993, S. 63 ff.

Behr, K.: Projektorientierter Deutschunterricht – das Ende der Fachdidaktik Deutsch. In: betrifft: erziehung 2/1975, S. 5 ff.

Bliesener, U.: „Der veränderte Schüler und die Herausforderung der 90er Jahre für den Fremdsprachenunterricht." In: Raasch, A. / Kuipel, C. (Hg.): Fremdsprachen lehren und lernen: Perspektiven für Europa nach 1992. Saarbrücken 1991, S. 162 ff.

Böhme, G./v. Engelhardt, M.: Einleitung. Zur Kritik des Lebensweltbegriffs. In: dies. (Hg.): Entfremdete Wissenschaft. Frankfurt/M. 1979, S. 7 ff.

Chott, P.: Projektorientierter Unterricht. Weiden 1990

Czerwenka, K.: Veränderte Gesellschaft – veränderte Schüler. In: Fremdsprachenunterricht 4/1993, S. 4 ff.

Demuth, H.: Projektorientierter Chemieunterricht und seine Realisierung in der Sekundarstufe I. In: Naturwissenschaften im Unterricht – Chemie 2/1991, S. 224 ff.

Eggert, H.: Leser zwischen Lehrplan und Literaturwissenschaft oder: Was ist die Lebenswelt der Literatur. In: Heursen, G. (Hg.): 1984, S. 168 ff.

Fauser, P./Fintelmann, K.J./Flitner, A.: Lernen mit Kopf und Hand. Bericht und Anstöße zum praktischen Lernen in der Schule. Weinheim 1988

Fölling-Allbers, M. (Hg.): Schulkinder heute. Weinheim 1992

Fölling, W.: Kritik der Wissenschaftsorientierung in der neugestalteten gymnasialen Oberstufe. In: Heidegger, G.. (Hg.): Wissenschaftsbezug und Lernerorientierung – Beiträge zur Weiterentwicklung der Sekundarstufe II. Kassel 1983

Geißler, E.: Allgemeine Didaktik. Grundlagen eines erziehenden Unterrichts. Stuttgart 1983 (2. Aufl.)

Goetsch, K.: Statistisch gesehen – Projektunterricht in einem Mathematikgrundkurs der Sekundarstufe II. In: Bastian/Gudjons 1990, S. 97 ff.

Gudjons, H.: Projektlernen begründen – Sozialisationstheoretische und lernpsychologische Argumente. In: Bastian/Gudjons 1990, S. 48 ff.

Haas, G./Menzel, W./Spinner, K.H.: Handlungs- und produktionsorientierter Literaturunterricht. In: Praxis Deutsch 123/1994, S. 17 ff.

Hage, K. u.a.: Das Methodenrepertoire von Lehrern. Eine Untersuchung zum Schulalltag der Sekundarstufe I. Opladen 1985

Hellweger, S.: Problemorientierung und die gesellschaftlichen Aufgaben des Fachunterrichts. In: Heursen, G. (Hg.): 1984, S. 186 ff.

Hentig, H. v.: Allgemeinbildung heute. Allgemeine wissenschaftsorientierte Grundbildung für alle? Konsequenzen für die Schulstruktur. In: Babilon, F.W. / Ipfling, H.J. (Hg.): Allgemeinbildung und Schulstruktur-Fragen zur Sekundarstufe I. Bochum o.J. (ca. 1981)

Heursen, G. (Hg.): Didaktik im Umbruch – Aufgaben und Ziele der (Fach) Didaktik in der integrierten Lehrerbildung. Königstein 1984

Heursen, G.: Fachdidaktik. In: Lenzen, D. (Hg.): Pädagogische Grundbegriffe, Bd. 1. Reinbek 1989, S. 588 ff.

Heursen, G.: Gebrochenes Herz. Didaktik zwischen Marginalität und Impulsivität. In: Neue Sammlung 3/1994, S. 499 ff.

Heursen, G.: Die Sache vertreten: Wissenschaftsorientiertes Lernen in der Bildungsgangsdidaktik. In: PÄDAGOGIK 5/1996(a), S. 44 ff.

Heursen, G.: Selbstorganisiertes Lernen. Autonomie im Unterricht. In: PÄDAGOGIK 7-8/1996 (b), S. 76 ff.

Ittermann, R.: Projektlernen im Nahraum – Prinzipien, Modelle, Hilfen. In: Praxis Geographie 7-8/1992, S. 4 ff.

Klemm, P.: „Physik ist doof". In: Praxis der Naturwissenschaften – Physik 4/1994, S. 2 ff.

Kroeger, H.: Neue Ansätze für Projektarbeit im Deutschunterricht – ein Beispiel aus Unna. In: Diskussion Deutsch 126/1992, S. 358 ff.

Krüger, H.-H. / Lersch, R.: Lernen und Erfahrung. Perspektiven einer Theorie schulischen Handelns. Bad Heilbrunn 1982

Liebermann, H.: Zur Situation des Deutschunterrichts an Gymnasien. Ein persönliches Resümee. In: Der Deutschunterricht 1/1992, S. 86 ff.

Leupold, E.: Zur pädagogischen Neuorientierung des Fremdsprachenunterrichts. In: Praxis des neusprachlichen Unterrichts 4/1992, S. 341 ff.

Lutz, B./Pfeifer, P./Schmidkunz, H.: Gedanken zu einem zeitgemäßen und zukunftsweisenden Chemieunterricht. In: Naturwissenschaft im Unterricht Chemie 5/1994, S. 162 ff.

Maier, F.: Z.B.: Der Kulturräuber Verres – Projektorientiertes Arbeiten im Lateinischen Lektüreunterricht. In: Bastian/Gudjons 1990, S. 195 ff.

Meyer, H.: UnterrichtsMethoden. Frankfurt 1987

Mie, K.: Projektunterricht: Merkmale im Unterricht von Lehrerinnen und Lehrern – Ergebnisse einer Befragung. In: Bastian/Gudjons 1990, S. 43 ff.

Minuth, Chr.: Projekte im Französischunterricht; auch ein notwendiger Blick in die „Graue Literatur". In: brennpunkt lehrerbildung 16/1996

Otto, G.: Zur Etablierung der Didaktiken als Wissenschaften – Erinnerungen, Beobachtungen, Anmerkungen. Versuch einer Zwischenbilanz 1983. In: Heursen, G. (Hg.): 1984, S. 22 ff.

Pregler, H.F./Schatka, U./Seidel, R.: FUN: Spaß am fächerübergreifenden Unterrichtsvorhaben Naturwissenschaften. In: Naturwissenschaft im Unterricht – Physik 3/1992, S. 31 ff.

Projektgruppe Praktisches Lernen: Erfahrungen mit praktischem Lernen. Eine Übersicht. In: Zeitschrift für Pädagogik 6/1988, S. 749 ff.

Rampillon, U./Reisener, H.: „Veränderte Schüler – veränderter Unterricht". In: Der fremdsprachliche Unterricht: Englisch 4/1993, S. 10ff.

Reinfried, S.: Erfahrungen mit projektorientiertem Lernen im Geographieunterricht. In: Geographie und Schule 4/1992, S. 3ff.

Riegel, E./Weber, H.: Projektunterricht: Unterrichtsprinzip einer Schule. In: Bastian/Gudjons 1990, S. 220ff.

Roer, W./Bömer, B.: Die geheimnisvolle Welt der kleinen Teilchen. Auf dem Wege zu mehr Schülerorientierung im naturwissenschaftlichen Unterricht. In: Naturwissenschaft im Unterricht 4/1993, S. 70ff.

Rolff, H.G./Zimmermann, P.: Kindheit im Wandel. Weinheim 1985

Rumpf, H.: Unterricht und Identität. München 1976

Rumpf, H.: Die übergangene Sinnlichkeit. Drei Kapitel über die Schule. München 1981

Spinner, K.H.: Erleben, nicht erarbeiten? Zur Krise des Lehrens in der Erlebnisgesellschaft. In: Praxis Deutsch 131/1994, S. 222f.

Schmied-Kowarzik, W.: Vom Bildungssinn der Wissenschaften. In: Wicke, E. (Hg.): 1985, S. 5ff.

Weskamp, R.: Schüleraktivität fördern. In: Naturwissenschaft im Unterricht – Chemie 4/1993, S. 420ff.

Wicke, E. (Hg.): Wissenschaftsorientierter Unterricht in der Krise. Kassel o.J. (ca. 1985)

Wilhelm, Th.: Funktionswandel der Schule. Essen 1984

Zimmermann, W./Hoffmann, J.: Die Gymnasiale Oberstufe. Grundzüge, Reformkonzepte, Problemfelder. Stuttgart 1985

Wolfgang Emer, Klaus-Dieter Lenzen
Methoden des Projektunterrichts

„Alle methodische Kunst liegt darin beschlossen, tote Sachverhalte in lebendige Handlungen rückzuverwandeln."
(H. Roth)

Einleitung: „Die Projektmethode" oder „Methoden des Projektunterrichts"?

Debatten über den Projektunterricht kreisen um die Frage, ob sich diese Unterrichtsform auf eine Methode, auf *die* Projektmethode (*Frey* 1993, 5. Aufl.), reduzieren lasse, ob sie darüber hinaus mehrere Methoden einschließe oder ob sie, vielleicht noch weitreichender, etwas ganz Anderes, den schulischen Methoden zutiefst Fremdes sei, etwas Anti-Methodisches.

Autoren wie *Bossing* nennen den Projektunterrrricht eine „bedeutsame praktische Tätigkeit, die Aufgabencharakter hat, von den Schülern in natürlicher Weise geplant und ausgeführt wird" (1967, S. 128; vgl. *Knoll* 1993). Ähnlich formal definiert *Frey u. a.*: „Eine Gruppe von Lernenden bearbeitet ein Gebiet. Sie plant ihre Arbeiten selbst und führt sie auch aus. In der Regel steht am Ende ein sichtbares Produkt" (1993, S. 13). Solchem Reduktionismus auf die Methodik – Projektunterricht heißt eine Sache gemeinsam und selbstbestimmt machen – stehen Positionen gegenüber, die sich auf *J. Deweys* Erziehungsphilosophie zurückbesinnen (*Bohnsack* 1976), die von der *Projektmethode* als *einem* Bestandteil des Projektunterrichtes sprechen und damit direkt (*Bastian/Gudjons* 1993) oder indirekt einen Methodenpluralismus konstatieren: „Als Projektunterricht wird eine besondere Form praktischer pädagogischer Tätigkeit von Lehrern und Schülern verstanden oder eine besondere Unterrichtsform bezeichnet, *in der* die Projektmethode ihren didaktisch konsequentesten Ausdruck findet" (*Hänsel* 1992, S. 31; Hervorhebungen: die Autoren). *Dewey* selbst bindet den Projektunterricht in eine Philosophie, die sich der Demokratisierung von Schule und Gesellschaft verpflichtet sieht. „Vom Kinde aus" denkend, verliert er dabei allerdings – so sagen seine Kritiker – den Bezug auf die Ökonomie des Lernens und Lehrens, auf Zeiten und Sequenzen, ohne die der Lernbetrieb der Schule nicht auskommt (*Oelkers* 1992). *Deweys* Konzept des Projektunterrichts läßt demnach eine genaue methodische Einbindung in den Gesamtzusammenhang schulischen Lernens offen (vgl. den Beitrag von *Martin Speth* in diesem Band).

Ist der Projektunterricht also eine eigentlich nicht zur Schule passende, unmethodische Unterrichtsform oder ist er auf schulische Methodik rückführbar? Gibt es nur *eine* Methode des Projektunterrichts, oder handelt es sich um *Methoden des Projektunterrichts?* – Mögen solche Fragen auf den ersten Blick als akademisch erscheinen, bei näherem Hinsehen zeigt sich jedoch, daß sie bis in die Gestaltung der Unterrichtspraxis hinein bedeutsam sind: Auf eine Methode zu setzen und deren Befolgung als Projekt zu bezeichnen, ist etwas anderes, als innerhalb eines Elementes schulischer Lernkultur, das Projekt heißt, nach projektnahen Methoden zu arbeiten. Und: Wenn Projektunterricht mehr ist als nur eine Methode oder die Ansammlung besonders schüleraktiver Verfahren, so bleibt natürlich die Frage, nach welchen Methoden diese weitere Fassung des Projektunterrichtes denn arbeitet. Gerade der Projektunterricht kann sich nicht auf die anti-methodische Attitüde zurückziehen. Wer den Reduktionismus auf die Methode abwehrt, braucht doch selbst Methoden!

Im folgenden werden wir Methoden des Projektunterrichtes begründen, zusammenstellen, systematisieren und diskutieren. Das tun wir in zwei gedanklichen Abschnitten; in jedem einzelnen knüpfen wir an Argumentationen aus der erziehungswissenschaftlichen Debatte um den Projektunterricht an.

■ Methoden des Projektunterrichts im Überblick: Im ersten Abschnitt stellen wir systematisierend Methoden vor, die zum Projektunterricht passen und in ihm häufig verwendet werden; es sind Methoden, die den geläufigen Kennzeichnungen des Projektunterrichtes (Projektkriterien) zugeordnet werden können.

■ Methoden des Projektunterrichts im Projektverlauf: Im zweiten Abschnitt binden wir solche Methoden an ein idealtypisches Verlaufsmuster des Projektunterrichtes (Phasenmodell). Jeder einzelnen Phase ordnen wir eine Reihe möglicher, nun konkreter methodischer Schritte zu.

Jeder Abschnitt nimmt die Methodenfrage also aus einem anderen Blickwinkel auf. Uns geht es dabei zunächst nicht um *die* Projektmethode, sondern um ein Repertoire von Methoden.

1. Methoden des Projektunterrichts im Überblick

Methodisches Handeln entfaltet sich ziel- und inhaltsbezogen über Dimensionen der „Sozialform", der „Handlungsmuster" und der „Unterrichtsschritte"

(*Meyer* 1994, S. 234 ff.). In der „Grundform" (*Klafki* 1985, S. 233 f.) bzw. „Großform" (*Meyer* 1994, S. 143 ff.) des Projektunterrichts ergänzen sich diese „Methoden des Projektunterrichts" und fügen sich zu einer Gesamtfigur zusammen. Einen ersten Überblick über die „Methoden des Projektunterrichts" werden wir in drei Schritten gewinnen: Zunächst skizzieren wir die Geschichte des Methodenbegriffs, dann greifen wir auf „Projektkriterien" zurück, um schließlich den Bezug zu Methodenbereichen verwandter Unterrichtskonzepte herzustellen.

1.1 Geschichte des Methodenbegriffs und Projekt

Das Nachdenken über geeignete Methoden ist mit den Anfängen von Unterricht in der Antike verknüpft und zielt hauptsächlich auf Gewinnung und Entfaltung von Erkenntnis und Wissen (*Aristoteles*: ‚ars demonstrandi'). Die darin implizierte Auffassung von Methode als Theorie der Vermittlung, bei der der Schüler Objekt formender Aktivität des wissenden Lehrenden bleibt, fand ihren neuzeitlichen Niederschlag in der Stufentheorie des *Comenius* (17. Jh.) und vor allem bei *Herbart* und seinen Schülern. Methode wird „als sicher erscheinende Gleisspur" (*Bönsch* 1991, S. 14) aufgefaßt, in die Stoffe und Schüler trotz ihrer Unterschiede gezwängt werden. Der Herbart-Schüler *Rein* (1908) z. B. entwickelte die gestufte Abfolge von „Vorbereitung – Darbietung – Verknüpfung – Zusammenfassung – Anwendung" als unterrichtsmethodisch zentrales Schema (*Bönsch* 1991, S. 14; *Rombach* 1971, S. 158 ff.).

Kritik an diesem Methodenkonzept entwickelte sich seit der Renaissance, vor allem aber mit der Reformpädagogik. Der neuzeitliche Wissenschaftsbegriff eines *Galilei* z. B. verlegte den Akzent von der ‚ars demonstrandi' auf die ‚ars inveniendi', eine von den Forschungsinhalten her bestimmte konkrete Entdeckungslehre. Mit *Rousseau* und *Pestalozzi* wurde der Begriff der Selbsttätigkeit des Lernenden dann in den Vordergrund gestellt und in der Reformpädagogik zu Beginn des 20. Jahrhunderts weiterentwickelt. Unterricht müsse auf die Selbsttätigkeit der Schüler hin entwickelt werden, war eine Forderung *Gaudigs*; nur so könne der Schüler zum handelnden Subjekt werden, folgerte *Kerschensteiner* (*Bönsch* 1991, S. 14 f.). Mit dem aufkommenden Vorhaben- und Projektgedanken (vgl. die Beiträge 1–4 in diesem Band) orientierte sich methodisches Denken noch stärker an den Bedürfnissen und Interessen der Schüler. In der pädagogischen Arbeit wurde jetzt das „Wie" der Methode stärker mit den Fragen „von welchen Interessen aus?" und „wozu?" konfrontiert; Methode wurde nicht länger als bloße Vermittlungstechnik gesehen.

Projektarbeit ist also mit einem anderen als dem herbartianischen Methodenbegriff verbunden. Nicht gestufte Wissensvermittlung, bei der der Schüler Objekt bleibt, sondern Selbsttätigkeit und Interessensbezug, womit der Schüler zum handelnden Subjekt wird, bilden die leitenden Orientierungen. Nach *Klafki* bezeichnen Methoden „die pädagogischen Formen und Verfahrensweisen" (1970, S. 129) zur planmäßigen pädagogischen Einwirkung im Unterschied zur Didaktik, die die Intentionen und Inhalte behandelt. Aber gerade in der Projektarbeit hat Methode, weil sie stärker als sonst vom Lernsubjekt, seinen Interessen, Tätigkeiten und seinem Lebenshorizont ausgeht, gegenstandsbestimmende, also auch didaktische Funktionen.

1.2 Projektkriterien als Grundlage von Methodenorientierung

Wie kann man sich nun im Methodendschungel orientieren, welche Methoden sind projektaffin und -geeignet? Der kurze Blick in die Geschichte hat erste Linien gezogen. Versuchen wir nun, die für die Projektarbeit relevanten Methodenbereiche genauer zu bestimmen, so bieten die Projektkriterien eine weitere Orientierung. Die hier vorgeschlagenen orientieren sich an der von Dewey hergeleiteten wissenschaftlichen Diskussion bei *Bastian/Gudjons* (1988), *Hänsel* (1988), *Duncker/Götz* (1988), *Chott* (1990) u. a. sowie an den im Oberstufen-Kolleg in Auseinandersetzung mit der Schulpraxis entwickelten sieben Projektkriterien (*Emer/Horst/Ohly* 1994, S. 9 f.), die zwei Ausgangspunkte, drei zentrale Arbeitsformen und zwei Zielhorizonte umfassen. Diese Kriterien stellen wir kurz dar, um sie danach zu affinen Methodenbereichen in Beziehung zu setzen.

Ausgangspunkte

■ Gesellschaftsbezug: Das Projekt soll an reale, gesellschaftlich relevante Probleme und Bedürfnisse anknüpfen.
■ Lebenspraxisbezug: Das Projekt soll sich an den Lebens- und Berufsinteressen von Lernenden und Lehrenden orientieren.

Arbeitsformen

■ Selbstbestimmtes Lernen: Mitbestimmung bei der Planung und Durchführung des Projekts sowie soziales Lernen durch Veränderung der Lehrer-Schüler-Rollen sind zentrale Ziele für selbstbestimmtes Lernen. Der Lehrende ist nicht mehr auschließlicher Experte; diese Rolle kann auch Lernenden zufallen. Die Projektgruppe wird entscheidend für den Lernprozeß.

- Ganzheitliches Arbeiten: Die einseitige Kopfarbeit soll aufgehoben werden. Lernen mit allen Sinnen, mit „Kopf, Herz und Hand" *(Pestalozzi)*, kreatives, rezeptives, produktives und affektives Handeln sind zu verbinden.
- Fächerübergreifendes Arbeiten: Projekte sollen Methoden, Inhalte und Perspektiven verschiedener Fächer integrieren, um Probleme und Themen der ungefächerten Realität angemessen zu bearbeiten.

Zielhorizonte

Projektarbeit hat ausgehend vom zentralen Handlungsziel des verändernden Eingreifens in soziale Realität zwei notwendige Orientierungen:
- Produktorientierung: Häufig wird im Unterricht für die Note bzw. das Zertifikat gearbeitet, Projektarbeit kann dies durch ihre Produktorientierung aufheben. Dies gelingt insbesondere dann, wenn das Projekt ein Produkt mit einem Gebrauchs- und Mitteilungswert *(Duncker/Götz* 1988) für andere anstrebt.
- Kommunikative Vermittlung: Zu einem Projekt gehört die Präsentation und Vermittlung des Produkts nach außen. In der Kommunikation mit einer begrenzten Öffentlichkeit kommt das Produkt erst wirklich zur Geltung. Dabei ist je nach Projekt und Schulstufe eine Öffnung der Schule anzustreben. Dadurch erhöht sich der Ernstcharakter der Projektarbeit.

1.3 Unterrichtsprinzipien und Methodenbereiche in ihrer Bedeutung für Projektarbeit

Viele für den Projektunterricht relevante Methoden tauchen auch in anderen Konzepten schulischen Lernens und im Kontext von Unterrichtsprinzipien auf (z. B. „Handlungsorientierung", „Erfahrungsbezogener Unterricht"). Wir greifen hier einige exemplarisch heraus und zeigen ihre Bedeutung für die Projektarbeit auf. So entsteht ein Modell, an dem methodisches Denken sich orientieren und weiterarbeiten kann (vgl. Abb. 1). Die in diesem Modell aufgeführten Konzepte stellen wir in Kurzdefinitionen vor und verweisen bei zweien exemplarisch auf ihre Beziehung zum Projektunterricht.
- Handlungsorientierung: Handlungsorientierung ist zunächst einmal ein Unterrichtsprinzip mit einem dazugehörigen Methodenbereich. Sie ist das zentrale methodische Prinzip von Projektarbeit, das die Selbsttätigkeit und soziale Kompetenz der Lernenden betrifft. Handeln spielt in der Projektarbeit eine zentrale Rolle, nicht als bloße Tätigkeit, sondern zugespitzt als Eingreifen in die soziale Wirklichkeit.

Handlungsorientierung knüpft an *Pestalozzis* Forderung, „mit Kopf, Herz und Hand" zu lernen, an. Sie will die Trennung von Hand- und Kopfarbeit, die von

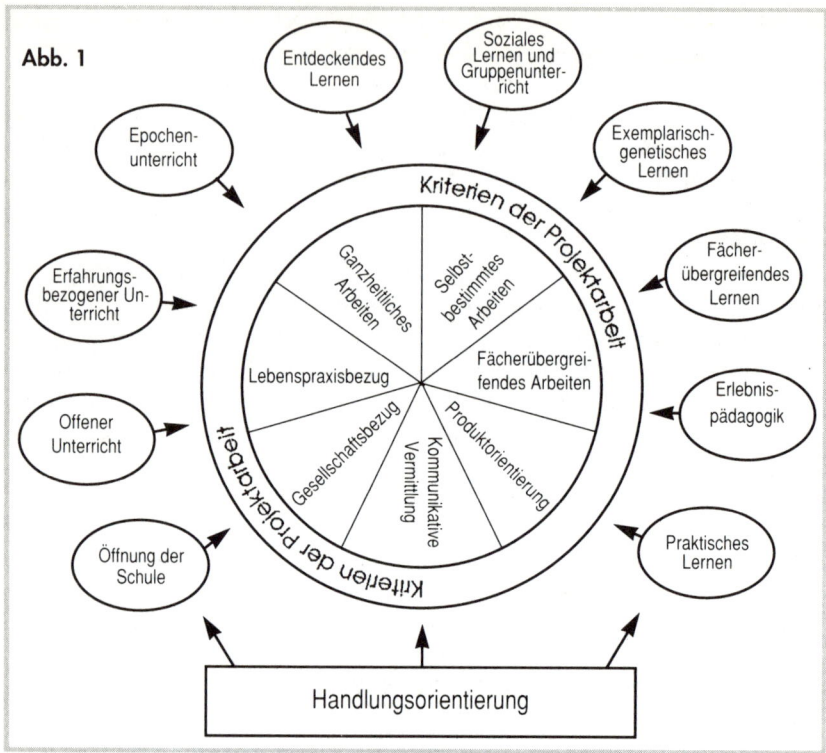

Abb. 1

Entdeckendes Lernen

Soziales Lernen und Gruppenunterricht

Epochenunterricht

Exemplarisch-genetisches Lernen

Erfahrungsbezogener Unterricht

Fächerübergreifendes Lernen

Offener Unterricht

Erlebnispädagogik

Öffnung der Schule

Praktisches Lernen

Kriterien der Projektarbeit

Ganzheitliches Arbeiten · Selbstbestimmtes Arbeiten · Lebenspraxisbezug · Fächerübergreifendes Arbeiten · Gesellschaftsbezug · Kommunikative Vermittlung · Produktorientierung

Handlungsorientierung

Schule und Leben, von Theorie und Praxis aufheben und „learning by doing"
(*Dewey*) erreichen. Der Methodenbereich von Handlungsorientierung umfaßt
eine große Bandbreite: unmittelbar praktische Methoden wie Herstellen, Gestalten, Aufbauen; erfahrungsbezogene wie Erkunden, Experimentieren, Forschen,
Erleben, Spielen; gruppenbezogen-kommunikative wie Interessensfindung, Planen, Angstbewältigung, Rollenfindung, Entscheiden, Kooperieren, In-Gruppen-Reflektieren; ästhetisch-gestaltende wie Visualisieren, Hörbar-Machen, Dramatisieren; politisch-soziale Methoden wie Meinungsbildung, Eingreifen,
Verändern. Handlungsorientierung bildet insofern die Basis fast aller Projektkriterien und ist für viele die Projektarbeit tragenden Methodenbereiche relevant,
sie bildet so etwas wie die methodische Substruktur von Projektarbeit.

■ Öffnung der Schule: Das Konzept „Gestaltung des Schullebens und Öffnung
der Schule" (*Landesinstitut NRW* 1989) will, anknüpfend an reformpädagogische Traditionen und Ideen der Community Education (*Reinhardt* 1992),
Lernorte außerhalb erschließen. Das Konzept antwortet auf neue Soziali-

sationsbedingungen von Kindern und Jugendlichen; es reagiert auf die „Sinnkrise" der Schule und ihren Funktionswandel (*Holtappels* 1994). Mit der Öffnung der Schule und den dazugehörigen Methoden (z. B. Erkundung, Interview, Reportage, Kontaktaufnahme) werden verschiedene Dimensionen von Handlungsorientierung angesprochen und Kriterien der Projektarbeit (Lebenspraxis-, Gesellschaftsbezug u. a.) betont.

■ Offener Unterricht: Diese Unterrichtsform öffnet sich gegenüber den Persönlichkeiten der Beteiligten, der Erfahrung, der selbstbestimmten Schüleraktivität und dem Handeln auch außerhalb der Schule (*Gudjons* 1986, S. 23f., *Bastian* 1995, S. 6ff.). Offener Unterricht *ist ein* Sammelbegriff für unterschiedliche Reformansätze.

■ Erfahrungsbezogener Unterricht: Diesem Konzept zufolge sollen sich Lernende die ihnen wichtigen Fragen und Probleme über verschiedenartige Erfahrungen innerhalb und außerhalb der Schule in bewußter Auseinandersetzung aneignen. Sie sollen ihre Erfahrungen verarbeiten und veröffentlichen (Produkte herstellen) (*Gudjons* 1986, S. 25ff.).

■ Epochenunterricht: Für einen bestimmten Zeitraum werden die Stunden mehrerer Fächer zusammengelegt, um einen bestimmten Themenbereich (von einem Fach her oder auch fächerübergreifend) intensiver bearbeiten zu können (*Chott* 1990, S. 17ff.).

■ Soziales Lernen und Gruppenunterricht: Durch Kleingruppenarbeit im Unterricht soll die Lehrerzentrierung aufgehoben und die Selbsttätigkeit der Lernenden erreicht werden (vgl. *Gudjons* 1986, S. 29f.).

■ Exemplarisch-genetisches Lernen: Das von *Wagenschein u. a.* ausgehende Konzept kritisiert die stoffliche Überfrachtung der Schule und plädiert für ein Vorgehen, das mit dem Kind denkt und an geeigneten Beispielen dessen Lernen entwickelt (*Gudjons* 1986, S. 20f.).

■ Fächerübergreifender Unterricht: Dieses Konzept will durch die thematische Verbindung unterschiedlicher Fachinhalte, -methoden und -perspektiven Freiräume zur Behandlung von problemorientierten und interessengeleiteten Thematiken (z. B. „Schlüsselproblemen", „Perspektiven", nicht Unterrichtsstoffen) gewinnen (*Krause-Isermann/Kupsch/Schumacher* 1994).

■ Erlebnispädagogik: Sie will Fertigkeiten und Kenntnisse vorrangig praktisch, ganzheitlich und erfahrungsbezogen entwickeln und zwar in Situationen (Erlebnissen) mit sozialem und materiellem Aufforderungscharakter (Ernstsituationen) (*Ziegenspeck* 1992).

■ Entdeckendes Lernen: Entdeckendes (auch: forschendes) Lernen ist zugleich Unterrichtsprinzip wie methodische Lernform (*Filser* 1980; *Gudjons* 1986, S. 22f.). Es geht von den Lernenden als autonomen Subjekten im Lernprozeß aus und spricht ihre Selbständigkeit, Mitgestaltungsfähigkeit, Kreativität und Entdeckerfreude an. Entdecken ist „seinem Wesen nach ein Fall des Neuordnens und Transformierens des Gegebenen" (*Bruner* zit. nach *Neber* 1976, S.16). Dabei wird Lernen vom bloßen Nachvollziehen eines Stoffes zum vom Lernenden mitbestimmten, kreativen Forschungsprozeß, bei dem Einsicht in die Struktur von Sachverhalten, eigenes Denken und „denkende Erfahrung" *(Dewey)* gefördert werden.

■ Praktisches Lernen: „Der Begriff praktisches Lernen versteht sich als ein allgemeinpädagogischer Begriff und will hervorheben, daß Kinder und Jugendliche für ihr Lernen und ihre Entwicklung praktischer Erfahrungen und eigener praktischer Tätigkeiten bedürfen" (*Fauser/Konrad* 1989, S. 298). Die Methoden des Praktischen Lernens sind entsprechend vielgestaltig: Sie sind prinzipiell in allen Lernprozessen auffindbar, in denen gehandelt, etwas hergestellt oder praktisch gearbeitet wird (*Münzinger/Liebau* 1987; *Projektgruppe Praktisches Lernen* 1988).

2. Methoden des Projektunterrichts im Projektverlauf

Im Folgenden beziehen wir die Darstellung projektaffiner Methoden auf ein idealtypisches Verlaufsmuster des Projektunterrichts. In Weiterführung der vierphasigen Projekt-Verlaufsform des Klassikers *Kilpatrick* (*Bossing* 1967, S. 132 ff.) – Zielsetzung (purposing), Planung (planning), Ausführung (executing) und Beurteilung (judging) – kann man sieben Phasen unterscheiden, wobei die erste und die letzte nicht unbedingt zum eigentlichen Projekt gehören, aber sinnvolle Ergänzungen darstellen.

Jeder dieser Phasen ordnen wir, ohne Anspruch auf Vollständigkeit, eine Reihe möglicher Methoden und methodischer Schritte zu. Die Elemente unseres Methodenüberblicks vertiefen wir auf diese Weise; gleichzeitig führen wir näher an die Projektpraxis heran.

Initiierungsphase

In dieser Phase geht es darum, Entstehungsbedingungen eines Projekts herzustellen. Die folgenden methodischen Schritte begünstigen die Entstehung des Projektkonzepts.

■ Das Thema finden: Ort und Zeit der Entstehung von Projektideen können sehr verschieden sein: Projektideen können z. B. im Klassen- oder Kursverband entwickelt werden, über eine von einer ganzen Schule (Schulstufe) bestückte Kreativtafel (z. B. Projektbaum), in einer Schulkonferenz oder auch von einzelnen. In Gruppen helfen Methoden der Themenfindung wie

Brainstorming, Cluster bilden (vgl. *Bugdahl* 1995), Assoziationen zu den Erfahrungsbereichen des Projektunterrichts sammeln (z. B. Internationales, Regionales, Historisches, Natur und Technik, Ästhetik, Selbsterfahrung, Schule; *Emer/Horst/Ohly* 1994). Dies muß allerdings mit projektspezifischer Akzentuierung geschehen, d. h. das Thema muß in der gesellschaftlichen und lebensweltlichen Realität der Schüler und Lehrer seinen Ausgangspunkt finden und nicht etwa in einer Stoffsystematik. Dabei knüpft eine Projektidee nach Dewey an eine konflikthafte, in sich unabgeschlossene Situation an, in der strukturelle Zusammenhänge erfahrbar werden können. Die sich entfaltende „denkende Erfahrung" richtet sich auf die Veränderung von empfundenen Mängeln (*Duncker/Götz* 1988, S. 30, 37 f.).

- Rollen reflektieren: Projektunerfahrenen Gruppen hilft eine vorgeschaltete Phase der Rollenreflexion, in der Lehrende und Lernende ihre traditionellen, im Lehrgang eingespielten Rollen und die im Projekt notwendige Rollenveränderung beschreiben und besprechen (*Bastian/Gudjons* 1988, S. 33).
- Initiatoren finden: Im Sinne der Schülerorientierung ist eine Wahl von Projektthema und -gruppe wünschenswert, um selbstbestimmtes Lernen zu begünstigen. Am wirksamsten ist für diesen Prozeß die Bildung einer kleinen Vorplanungsgruppe, die sich um ein Projektthema gruppiert. Die Aufgabe der Vorplanungsgruppe ist es, nach Projektkriterien eine Projektskizze als Wahlgrundlage zu verfassen und an einem „Thementag" der Schülerschaft das Projekt vorzustellen, die dann zwischen verschiedenen Projekten wählen kann.
- Initialimpulse überlegen: Ein vierter, handlungsorientierter Vorbereitungschritt besteht darin, materielle und kommunikative Initialimpulse zu überlegen und vorzubereiten, ohne allzusehr vorzugreifen: Was ist realistisch und machbar? Welche (außer-) schulischen Kontakte sind nützlich, welche sollten schon angefragt werden? Welche materiellen Bedingungen sind für das Projekt notwendig? Muß Material bestellt, muß ein Sponsor gewonnen werden?

Einstiegsphase

Das Projekt beginnt, wenn die Teilnehmer feststehen. Hier gilt es im Sinne der Methode der TZI (Themenzentrierten Interaktion *Petzold/Brown* 1977, S. 88 ff.), die Balance zwischen Einzelteilnehmern, Gruppenfindung und Projektthema herzustellen, d. h. alle drei Anteile methodisch zu berücksichtigen. Dies kann in den folgenden methodischen Schritten geschehen.

- Die einzelnen kennenlernen: Personen kommen in das Projekt durch Methoden des Kennenlernens (*Gudjons* 1983, S. 49 ff.) und durch die Artikulation ihres Zugangs zum Projekt. Das Ergebnis dieser persönlichen und thematischen Annäherung kann auch als eine Planungsgrundlage dienen.

■ Die Gruppe konstituieren: Die Gruppe konstituiert sich durch die gegenseitige Wahrnehmung, durch Interaktionen sowie über die Auseinandersetzung mit der Themenstellung des Projekts.

■ Das Thema vorstellen: Das Thema wird zunächst über die subjektiven Zugänge präsent; danach sollte es in Form einer Kompaktinformation durch die Vorplanungsgruppe eigens vorgestellt, durch Lehrervortrag, Medienbeiträge, Expertenäußerungen o. ä. in den Vordergrund gerückt werden und Fragen, Perspektiven und Handlungsansätze auslösen.

Planungsphase

Diese Phase ist die wichtigste methodische Schaltstelle im Projektprozeß. Sie muß gemeinsam mit allen Projektteilnehmern gestaltet werden, wobei die Vorplanungsgruppe ihre Arbeit der ganzen Gruppe zur Verfügung stellt. Bei dem kooperativen Planungsprozeß hat der Lehrende „die Verantwortung für die Planung der Selbstplanung" (*Bastian/Gudjons* 1988, S. 41) mit z. T. manchmal unbehaglich offenen Planungsdetails zu übernehmen. D. h. er hat im Sinne Deweys die „vorausgehende Planung" geschmeidig genug zu machen, „um noch ein freies Spiel der Individualität zu ermöglichen und doch fest genug, um die Richtung auf fortgesetzte Entwicklung der Kräfte anzugeben" (*Dewey* 1963, S. 87). Dabei lassen sich sechs methodische Schritte erkennen. Sie vermitteln den Lernenden „Planungskompetenz"(*Kratz* 1995, S. 32). In diesen Schritten kommen unterschiedlichste Methoden zur Anwendung: handlungsorientierte (Entscheidungsfindung, Produkt- und Zeitplanung, Hilfen durch Planungsfragen vgl. *Kratz* 1995, S. 33) und wissenschaftsorientierte (fachliche Inhaltsanalyse und Methodenwahl).

■ Themenstellung und -aspekte präzisieren: Die Präzisierung des Themas geschieht vor dem Hintergrund der Interessenszugänge, die die Teilnehmer in der Einstiegsphase geäußert haben. Außerdem liegt der Entwurf der Planungsgruppe mit eventuellen Ergänzungen vor. Dazu kann eine „thematische Landkarte" erstellt werden, um die Aspekte und ihre Bezüge zu verdeutlichen (*Vaupel* 1995, S. 17 ff.) und zu entscheiden, ob und welche Arbeitsgruppen daraus entstehen sollen.

■ Produkt und Adressaten festlegen: Dies erfolgt, indem der Gebrauchs- und Mitteilungswert des Projektprodukts reflektiert wird. Dies ist ein entscheidendes Kriterium für den Aneignungsprozeß des notwendigen thematischen Wissens und der Methoden. Die Vorstellung möglicher Produktformen (*Emer/Horst/Ohly* 1994, S. 43) kann die Planungsphantasie anregen.

222

- Arbeitsmethoden und -orte bestimmen: Bei der Entscheidung über Arbeitsmethoden und -orte (Lernorte: *Emer/Horst/Ohly* 1994, S. 40) können Vorgaben des Lehrenden die Entscheidungsbasis erweitern bzw. erleichtern. Meist wissen Lernende (noch) nicht, was „Oral history" ist, wie man im Archiv arbeitet, mit Behörden spricht etc.
- Rollen bestimmen und übernehmen: Die Planung kann auch durch das Bewußtmachen notwendiger Rollen und vorhandener Kompetenzen vorangebracht werden: So werden z. B. in einem bestimmten Projekt Journalisten, EDV-Textarbeiter, Archivare, Fotolaboranten, Bastler gebraucht (*Duncker* 1989).
- Zeit- und Materialplan anlegen: Die Planung von Zeit und Material schafft realistische Grundlagen. Wieviel Zeit hat die Projektgruppe? Wer hilft? Eltern, andere Lehrende, außerschulische Experten? Welche technischen Hilfsmittel und Werkstoffe sind nötig? Wie soll das Projekt finanziert werden?
- Projektplan erstellen: Alle Planungsdaten fließen schließlich in einem „Projektplan" zusammen, der in optisch übersichtlicher Form eine Zeitleiste mit Arbeitsgruppen, -schritten, -methoden, Materialhinweisen etc. verbindet und der während des Projekts fortgeschrieben wird. Um den Ernstcharakter zu erhöhen, können Vereinbarungen auch in einem „Projektvertrag" festgelegt werden (*Duncker/Götz* 1988, S. 79).

Durchführungsphase

Die Umsetzung der Planung geschieht arbeitsteilig. In der Durchführungsphase gehen die Projektteilnehmer in die angesteuerten Realitätsbereiche hinein, erfahren deren stimulierende und widerspenstige Wirkungen und reagieren wiederum auf sie, so daß eine Wechselwirkung zwischen Projektgruppe und sozialer bzw. natürlicher Umwelt entsteht. Der ganze Prozeß verläuft oft in einer doppelten Lust-Frust-Kurve: Nach der Anfangseuphorie werden Probleme und Widerstände deutlich, eine ‚Hängephase' tritt ein, bevor der erneu(er)te Blick auf das Produkt aus der Talsohle am Ende wieder herausführt. In der ‚Hängephase' darf sich der Lehrende nicht allein verantwortlich fühlen, sondern sollte Ansprechpartner sein und Methoden der Problembearbeitung anbieten (*Gudjons* 1986, S. 71; *Bugdahl* 1995). Im Projektunterricht ist die Dimension des Scheiterns für die Gruppe präsenter als sonst, und das macht Charme und Streß dieser Unterrichtsart aus, die gelingt, wenn in dieser Phase das traditionelle, eher imitative Rollenmuster (Meister-Lehrling) zugunsten eines neuen handlungsorientierten Musters „gemeinsamer Anstrengung" (Forschungsteam) verändert wird. In dem dynamisch bis zähen Prozeß der Arbeit auf ein Produkt hin kann man vier methodische Schritte unterscheiden und in der Projektgruppe bewußt machen.

- Material beschaffen und erkunden: Am Anfang der Durchführungsphase muß es der Arbeitsgruppe darum gehen, daß sie sich ihr stoffliches und informelles Material beschafft (*Klippert* 1994, S. 34 ff.) und ihr Arbeitsgebiet erkundet, besonders durch Kontakte zu Experten und Institutionen. Jetzt gelangen die Methoden des „Entdeckenden Lernens"(s. o.) zur Anwendung.
- Auswerten und bearbeiten: Hier kommen sowohl traditionelle Methoden der Informations- (*Klippert* 1994) und Materialverarbeitung als auch handlungsorientierte vor, wie z. B. das Herstellen und Anwenden, das Phantasieren und Experimentieren, das Tätigsein und Verantworten, das Eingreifen und Verändern (*Gudjons* 1986, S. 83 ff.). Dieser methodische Schritt ist zentral für die Qualität des Projekts. Nach *Duncker/Götz* (1988, S. 99 ff.) gilt es, unter Beachtung der zentralen Kategorie des eingreifenden Handelns z. B. „Journalismus statt Sammeln", „Experimentiertheater statt Schaufensterdekoration" usw. zu betreiben.
- Das Produkt erstellen: Die bereits genannten Schritte werden vom nachfolgenden, der Produkterstellung stark bestimmt. Nun sollte wieder intensiver kooperiert werden, damit aus den Teilergebnissen ein kohärentes Produkt wird.
- Koordinieren und reflektieren: Die durch Konkurrenz, Reibung, Konflikte bestimmte, dynamische Beziehungsstruktur macht auch eine Auseinandersetzung auf der Metaebene erforderlich. Deshalb sollen in dieser Phase als Fixpunkte kurze gemeinsame Treffen eingerichtet werden, in denen Beziehungs-, Sach- und Koordinierungsprobleme zur Sprache kommen (*Duncker/ Götz* 1988, S. 80).

Präsentationsphase

Diese Etappe der Projektarbeit ist zentraler Zielpunkt, in dem sich Gebrauchs- und Mitteilungswert des Produkts erweisen. Die folgenden drei methodischen Schritte sind dabei von besonderer Bedeutung.

- Das Produkt präsentieren: Es stehen nun Organisations- und Formfragen an. Ort, Zeit, Aufbau und ‚finish' des Produkts müssen geklärt, Koordinationsaufgaben wahrgenommen und der Produktform muß Rechnung getragen werden. (*Hartmann/Funk/Nietmann* 1995) So wird „Produktkompetenz" (*Emer/Horst/ Ohly* 1994, S. 28) erworben, die sich in ähnlichen Projekt- oder Handlungssituationen als Erfahrungswissen auswirken kann.
- Für das Produkt werben: Wenn das Produkt in Kommunikation mit Interessenten treten soll, werden Formen der Werbung notwendig. Dabei sind Methoden des Design, der Werbesprache etc.(vgl. *Hartmann/Funk/Nietmann* 1995) hilfreich.

- Das Produkt kommunikativ vermitteln: Um den Gebrauchs- und Mitteilungswert des Produkts und das Ziel des Projekts zu überprüfen, sollte das Produkt kommunikativ nach innen und außen vermittelt werden (*Emer/Horst/Ohly* 1994, S. 41 ff.). Das beginnt bei der kommunikativen Vorstellung des Produkts am Präsentationsort: Ein Theaterstück wird als experimenteller Versuch vorgestellt, eine Ausstellung wird von Gesprächsrunden oder einer Vernissage begleitet. Adressaten außerhalb der Schule (z. B. Eltern, Ämter, Stadtteilgruppen, Medien) kommen nur durch eine kommunikative Vermittlung zum Produkt (*Kröger/Oldach* 1994, S. 111 f.).

Auswertungsphase

Diese Phase der Beurteilung und Bewertung (*Goetsch* 1990, S. 257 ff.) kann sich an den Projekttag als Auswertungstag oder -zeit direkt anschließen oder in die nächste Unterrichtsphase hinübergenommen werden. In der Praxis ist diese Phase oft ausgelassen worden, damit fehlt dem Projektprozeß eine wesentliche Lernphase. Bei der Auswertung sind die folgenden drei methodischen Schritte hilfreich.

- Das Produkt bewerten: Nun geht es um die Fragen, ob das Ziel (Ausgangsfrage, Anspruch) des Projekts erreicht ist, ob Gestaltung und Präsentation gelungen sind. Hilfen durch Fragebögen (z. B. *Klippert* 1985, S. 38 f., *Duncker/Götz* 1988, S. 159 ff.) oder ein selbstentwickeltes Frageraster können die Bewertung erleichtern.
- Die Wirkung beurteilen: Die Wirkung des Projekts kann durch Selbstbefragung, durch das Einholen von feed-back bei verschiedenen Adressaten sowie durch Presseartikel beurteilt werden.
- Den Prozeß bewerten: Die Prozeßbewertung läßt sich durch (individuelle) Arbeitsprozeßberichte, die auch Grundlage von Bewertung sein können (*Goetsch* 1990, S. 257 ff; *Kratz* 1995, S. 34), und durch Gruppenreflexion erreichen.

In diesen drei Auswertungsschritten wird die sonst seltene Beurteilung von Unterricht öffentlich und die didaktische Kompetenz der Lernenden gefördert (*Duncker/Götz* 1988, S. 166 f.).

Weiterführungsphase

Oft steckt in einem Projekt soviel Dynamik, daß es nach innen in die Schule und nach außen in die außerschulische Öffentlichkeit weiterwirkt. Dann schließt sich diese bisher wenig beachtete (*Kröger/Oldach* 1994, S. 118; *Gudjons* 1986, S. 72) Weiterführungsphase an, die nicht notwendigerweise zum Projektverlauf gehört. Aus Zeit- und Interessensgründen arbeitet nicht unbedingt die gesamte

Projektgruppe weiter, sondern nur eine Teilgruppe. Dabei werden zwei methodische Schritte relevant.

- Das Projekt dokumentieren: Manchmal reicht die Zeit im Projekt nicht aus, alle Ergebnisse und Wirkungen zu dokumentieren. In dieser Phase ist Zeit, einen eigenen Theatertext zu überarbeiten, einen Bericht für die Schulkonferenz zu erstellen oder die Ergebnisse für einen Wettbewerb aufzubereiten. Dazu sind Methoden der Textgestaltung, -verarbeitung und des Layout heranzuziehen.
- Das Projekt fortsetzen: Fortsetzen läßt sich das Projekt innerhalb und außerhalb der Schule. Innerhalb der Einrichtung kann ein Teilaspekt des Projekts weitergeführt, ein Folgeprojekt vorbereitet, einer (Schul-) Konferenz Bericht erstattet oder dem Projektausschuß ein thematischer Impuls für die folgende Projektphase gegeben werden. Als weiterwirkende Verfahren sind nun die „Rückblende" (illustrierte Kurzdokumentation einzelner Projekte an einer Projektwand) nützlich oder die Kurzpräsentation im Rahmen von sporadisch oder regelmäßig wiederkehrenden Ereignissen des Schullebens (vgl. *Emer/Horst/Ohly* 1994, S. 44). Verschiedentlich werden auch Methoden des Archivierens benötigt, wenn es darum geht, den Projektbericht für spätere Benutzer zugänglich zu machen, eine Ausstellung, ein Objekt bis zur nächsten Verwendung sachgerecht zu lagern. Auch außerhalb der Schule kann das Projekt weitere Beachtung finden und weiterwirken. Das erfordert Kontaktaufnahme zu verschiedenen Institutionen und Gruppen, Pressearbeit, Vorbereitung und Durchführung einer Aufführung oder Ausstellung.

Wenn das Projekt innerhalb und außerhalb der Schule weiterwirken soll, werden Methoden der Planung, der Entscheidungsfindung, Wirkungsanalyse, des konsekutiven und verantwortlichen Handelns u. a. notwendig. Die Erfahrung von Handlungskonsequenzen wird vermittelt.

Wir haben methodische Schritte des Projektunterrichts anhand eines typischen Verlaufs herausgearbeitet. In einer Tabelle (vgl. Abb. 2) fügen wir dieser Übersicht den Bereich der Zielkompetenzen hinzu. Letztlich bestimmen die Dynamik und Erfordernisse des Projekts und die Spezifik des Produkts den Verlauf und Methodeneinsatz. Die Aufteilung in Phasen hilft jedoch, wichtige methodische Schritte und Probleme sowie ihre Lernerträge (Kompetenzen) im Auge zu behalten.

Schluß: Zusammenhang von „Methoden des Projektunterrichts"

Den Projektunterricht als „eine generelle Methode" zu fassen, fällt schwer (*Bastian/Gudjons* 1993, S. 73). Nicht *die* Projektmethode, sondern eine Viel-

Phase	methodische Schritte	methodische Kompetenzen
1. Initiierungsphase	a) Thema finden b) Rollen reflektieren c) Initiatoren finden d) Initialimpulse überlegen	Kreative Kompetenz
2. Einstiegsphase	a) die einzelnen kennenlernen b) die Gruppe konstituieren c) das Thema vorstellen	Informationskompetenz soziale Kompetenz

3. Planungsphase	a) Themenstellung und
	   -aspekte präzisieren
	b) Produkt und Adressaten
	   festlegen
	c) Arbeitsmethoden und
	   -orte bestimmen
	d) Rollen bestimmen und
	   übernehmen
	e) Zeit- und Materialplan
	   anlegen
	f) Projektplan erstellen
		Planungskompetenz
		Entscheidungskompetenz
		Rollenkompetenz

4. Durchführungs-
phase
	a) Material beschaffen
	   und erkunden
	b) auswerten und bearbeiten
	c) das Produkt erstellen
	d) koordinieren und
	   reflektieren
		Problemlösekompetenz
		Gestaltungskompetenz
		soziale Kompetenz
		Konfliktlösungskompetenz
		Organisationskompetenz

5. Präsentationsphase	a) das Produkt präsentieren b) für das Produkt werben c) das Produkt kommunikativ vermitteln	Produktkompetenz kommunikative Kompetenz
6. Auswertungsphase	a) dasProdukt bewerten b) die Wirkung beurteilen c) den Prozeß bewerten	Beurteilungsvermögen didaktische Kompetenz
7. Weiterführungs- phase	a) das Projekt dokumentieren b) das Projekt fortsetzen	Dokumentationskompetenz Verantwortungskompetenz Betreuungskompetenz

Abb. 2: Methoden im idealtypischen Projektverlauf

falt von „Methoden des Projektunterrichts" haben wir, verschiedene Blickwinkel einnehmend, bis hierher vorgestellt: Statt eines konsistenten, einzigartigen Verfahrens ergibt sich deshalb am Ende ein Puzzle vielfältig variier- und kombinierbarer Methoden, die, je nach eingeschlagener Perspektive, unterschiedliche Bedeutsamkeit haben können. – Laufen wir so nicht Gefahr, das spezifische Verfahren des Projektunterrichts völlig zu entgrenzen und die Definition einer eigenen Unterrichtsform sozusagen von innen her, in den Nervenbahnen ihrer Methodik, aufzuweichen?

· Verknüpft werden die „Methoden des Projektunterrichts" im Handlungszusammenhang des Projektverlaufs. Die „gemeinsame Anstrengung" von Lehrenden und Lernenden richtet sich zielorientiert auf ein Produkt, über das eine – zumindest partielle – Veränderung der schulischen oder außerschulischen Lebenswelt erreicht wird. Dieser Zielvorstellung und diesem Handlungsverlauf ordnen sich die Methoden des Projektunterrichts zu. Zusammengenommen bilden sie dann eine methodische Gesamtfigur. Wir könnten auch sagen: Eingefügt in den produktorientierten Handlungsverlauf bilden „die Methoden des Projektunterrichts" die Projektmethode des jeweiligen Projekts. Die methodische Gesamtfigur benötigt also eine gezielte, nicht schematisch erfolgte Auswahl von Methoden. Es wird dazu eine undogmatische, flexible Arbeitsweise gebraucht: „Wer ein Projekt beginnt, sollte solche Theorien kennen, sich aber hüten, ihnen sklavisch zu folgen. Das Leben verläuft nicht gradlinig, manchmal in Sprüngen, zumeist überraschend, Projekte auch" (*Hänsel/Müller* 1988, S. 8 f.).

Literatur

Bastian, J.: Projektunterricht planen. In: PÄDAGOGIK 7/8, 1989, S. 72–75

Bastian, J./Gudjons, H. (Hg.): Das Projektbuch. Theorie – Praxisbeispiele – Erfahrungen. Hamburg 1988 (2. Aufl.)

Bastian, J.: Offener Unterricht. Zehn Merkmale zur Gestaltung von Übergängen. In: PÄDAGOGIK 12, 1995, S. 6–11

Bastian, J./Gudjons, H. (Hg.): Das Projektbuch II. Über die Projektwoche hinaus. Projektlernen im Fachunterricht. Hamburg 1990

Bastian, J./Gudjons, H. (Hg.): Das Projekt: Projektunterricht. Argumente gegen eine Reduzierung des Projektbegriffs. In: PÄDAGOGIK 7/8 (1993), S. 73

Bönsch, M.: Variable Lernwege: ein Lehrbuch der Unterrichtsmethoden. Paderborn u. a. 1991

Bohnsack, F.: Erziehung zur Demokratie. John Deweys Pädagogik und ihre Bedeutung für die Reform unserer Schule. Ravensburg 1976

Bossing, N. L.: Die Projektmethode. In: Geißler, G. (Hg.): Das Problem der Methode. Weinheim/Berlin 1967, (7. Aufl.)

Bugdahl, V.: Kreatives Problemlösen im Unterricht. Frankfurt a. M. 1995

Chott, P.: Projektorientierter Unterricht. Eine Einführung. Weiden 1990

Dewey, J./Kilpatrick, W.H.: Der Projektplan. Grundlegung und Praxis. Weimar 1935

Dewey, J.: Erfahrung und Erziehung (1938). In: Dewey, J./Handling, D./Correll, W.: Reform des Erziehungssystems. Weinheim 1963

Duncker, L.: Projektlernen kultivieren. Eine schultheoretische Ortsbestimmung. In: PÄDAGOGIK 7–8 (1989), S. 54–57

Duncker, L./Götz, B.: Projektunterricht als Beitrag zur inneren Schulreform. Begründungen, Erfahrungen, Vorschläge für die Durchführung von Projektwochen. Langenau- Ulm 1988 (2. Aufl.)

Emer, W./Horst, U./Ohly, K.- P. (Hg.): Wie im richtigen Leben ... Projektunterricht für die Sekundarstufe II. Bielefeld 1994 (2. Aufl.)

Fauser, P./Konrad, F.-M.: Lern-Arbeit und praktisches Lernen. Ein schultheoretischer Beitrag zum Problem der Arbeitslehre. In: Fauser, P./Konrad, F.- M./Wöppel, J. (Hg.): Lern-Arbeit. Arbeitslehre als praktisches Lernen. Weinheim/Basel 1989, S. 295–325

Filser, K.: Entdeckendes Lernen, in: K. Bergmann u. a. (Hg.): Handbuch der Geschichtsdidaktik. Düsseldorf 1980 (3.Aufl.), S.432–436

Frey, K.: Die Projektmethode. Weinheim/Basel 1993 (5. Aufl.)

Goetsch, K.: Projektunterricht bewerten. In: Bastian, J./Gudjons, H. (Hg.): Das Projektbuch II. Über die Projektwoche hinaus. Projektlernen im Fachunterricht. Hamburg 1990, S. 257–265

Gudjons, H.: Handlungsorientiert lernen und lehren. Schüleraktivierung – Selbständigkeit – Projektarbeit. Bad Heilbrunn 1986

Gudjons, H.: Spielbuch Interaktionserziehung. Bad Heilbrunn 1983

Hänsel, D./Müller, H. (Hg.): Das Projektbuch Sekundarstufe. Weinheim/Basel 1988

Hänsel, D.: Das Projektbuch Grundschule. Weinheim/Basel 1992 (4. Aufl.)

Hänsel, D.: Projektunterricht als Veränderung von Lehrerinnen und Lehrern. In: Die Grundschulzeitschrift 38 (1990), S. 32–35

Hartmann, M./Funk, R./Nietmann, H.: Präsentieren. Präsentationen: zielgerichtet und adressatenorientiert. Weinheim/Basel 1995

Hentig, H.v.: Das allmähliche Verschwinden der Wirklichkeit. München 1985 (2. Aufl.)

Holtappels, H. G.: Ganztagsschule und Schulöffnung. Perspektiven für die Schulentwicklung. Weinheim/München 1994

Klafki, W. u. a. : Funkkolleg Erziehungswissenschaften. Bd. 2, Frankfurt/M. 1970

Klafki, W.: Neue Studien zur Bildungstheorie und Didaktik. Weinheim/Basel 1985

Klippert, H.: Methoden-Training. Weinheim/Basel 1994

Klippert, H.: Projektwochen. Weinheim/Basel 1985 (2. Aufl.)

Knoll, M.: 300 Jahre lernen am Projekt. Zur Revision unseres Geschichtsbildes. In: PÄDAGOGIK 7–8 (1993), S. 58–63

Kratz, H.: Verantwortung für den eigenen Lernprozeß übernehmen. Projektunterricht in der gymnasialen Oberstufe. In: PÄDAGOGIK 7–8, 1995, S. 30–34

Krause-Isermann, U./Kupsch, J./Schumacher, M. (Hg.): Perspektivwechsel. Beiträge zum fächerübergreifenden Unterricht für junge Erwachsene. Bielefeld 1994

Kröger, H./Oldach, D. (Hg.): Projektmappe. Bielefeld (Oberstufen- Kolleg) 1994 (3. Aufl.)

Landesinstitut für Schule und Weiterbildung (Hg.) : Projektwoche. Soest. 1987 (6. Aufl.)

Landesinstitut für Schule und Weiterbildung (Hg.): Rahmenkonzept Gestaltung des Schullebens und Öffnung der Schule (Kurzfassung). Soest 1989

Lenzen, K.-D.: Zirkusschule – Schulzirkus. Essen 1994 (2. Aufl.)

Massing, P.: Handlungsorientierte Methoden im Politikunterricht. In: Wochenschau (Methodik) 46, 1995, S.1 f.

Meyer, H. : Unterrichtsmethoden Bd. I und II, Frankfurt a.M. 1994 (6. Aufl.)

Münzinger, W./Liebau, E. (Hg.): Proben auf's Exempel. Praktisches Lernen in Mathematik und Naturwissenschaften. Weinheim 1987

Neber, H. (Hg.): Entdeckendes Lernen. Weinheim 1973

Oelkers, J.: Reformpädagogik. Eine kritische Dogmengeschichte. München 1992 (2. Aufl.)·

Petzold, H.G./Brown, G. I.: Gestaltpädagogik. München 1977

Projektgruppe Praktisches Lernen: Praktisches Lernen in der Schule – Erfahrungen und Perspektiven. Ein Werkstattbericht. In: Die Deutsche Schule 78 (1986), S. 426–436

Reinhardt, K.: Öffnung der Schule. Community Education als Konzept für die Schule der Zukunft? Weinheim/Basel 1992

Rombach, H. : Methode. In: Lexikon der Pädagogik. Freiburg/Basel/Wien 1971, Bd. 3, S.158–160

Vaupel, D.: Offenen Unterricht strukturieren. Thematische Landkarten und Lernpläne als Planungshilfen. In: PÄDAGOGIK 12, 1995, S. 17–21

Ziegenspeck, J.: Erlebnispädagogik. Lüneburg 1992 (4. Aufl.)

Johannes Bastian

Projektunterricht und Leistung

Widersprüche verändern die Praxis

Wer Projektunterricht durchdacht und probiert hat, der hat sich an den Grenzen der Schule gerieben. Projektunterricht paßt nicht widerspruchsfrei zum tradierten Selbstverständnis der Fächer, der Lehrer- und Schülerrolle, der Leistungsmessung. Diese Widersprüche sind gewollt, als Hefe im Schulteig, die gärt, lockert und Raum schafft für eine neue Qualität des Lernens – aber auch der Leistung, der Leistungsbeobachtung und der Leistungsbeurteilung (zum Spannungsverhältnis von Projektunterricht und Schule vgl. *Bastian/Schnack* in diesem Buch).

Widersprüche

Es gibt Erfahrungen mit der Beurteilung von Leistung im Projektunterricht; sie sollen in diesem Beitrag vorgestellt werden. Aber: Leistungsbewertung in der tradierten Form einer guten Note für eine möglichst fehlerfreie Arbeit stand und steht im Widerspruch zu den Ansprüchen dieser Unterrichtsform.

Deshalb haben auch diejenigen, die an einer Veränderung des Unterrichts im Sinne des Projektlernens interessiert waren, nicht als erstes gefragt: „Und wie kann ich das bewerten, was die Schüler da machen?" Sie haben sich vielmehr um die Veränderung des Lernens bemüht und an den Grenzen der Institution gerüttelt, sie verändert oder umgangen, wenn sie dem Lernen in Projekten entgegenstanden.

Die Frage nach einer Bewertung von Projektleistungen wurde zwar immer wieder gestellt – meist jedoch von den Skeptikern und nicht selten mit dem vermeintlich listigen Hintergedanken, damit den utopischen Charakter dieser Versuche „entlarven" zu können. „Entlarvt" wurde damit jedoch nichts anderes als das, was mit Projektunterricht intendiert war: eine Form der kooperativen Problembearbeitung, die sich nicht glatt in bestehende Schulverhältnisse einpassen lassen wollte.

Projektunterricht war und ist eine schul- und gesellschaftkritische Unterrichtsform: sowohl bei seinem „Vater", dem amerikanischen Philosophen und Reformpädagogen *John Dewey*, 1859–1952 (vgl. *Suin* 1986), als auch bei den „Söhnen und Töchtern", die dieses Konzept im Zuge der Studentenbewegung aktualisierten und wenig später in die Schule hineingetragen haben. Es ist gerade 20 Jahre her, als die Zeitschrift „betrifft:erziehung" den Themenschwerpunkt des Januar-Heftes 1975 zum Projektunterricht mit der Frage untertitelte : „Lernen gegen die Schule?" und der heute immer noch lesenswerte Einführungsbeitrag von *Herbert Stubenrauch* mit „Projektorientiertes Lernen im Widerspruch des Systems" überschrieben war.

Kein Wunder also, daß Projektunterricht von Beginn an in einem Spannungsverhältnis zu traditionellem Schullernen stand: vor allem zu der dominanten Rolle des Lehrenden als Instrukteur, zur separaten Vermittlung von Wissen in Fächern und nicht zuletzt zu traditionellen Formen der Leistungsbewertung, die abfragten und prüften, was Lehrpläne vorschrieben und Lehrerinnen und Lehrer beigebracht hatten. Ein widerspenstiges Konzept also, das auf die Veränderung zentraler Stabilitätselemente von Schule und Lehrerrolle zielte, gleichzeitig aber auf Kompromiß angelegt sein mußte, wenn es Platz nehmen wollte im Rahmen einer gewachsenen Institution.

Die Widersprüche zwischen Projektlernen und Leistungsbeurteilung waren und sind insbesondere in zwei Punkten augenfällig:

■ Ein Lernprozeß, der langfristig auf Kooperation zwischen Lehrenden und Lernenden angelegt ist und die Fähigkeit der Lernenden zur Mitverantwortung für Planung und Durchführung des Lernprozesses stärken will, gerät in Widerspruch zur Rolle des Lehrenden, der am Ende des Prozesses allein über die Leistung urteilt. Die Frage lautet also: Wie können Formen der Leistungsbewertung aussehen, die einer geteilten Verantwortung für den Lernprozeß gerecht werden?

■ Ein Lernprozeß, der langfristig auf die Förderung von inhaltlichen, arbeitsmethodischen und sozialen Fähigkeiten angelegt ist, gerät in Widerspruch zu Formen der Leistungsbewertung, die sich auf das Abprüfen von Wissen beschränken und damit eine einseitige Form der Selektion zur Folge haben. Die Frage lautet also: Wie können Formen der Leistungsbewertung aussehen, die den Prozeß in den Blick nehmen und so einem erweiterten Leistungsverständnis gerecht werden?

Augenfällig in diesem Spannungsverhältnis ist jedoch nicht mehr – aber auch nicht weniger – als das, was auch sonst am schulischen Leistungsbegriff und an den Formen herkömmlicher Leistungskontrolle kritisiert wurde: seine einseitig kognitive Orientierung, seine ergebnisfixierte statt prozeßbezogene Form und seine disziplinierende Funktion durch die Kontrollinstanz des Lehrenden. Und heute? Die Legitimationsprobleme der 70er Jahre sind nicht mehr die Legitimationsprobleme der 90er Jahre. Die Verhältnisse haben sich nahezu umgekehrt: Nicht der Projektunterricht steht unter Legitimationsdruck, sondern die Schule, wenn sie Fächer zum alleinigen Organisationsprinzip von Lernen macht, wenn sie Lehrer auf die Rolle des Wissensvermittlers reduziert und Leistung und Leistungskontrolle mit der Akkumulation und Überprüfung von Wissen gleichsetzt.

Viele Faktoren haben zu dieser Legitimationskrise der Schule beigetragen – aber auch die Projektidee als Hefe im Schulteig hat ihre Wirkung entfaltet ...

Leistung im Projektunterricht. Oder: Was sollen Schüler können?

Wer über Leistungsbeurteilung im Projektunterricht nachdenkt, muß klären, was Projektunterricht leisten soll. Auch hier beobachten wir interessante Veränderungen. Diejenigen, die sich schon länger mit Projektunterricht beschäftigen, haben sich in den vergangenen Jahren verblüfft die Augen gerieben; manchmal war es nahe am Déjà-vu-Erlebnis ...

Was Anfang der 90er Jahre emphatisch und zeitweise in großer Koalition von Wirtschaft und Pädagogik unter dem Stichwort „Schlüsselqualifikationen" als neues Leistungsprofil an Schule herangetragen wurde, war schon Ende der 70er Jahre als Leistungsbegriff des Projektunterrichts formuliert worden – wenn auch mit anderer bildungstheoretischer Akzentuierung (vgl. *Bastian* 1978, ausführlicher 1984).

Zur Beschreibung der Fähigkeiten, die Projektunterricht systematisch fördern und langfristig anstreben will, wurde differenziert zwischen:

- Sachkompetenz als Fähigkeit, Sach- und Faktenwissen angemessen zu erarbeiten;
- Arbeitsmethodischer Kompetenz als Fähigkeit, Probleme und Aufgabenstellungen selbständig, zielorientiert und methodisch differenziert zu bearbeiten; und
- Sozialer Kompetenz als Fähigkeit, den Arbeitsprozeß so zu gestalten, daß das Konkurrenzprinzip zugunsten gemeinsamen Handelns überwunden wird.

Zum Vergleich: 1993 systematisiert *H. Beck* die Kataloge von Schlüsselqualifikationen und formuliert zusammenfassend als Dimensionen von Handlungskompetenz:

- Fachkompetenz,
- Methodenkompetenz und
- Personal- und Sozialkompetenz.

Die Ähnlichkeit ist verblüffend und dennoch täuscht sie über eine zentrale Differenz hinweg. Das Konzept der Schlüsselqualifikationen trägt zunächst rein formale Kategorien vor, die sich für ganz unterschiedliche inhaltliche Zielsetzungen einsetzen lassen (vgl. *Tillmann* 1993). Das Konzept des Projektunterrichts aber war von vorneherein als Bildungskonzept mit der Perspektive von Demokratisierung verwoben und damit auch inhaltlich/normativ geprägt. *Dewey* ging es nicht um ein marktgerechtes Individuum, sondern um Individuen, die das Recht wahrnehmen, ihre kulturellen, sozialen, politischen und ökonomischen Verhältnisse selbst und in gegenseitiger Hilfe in die Hand zu nehmen (*Suin* 1986).

Auch die Allgemeine Didaktik setzt sich zwischen Mitte der 70er und Mitte der 80er Jahre „für die Revision des bisher vorwaltenden Verständnisses der Leistung in der Schule" ein (*Klafki* 1985, S. 174). Stellvertretend dafür kann die sechste Studie der Neuen Studien zur Bildungstheorie und Didaktik von *Wolfgang Klafki* gelesen werden (ebd., S. 155 ff.). Die dort formulierten Prinzipien eines revidierten Leistungsbegriffs sind radikal, bislang im Regelunterricht kaum realisiert, aber den Leistungskriterien des Projektlernens sehr ähnlich. Kurz gefaßt werden vier Prinzipien gefordert (ebd., S. 174 ff.):

- Die Abkehr von einem ergebnisfixierten Leistungsverständnis hin zu prozeßorientierten Leistungskriterien;
- die Abkehr von einem individualistischen-konkurrenzorientierten Leistungsverständnis hin zu Kriterien, die an der Lösung gemeinsamer Aufgaben in lernenden Gruppen orientiert sind;
- die Abkehr von einem ausschließlich an Fremdbeurteilung orientierten Leistungsverständnis hin zu Verfahren, die schrittweise die Selbst- und Mitbeurteilung der Schüler einbeziehen;
- die Abkehr von Verfahren der Leistungsbeurteilung, die Informationen über (statt für) das Kind liefern, hin zu Verfahren, die die Befähigung zur Selbständigkeit, Selbststeuerung und Selbstbeurteilung fördern.

Was Wolfgang Klafki hier für Schule allgemein fordert, wurde im Projektunterricht erprobt. Obwohl die Annäherung zwischen einem differenzierten schulpädagogischen Leistungsbegriff und dem, was in der Wirtschaft unter Leistung diskutiert wird, mit Vorsicht zu betrachten ist, kann festgehalten werden, daß der traditionelle Leistungsbegriff inzwischen doppelt revisionsbedürftig ist: in schulpädagogischer und in ökonomischer Perspektive (zur ökonomischen Perspektive vgl. *Tillmann* in diesem Buch).

Der Anspruch des Projektlernens führte in den 70er und 80er Jahren zunächst zu einem Rückzug auf die Insel der Projektwochen. Hier war der Raum, in dem Lehrer(innen) und Schüler(innen) – weitgehend frei von institutionellen Zwängen, insbesondere vom Zwang der Notengebung – Erfahrungen mit veränderten Lernformen machen konnten.

Die Erfahrungen waren ambivalent: Einerseits war man hier dem Ideal einer an der Sache orientierten Arbeit ohne Notendruck näher, und manch einer hat hier zum ersten Mal konkret erfahren, daß Schüler(innen) auch ohne den Druck von Noten arbeiten. Andererseits aber verschärfte sich das Problem der Diskrepanzerfahrung zwischen der Projektinsel und dem Festland des Fachunterrichts.

Seit Mitte der 80er Jahre haben Lehrerinnen und Lehrer auf diese Diskrepanz zunehmend mit Versuchen reagiert, Projektlernen im Fachunterricht zu erproben. Seitdem war das Thema der Leistungsbeurteilung nicht mehr auszuklammern (vgl. *Goetsch* 1990). Ein notwendiger Schritt für all diejenigen, die Projektunterricht von der Ausnahmesituation in die Normalität überführen wollten, als eine Unterrichtsform neben anderen (vgl. *Bastian/Gudjons* 1990).

Die Frage lautete entsprechend: Wie können komplexe Leistungen in komplexe Formen der Leistungsbeobachtung und -bewertung überführt werden?

Es geht also nicht darum, den Projektunterricht an traditionelle Formen der Leistungsmessung anzupassen, sondern Formen zu entwickeln, die den Leistungen im Projektunterricht angemessen sind, auch wenn sie gewohnten Formen widersprechen.

Leistungsbeobachtung und Leistungsbeurteilung im Projektunterricht

Wer sich gemeinsam mit seinen Schülerinnen und Schülern auf den Projektweg macht, der begibt sich in einen längerfristigen Diskussions- und Beratungsprozeß. Er beobachtet dabei Fähigkeiten und Schwierigkeiten
- Fragen zu einem Thema zu erarbeiten
- Fragen in Themenbereiche für Arbeitsgruppen zu untergliedern
- in den Arbeitsgruppen einen längerfristigen Arbeitsplan zu entwickeln
- Informationen aus Literatur und von Experten zu beschaffen
- Informationen und Erfahrungen in eine Präsentation, in einen Vermittlungsprozeß für andere zu überführen …
– kurz: Der beobachtet Menschen, die eine inhaltliche Fragestellung oder ein Sachproblem entfalten, Lösungswege suchen und die Erfahrungen dieses Prozesses anderen zu vermitteln versuche. Die Schwierigkeiten eines solchen kooperativen Problemlösungsprozesses liegen erfahrungsgemäß in mangelnder arbeitsmethodischer und sozialer Kompetenz, weil lehrerzentrierter Unterricht Schülerinnen und Schüler in diesen Bereichen systematisch unterfordert. Mehr

noch: Er bringt ihnen sogar bei, daß Lehrer Inhalte und Methoden vorgeben, den Prozeß planen und die Kontrolle übernehmen (vgl. dazu ausführlich *Bastian* 1986, S. 28 ff).

Wer also, dem oben definierten Leistungsbegriff folgend, die selbständige und kooperative Auseinandersetzung mit der Sache fördern will, der wird neben der sachbezogenen Beratung besonders auf die Förderung arbeitsmethodischer und sozialer Kompetenz achten. Denn die neuen Anforderungen können die Schüler(innen) nur bewältigen, wenn der Lehrer den Prozeß aufmerksam beobachtet, kontinuierlich ermuntert, bestärkt, berät, unterstützt und konstruktiv kritisiert. Fehlersuche als Bestandteil von Leistungsbeurteilung würde den Prozeß zusammenbrechen lassen. Ziel ist ein möglichst hohes Maß an Prozeßsteuerungskompetenz der Schüler(innen); Voraussetzung dafür ist die Fähigkeit, diesen Prozeß selbstkritisch zu beobachten, um ihn schrittweise in jedem der drei Kompetenzfelder zu verbessern (vgl. die Ausführungen zum Arbeitsprozeßbericht auf S. 241).

Die Kernfrage an dieser Stelle lautet: Was kann ich tun, um meine Fähigkeit zur Prozeßbeobachtungen zu differenzieren und die Fähigkeit der Schüler(innen) zur Selbstbeobachtung zu stärken?

Die Fähigkeit zur Prozeßbeobachtung bei Lehrern und Schülern stärken

1. Kriterien der Beobachtung vereinbaren:

Jeder Projektunterricht sollte mit Informationen über die neue Unterrichtsform beginnen (zum Beginn einer Projektphase vgl. ausführlich *Bastian* 1990 und *Gudjons* 1990). In dieser Phase werden auch Vereinbarungen darüber getroffen, worauf während der Projektarbeit besonders geachtet werden soll. Am Anfang stehen also gemeinsam vereinbarte Kriterien. Bei jüngeren oder projektunerfahrenen Schüler(inne)n sind diese zunächst ganz einfach formuliert:

- Was ist uns heute / in der ersten Woche … gut gelungen?
- Was ist uns heute / in der ersten Woche … noch nicht so gut gelungen, wo gab es Schwierigkeiten?

Diese Kriterien werden mit zunehmender Projekterfahrung differenzierter (vgl. dazu auch die Punkte 5 und 6). Zur Differenzierung der (Selbst-)beobachtung können gesondert in den Blick genommen werden:

- die Sachkompetenz, d. h. zum Beispiel Materialien begründet auswählen, exzerpieren, vergleichen, verarbeiten und fachlich und sachlich angemessen präsentieren; Experten auswählen und kompetent befragen, deren Informationen kritisch prüfen und aufbereiten …

236

- die arbeitsmethodische Kompetenz, d. h. zum Beispiel einen Arbeitsplan aufstellen, Zeiten abschätzen und einhalten, Termine an außerschulischen Lernorten frühzeitig vereinbaren und ökonomisch in den Ablauf integrieren, Präsentationen von Projektergebnissen methodisch differenziert, verständlich und anschaulich gestalten ...
- die soziale Kompetenz, d. h. zum Beispiel Absprachen in Gruppen formulieren und einhalten, Arbeitsteilung so organisieren, daß die jeweiligen Stärken und Schwächen sich ergänzen, ohne sich zu verfestigen, Konflikte aushalten, zur Sprache bringen und klären ...

2. Als Lehrer(in) ein Projekttagebuch führen:

Lehrer(innen) sind während des Projektunterrichts moderierend, beratend und vor allem unterstützend in inhaltlichen, sozialen und arbeitsmethodischen Fragen tätig. Dabei lassen sich sowohl einzelne Schüler(innen) als auch Arbeitsgruppen in ihren Stärken und Schwächen sehr viel genauer beobachten als im Frontalunterricht. Das auf die Defizitbeobachtung trainierte Lehrerauge hat manchmal Schwierigkeiten, die Stärken zu erkennen. Die Beobachtung wird genauer, wenn die Aufzeichnungen bewußt nach Stärken und Schwächen differenziert werden.

3. Als Schüler(in) ein Projekttagebuch führen:

Nicht beim ersten Projektunterrichtsversuch, aber möglichst bald, sollten Schüler(innen) dazu angehalten werden, jeden Tag einige Beobachtungen – zunächst frei und später anhand vereinbarter Kriterien – zu notieren. Mit zunehmender Fähigkeit, die eigenen Stärken und Schwächen differenzierter zu beobachten, können diese schriftlichen Reflexionen des Arbeitsprozesses in einen ausführlichen und kriterienorientierten Arbeitsprozeßbericht überführt werden (vgl. Punkt 6). Ziel ist die Stärkung der Schülerseite im Diskurs über den Lernprozeß und damit über Leistung in einem umfassenden Sinne. Sowohl die schriftlichen Aufzeichnungen des Lehrers als auch die der Schüler sind Grundlage für regelmäßige Reflexionsphasen.

4. Den Projektprozeß durch Phasen der Metakommunikation unterbrechen:

Projektprozesse entwickeln leicht eine Eigendynamik: Schülerinnen und Schüler können sich so in die gewählte Thematik „verwickeln", daß Nachfragen, Eingriffe und aus der Sicht des Lehrenden notwendige Hilfen als Störung empfunden werden – so auch der Anspruch an Prozeßreflexion. Wenn der Lehrende als Störfaktor empfunden wird, dann hat das nicht nur seinen eigenen

Charme; es hat auch seine eigene Qualität, weil Schüler(innen) damit zum Ausdruck bringen, daß sie ihren Eigensinn und ihren Eigenwillen wiederentdeckt haben. Das verlangt Respekt.

Gleichwohl wird der Anspruch an Projektunterricht mit *Dewey* (1916, S. 201) treffend als „Denkende Erfahrung" beschrieben. Deshalb ist die frühzeitige Vereinbarung regelmäßiger Prozeßreflexionen notwendig, um die reflexive Seite des Projektlernens unter inhaltlichen, arbeitsmethodischen und sozialen Aspekten zu stärken. Zwischenbilanzen sind auch Leistungsbilanzen, wenn die Selbstbeobachtungen der Schüler(innen) und die Beobachtungen des Lehrers in diese Reflexion einfließen. Wenn sich dadurch allmählich die Erfahrung einstellt, daß die genaue Analyse von Schwierigkeiten, aber auch der gelungenen Anteile, hilfreich ist, dann wächst auch die Bereitschaft zur Prozeßreflexion und -dokumentation.

Ein Beispiel: Eine Arbeitsgruppe berichtet im Plenum, daß sie sich von der Expertenautorität eines Mitarbeiters des Hydrographischen Instituts hat „überrennen" lassen (ausführlich in *Bastian* 1986, S. 89 ff.). Das Plenum erarbeitet zunächst konkrete Hilfestellungen für eine Wiederholung des Gesprächs, gibt Hinweise zur Gesprächsführung und zur Überarbeitung des Gesprächsleitfadens. Gleichzeitig wird vereinbart, nach der Projektphase im Deutschunterricht die Erarbeitung von Gesprächsleitfäden systematisch zu erarbeiten und Gesprächsführungsstrategien in Rollenspielen zu trainieren. Aufgrund solcher Erfahrungen stellen sich drei wichtige Aspekte eines veränderten Leistungsbewußtseins ein:

- Schwierigkeiten können benannt werden und werden nicht als Defizite registriert.
- Schwierigkeiten sind Anlaß zu genauerem Hinsehen (und nicht zum Verstecken), damit Hinweise zur Verbesserung erarbeitet werden können.
- Schwierigkeiten genau benennen zu können ist eine Leistung – und – wenn andere etwas besser können, kann mir das helfen.

Mit Widersprüchen umgehen lernen

Was bis hierhin zur Differenzierung der Prozeßbeobachtung ausgeführt wurde, war ein Antwortversuch auf die Frage, wie das, was im Prozeß geleistet wird, einer differenzierteren Beobachtung und Selbstbeobachtung zugänglich gemacht werden kann. Eingelöst werden kann damit der oben formulierte Anspruch, das Zusammenspiel von inhaltlicher, arbeitsmethodischer und sozialer Fähigkeit bei der Problemlösung zu berücksichtigen, die Leistungsbeobachtung mit einer prozeßbezogenen Rückmeldung und Beratung zu verbinden und den Dialog über Leistung durch die Stärkung der Fähigkeiten zur Selbstbeobachtung zu verbessern.

Nicht „gelöst" ist damit der Widerspruch zwischen Beobachtung und Kontrolle, der der institutionellen Seite der Lehrerrolle immanent ist. Auf der Ebene konkreter Projekterfahrung ist die Kontrollmacht des Lehrenden zwar relativiert durch den Respekt des Lehrers vor den eigenständigen Leistungen der Schülerinnen und Schüler; formal jedoch hat der Lehrende auch im Projektunterricht die institutionell begründete Macht der Zensuren und der Zeugnisse. Dies zu leugnen wäre purer Idealismus und würde im übrigen das Gespür der Schülerinnen und Schüler für diese Machtverteilung ignorieren.

Konkret: Wenn die Schüler(innen) wissen, daß sich der Lehrer Aufzeichnungen macht, um besser beraten zu können, dann kann dies als Kontrolle wahrgenommen werden, auch wenn es so nicht intendiert ist. Läßt der Lehrer sich die Arbeitspläne der Arbeitsgruppen zeigen, um sie beratend zu kommentieren, dann wird dies – wenn es gut läuft – als hilfreich empfunden; es kann aber auch als Einmischung und Kontrolle wahrgenommen werden; kommentiert der Lehrer die Präsentation der Projektergebnisse, dann hat dies ein anderes Gewicht, als die Kommentare der Mitschüler(innen) ... etc.

Schüler(innen) reagieren auf diesen Widerspruch zwischen Beratung und Kontrolle manchmal recht erfrischend mit dem Hinweis: Nun mischen sie sich doch nicht dauernd ein ... trauen Sie uns denn gar nichts zu? Andere Schüler(innen) – insbesondere diejenigen, die mit Lehrgängen und Klausuren gute Erfahrungen gemacht haben – äußern sich skeptisch gegenüber den Veränderungen, weil sie zunächst unsicher sind, ob sie hier genauso erfolgreich sein können. Es gibt im Verlauf eines Projekts manche Konfliktstelle, die bei genauerem Hinsehen auf den Grundwiderspruch zwischen Beratung und Kontrolle zurückzuführen ist.

Für den Lehrenden sind diese Einsprüche eine ständige Mahnung daran, die Perspektive der Schüler(innen) und die institutionelle Machtverteilung nicht zu ignorieren oder idealistisch zu überspielen. Die Kontrollfunktion des Lehrenden ist ständiger Begleiter schulischer Lernprozesse mit Leistungsbeurteilung; der Projektunterricht bringt sie nur deutlicher ins Bewußtsein, weil hier Anteile an die Schüler übertragen werden, die traditionell zur Lehrerrolle gehören: planen, gestalten, beobachten, vermitteln, präsentieren, Leistung kommentieren und beurteilen, ... und dies führt zu Widersprüchen, eben weil es der institutionellen Machtverteilung nicht entspricht.

Wer diese Rollenanteile mit den Schülern teilt, der tut dies freiwillig und kann dies auch jederzeit unter Berufung auf seine Rolle wieder zurücknehmen. Dies spüren Schüler, und deshalb sollten Lehrerinnen und Lehrer diesen

Machtanteil der Lehrerrolle immer mitreflektieren. Eine Lösung dieses Widerspruch gibt es nicht, nur einen bewußten – und das heißt transparenten – Umgang damit. (Zur Rolle des Lehrers im Projektunterricht vgl. ausführlich *Bastian* 1986 und *Bastian/Combe* in diesem Buch.)

Projektleistungen beurteilen und benoten

Wer Projektleistungen benotet, der geht einen Kompromiß mit der Institution Schule in der gegenwärtigen Verfaßtheit ein. Jede Form der prozeßbegleitenden Rückmeldung, die sich in mündlichen und schriftlichen Kommentaren äußert, ist dem Projektlernen angemessener als eine Note. In Klammern: Dänische Eltern, Schüler und Lehrer kommen sieben Jahre ohne jede Note und jedes Zeugnis aus; „wir reden miteinander", heiß dort der bescheidene Kommentar zu diesem in unserem Land unvorstellbaren Zustand.

Noten sind also für deutschen Projektunterricht ein notwendiger Kompromiß, wenn diese Unterrichtsform in den regulären Fach- bzw. fächerübergreifenden Unterricht Eingang finden soll – zumal im Gymnasium und erst recht in der gymnasialen Oberstufe. Erfahrungen zeigen, daß sich dieser Kompromiß kaum zum Nachteil des Projektunterrichts, sondern eher zum Vorteil einer pädagogisch reflektierten Notengebung ausgewirkt hat.

Darüber hinaus läßt sich sogar beobachten, daß die Diskussion über die Bewertung von Projektleistungen eine positive Rückwirkung auf das Verständnis von Projektunterricht hat, weil in diesem Zusammenhang erstmals über die spezifischen Leistungen dieser Unterrichtsform nachgedacht wurde. Dies gilt insbesondere für Schulen, in denen sich über die Sonderform der Projektwochen ein gewisses Maß an Verwilderung der Projektidee im Sinne von Spaß- und Hobbypflege eingestellt hatte. Die Erinnerung daran, daß Projektunterricht eine besondere Form des Unterrichts ist und damit Anspruch auf einen definierbaren und identifizierbaren Leistungszuwachs hat, war dabei hilfreich.

Für die Frage der Benotung von Projektleistungen ist zu klären, in welchen Formen sich diese Leistungen materialisieren und nach welchen Kriterien sie beurteilt werden können. Im Zentrum der materialisierten Projektleistung stehen zwei Dokumente:

- das gemeinsame Produkt des Arbeitsprozesses und
- der individuelle Arbeitsprozeßbericht der Schüler(innen)

5. Das gemeinsame Produkt des Arbeitsprozesses

Der Projektprozeß führt in der Regel zu einem Produkt, das mit dem Inhalt in Verbindung steht, die Erfahrungen des Prozesses aufnimmt und einen Mitteilungs- bzw. Gebrauchwert für die Arbeitsgruppe, die Klasse oder eine größere Öffentlichkeit hat. Das Spektrum der Produkte, die in Projekten erarbeitet werden, ist groß. Einige Beispiele: die Erarbeitung einer Ausstellung mit kommentierten Exponaten; eine naturwissenschaftlich oder ästhetisch experimentelle Arbeit mit Präsentation; die Vorbereitung, Durchführung und Verschriftlichung von Interviews z. b. mit Mitgliedern einer Bürgerinitiative und deren Gestaltung als Buch; die Produktion einer Sendung für den Offenen Kanal oder eines Films; die Erarbeitung einer Collage, eines Rollenspiels, eines Theaterstücks … jeweils mit schriftlicher Erläuterung und Präsentation …

Für Produkte werden Kriterien vereinbart, die – jeweils differenziert – in der Regel zwei Aspekte einbeziehen:

- den Sachbezug des Produkts, d.h. den Informationsgehalt, die Bezüge zu Quellen und Materialien, den Reflexionsgehalt …
- die Vermittlungsqualität, d. h. die Verständlichkeit in bezug auf die avisierte Zielgruppe, die Übersichtlichkeit und die ästhetische Qualität zum Beispiel von Exponaten, …

Wer Schülerinnen und Schüler bei der Erarbeitung solcher Produkte begleitet und beraten hat, der hat auch erfahren, wieviel Engagement, persönliche Beteiligung und Arbeit investiert wird und mit wieviel Aufregung und Ansprüchen z. B. eine öffentliche Präsentation verbunden ist. Eine anschließende Benotung ist ohne ein intensives Gespräch mit den Beteiligten kaum möglich. Aber auch vor diesem Hintergrund ist eine Benotung nicht leicht. Gefühle spielen eine Rolle, Maßstäbe werden diskutiert, Individuen haben sich in diesem Projektergebnis verwirklicht, eine Gruppe ist stolz auf das was sie erreicht hat … kurz: die Leistung und die ihr folgende Note wird ihres „objektiven Charakters" entkleidet und in ihren subjektiven Momenten deutlich. In der Regel werden die Produkte als Gruppenarbeiten gewertet.

Der reflektierte Umgang mit diesen Widersprüchen verändert den Charakter dieser Noten – und das ist gut so. Noch deutlicher aber wird der Widerspruch zwischen dem erkennbaren persönlichen Einsatz der Beteiligten und der Zensierung durch einen Außenstehenden in der Beurteilung der individuellen Arbeitsprozeßberichte.

6. Der individuelle Arbeitsprozeßbericht

Der Arbeitsprozeßbericht dokumentiert den Verlauf des Arbeitsprozesses und ist Ausdruck der Fähigkeit, diesen Prozeß kriterienorientiert zu reflektieren. Vorformen des Arbeitsprozeßberichtes sind Projektmappen, die die Chronologie des Prozesses dokumentieren, verwendete Materialien zuordnen und einzelne Prozeßphasen kurz kommentieren (siehe Projekttagebuch). Angestrebt wird eine schrittweise Differenzierung der Dokumentation von der Prozeßbeschreibung zur Prozeßreflexion.

Eine projektunterrichtserfahrene Lerngruppe in der Sekundarstufe II könnte zum Beispiel den folgenden Kriterienrahmen vereinbaren:

Der Arbeitsprozeßbericht dokumentiert und reflektiert meine Erfahrungen im Projektunterricht unter inhaltlichen, arbeitsmethodischen und sozialen Aspekten.

- Bei der Darstellung und Reflexion des *inhaltlichen* Aspekts dokumentiere ich den Lernprozeß von der Entwicklung der Fragestellung über die verschiedenen Lösungsversuche bis zum Ergebnis des Projekts. Verwendete Materialien werden dokumentiert und hinsichtlich ihres Stellenwerts für die Problemlösung kommentiert. Ich reflektiere die inhaltlichen Anteile des Lernprozesses unter den Fragestellungen: Was hat mich an diesem Thema interessiert, was habe ich gelernt? Nicht geklärte Anteile des Themas werden offengelegt und in Form von offenen Fragen dokumentiert.
- Bei der Darstellung und Reflexion des *arbeitsmethodischen* Aspekts dokumentiere ich den Planungsprozeß der Arbeitsgruppe, die Methoden der Informationsbeschaffung (Befragungsinstrumente, Beobachtungsformen, Quellen- und Materialauswahl) und die Form der Produkterstellung. Ich reflektiere den arbeitsmethodischen Anteil des Lernprozesses unter den Fragestellungen: Was ist mir gut gelungen, was habe ich gelernt? Aufgetretene Probleme lege ich offen, diskutiere mögliche Ursachen und mache konkrete Verbesserungsvorschläge.
- Bei der Darstellung und Reflexion des *sozialen* Aspekts dokumentiere ich die Stärken und die Schwächen der Zusammenarbeit der Gruppe. Ich reflektiere den sozialen Anteil des Lernprozesses vor allem unter der Fragestellung, was ich selbst zur gemeinsamen Arbeit beigetragen habe, was mir gut gelungen ist und was ich gelernt habe. Meine Schwierigkeiten stelle ich selbstkritisch dar und mache konkrete Verbesserungsvorschläge.

Das Veränderungspotential eines solchen Kriterienkatalogs liegt – abgesehen von der Mehrdimensionalität des Leistungsbegriffs – in drei Aspekten:

- *„Zwang" zum Dialog und zu Transparenz*
  Ein solcher Kriterienkatalog kann nicht „von außen", d. h. vom Lehrenden allein formuliert werden. Die prozeß- und personenbezogenen Informationen eines solchen Arbeitsprozeßberichtes setzen ein Vertrauensverhältnis zwischen Lehrenden und Lernenden voraus, das über Erfahrungen miteinander erarbeitet werden muß. Leistungsbeurteilung wird damit in einen Dialog eingebunden, der den Lernenden einen Teil der Kontrollmacht überträgt. Konkret: Wenn auf der Schülerseite Offenheit in der Problembeschreibung

gefordert wird, dann „zwingt" dies die Lehrerseite zu begründeten und transparenten Rückmeldungen, die das hinter dieser Leistung stehende Individuum ernst nimmt. Wird diese Regel nicht ernst genommen, werden die Schüler sich nicht ein zweites Mal auf diese Form der Leistungsbeurteilung einlassen; denn Projektunterricht einschließlich dieser Form der Leistungsbeurteilung ist von Engagement und Bereitschaft der Schüler(innen) abhängig – und das verändert die traditionelle Machtverteilung in der Schule.

- *„Zwang" zur Veränderung der Leistungsparameter*
  Ein solcher Kriterienkatalog setzt die Verständigung über veränderte Leistungsparameter voraus: Erst wenn klar ist, daß Leistung nicht mehr im Sinne von Falsch und Richtig definiert wird, sondern unter der Perspektive: aus Fehlern lernen – erst dann kann eine offene Prozeßreflexion erwartet werden, die neben den Stärken auch die Schwächen thematisiert. Erst wenn das Vertrauen darin erarbeitet wird, daß eine reflektierte „Fehleranalyse" ein positiver Anteil von Projektleistung ist, erst dann wird es möglich, aus Fehlern zu lernen – ein in der Schule nahezu unbekanntes Phänomen.

- *„Zwang" zur Berücksichtigung der intraindividuellen Perspektive*
  Ein solcher Kriterienkatalog führt zu einer Leistungsbilanz, die die Anstrengungen des Individuums über das übliche Maß hinaus transparent macht. Der Lehrende ist damit so nahe an den Leistungen der einzelnen Personen, daß es ihm schwer fallen wird, diese ausschließlich unter dem Vergleichsaspekt mit den Leistungen anderer zu beurteilen. Ein Schüler, der differenziert darstellt, welche Probleme er in der Zusammenarbeit mit anderen Schülern hat und dazu kleinschrittige Veränderungsmöglichkeiten plant, der ist eben genauso „gut" wie eine Schülerin, die in diesem Bereich keine Schwierigkeiten hat. Erst eine weitere Projektphase wird zeigen, inwieweit individuelle Fortschritte erreicht werden. Die intraindividuelle Perspektive ist bei dieser Nähe zu den individuellen Anstrengungen nahezu „zwingend".

Fazit

Die Institution Schule kann dem Projektunterricht zwar die Beurteilung in Form von Noten aufzwingen. Erfahrungen zeigen jedoch, daß nicht der Notenschlüssel der Schule den Projektunterricht verändert, sondern die Widerständigkeit des Projektunterrichts den Notenschlüssel der Schule beeinflußt. Die widersprüchliche Praxis des Projektunterrichts fordert Formen der Leistungsbeurteilung, die die Qualität der Noten verändern. Bewirkt wird dies durch die im Projektlernen angelegte Notwendigkeit, Leistungsbeurteilung in einen differenzierten Beobachtungs- und Selbstbeobachtungsprozeß und in einen transparenten Dialog zwischen Lehrenden und Lernenden einzubinden, das Lernen aus Fehlern zum Prinzip zu erheben und die intraindividuellen Perspektive verstärkt in den Blick zu nehmen. Mit Gausschen Normalverteilungen sind Projektleistungen nicht mehr zu beschreiben. Fazit: Wenn die Schule schon die Notengebung vorschreibt, dann sollten Lehrer(innen) und Schüler(innen) wenigstens die Qualität dessen festlegen, was sie mit diesen Noten beschreiben wollen. Denn die Hoffnung auf Veränderung der Schule läßt sich ohne Subversion der Schule nicht einlösen – und das gilt insbesondere für das, was Schule traditionell unter Leistung versteht.

Literatur

Bastian, J./Gudjons, H. (Hg.): Das Projektbuch. Theorie · Praxisbeispiele · Erfahrungen. Hamburg 1986 (4. Aufl. 1994)

Bastian, J./Gudjons, H. (Hg.): Das Projektbuch II. Über die Projektwoche hinaus. Projektlernen im Fachunterricht. Hamburg 1990 (2. Aufl. 1993)

Bastian, H. und J.: Schüler planen ein Projekt. In: Westermanns Pädagogische Beiträge. 30. Jg., Heft 5/78, S. 198 f.

Bastian, J.: Lehrer im Projektunterricht. Plädoyer für eine profilierte Lehrerrolle in schülerorientierten Lernprozessen. In: Westermanns Pädagogische Beiträge. 36. Jg., Heft 6/84, S. 293 f. Nachdruck in: Bastian, J./Gudjons, H. (Hg.) 1986, S. 28 f.

Bastian, J.: Die Regenbogenkämpfer. Eine Woche auf den Spuren von Greenpeace. In: Bastian, J./Gudjons, H. (Hg.) 1986, S. 89 f.

Bastian, J.: Projektunterricht planen. In: Bastian, J./Gudjons, H. (Hg.) 1990, S. 240 f.

Beck, H.: Schlanke Produktion, Schlüsselqualifikationen und schulische Bildung. In: PÄDAGOGIK, 45. Jg., Heft 6/93 Themenschwerpunkt „Wirtschaft – Schule – Leistung", S. 14 f.

Dewey, J.: Demokratie und Erziehung. Original 1916. Deutsche Übersetzung Braunschweig 1964 (3. Aufl.). Nachdruck hg. von J. Oelkers, Weinheim und Basel 1993

Gudjons, H.: Eine Projektskizze anfertigen. In: Bastian, J./Gudjons, H. (Hg.) 1990, S. 253 f.

Goetsch, K.: Projektunterricht bewerten. In: Bastian, J./Gudjons, H. (Hg.) 1990, S. 257 f.

Klafki, W.: Neue Studien zur Bildungstheorie und Didaktik. Weinheim und Basel 1985

Tillmann, K.-J.: Leistung muß auch in der Schule neu definiert werden. In: PÄDAGOGIK, 45. Jg., Heft 6/93 Themenschwerpunkt „Wirtschaft – Schule – Leistung. S. 6 f.

Suin de Boutemard, B.: Projektunterricht – Geschichte einer Idee, die so alt ist wie unser Jahrhundert. In: Bastian, J./Gudjons, H. (Hg.) 1986, S. 62 f.

Johannes Bastian, Arno Combe
Lehrer und Schüler im Projektunterricht

Zur Theorie einer neuen Balance zwischen der Verantwortung des Lehrenden und der Selbstverantwortung der Lernenden

Schülerbeteiligung

Herzstück der Projektidee ist die Schülerbeteiligung als theoretische und hand-lungsleitende Kategorie. Wird dieses Merkmal des Projektunterrichts ernst genommen, sind Schülerinnen und Schüler nicht mehr Echo des Programms, sondern aktiv an Planung, Durchführung und Auswertung des Unterrichts betei-ligt. Sie übernehmen damit genuin didaktische Aufgaben, greifen also in tradi-tionell dem Lehrenden vorbehaltene Tätigkeits- und Reflexionsfelder ein. Eine Theorie des Projektunterrichts braucht dementsprechend eine am Begriff der Schülerbeteiligung orientierte Differenzierung der Handlungsformen von Leh-rer(inne)n und Schüler(inne)n. Im Kern geht es dabei um die Etablierung von Strukturen reziproker Verantwortung, die auch für die Frage der Belastung und Entlastung im Lehrerhandeln von zentraler Bedeutung sind (vgl. *Combe* 1997).

Schülerbeteiligung hat seit Mitte der 70er Jahre den Status einer leitenden Kategorie der Schulpädagogik, insbesondere der Allgemeinen Didaktik (vgl. *Bastian* 1992). Spätestens seit der „Lehrtheoretischen Didaktik" von *Wolfgang Schulz* (1980) ist Partizipation eine grundlegende Anforderung an jede Unter-richtsplanung. Anfang der 90er Jahre konstatierten *Werner Jank* und *Hilbert Meyer* nach einer ausführlichen Analyse der diskussionsbestimmenden didak-tischen Modelle: „Trotz fortbestehender wissenschaftstheoretischer Differenzen nimmt ... die konkrete Utopie der konsequenten Beteiligung der SchülerInnen an Planung und Gestaltung des Unterrichts Formen an" (1991, S. 284). In der Praxis jedoch hat ein solcher „Qualitätssprung" bezüglich der Einflußnahme der Schülerschaft auf das Schul- und Unterrichtsgeschehen noch nicht stattgefun-den. In einer 1995 durchgeführten Repräsentativumfrage bei Schüler(inne)n der

Sekundarstufe I sind es immer noch 74%, die den meisten Lehrer(inne)n atte-stieren, sie „bestimmen im großen und ganzen, was wir im Unterricht machen sollen" (*Kanders u. a., S. 64*).

Wir befinden uns also offensichtlich immer noch in einem Experimentier-stadium, in einer Phase der Spurensuche, in der erprobt wird, wie wir aus der mit mehr und mehr problematischen Erscheinungen durchsetzten zentralisti-schen Sicht des Unterrichts herauskommen und einen schulischen Lernzyklus neu definieren können (vgl. *Combe/Helsper* 1994). Die folgenden Ausführun-gen sind deshalb sowohl Teil einer allgemeinen Theorie des Lehrerhandelns (vgl. *Bastian* 1993; *Combe/Helsper* 1996) als auch Konkretisierungen der Leh-rer-Schüler-Interaktion in einer besonderen Unterrichtsform – dem Projektun-terricht (zur Besonderheit dieser Unterrichtsform vgl. *Bastian/Gudjons* 1990, S. 17 ff. und *Otto* in diesem Band).

Dabei verstehen wir Projektunterricht als eine Unterrichtsform, in der Leh-rer(innen) und Schüler(innen) die Bearbeitung eines für die Beteiligten bedeut-samen Themas bzw. Problems vereinbaren, Arbeitspläne entwerfen, sich arbeitsteilig der Bearbeitung des Problems zuwenden und die Ergebnisse der Arbeit anderen vermitteln.

In der Planungsphase übernehmen sowohl die Schüler(innen) als auch die Leh-renden die Rolle des Unterrichtsplaners; dabei ist die kooperative Planung sowohl an den Fragen und Interessen der Beteiligten als auch – wenn erforderlich – am Lehrplan orientiert. In der Erarbeitungsphase besorgen die Schüler(innen) Arbeits-mittel und Informationen soweit wie möglich selbst; dabei arbeiten sie handlungs- und produktorientiert in Gruppen und unterstützt durch den Lehrenden über einen längeren Zeitraum. In der Auswertungphase steht die Reflexion des Prozesses, die Präsentation der Arbeitsergebnisse und die Bewertung der Arbeit im Vordergrund; dabei orientiert sich die Prozeßreflexion an vereinbarten Verfahren und Kriterien, die die Selbst- und Mitbeurteilùngsfähigkeit der Schüler(innen) stärkt (zur Lei-stungbeurteilung vgl. ausführlich *Bastian* in diesem Band).

Kurz: Projektunterricht ist eine Unterrichtsform, die – idealtypisch – das Pla-nungsmonopol, das Informationsmonopol und das Kontrollmonopol des Leh-renden aufgibt und diese durch Strukturen reziproker Verantwortung ersetzt.

Das „Autoritätsgefälle", das herkömmlicherweise die einseitige Übertragung von kulturellen Normen, Wissensbeständen und Denk- und Erfahrungsweisen von der Erwachsenengeneration auf die Kinder und Jugendlichen sichert, ist frag-würdig geworden. Die fraglosen autoritativen Selbstverständlichkeiten, die die alte Lehrer-Schüler-Beziehung kennzeichneten, sollten und können nicht wider-hergestellt werden. Für alle Professionen, die ihre sachlichen Ziele in einer Bezie-hungspraxis realisieren, die die aktive Mitarbeit ihres Klientel erforderlich macht,

rückt damit die Notwendigkeit und Schwierigkeit der Herstellung eines Arbeitsbündnisses ins Zentrum der alltäglichen Arbeit (vgl. *Combe/Helsper* 1996, S.
33 f.). Die Kategorie des Arbeitsbündnisses bringt unseres Erachtens eine der
neuen Anforderungs- und Spannungszonen im Bereich von Rollenklärung und
Aushandlungsprozessen in der Lehrer-Schüler-Beziehung auf den Begriff.

Soweit eine erste Rahmung des Themenfeldes, innerhalb dessen wir die
Besonderheit der Lehrer-Schüler-Interaktion diskutieren wollen. Rahmungen
wie diese sind allerdings trügerisch. Sie vermitteln den Eindruck von Gewißheit:
als wüßten wir genau, was Projektunterricht sei und wie er – gleichsam in der
Organisationsform einer Experimentiergemeinschaft – umzusetzen ist. Dies
kann über Fragen und Probleme hinwegtäuschen, die sich hinter definitorischen
Aussagen verbergen; zum Beispiel darüber, wie Lehrer(innen) mit ihrem Wis-
sens- und Erfahrungsvorsprung und ihrem institutionell legitimierten Macht-
vorsprung zum Geburtshelfer von Problemlösungen werden können, die die
Schülerinnen und Schüler letztlich selbst entwickeln sollen.

Übergänge

Wenn das Arbeitsbündnis im Projektunterricht als Aushandlungsprozeß zwischen der Verantwortung des Lehrenden und der Selbstverantwortung der Lernenden zu begreifen ist, dann stellt sich die Frage nach Übergängen: nach Übergängen zwischen dem, was fest ist und dem was frei ist, nach Übergängen
zwischen dem, was Sache des Lehrenden und was Sache der Lernenden ist (zum
Begriff der Verantwortung vgl. *Bastian* 1995a, zum Begriff der Übergänge
1995b). Wir gehen also zunächst davon aus, daß nicht alles, was im Unterricht
geschieht, als alleinige Organisationsleistung des Lehrers oder der Lehrerin vorzustellen ist. Projektunterricht soll vielmehr als Gemeinschaftsleistung verstanden werden. Aber jede Form der „Projekt-Lyrik", die das Gemeinsame im
Handeln von Lehrenden und Lernenden hervorhebt, ohne das Besondere in der
Verteilung von Aufgaben und Rollen zu thematisieren, würde der Komplexität
dieses Arbeitsbündnisses nicht gerecht.

Wir werden im folgenden die Handlungsformen von Lehrenden und Lern-
den im Projektunterricht anhand der Planungsphase diskutieren. In dieser Phase
werden die Grundlagen des besonderen Arbeitsbündnisses ausgehandelt.
Zugleich können anhand dieser Phase die grundlegenden Strukturen der Interaktion rekonstruiert werden. Wenn Projektunterricht gelingen soll, dann bedarf
es nicht nur eines differenzierten Methodenrepertoires, sondern auch einer theo-
riegeleiteten Einsicht in die Handlungsformen und in die didaktische Struktur
dieser Unterrichtsform.

Planung von Unterricht ...
oder die Planung des Nicht-Planbaren

Für pädagogisches Handeln gilt ganz allgemein: „Man kann lehren, ohne Erfolg zu haben, aber man kann nicht lehren, ohne es zu intendieren" (*Oelkers* 1985, S. 211). Jedes pädagogische Handeln beinhaltet in der Initialphase also ein Entscheidungs- und Planungsproblem. Im herkömmlichen Planungsverständnis bedeutet dies: der Lehrende plant für den Lernenden. Nicht selten unterliegt dem Lehrerhandeln dabei ein Verständnis des instrumentell-strategischen Handelns (vgl. *Habermas* 1981, S. 130f.), wobei Erfolg über den Einfluß auf das Handeln und die Entscheidungen anderer planmäßig herbeigeführt werden soll.

Ein instrumentell-strategisches Handlungsmodell ist für das Verständnis der Besonderheit des Lehrerhandelns jedoch generell untauglich; denn jede Lehre realisiert sich – wie gesagt – in Form einer Beziehungspraxis, ist damit weder vollständig reglementierbar noch standardisierbar und deshalb auch nicht mit Erfolg verbürgender Sicherheit planbar. Das Modell vom Lehrenden als allmächtigem Planer, Arrangeur und Instrukteur von Lernprozessen ist obsolet geworden. Systematisch liegt dieser Einsicht die Strukturlogik zugrunde, daß Planungsentscheidungen in pädagogischen Prozessen im Modus möglichen Handelns erfolgen, daß sie angesichts von Möglichkeitsspielräumen der Lernenden getroffen werden, die letztlich nicht planbar sind, weil die Folgen der Planung nicht absehbar sind. Konsequenz dieser Strukturlogik pädagogischen Handelns ist einerseits: Man kann Lehr-Lernprozesse nicht nicht planen, weil Lehre immer einer Intention und damit einem impliziten Plan folgt – und andererseits: Planung von Lehr-Lern-Prozessen ist die Planung von nicht Planbarem, weil die Realisierung jeder Planung in die letztlich nicht antizipierbare Möglichkeitsvielfalt der nachfolgenden Beziehungsdynamik eingebunden ist (zur Handlungslogik pädagogischer Situationen vgl. ausführlich *Combe/Buchen* 1996). Die Probleme und Paradoxien dieser offenen Struktur verschärfen sich im Projektunterricht; denn man kann die selbständige Entdeckung von Neuem durch Schülerinnen und Schüler bestenfalls anstoßen und unterstützen, nicht aber im vorhinein festlegen.

Projektunterricht verabschiedet deshalb das instrumentell-strategische Handlungsmodell zugunsten einer besonderen Variante eines dialogischen Planungs- und Handlungsmodells. Sein besonderes Profil gewinnt der Projektunterrichts dabei auch aus seiner politischen Tradition. *Suin de Boutemard* hat in seinen Arbeiten zur Geschichte des Projektunterrichts herausgearbeitet, daß die Grundgedanken des Projektunterrichts, wie sie zu Beginn dieses Jahrhunderts in Amerika formuliert wurden, in einem politikgeschichtlichen Milieu wurzeln, in dem die Individuen den libertinär-sozialistischen Anspruch erheben, „die Gestaltung ihrer kulturellen, sozialen, politischen und ökonomischen Verhältnisse selber und in gegenseitiger Hilfe in die Hand zu nehmen ... Aus Untertanen und Unmündigen ... werden im Projektunterricht Gesellschaftsmitglieder, die durch wechselseitige Absprache und Verpflichtung ihre Verhältnisse und Beziehungen selber regeln. Ihre Verkehrsform ist nicht die Anordnung von oben, sondern der frei vereinbarte Vertrag bürgerlichen Rechts. Darum wird im Projektunterricht noch heute oft zwischen Schülern und Lehrer ein Projektvertrag abgeschlossen" (*Suin* 1986, S. 68).

Komplementarität

Überträgt man dieses Vertragsmodell auf ein dialogisches Aushandlungsmodell in der Institution Schule, dann ist dabei zu berücksichtigen, daß die Vertragspartner einer institutionstypischen und entwicklungsbedingten Rahmung unterliegen, deren Bedingungen allen Versuchen einer symmetrischen Interaktion entgegenstehen. Deshalb wird in neueren Projektkonzepten der Lehrer-Schüler-Interaktion die kommunikationstheoretische Folie der „Komplementarität" unterlegt, mit der *Watzlawick, Beavin* und *Jackson* Beziehungsstrukturen gekennzeichnet haben, die – im Gegensatz zu symmetrischen Interaktionsformen – auf sich gegenseitig ergänzenden Unterschiedlichkeiten beruhen, bei denen ein Partner die sogenannte primäre Stellung einnimmt und der andere die entsprechende sekundäre (*Watzlawick* 1967, S.70).

Mit dieser Begrifflichkeit lassen sich die Aushandlungsprozesse von Lehrenden und Lernenden im Projektunterricht diskutieren, ohne einerseits die Besonderheiten der jeweiligen Funktionen und Aufgaben zu vernachlässigen und andererseits aus den Besonderheiten ein generelles Abhängigkeitsverhältnis zu konstruieren. Gleichzeitig verhindert die Einsicht in die Komplementarität der Interaktionsstruktur, daß Lehrende in emanzipatorischer Absicht die Lernenden in die paradoxe Situation bringen, sich als Gleiche bei tatsächlicher Ungleichheit verhalten zu sollen. Watzlawick u. a. bezeichnen dieses Interaktionsparadoxon als Metakomplementarität; ihr augenfälligster Ausdruck sind Verhaltensweisen beziehungsweise Äußerungen des Primärpartners, die in ihrem semantischen Kern die Aufforderung des „sei selbständig" enthalten. Die Unterstellung einer symmetrischen Interaktion in schulischen Lehr-Lern-Prozessen impliziert die Beziehungsfalle der Metakomplementarität und verhindert, daß die Selbständigkeit der Schüler(innen) als Ziel eines Entwicklungsprozesses gesehen wird, zu dem beide Interaktionspartner einen je eigenen Beitrag zu leisten haben. Komplementarität anerkennen und Metakomplementarität vermeiden – das ist die kommunikationstheoretische Grundfigur, mit deren Hilfe sich auch die Übergänge von der Verantwortung des Lehrenden zur Selbstverantwortung der Lernenden diskutieren lassen (zur Komplementarität vgl. ausführlich *Bastian* 1986).

Das Arbeitsbündnis zwischen Lehrenden und Lernenden darf also auch im Projektunterricht nicht unterschlagen, was die Ansprüche des Lehrenden sind und was die institutionellen Bedingungen fordern. Zugleich geht es darum, durch den freien Ausdruck des Verhaltens, Denkens und der Phantasien das Material für einen gemeinsamen Ausgangspunkt der Arbeit zu finden. Damit dies keine Scheinvermittlung zwischen Antinomien bleibt, müssen, wie in jeder dialektischen Beziehung, beide Seiten Artikulationsfähigkeit entwickeln und Artikulationschancen haben.

Für die Struktur des Arbeitsbündnisses bedeutet dies, daß der Anspruch des Projektunterrichts, die Schüler(innen) an der Planung und Gestaltung zu beteiligen, den Lehrenden nicht aus seiner Verantwortung entläßt. Das in vielen Projektberichten kolportierte Bild vom Lehrenden, der sich nur zurückziehen muß, um den Schüler(inne)n den Spielraum für eigene Planung zu eröffnen, erweist sich im Rahmen einer komplementären Interaktionsstruktur als unzutreffend. Es geht nicht um Rückzug oder um die Rücknahme traditionell vom Lehrenden besetzter Positionen; es geht vielmehr um eine Neubestimmung der Aufgaben des Lehrenden und der Lernenden in einem sich gegenseitig ergänzenden Prozeß, der sowohl die institutionellen als auch die qualifikationsbedingten Besonderheiten berücksichtigt. Denn: Der gesellschaftliche Auftrag des Lehrenden impliziert immer eine didaktische Gesamtverantwortung für Lehr-Lern-Prozesse, also eine Verantwortung für den Inhalt und die Form schulischer Arbeit, freilich in einer Weise, die stets erkennen läßt, welche Erfahrungsdimensionen Kinder und Jugendliche mitbringen. Fragen nach der Legitimation von Projektunterricht können also nicht damit beantwortet werden, daß die Schüler(innen) dies oder jenes so gewollt hätten – auch nicht, wenn die Schüler(innen) im Projektunterricht Aufgaben der Unterrichtsplanung übernehmen.

Planung der Selbstplanung

Daraus folgt für die Planungsphase im Projektunterricht eine auf den ersten Blick widersprüchlich erscheinende Beschreibung der neuen Balance zwischen der Verantwortung des Lehrenden und der Selbstverantwortung der Lernenden, die zugespitzt lautet: *Die Planung des Lehrenden ist verantwortlich für die Selbstplanung der Lernenden.* Was auf den ersten Blick widersprüchlich erscheint, erweist sich im Rahmen einer komplementären Interaktionsstruktur jedoch als konsequent. Daß diese neue Balance – insbesondere projektunerfahrenen – Lehrerinnen und Lehrern dennoch oft fragwürdig erscheint, zeigt sich darin, daß eine häufig gestellte Frage lautet: „Wie kann ich Projektunterricht als Lehrender planen, wenn doch der Anspruch dieser Unterrichtsform darin besteht, die Schüler(innen) an der Planung zu beteiligen?" Aber auch projektunerfahrene Schüler(innen) können diese Frage aus ihrer Perspektive stellen: „Wie können wir denn selbst planen, wenn der Lehrer doch derjenige ist, der gelernt hat, was und wie wir lernen sollen, der durch den Lehrplan gebunden ist und der nachher bewerten muß, was wir gelernt haben?" Fragen dieser Art sind im Rahmen einer Theorie des Projektunterrichts zu diskutieren, sie können aber auch in der Projektpraxis in die Diskussion kommen, wenn Projektunterricht eingeführt wird. Die Projektpraxis hat darauf mit einer vorgängigen Phase der Verständigung über Merkmale und Anforderungen von Projektunterricht und eine Reflexion der damit verbundenen Rollenverteilung reagiert, auf die hier nicht gesondert eingegangen werden kann (zu methodischen Anregungen vgl. *Bastian* 1990, S. 243).

Im folgenden soll nun konkretisiert werden, welche besonderen Konsequenzen die These von der Planung der Selbstplanung für die Gestaltung der Planungsphase hat.

Dazu einleitend ein Zitat von *John Dewey* (1854–1952), der die Aufgabe des Lehrenden in der oben von *Suin* skizzierten Tradition einer bürger- und menschenrechtlichen Legitimation des Projektunterrichts wie folgt beschreibt: Der Lehrende hat im Projektunterricht „die Pflicht einer viel intelligenteren, konsequenteren und schwierigeren Planungsarbeit … Die Planung muß geschmeidig genug sein, um noch ein freies Spiel der Individualarbeit zu ermöglichen und doch fest genug, um die Richtung auf fortgesetzte Entwicklung der Kräfte anzuregen" (1938, S. 87). Diese Planungstätigkeit belegt *Dewey* mit dem Begriff der „vorausgehenden Planung".

Auf der methodischen Ebene läßt sich die Planung des Projektunterrichts entsprechend in zwei Phasen gliedern: in eine Phase der *vorausgehenden Planung* und in eine Phase der *kooperativen Planung.*

Vorausgehende Planung

Funktion der *vorausgehenden Planung* durch den Lehrenden ist *nicht,* sich im Sinne des instrumentell-strategischen Handelns den Einfluß auf die nachfolgenden Entscheidungen und das Handeln der Lernenden durch Vorplanung zu sichern, sich also Wissen anzueignen und nach Strategien zu suchen, wie dieses anschließend in eine gemeinsame Planung zu integrieren ist; Funktion der vorausgehenden Planung ist deshalb auch *nicht,* die Fragen der Lernenden zu antizipieren, um sich darauf möglichst gut vorzubereiten.

Funktion der vorausgehenden Planung ist vielmehr, sich als Lehrender der *eigenen* Interessen und Fragen zu vergewissern, sich dem Thema oder Problem neu und neugierig zu nähern – ist die Erarbeitung einer eigenen Position im dialogischen Handlungsmodell. Für Lehrende ist dies eine ungewöhnliche Herausforderung, weil Lehre in der Regel auf Routinen zurückgreift, auf bekanntes Wissen, dessen Vermittlung allenfalls methodisch modifiziert wird.

Wenn Projektunterricht aber heißt, die Verhältnisse durch problemformulierendes und problemlösendes Handeln selbst zu gestalten, dann gilt sowohl für Lehrende als auch für Lernende, daß das Thema Frag-würdiges, Überraschendes, Neues bergen muß, sonst ist es entweder kein für Projektunterricht tragfähiges Thema oder die Haltung zum Thema ist nicht tragfähig für Projektlernen. Kurz: Wer als Lehrender nicht weiß, was er selbst lernen will, was er entdecken will, was für ihn frag-würdig und lösungsbedürftig ist, der sollte lieber in einem Lehrgang vermitteln, was er weiß, als mit den Schülern ein Projekt zu planen, das für ihn keins ist. Dies bedeutet im Umkehrschluß allerdings nicht, daß der Lehrende möglichst nichts wissen sollte; lebendiges Wissen birgt immer Fragen und auch diese Fragen müssen nicht neu sei, wenn der Reiz darin liegt, diese neu zu entdecken und mit Schülerinnen und Schülern neu zu bearbeiten.

Vor diesem Hintergrund fragt der Lehrende in der vorausgehenden Planung also zunächst sich selbst beziehungsweise gemeinsam mit anderen Lehrenden im Team: Welche Fragen und Inhalte sind mir wichtig, welche Handlungs-, Erkundungs- und Forschungsmöglichkeiten erscheinen mir für dieses Thema geeignet, welche Materialien, Medien und außerschulischen Lernorte sind bei der Projektarbeit hilfreich. Aus diesen Elementen der vorausgehenden Projektplanung entsteht die „Projektskizze" des Lehrenden (zur methodischen Umsetzung vgl. *Gudjons* 1990, S. 253).

In ähnlicher Form – wenn auch nicht so systematisch – beteiligen sich auch die Schüler(innen) an der vorausgehenden Planung. Auch für sie ist es wichtig, vor der kooperativen Planungsphase einen eigenen Zugang zum Projektthema zu finden. Hilfreich dafür sind eine Materialsammlung mit Literatur, Bildbänden, Lehrplänen … und eine Informationstafel mit Möglichkeiten zur Veröffentlichung von Kontakthinweisen, Fragen, Zeitungsausschnitten … – kurz: hilfreich ist jede Art von Anstößen, mit denen die Schüler(innen) sich – vorwiegend gegenseitig – zu einer vorausgehenden Beschäftigung mit dem Thema anregen.

Die neue Balance zwischen der Verantwortung des Lehrenden und der Selbstverantwortung der Lernenden konkretisiert sich in der vorausgehenden Planung in der Betonung der Besonderheit der unterschiedlichen Zugänge zum Projektthema. Die am Projekt Beteiligten wissen, daß sie zu einem vereinbarten Termin mit der gemeinsamen Planung des Projekts beginnen; gleichzeitig wissen sie, daß sie sich bis zu diesem Zeitpunkt aus der jeweils eigenen Perspektive auf diese Planung vorbereiten. Damit ist bereits in dieser frühen Phase des Projekts die grundlegende Struktur der Lehrer-Schüler-Interaktion als Gestaltung von Übergängen zwischen der Planung des Lehrenden und der Selbstplanung der Lernenden erkennbar: Schon die Projektinitiative – auch wenn sie von den Schüler(inne)n ausgeht – ist abhängig davon, daß der Lehrende sie wahrnimmt, ihr Raum gibt und sie in seine Planung aufnimmt (zur Systematik von Projektanfängen vgl. *Bastian* 1994). Die Verantwortung des Lehrenden beginnt also mit der Bereitstellung und Planung von Rahmenbedingungen, innerhalb deren sich die Selbstplanung der Lernenden entfalten kann. Im Rahmen der vorausgehenden Planung schafft der Lehrende die Voraussetzung dafür, daß der kooperative Aushandlungsprozeß mit identifizierbaren Fragen und Interessen der einen und der anderen Seite beginnen kann. Das Selbstverständnis, nicht *für* die Schüler(innen), sondern *mit ihnen* zu planen, wird in der vorausgehenden Planung dadurch konkret, daß mögliche Differenzen erkennbar werden, um darauf aufbauend entsprechend der komplementären Interaktionsstruktur in einem Prozeß der gegenseitigen Ergänzung das Gemeinsame zu erarbeiten.

Kooperative Planung

Aufgabe der nun folgenden *kooperativen Planung* ist, unter Einbezug der Fragen und Interessen der Beteiligten das Rahmenthema so zu konkretisieren, daß sich daraus ein Plan für die Bearbeitung der jeweiligen Unterthemen entwickeln läßt. Dabei geht es nicht darum, herauszufinden, wozu die Schüler(innen) Lust haben; es geht vielmehr zunächst darum, daß die Schüler(innen) in einem vom Lehrenden moderierten Prozeß ihr Vorwissen, ihre Fragen, Vermutungen und Interessen zu dem jeweiligen Rahmenthema so frei und kreativ wie möglich artikulieren können. Daß dies gelingt, ist Gestaltungsaufgabe des Lehrenden und zu einem hohen Anteil an eine Sensibilität für die besondere Interaktionsstruktur und eine entsprechend unterstützende Moderation gebunden.

Die unterstützende Moderation ist deshalb notwendig, weil Schülerfragen im Kontext von Unterricht traditionell gering bewertet sind. Das Anerkennungssystem der Schule prämiert Antworten; Fragen signalisieren Nicht-Wissen und das Formulieren von Nicht-Wissen ist über viele Jahre als riskant erfahren wor-

den. Wenn das Setting eines Projektprozesses – ähnlich einem Forschungsprozeß – nun die Frage an den Anfang stellt, dann ist dies für Schüler(innen) und
Lehrer(innen) nicht nur ungewohnt, sondern aufgrund vorangegangener Tabui-
sierungen riskant. Deshalb bedarf es einer unterstützenden Moderation durch
den Lehrenden, wenn Schüler(innen) lernen sollen, daß Fragen den Beginn von
Lernprozessen charakterisieren, daß man viele – auch ungewöhnliche – Fragen
stellen muß, um treffende Fragen herauszufinden, daß kreative Fragen nur dann
aufkommen, wenn alle Fragen zugelassen sind, wenn es keine Zensur, auch
keine Selbstzensur gibt – kurz, wenn in Abwandlung der Grundregel des
Brainstormings gilt: Jede Frage ist eine gute Frage. Ein Sturm von Fragen kann
aber nur dann aufkommen, wenn es auch auf Seiten des Lehrenden entsprechende „klimatische" – d. h. hier theoretisch aufgeklärte und emotional an
Schülerbeteiligung interessierte – Bedingungen gibt. Dazu gehört vor allem, daß
der Lehrende seine Angst vor der Schülerfrage verlernt; daß er selbst lernt und
verkörpert, daß Schüler(innen) Fragen haben, fragen können und daß jede Frage
eine gute Frage ist. Dies wird dann gelingen, wenn er sich nicht – wie gewohnt
– als allmächtiger Instrukteur versteht, der (zumindest potentiell) auf alle
Schülerfragen eine Antwort haben muß. Daß es diese Haltung und die zumindestens latent dahinterliegende Angst gibt, zeigen Lehrer(innen) mit dem nicht
selten zu hörenden Einwand: „Und was mache ich, wenn die Schüler(innen)
abwegige Fragen formulieren oder Fragen, die ich nicht beantworten kann?"

Die neue Balance zwischen der Verantwortung des Lehrenden und der
Selbstverantwortung des Lernenden in der kooperativen Planungsphase kann
sich erst dann entfalten, wenn sich eine grundlegende Umwertung von Fragen
durchsetzt: wenn Fragen zu Beginn eines Projekts eine Initialfunktion bekom-
men, wenn sie aus dem Zwang der schnellen Beantwortung herausgenommen
werden, wenn deutlich wird, daß Fragen, die sofort beantwortbar sind, gerade
nicht tragfähig für einen Forschungsprozeß sind, weil sie keinen anschließenden Arbeitsprozeß erfordern. Projektlernen bedeutet in der Anfangsphase vor
allem, gemeinsam an der Erfahrung zu arbeiten, daß zunächst jede Frage Geltung beanspruchen darf, weil sie das Potential einer neuen Perspektive birgt.

Erstes Anliegen der kooperativen Planungsphase ist entsprechend die vor-
behaltlose Mobilisierung von Schülerfragen. Erst im Anschluß daran ist zu
beachten, daß die Fragen der Schüler(innen) in ein tragfähiges Verhältnis zu den
Fragen des Lehrenden und zu den Fachaspekten gebracht werden. Die methodische Umsetzung dieser Anliegen in der Assoziationsphase ist an anderer Stelle
ausführlich dargestellt worden (vgl. *Bastian* 1990, S. 244 ff.).

Zweites Anliegen der Kooperativen Planungsphase ist die Strukturierung der
Fragen zu tragfähigen Unterthemen und die Bildung von arbeitsfähigen Pro-

jektgruppen. Zu beachten ist bei der inhaltlichen Strukturierung das Verhältnis von Interessenorientierung und Sachorientierung und bei der Gruppenbildung das Verhältnis von sozialen Präferenzen der Schüler(innen) und gruppendynamisch und sachlich begründeten Entscheidungen (zur methodischen Umsetzung vgl. *Bastian* 1990, S. 248 f.).

Ziel der Planungsphase ist ein zwischen dem Lehrenden und den Schüler(inne)n abgestimmter Arbeitsplan der einzelnen Projektgruppen. Inhalt dieses Arbeitsplans sind Forschungsfragen, Forschungsmethoden, Überlegungen zu außerschulischen Erkundungsfeldern, ein vorläufiger Zeitplan, Überlegungen zu einem angestrebten Produkt und Kriterien für die anschließende Bewertung. Grundlage für die Erreichung dieses Zwischenziels ist ein Arbeitsbündnis, das die Übergänge zwischen der Planung des Lehrenden und der Selbstplanung der Lernenden so gestaltet, daß die unterschiedlichen Interessen, Fähigkeiten und Voraussetzungen in Aushandlungsprozessen zu einem strukturierten Zwischenergebnis – dem Arbeitsplan der Projektgruppen – verdichtet werden; denn Projektunterricht braucht in der Planungsphase sowohl die Vielfalt der Fragen und Interessen der Beteiligten als auch eine Rahmung, in der die inhaltliche und soziale Vielfalt eine für Lernprozesse produktive Gestalt annimmt.

Im Verlauf dieses komplexen Aushandlungsprozesses kann es Konflikte geben, die Entscheidungen fordern, deren Lösung sich aber einfachen Entscheidungsmustern entzieht; denn die dialogische Grundstruktur dieses Aushandlungsprozesses setzt die Möglichkeit der unbegründeten Anordnung von oben außer Kraft. Das dialogische Handlungsmodell fordert Begründung statt Setzung und macht das Verstehen von und die Einsicht in Argumente zum handlungsleitenden Kriterium. Dies entläßt den Lehrenden im Rahmen einer komplementären Beziehungsstruktur allerdings nicht aus der Verantwortung, begründete Forderungen zu formulieren, fordert aber gleichzeitig eine ständige Bereitschaft zur Auseinandersetzung mit den Argumenten der anderen Seite.

Was auf den ersten Blick wie ein Verlust für den Lehrenden aussieht, läßt sich auf den zweiten Blick als Zunahme von Planungsprofessionalität beschreiben. Die Scheinsicherheit der instrumentell-strategischen Planung basiert auf fachsystematischen Überlegungen des Lehrenden und der Antizipation dessen, was für die Lernenden wichtig und richtig sein soll; eine solche Planung gewinnt ihre Sicherheit durch eine Reduzierung der Möglichkeitsvielfalt in der nachfolgenden Beziehungsdynamik. Die dialogische Planung im Projektunterricht läßt sich bereits im Planungsprozeß auf die Möglichkeitsvielfalt der Beziehungsdynamik ein; sie erweitert die Möglichkeitsspielräume der Lernenden, gibt dem Lehrenden Einblick in die Fragen und Interessen der Lernenden und den Lernenden Einsicht in die Fragen und Interessen des Lehrenden. Vielfalt der Perspektiven und Strukturierungsarbeit sind also zwei Seiten derselben Sache. In der Ergänzung der Perspektiven schaffen sich die Beteiligten eine Arbeitsbasis, die die Verantwortung des Lehrenden und die Selbstverantwortung der Lernenden so ausbalanciert, daß der nachfolgende Erarbeitungsprozeß – wie Dewey sagt – ein freies Spiel der Individualarbeit ermöglicht und doch fest genug ist, um die Richtung auf fortgesetzte Entwicklung der Kräfte anzuregen.

Literatur

Bastian, J.: Lehrer im Projektunterricht. Plädoyer für eine profilierte Lehrerrolle in schülerorientierten Lernprozessen. In: Bastian/Gudjons a.a.O. 1986, S. 28 ff.

Bastian, J.: Projektunterricht planen. In: Bastian/Gudjons a.a.O. 1990, S. 240 f.

Bastian, J.: Schülerorientierung. Ein kritischer Rückblick nach vorn. In: geographie heute, 13. (1992), Heft 100, S. 45–51

Bastian, J.: Beruf: Lehrer. Gesellschaftliche Modernisierung und professionelle Handlungskompetenz. In: Lehrer – Schüler – Unterricht. Handbuch für den Schulalltag. Stuttgart 1992, Ergänzungslieferung 1993, Abschn. B.2.3.

Bastian, J.: Wie fange ich mit Projektunterricht an? Von der Idee zum Projektvertrag. In: Praxis Schule 5–10, 5. (1994), Heft 4, S. 10 f.

Bastian, J.: Verantwortung. Pädagogik zwischen Freiheit und Verbindlichkeit. In: PÄDAGOGIK, 47. (1995 a), Heft 7-8, S. 6 ff.

Bastian, J.: Offener Unterricht. Zehn Merkmale zur Gestaltung von Übergängen. In: PÄDAGOGIK, 47. (1995 b), Heft 12, S. 6 ff.

Bastian, J./Gudjons, H. (Hg.): Das Projektbuch. Hamburg 1986 (4. Aufl. 1994)

Bastian, J./Gudjons, H.: Projektunterricht – Bildungsreform von unten. In: dies. 1986, S. 8 ff.

Bastian, J./Gudjons, H. (Hg.): Das Projektbuch II. Über die Projektwoche hinaus. Projektlernen im Fachunterricht. Hamburg 1990 (2. Aufl. 1993)

Bastian, J./Gudjons, H.: Projektunterricht: Geschichte und Konzept als Perspektive innerer Schulreform. In: dies. 1990, S. 17 ff.

Combe, A.: Der Lehrer als Sisyphus. Zur Theorie einer pädagogischen Handlungslehre. In: PÄDAGOGIK, 49. (1997), Heft 4, S. 10 f.

Combe A./Helsper, W.: Was geschieht im Klassenzimmer? Perspektiven einer hermeneutischen Schul- und Unterrichtsforschung. Zur Konzeptualisierung der Pädagogik als Handlungstheorie. Weinheim 1994

Combe A./Buchen, S.: Belastung von Lehrerinnen und Lehrern an unterschiedlichen Schulformen. Weinheim und München. 1996

Combe, A./Helsper, W.: Pädagogische Professionalität. Historische Hypotheken und aktuelle Entwicklungstendenzen. In: dies. (Hg.): Pädagogische Professionalität. Untersuchungen zum Typus pädagogischen Handelns. Frankfurt 1996, S. 9 ff.

Dewey, J.: Erfahrung und Erziehung (1938). In: Dewey, J./Handling, O./Corell, W.: Reform des Erziehungdenkens. Weinheim 1963, S. 27–99

Gudjons, H.: Eine Projektskizze anfertigen. In: Bastian/Gudjons a.a.O. 1990, S. 253 f.

Habermas, J.: Theorie des kommunikativen Handelns, Bd. 1. Frankfurt 1981

Jank, W./Meyer, H.: Didaktische Modelle. Frankfurt a.M. 1991

Kanders, M./Rösner, E./Rolff H.-G.: Das Bild der Schule aus der Sicht von Schülern und Lehrern. Ergebnisse zweier IFS-Repräsentativbefragungen. In: Rolff, H.-G. u.a.: Jahrbuch der Schulentwicklung, Band 9. Weinheim und München 1996, S. 57 ff.

Oelkers, J.: Erziehen und Unterrichten. Grundbegriffe der Pädagogik in analytischer Sicht. Darmstadt 1985

Schulz, W.: Unterrichtsplanung. München/Wien/Baltimore 1980

Suin de Boutemard, B.: Projektunterricht – Geschichte einer Idee, die so alt ist wie unser Jahrhundert. In: Bastian/Gudjons a.a.O. 1986, S. 62 ff.

Watzlawick, P./Beavin, J.H./Jackson, D.D.: Menschliche Kommunikation. Formen, Störungen, Paradoxien. Bern/Stuttgart/Wien 1967

Über die Autoren

Dr. Johannes Bastian, Jg. 1948, ist Professor für Erziehungswissenschaft/Schulpädagogik am Fachbereich Erziehungswissenschaft der Universität Hamburg. Adresse: Von Melle Park 8, 20146 Hamburg.

Dr. Arno Combe, Jg. 1940, ist Professor für Erziehungswissenschaft/Schulpädagogik am Fachbereich Erziehungswissenschaft der Universität Hamburg. Adresse: Von Melle Park 8, 20146 Hamburg.

Wolfgang Ehmer, Jg. 1945, ist Akademischer Oberrat am Oberstufen-Kolleg an der Universität Bielefeld. Adresse: Schloßhofstr. 16, 33615 Bielefeld.

Dr. Herbert Gudjons, Jg. 1940, ist Professor für Erziehungswissenschaft an der Universität Hamburg. Adresse: Heidbergwinkel 4a, 24558 Henstedt-Ulzburg.

Dr. Klaus Hahne, Jg. 1945, ist Wissenschaftlicher Mitarbeiter am Bundesinstitut für Berufsbildung in Berlin. Adresse: Fehrbelliner Platz 3, 10707 Berlin.

Dr. Gerd Heursen, Jg. 1947, ist Akademischer Rat am Institut für Schulpädagogik und Bildungssoziologie der Freien Universität Berlin. Adresse: Habelschwerdter Allee 45, 14195 Berlin.

Dr. Heinz-Günther Holtappels, Jg. 1954, ist Professor für Erziehungswissenschaft am Institut für Schulentwicklungsforschung (IFS) der Universität Dortmund. Adresse: Allensteinweg 45, 59755 Arnsberg.

Klaus-Dieter Lenzen, Jg. 1946, ist Wissenschaftlicher Mitarbeiter und Lehrer an der Laborschule in Bielefeld. Adresse: Max-Habermann-Str. 2, 33615 Bielefeld.

Dr. h.c. Gunter Otto, Jg. 1927 war Professor für Erziehungswissenschaft/Didaktik des Kunstunterrichts, gestorben 1999.

Ulrich Schäfer M.A., Jg. 1951, ist Wissenschaftlicher Mitarbeiter am Deutschen Institut für Internationale Pädagogische Forschung in Frankfurt a. M. Adresse: Schloßstr. 29, 60486 Frankfurt a. M.

Dr. Jochen Schnack, Jg. 1965, ist Abteilungsleiter der Oberstufe einer Gesamtschule. Adresse: Doornweg 5, 22767 Hamburg.

Dr. Helmut Schreier, Jg. 1941, ist Professor für Erziehungswissenschaft unter besonderer Berücksichtigung des Sachunterrichts am Fachbereich Erziehungswissenschaft der Universität Hamburg. Adresse: Horandstieg 36b, 22559 Hamburg.

Martin Speth, Jg. 1964, ist Lehrer. Adresse: Ophagen 13, 20257 Hamburg.

Dr. Bernhard Suin de Boutemard, Jg. 1930, ist Professor für Sozialwesen und Gemeindepädagogik am Fachbereich Sozialwesen der Theologischen Hochschule Friedensau (Sachsen-Anhalt). Adresse: Kappstr. 29, 64768 Lindenfels.

Dr. Klaus-Jürgen Tillmann, Jg. 1944, ist Professor für Schulpädagogik an der Universität Bielefeld und Wissenschaftlicher Leiter der Laborschule. Adresse: Wertherstr. 109b, 33615 Bielefeld.

Martin Speth, Jg. 1964, ist Studienreferendar. Adresse: Ophagen 13, 20257 Hamburg.

Dr. Bernhard Suin de Boutemard, Jg. 1930, ist Professor für Sozialwesen und Gemeindepädagogik am Fachbereich Sozialwesen der Theologischen Hochschule Friedensau (Sachsen/Anhalt). Adresse: Kappstraße 29, 64768 Lindenfels.

Dr. Klaus-Jürgen Tillmann, Jg. 1944, ist Professor für Schulpädagogik an der Universität Bielefeld und Wissenschaftlicher Leiter der Laborschule. Er ist außerdem Redaktionsmitglied der Zeitschrift PÄDAGOGIK. Adresse: Wertherstr. 109b, 33615 Bielefeld.

Fordern Sie unser
Verlagsprogramm an:
Bergmann + Helbig Verlag
Rothenbaumchaussee 11
D–20148 Hamburg
Tel.: (040) 45 45 83
Fax: (040) 410 85 64

BERGMANN+
HELBIG

Bücher

b e i   B e r g m a n n   +   H e l b i g

O.-A. Burow, M. Neumann-Schönwetter (Hg.):
Zukunftswerkstatt in Schule und Unterricht
ISBN 3-925836-25-X, 188 S., DM 26,80

I. Gogolin (Hg.):
Schulen in Europa
ISBN 3-925836-30-6, 146 S., DM 24,–

H. J. Tymister:
Pädagogische Beratung
mit Kindern und Jugendlichen
ISBN 3-925 836-33-0, 136 S., DM 22,–

G. Böttger (Hg.):
Konflikte mit Jugendlichen lösen
ISBN 3-925 836-29-2, 130 S., DM 22,–

J. Schnack (Hg.):
Gymnasiale Oberstufe gestalten
ISBN 3-925836-28-4, 187 S., DM 24,80

R. Winkel (Hg.):
Reformpädagogik konkret
ISBN 3-925 836-20-9, 133 S., DM 19,80

J. Bastian, G. Otto (Hg.):
Schule gestalten
ISBN 3-925836-27-6, 159 S., DM 24,80

K.-J. Tillmann (Hg.):
Was ist eine gute Schule?
ISBN 3-925836-12-8, 202 S., DM 24,80

K.-J. Tillmann:
Zwischen Euphorie und Stagnation
ISBN 3-925836-09-8, 115 S., DM 15,80

K.-J. Tillmann:
Schulentwicklung und Lehrerarbeit
ISBN 3-925836-26-8, 178 S., DM 24,80

K.-J. Tillmann (Hg.):
Schultheorien
ISBN 3-925836-06-3, 129 S., DM 15,80

W. Schulz:
Lyrische Notizen
ISBN 3-925836-24-1, 140 S., DM 22,–

O.-A. Burow, H. Gudjons (Hg.):
Gestaltpädagogik in der Schule
ISBN 3-925836-22-5, 144 S., DM 24,80

H. Gudjons (Hg.):
Natur zum Anfassen
ISBN 3-925836-10-1, 106 S., DM 15,80

H. Gudjons, R. Teske, R. Winkel (Hg.):
Erziehungswissenschaftliche Theorien
ISBN 3-925836-02-0, 100 S., DM 15,80

H. Gudjons:
Erziehungswissenschaft kompakt
ISBN 3-925836-23-3, 214 S., DM 24,80

H. Gudjons, M. Pieper, B. Wagener:
Auf meinen Spuren
ISBN 3-925836-19-5, 380 S., DM 26,80

J. Bastian (Hg.):
1968–1988
Eine Pädagogen-Generation zieht Bilanz
ISBN 3-925836-11-X, 200 S., DM 19,80

J. Bastian (Hg.):
Drogenprävention und Schule
ISBN 3-925836-16-0, 180 S., DM 19,80

R. Bühs:
Tafelzeichnen kann man lernen
ISBN 3-925836-05-5, 132 S., DM 15,80

F. Koch (Hg.):
Sexualerziehung und AIDS
ISBN 3-925836-17-9, 132 S., DM 19,80

H. Gudjons (Hg.):
Entlastung im Lehrerberuf
ISBN 3-925836-21-7, 221 S., DM 26,80

H. Gudjons, R. Teske, R. Winkel (Hg.):
Unterrichtsmethoden
ISBN 3-925836-01-2, 120 S., DM 15,80